세무조사
이것만
알면 된다

세무조사 이것만 알면 된다

2017년 8월 31일 초판 발행
2025년 2월 27일 8판 발행

지 은 이 | 황성훈, 송영관, 김하나
발 행 인 | 이희태
발 행 처 | **삼일피더블유씨솔루션**
등록번호 | 1995. 6. 26 제3-633호
주   소 | 서울특별시 용산구 한강대로 273 용산빌딩 4층
전   화 | 02)3489-3100
팩   스 | 02)3489-3141
가   격 | 30,000원

ISBN   979-11-6784-342-5 93320

2025
개정증보판

세무조사
이것만
알면 된다

황성훈 · 송영관 · 김하나 공저

SAMIL | 삼일인포마인

머리말

최근 국세청은 조사 선정에 있어 과거 수작업 중심의 조사 방식에서 벗어나 빅데이터를 분석하여 비정상적인 거래 패턴을 사전에 포착하고, AI기법을 도입하는 등 세무조사 대상자를 보다 정밀하게 선정하는 방식으로 변화하고 있어 세무조사 리스크는 더더욱 커지고 있습니다.

이러한 변화 속에서 기존의 조세 환경에서 유효했던 대응 방식이 더이상 유효하지 않고, 더욱 투명한 세무관리와 철저한 신고 전략을 수립할 필요가 있습니다.

그러나 '궁즉변 변즉통 통즉구(窮卽變 變卽通 通卽久)'라는 말처럼, 변화에 유연하게 대응한다면 충분히 헤쳐나갈 수 있을 것입니다. 어떤 납세자를 세무조사 대상자로 선정하는지, 세무조사는 어떻게 진행되는지, 세무조사를 종결한 후 어떻게 대응해야 하는지 등을 알고 대비한다면 상대적으로 세무조사에 따른 위험을 그만큼 감소시킬 수 있습니다. 오히려 세무조사를 통해 기업과 개인이 자신의 세무 리스크를 점검하고, 합법적이고 효율적인 절세 전략을 마련할 수 있는 기회가 될 수 있을 것입니다.

이 책은 30여 년 경력인 필자의 국세청 조사국 및 불복업무 경험과 세무대리인으로서의 경험을 토대로 국세청 세무조사 전반에 걸쳐 실무적 관점에서 쉽게 설명하였습니다. 이번 개정판에서는 세무조사와 관련한 개정된 세법 및 훈령 등을 충실히 반영하였고, 최근 국세청에서 실시한 세무조사 사례를 수록하였습니다.

본서를 통하여 세무조사에 막연한 불안과 부담을 느끼는 기업 실무자나 세무업무에 종사하시는 실무자에게 조금이나마 도움이 되길 바랍니다.

이 책이 나오기까지 많은 격려와 용기를 주신 삼일피더블유씨솔루션 이희태 대표이사님과 조원오 전무님, 김동원 이사님 그리고 편집부 직원 여러분께 이 자리를 빌려 감사의 말씀을 전합니다.

2025년 2월 저자 씀

일러두기

▶▶ 국기법: 국세기본법
국기령: 국세기본법 시행령

▶▶ 소법: 소득세법
소령: 소득세법 시행령

▶▶ 법법: 법인세법
법령: 법인세법 시행령

▶▶ 상증법: 상속세 및 증여세법
상증령: 상속세 및 증여세법 시행령

▶▶ 조처법: 조세범처벌법
조절법: 조세범처벌절차법

▶▶ 조사사규: 조사사무처리규정
양도사규: 양도소득세 사무처리규정
상증사규: 상속세 및 증여세 사무처리규정
법인사규: 법인세 사무처리규정
소득사규: 소득세 사무처리규정
부가사규: 부가가치세 사무처리규정
납보사규: 납세자보호사무처리규정
국조사규: 국제조세사무처리규정
법령사규: 국세청 법령사무처리규정
과판사규: 과세사실판단자문사무처리규정

차 례

제 2 편   **일반세무조사**

제 3 편   조세범칙조사

제 **1** 편

세무조사 개요

❶ 세무조사의 의의

▶▶ 세무조사란?

"세무조사"의 정의에 대해 「국세기본법」 제2조 제21호에서 규정하고 있는데, "국세의 과세표준과 세액을 결정 또는 경정하기 위하여 질문을 하거나 해당 장부·서류 또는 그 밖의 물건을 검사·조사하거나 그 제출을 명하는 활동을 말한다"고 되어 있다. 또한, 조사사무처리규정 제3조 제1호에서 "각 세법에서 규정하는 질문조사권 또는 질문검사권에 근거하여 조사공무원이 납세자의 국세에 관한 정확한 과세표준과 세액을 결정 또는 경정하기 위하여 조사계획에 의해 세무조사 사전통지 또는 세무조사 개시 통지를 실시한 후 납세자 또는 납세자와 거래가 있다고 인정되는 자 등을 상대로 질문하고, 장부·서류·물건 등을 검사·조사하거나 그 제출을 명하는 행위를 말한다"고 되어 있다.

위에서 본 바와 같이 세무조사의 목적은 납세자에 대해 각 세법의 근거에 따라 과세표준과 세액에 대한 납세의무를 성실하게 이행하였는지를 보기 위한 것이며, 그 수단은 질문·검사권을 바탕으로 하고 있다.

개별 세법에서도 세무공무원은 납세자에게 질문·검사를 할 수 있는 근거규정을 두고 있는데, 그 의미상으로는 세무조사와 같다고 볼 수 있지만 이는 세무조사뿐만 아니라 현장확인, 과세정보자료의 수집 등 세무공무원이 국세행정사무를 효율적으로 수행하는 것을 뒷받침하기 위한 규정으로 보는 것이 타당하다.

그런데 세무조사가 강제력을 수반하는 조사인지에 관해 살펴보면, 「국세기본법」 제81조의2부터 제81조의19에 걸쳐 '납세자의 권리'라는 장으로 하여 납세자의 권리를 보장하는 규정을 두어 강제성이 있는 조사로 보기 어렵다고 볼 수도 있으나, 「국세기본법」 제88조에서 관할 세무서장은 세법의 질문·조사권 규정에 따른 세무공무원의 질문에 대하여 거짓으로 진술하거나 그 직무집행을 거부 또는 기피한 자에게 5천만 원 이하의 과태료를 부과·징수한다고 규정하고 있기 때문에 실질적으로 강제조사로서의 성격을 가지고 있다.

▶▶ 각 세법별 질문조사권에 관한 규정

○ 소득세법 제170조

① 소득세에 관한 사무에 종사하는 공무원은 그 직무 수행을 위하여 필요한 경우에는 다음 각 호의 어느 하나에 해당하는 자에 대하여 질문을 하거나 해당 장부·서류 또는 그 밖의 물건을 조사하거나 그 제출을 명할 수 있다. 다만, 제21조 제1항 제26호에 따른 종교인소득(제21조 제4항에 해당하는 경우를 포함한다)에 대해서는 종교단체의 장부·서류 또는 그 밖의 물건 중에서 종교인소득과 관련된 부분에 한정하여 조사하거나 그 제출을 명할 수 있다.

1. 납세의무자 또는 납세의무가 있다고 인정되는 자
2. 원천징수의무자
3. 납세조합
4. 지급명세서 제출의무자
5. 제156조 및 제156조의3부터 제156조의6까지의 규정에 따른 원천징수의무자
6. 「국세기본법」 제82조에 따른 납세관리인
7. 제1호에서 규정하는 자와 거래가 있다고 인정되는 자
8. 납세의무자가 조직한 동업조합과 이에 준하는 단체
9. 기부금영수증을 발급하는 자

② 제1항을 적용하는 경우 소득세에 관한 사무에 종사하는 공무원은 직무를 위하여 필요한 범위 외에 다른 목적 등을 위하여 그 권한을 남용해서는 아니 된다.

○ 법인세법 제122조

법인세에 관한 사무에 종사하는 공무원은 그 직무수행에 필요한 경우에는 다음 각 호의 어느 하나에 해당하는 자에 대하여 질문하거나 해당 장부·서류 또는 그 밖의 물건을 조사하거나 그 제출을 명할 수 있다. 이 경우 직무상 필요한 범위 외에 다른 목적 등을 위하여 그 권한을 남용해서는 아니 된다.

1. 납세의무자 또는 납세의무가 있다고 인정되는 자
2. 원천징수의무자
3. 지급명세서 제출의무자 및 매출·매입처별계산서합계표 제출의무자
4. 제109조 제2항 제3호에 따른 경영 또는 관리책임자
5. 제1호에 해당하는 자와 거래가 있다고 인정되는 자
6. 납세의무자가 조직한 동업조합과 이에 준하는 단체
7. 기부금영수증을 발급한 법인

○ 부가가치세법 제74조

① 부가가치세에 관한 사무에 종사하는 공무원은 부가가치세에 관한 업무를 위하여 필요하면

납세의무자, 납세의무자와 거래를 하는 자, 납세의무자가 가입한 동업조합 또는 이에 준하는 단체에 부가가치세와 관계되는 사항을 질문하거나 그 장부·서류나 그 밖의 물건을 조사할 수 있다.

② 납세지 관할 세무서장은 부가가치세의 납세보전 또는 조사를 위하여 납세의무자에게 장부·서류 또는 그 밖의 물건을 제출하게 하거나 그 밖에 필요한 사항을 명할 수 있다.

③ 부가가치세에 관한 사무에 종사하는 공무원이 제1항에 따른 질문 또는 조사를 할 때에는 그 권한을 표시하는 조사원증을 지니고 이를 관계인에게 보여주어야 한다.

④ 제1항 또는 제2항을 적용하는 경우 부가가치세에 관한 사무에 종사하는 공무원은 직무상 필요한 범위 외에 다른 목적 등을 위하여 그 권한을 남용해서는 아니 된다.

○ 상속세 및 증여세법 제84조

세무에 종사하는 공무원은 상속세나 증여세에 관한 조사 및 그 직무 수행에 필요한 경우에는 다음 각 호의 어느 하나에 해당하는 자에게 질문하거나 관련 장부·서류 또는 그 밖의 물건을 조사하거나 그 제출을 명할 수 있다. 이 경우 세무에 종사하는 공무원은 질문·조사하거나 장부·서류 등의 제출을 요구할 때 직무 수행에 필요한 범위 외의 다른 목적 등을 위하여 그 권한을 남용해서는 아니 된다.

1. 납세의무자 또는 납세의무가 있다고 인정되는 자
2. 피상속인 또는 제1호의 자와 재산을 주고받은 관계이거나 재산을 주고받을 권리가 있다고 인정되는 자
3. 제82조에 규정된 지급명세서 등을 제출할 의무가 있는 자

▶▶ 세무조사는 적법하게 세금을 냈는지 확인하는 행위

세금은 국가나 지방자치단체가 그 재정수요에 충당하기 위해 개별적인 보상 없이 납세자인 국민으로부터 강제적으로 징수하는 것이다.

징수당하는 납세자의 입장에서 보면 가능한 한 세금을 적게 내거나 좀 더 줄여서 내고 싶을 것이다. 그런데 납세자가 세법에서 정한 방법으로 절세를 하는 것이 아니라, 불법적인 방법으로 탈세를 하는 경우가 발생하게 된다.

이에 따라 국가나 지방자치단체는 납세자가 세법에 따른 방식으로 적정하게 세금을 신고하고 납부하였는지를 확인하기 위하여 세무조사 대상자를 정기적으로 선정하거나

또는 비정기적으로 선정하여 질문을 하거나 장부·서류 등을 검사·조사하거나 그 제출을 요구하는 세무조사를 하게 되는 것이다.

▶▶ 절세(Tax Saving)

"절세"란 세법이 인정하는 범위 내에서 합법적·합리적으로 세금을 줄이는 행위를 말한다. 절세의 지름길은 세법을 충분히 이해하고 법 테두리 안에서 세금을 줄일 수 있는 가장 유리한 방법을 찾는 것이다.

○ 사업과 관련된 세금의 절세 방안

1. 평소 증빙자료를 철저히 수집하고 장부정리를 꼼꼼하게 하여 내지 않아도 될 세금은 최대한 내지 않도록 하고,
2. 세법에서 인정하고 있는 각종 소득공제·세액공제·세액감면·준비금·충당금 등의 조세지원 제도를 충분히 활용하며,
3. 세법이 정하고 있는 각종 의무사항을 성실히 이행함으로써 매입세액불공제나 가산세 등의 불이익 처분을 받지 않도록 하여야 한다.
4. 사례
   ① 거래처 임직원 결혼 축의금 등 경조사비에 대하여 1건당 20만 원씩 연간 일정 한도 내에서 비용으로 인정되므로, 청첩장 등을 잘 보관하여야 한다.[법령 §41 ① (1), 소령 §83 ② (1)]
   ② 전화, 핸드폰이 일반과세자의 사업용으로 사용되고 있다면, 사업자용으로 등록하여 전화요금의 10%에 해당하는 부가가치세를 공제받을 수 있다.
   ③ 임차사업장의 전기가 일반과세자의 사업용으로 사용됨에도 전기료의 10%에 해당하는 부가가치세를 공제받지 못하고 있다면, 한전에 직접 등록하여 공제받는 방안을 고려해볼 수 있다.

▶▶ 탈세(Tax Evasion)

"탈세"란 고의로 사실을 왜곡하는 등의 불법적인 방법을 동원해서 세금 부담을 줄이려는 일체의 행위를 말한다. 탈세의 유형은 여러 가지가 있으나, 그중 대표적인 것을

살펴보면 아래와 같다.

1. 수입금액(매출) 누락
2. 실물거래가 없는데도 비용을 지출한 것으로 처리하는 가공경비 계상
3. 실제보다 비용을 부풀려 처리하는 비용의 과대 계상
4. 근무하지 않는 친인척 인건비 가공 및 과다 계상
5. 허위계약서 작성
6. 명의위장
7. 공문서 위조

탈세를 함에 있어서 이중장부, 허위계약, 증빙서류 허위작성, 부정세금계산서 수수, 기업자금 변칙유출, 상습적인 부동산 투기 등 사기 기타 부정한 방법으로 조세를 탈루한 악의적이고 고의적인 조세 포탈범은 조세범칙조사를 받게 되고, 세금추징 외에 고발 등의 범칙 처분을 받게 된다.

▶▶ 조세회피(Tax Avoidance)

"조세회피"란 세법이 예상하는 거래 형식을 따르지 아니하고 우회행위 등 이상한 거래형식을 통하여 통상의 거래형식을 취한 경우와 동일한 효과를 거두면서 세금부담을 줄이는 것을 말한다. 조세회피는 사회적 비난의 대상은 될 수 있으나, 세법상 처벌대상이 되지는 아니한다.

「상속세 및 증여세법」이 개정되기 전의 전환사채를 이용하여 사실상 주식을 증여하는 행위 또는 비상장주식을 증여한 후에 상장하여 시세차익을 얻게 하는 행위 등이 '조세회피'에 해당된다.

정부에서는 문제가 있을 때마다 세법을 개정하여 조세회피를 방지하는 규정을 새로 만들지만, 「소급과세금지」 규정 때문에 이미 지나간 사안에 대하여는 과세를 하지 못하고 있는 실정이다.

현재 조세회피에 해당할 수 있는 사례는 아래와 같다.

> 1. 각각 1채의 주택을 보유하던 부부가 이혼 후 1세대 1주택 비과세 적용을 받은 다음 재결합하는 경우 위장이혼이라고 볼 수 없어 양도소득세를 추징한 것은 부당하다는 판례(대법원 2017. 9. 7. 선고 2016두35083 판결)
>
> 2. 사망 7개월 전에 이혼하여 50억 원의 재산을 분할받고 사망 시까지 망인의 수발을 들고 재산을 관리하면서 망인과 함께 동거한 데 대하여 가장이혼으로 보아 증여세 36억 8천만 원의 증여세를 추징한 것은 부당하다는 판례(대법원 2017. 9. 12. 선고 2016두58901 판결)

❷ 세무조사 용어정리

2-1. 세무조사의 분류

▶▶ 일반세무조사

"일반세무조사"란 특정 납세자의 과세표준 또는 세액의 결정 또는 경정을 목적으로 조사대상 세목에 대한 과세요건 또는 신고사항의 적정 여부를 검증하는 일반적인 세무조사를 말한다.[조사사규 §3(18)]

일반세무조사는 조사를 하는 방법에 따라 아래와 같이 분류된다.

> 1. 추적조사(조사사규 §3(20))
>   무자료·변칙거래혐의자, 자료상혐의자 등과 같이 유통과정 및 거래질서를 문란하게 하는 자 등을 대상으로 재화·용역 또는 세금계산서·계산서의 흐름을 거래의 앞·뒤 단계별로 추적하여 사실관계를 확인하는 세무조사를 말한다(예 유통과정 추적조사, 자료상 추적조사).
>
> 2. 기획조사(조사사규 §3(21))
>   소득종류별·계층별·업종별·지역별·거래유형별 세부담불균형이나 구조적인 문제점 등을 시정하기 위하여 국세청장, 지방국세청장 또는 세무서장이 별도의 계획에 따라 실시하는 세무조사를 말한다(예 부동산투기조사).

3. 통합조사[조사사규 §3(22)]

납세자의 편의와 조사의 효율성을 제고하기 위하여 조사대상으로 선정된 과세기간에 대하여 그 납세자의 사업과 관련하여 신고·납부의무가 있는 여러 세목을 함께 조사하는 것을 말한다(예 법인세+부가가치세+원천세 통합조사).

4. 세목별 조사(국기법 §81의11 ②)

아래의 사유에 따라 특정 세목만을 대상으로 실시하는 세무조사를 말한다.
① 세목의 특성, 납세자의 신고유형, 사업규모 또는 세금탈루혐의 등을 고려하여 특정 세목만을 조사할 필요가 있는 경우, ② 조세채권의 확보 등을 위하여 특정 세목만을 긴급히 조사할 필요가 있는 경우, ③ 그 밖에 세무조사의 효율성 및 납세자의 편의 등을 고려하여 특정 세목만을 조사할 필요가 있는 경우로서 대통령령으로 정하는 경우(예 원천세 조사, 부가가치세 조사)

5. 전부조사[조사사규 §3(24)]

조사대상 과세기간의 신고사항에 대한 적정 여부를 전반적으로 검증하는 세무조사를 말한다.

6. 부분조사[조사사규 §3(25)]

통합조사 또는 세목별 조사에 의하지 아니하고 특정 사업장, 특정 항목·부분 또는 거래 일부 등에 한정하여 적정 여부를 검증하는 세무조사를 말한다.

7. 동시조사[조사사규 §3(26)]

세무조사 시 조사효율성, 납세자 편의 등을 감안하여 조사대상자로 선정된 납세자와 특수관계에 있는 자(법인을 포함한다) 등 관련인을 함께 조사하거나, 동일한 납세자가 통합조사 또는 세목별 조사, 주식변동조사, 자금출처조사 등 여러 유형의 조사대상자로 각각 선정되어 있는 경우 각 조사의 조사시기를 맞추어 함께 조사하는 것을 말한다.

8. 긴급조사[조사사규 §3(27)]

각 세법에서 규정하는 수시부과 사유가 발생하였거나, 「채무자 회생 및 파산에 관한 법률」에 의한 회생절차개시 신청 등으로 조세채권의 조기 확보가 필요한 납세자에 대하여 그 사유가 발생하는 즉시 실시하는 세무조사를 말한다.

9. 간편조사[조사사규 §3(28)]

일정한 요건을 충족하는 중소기업 등을 대상으로 최소한의 해명자료의 요구·검증 및 현장조사 방법 등에 의해 단기간의 조사기간 동안 조사를 실시하고 회계·세무 처리과정에서 유의할 사항 안내, 경영·사업자문 등을 하는 세무조사를 말한다.

10. 조사관서 사무실 조사[조사사규 §3(29)]

소규모 납세자에 대해 납세자 편의, 회계투명성·신고성실도 및 규모 등을 고려하여 현장조사에 의하지 아니하고도 조사의 목적을 달성할 수 있다고 판단되는 경우 납세자가 제출한 신고서류, 회계서류 및 증빙자료 등을 통해 조사기간의 대부분을 조사관서의 사무실에서 실시하는 세무조사를 말한다.

11. 주식변동조사[조사사규 §3(30)]

주식변동 과정에서 관련 주주 및 해당 법인의 제세 탈루 여부를 확인하는 세무조사를 말한다(例 차명주식, 거래금액 적정 여부 등).

12. 자금출처조사[조사사규 §3(31)]

거주자 또는 비거주자가 재산을 취득(해외유출 포함)하거나 채무의 상환 또는 개업 등에 사용한 자금과 이와 유사한 자금의 원천이 직업·나이·소득 및 재산상태 등으로 보아 본인의 자금 능력에 의한 것이라고 인정하기 어려운 경우, 그 자금의 출처를 밝혀 증여세 등의 탈루 여부를 확인하기 위하여 행하는 세무조사를 말한다.

13. 이전가격조사[조사사규 §3(32)]

거주자, 내국법인 또는 외국법인 국내사업장이 「국제조세조정에 관한 법률」에서 규정하는 국외 특수관계자와의 거래와 관련하여 과세표준 및 세액신고 시에 적용된 이전가격이 「국제조세조정에 관한 법률」에 따른 정상가격과 합치하는지를 확인하기 위하여 행하는 세무조사를 말한다.

14. 위임조사[조사사규 §3(33)]

지방국세청장이 조사인력·업무량·조사실익 등을 감안하여 지방국세청 조사대상자를 세무서장에게 위임하여 실시하는 세무조사를 말한다.

15. 자료상 조사[조사사규 §3(34)]

재화 또는 용역을 공급하지 아니하고 (세금)계산서를 발급하였거나 매출처별(세금)계산서합계표를 거짓으로 기재하여 제출하였는지 여부를 확인하는 세무조사를 말한다.

16. 거짓(세금)계산서 수취자 조사[조사사규 §3(35)]

재화 또는 용역을 공급받지 아니하고 (세금)계산서를 발급받았거나 매입처별(세금)계산서합계표를 거짓으로 기재하여 제출하였는지 여부를 확인하는 세무조사를 말한다.

▶▶ 조세범칙조사

「조세범처벌법」에서 규정하는 조세범칙행위에 대해 범칙혐의 유무를 입증하기 위하여 조사계획을 수립하고 조세범칙행위 혐의자나 참고인을 심문, 압수·수색, 범칙처분하는 등 조사집행과 관련된 조사사무를 말한다.[조사사규 §3(4)]

2-2. 현장확인

▶▶ 현장확인

   각 세법이 규정하는 질문조사권 또는 질문검사권에 따라 세원관리, 과세자료처리 또는 세무조사 증거자료 수집 등 아래의 업무 등을 처리하기 위하여 납세자 또는 그 납세자와 거래가 있다고 인정되는 자 등을 상대로 세무조사에 의하지 아니하고 현장확인 계획에 따라 현장출장하여 사실관계를 확인하는 행위를 말한다.[조사사규 §3(2)]

▶▶ 현장확인 업무

1. 자료상[1] 혐의자료[2], 위장가공자료, 조세범칙조사 파생자료로서 단순 사실 확인만으로 처리할 수 있는 업무
2. 위장가맹점 확인 및 신용카드 고액매출자료 등 변칙거래 혐의 자료의 처리를 위한 현장출장·확인업무
3. 세무조사 과정에서 납세자의 거래처 또는 거래상대방에 대한 거래 사실 등 사실관계 여부 확인업무
4. 민원처리 등을 위한 현장출장·확인이나 탈세제보자료, 과세자료 등의 처리를 위한 일회성 확인업무
5. 사업자에 대한 사업장현황 확인이나 기장 확인업무
6. 거래사실 확인 등을 위한 계좌 등 금융거래 확인업무

▶▶ 대법원 판결로 본 현장확인과 세무조사의 구분

   현장확인은 일반적으로 세무조사에 해당하지 아니하므로, 현장확인 후 세무조사를 실시하는 경우 중복조사에 해당하지 아니한다.

---

1) 자료상: 실제 물건을 거래함이 없이 가짜 세금계산서를 수수하면서 가짜 세금계산서 발행금액의 일정 금액을 수수료로 받는 자
2) 자료상 혐의자료: 실제 물건을 구입하지 않고 가짜 세금계산서를 수수한 혐의가 있는 세금계산서

그러나 현장확인 시 세무공무원이 세무조사에 준하는 행위를 한 경우에는 이를 현장확인이 아닌 세무조사를 한 것으로 보게 되고, 현장확인 후 별도의 절차에 따라 세무조사를 실시한 경우에는 그 세무조사는 중복조사에 해당하는 재조사에 해당하므로 이의 기초하에 이루어진 부과 처분은 위법하다.(대법원 2017. 3. 16. 선고 2014두8360 판결 참조)

앞으로 실무상 현장확인이 세무조사에 해당되는지 여부에 대하여 과세관청과 납세자 간 다툼의 소지가 있으므로 주목할 필요가 있다. 참고로 대법원에서 말하는 현장확인과 세무조사의 구분은 아래와 같다.

---

1. 현장확인(현지확인)을 세무조사로 보게 되는 경우
   현장확인(현지확인)이 실질적으로 과세표준과 세액을 결정 또는 경정하기 위한 것으로서 납세자 등의 사무실·사업장·공장 또는 주소지 등에서 납세자 등을 직접 접촉하여 상당한 시일에 걸쳐 질문하거나 일정한 기간 동안의 장부·서류·물건 등을 검사·조사하는 경우에는 특별한 사정이 없는 한 재조사가 금지되는 세무조사로 보아야 한다.

2. 현장확인(현지확인)을 세무조사로 보지 않는 경우
   사업장의 현황 확인, 기장 여부의 단순 확인, 특정한 매출사실의 확인, 행정민원서류의 발급을 통한 확인, 납세자 등이 자발적으로 제출한 자료의 수령 등과 같이 단순한 사실관계의 확인이나 통상적으로 이에 수반되는 간단한 질문조사에 그치는 것이어서 납세자 등으로서도 손쉽게 응답할 수 있을 것으로 기대되거나 납세자의 영업의 자유 등에도 큰 영향이 없는 경우에는 원칙적으로 재조사가 금지되는 세무조사로 보기 어렵다.

---

③ 세무조사의 관할

3-1. 세무조사의 관할

▶▶ 세무조사 관할

세무조사는 납세지 관할 세무서장 또는 납세지 관할 지방국세청장이 수행하게 된다.(국기법 §81의6 ①, 조사사규 §5)

납세지에 관한 사항은 각 세법에서 규정하고 있다. 예를 들어 거주자의 소득세 납세지는 그 주소지[3]가 되고(소법 §6 ①), 내국법인의 법인세 납세지는 그 법인의 등기부에 따른 본점이나 주사무소의 소재지(국내에 본점 또는 주사무소가 있지 아니하는 경우에는 사업을 실질적으로 관리하는 장소의 소재지)가 된다.(법법 §9 ①)

▶▶ 세무조사 관할 조정

아래의 사유에 해당하는 경우에는 국세청장 또는 지방국세청장이 그 관할을 조정할 수 있다.(국기령 §63의3)

1. 납세자가 사업을 실질적으로 관리하는 장소의 소재지와 납세지가 관할을 달리하는 경우
2. 일정한 지역에서 주로 사업을 하는 납세자에 대하여 공정한 세무조사를 실시할 필요가 있는 등 납세지 관할 세무서장 또는 지방국세청장이 세무조사를 수행하는 것이 부적절하다고 판단되는 경우[4]
3. 세무조사 대상 납세자와 출자관계에 있는 자, 거래가 있는 자 또는 특수관계인에 해당하는 자 등에 대한 세무조사가 필요한 경우
4. 세무관서별 업무량과 세무조사 인력 등을 고려하여 관할을 조정할 필요가 있다고 판단되는 경우
5. 조세불복 청구의 결정에 따라 재조사를 하는 경우[조사사규 §5 ② (5)]

▶▶ 세무조사 관할 상향 또는 하향 조정 요청 및 위임

조사관할의 조정이 필요하다고 인정되는 경우에는 세무서장은 지방국세청장에게, 지방국세청장은 세무서장에게 각각 조사관할의 상향 또는 하향조정을 신청하거나 위임할 수 있다.(조사사규 §5 ③)

조사관할 조정의 신청을 받은 관할 지방국세청장 또는 국세청장은 세금 탈루의 규모, 조사의 난이도 및 가용 조사인력 등을 종합적으로 검토하여 공정하고 합리적으로 조사관할을 조정해야 한다.(조사사규 §5 ④)

---

3) 다만, 주소지가 없는 경우에는 그 거소지로 한다.
4) 강남 압구정동의 성형외과를 주소지 관할인 노원세무서 등에서 조사하는 경우

▶▶ 세무조사 도중 납세지가 변경된 경우

세무조사를 시작한 이후에 납세자의 납세지가 변경된 경우[5]에도 당초 조사관서에서 관할하게 된다.(조사사규 §5 ⑤)

▶▶ 조세불복 청구에서 재조사 결정이 난 경우

조세불복 청구의 결정에 따라 재조사를 하는 때에는 당초 조사관서에서 관할한다. 다만, 조세불복 청구의 결정에 따라 당초 조사관서에서 재조사를 하는 경우로서 조사 관할 조정이 필요한 때에는 관할 조정을 하여야 한다.(조사사규 §5 ⑤)

▶▶ 조사관할이 조정된 경우 경정 등의 조사사무

조사관할이 조정되는 등의 경우에도 조사 결과에 따른 결정·경정의 조사사무는 조사 관서가 아닌 납세지 관할 세무서장 또는 지방국세청장이 수행[6]하게 된다.(조사사규 §5 ⑥)

3-2. 세무조사 관할 조정

▶▶ 관할 조정 사유

납세지 관할 지방국세청장 또는 납세지 외 관할 세무서장 또는 지방국세청장은 다음의 어느 하나에 해당하는 사유가 있는 경우에는 관할 조정을 신청할 수 있다.(조사사규 §5의2 ①, ②)

---

1. 「국세기본법 시행령」 제63조의3 제1호에 따라 납세자가 사업을 실질적으로 관리하는 장소의 소재지와 납세지가 관할을 달리하는 경우
2. 「국세기본법 시행령」 제63조의3 제2호에 따라 일정한 지역에서 주로 사업을 하는 납세자에 대하여 공정한 세무조사를 실시할 필요가 있는 경우 등 납세지 관할 지방국세청장이 세

---

5) 사업장 이전 등
6) 즉, 고지서 발급 및 세금납부 등은 현재 납세지 관할 세무서장이 수행한다.

무조사를 수행하는 것이 부적절하다고 판단되는 경우

3. 「국세기본법 시행령」 제63조의3 제4호에 따라 세무관서별 업무량과 세무조사 인력 등을 고려하여 관할을 조정할 필요가 있다고 판단되는 경우

▶▶ 관할 조정 신청 및 배정

① 세무서장 또는 지방국세청장은 관할 조정이 필요하다고 판단되는 경우 조사관할 조정 검토서를 첨부하여 지방국세청장 또는 국세청장에게 문서로 신청하여야 한다.(조사사규 §5의3)

② 지방국세청장 또는 국세청장은 관할 조정 신청 시 그 신청사유 등을 감안하여 관할 조정 대상자의 조사관할 지방국세청을 공정하고 합리적으로 배정하여 관할 조정 결과를 세무서장 또는 지방국세청장에게 문서로 통보하여야 한다.(조사사규 §5의4)

③ 관할 조정 대상자를 배정받은 지방국세청장은 조사국별 사무분장, 업무량, 조사인력 등을 종합적으로 고려하여 조사 담당국을 지정하여야 한다.(조사사규 §5의5)

▶▶ 세무조사의 협조체계

① 조사관서장은 조사관할을 달리하는 주소지(본점, 주사무소의 소재지 포함), 사업장 또는 거래처에 대한 조사 또는 현장확인이 필요한 경우에는 협조받을 사항을 기재하여 해당 주소지·사업장·거래처 관할 관서장에게 조사 또는 현장확인을 의뢰할 수 있다.(조사사규 §6 ①)

② 협조사항을 의뢰받은 관서장은 지체 없이 적법한 절차에 따라 조사 또는 현장확인 등을 실시하고 조사 진행에 필요한 기간 내에 그 결과를 당초 의뢰한 조사관서장에게 회보하여야 한다.(조사사규 §6 ②)

▶▶ 직접조사가 가능한 생활권 지역은 예외

조사관할을 달리하는 경우에도 서울·경인지역, 광역시를 포함한 같은 도 내, 다른

도의 인접 세무서 간과 같이 교통체계 등이 같은 생활권에 해당되어 직접조사가 가능한 때에는 예외로 한다.(조사사규 §6 ① 단서)

3-3. 세무조사 관련 조직

▶▶ 국세청 본청 조사국

1. 조사기획과
   - 내국세 세무조사 총괄 기획·관리(재산제세 및 부동산투기조사 제외)
   - 내국세 세무조사(재산제세 및 부동산투기 관련 세무조사를 제외한다)와 관련되는 훈령·예규·지침의 제·개정, 민원의 처리 및 질의·회신
   - 내국세 범칙조사 제도의 운용 및 개선에 관한 사항
   - 조사 관련 납세자의 애로·불만사항 해소 등 권익보호와 관련한 사항
   - 소속기관 및 직원의 조사 관련 평가 계획의 수립·집행에 관한 사항
   - 조사 전문성 제고를 위한 교육프로그램 개발, 전문요원관리 등 우수 조사인력의 개발·양성에 관한 사항
   - 기타 국내 다른 과의 주관에 속하지 아니하는 사항

2. 조사1과
   - 법인납세자 및 관련인에 대한 실태분석·관리
   - 법인납세자 및 관련인의 중요 탈세유형에 대한 심리분석, 조사계획의 수립 및 관련 자료의 수집·분석·관리
   - 중요기업의 주식 및 출자지분의 변동상황 분석 및 관리
   - 재산제세 관련 분야(부동산 투기분야는 제외한다)에서 중요하다고 판단되는 유형에 대한 실태분석 및 관리
   - 내국세 관련 세원동향정보의 수집·분석 및 관리
   - 기타 국세청장이 지정하는 사항

3. 조사2과
   - 개인납세자·법인납세자(조사1과에서 분석·관리하는 법인납세자는 제외) 및 관련인에 대한 실태분석·관리
   - 개인납세자·법인납세자 및 관련인의 중요탈세유형에 대한 심리분석, 조사계획의 수립 및 관련 자료의 수집·분석 및 관리
   - 세금계산서 및 계산서 수수질서 문란행위에 대한 분석·관리

- 내국세 관련 세원동향정보의 수집·분석 및 관리
- 물가안정 지원에 관한 업무
- 기타 국세청장이 지정하는 사항

4. 국제조사과
- 국제거래 관련 조사 관리 및 지원
- 국제거래 관련 탈세정보의 수집·처리
- 국제거래 조사, 공격적 조세회피 대응 관련 외국정부·국제기구와의 협력
- 외국환거래법에 의한 외환자료의 관리 및 활용
- 기타 국제거래 관련 자료의 수집·분석 및 관리

5. 세원정보과
- 내국세 관련 탈세정보 및 세원동향정보의 수집·분석 및 종합관리
- 국제거래에 관한 정보(역외탈세정보 포함)의 수집·분석
- 경제세원동향 및 업황 정보의 수집
- 탈세제보자료에 대한 처리계획 수립·집행, 탈세제보포상금 지급
- 차명계좌 신고에 대한 처리 계획 수립·집행 및 차명계좌 신고포상금 지급
- 밀알정보 및 현장정보의 수집·분석 및 종합관리
- 세원정보 전산관리 등 업무지원
- 기타 국세청장이 지정하는 사항

6. 조사분석과
- 신종산업 관련 납세자 및 관련인에 대한 실태분석 및 관리
- 신종산업 관련 납세자 및 관련인의 중요 탈세유형 분석 및 관련 정보의 수집·분석·관리
- 탈세규모 추정 및 활용
- 세무조사결과 분석 및 환류(還流)
- 세무조사 품질에 대한 관리 및 지원
- 기타 국세청장이 지정하는 사항

▶▶ 지방국세청 조사국

1. 서울지방국세청
- 조사1국: 법인사업자 세무조사
- 조사2국: 개인·법인사업자 세무조사

- 조사3국: 재산제세 조사

　　　- 조사4국: 개인 · 법인조사, 범칙조사

　　　- 국제거래관리국: 국제거래 관련 세무조사

　2. 중부지방국세청

　　　- 조사1국: 법인세무조사

　　　- 조사2국: 개인 · 법인세무조사, 재산제세조사

　　　- 조사3국: 특별세무조사

　3. 부산, 인천, 대전, 광주, 대구청

　　　- 조사1국: 법인 관련 조사 업무, 탈세제보 처리

　　　- 조사2국: 개인 관련 조사 업무

▶▶ 일선 세무서 조사과

　1. 조사과

　　　- 정보관리팀: 조사계획 수립 및 관리, 조세포탈 혐의자들에 대한 정보 수집

　　　- 조사팀: 개인 및 법인사업자 세무조사

　2. 재산세과

　　　- 재산2팀(또는 재산3팀): 재산제세(양도소득세, 증여세, 상속세)조사

④ 세무조사 대상자의 선정

4-1. 세무조사 대상자 선정

▶▶ 세무조사 대상자 선정 구분: 정기선정 · 비정기선정

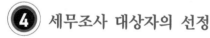

　조사공무원은 세무조사와 관련하여 「국세기본법」 제81조의3(납세자의 성실성 추정)에 따라 납세자가 성실하며 납세자가 제출한 신고서 등이 진실한 것으로 추정하여야 한다.(조사사규 §7)

세무조사 대상자의 선정방법은 정기선정과 비정기선정으로 구분된다.(조사사규 §9 ①) 국세청장은 업종별 신고성실도, 계층별(계급별＝매출액별)·유형별(개인, 법인)·지역별 세부담 형평 등을 감안하여 적정 조사비율이 유지되도록 하면서 세무조사 대상자를 선정하게 된다.(조사사규 §9 ④)

또한 국세청장은 세무조사의 공평성·실효성 확보 및 국민의 알권리 보호 등을 종합적으로 감안하여 합리적인 수준에서 세무조사 운용방향과 조사대상자 선정기준을 공개하여야 한다.(조사사규 §8 ②)

▶▶ 「정기선정」 사유

국세청에서는 과세자료, 세무정보 및 외부회계감사 감사의견 등 회계성실도 자료 등을 고려하여 '정기적'으로 납세자가 신고한 세금신고 내용이 적정한지 여부를 검증하기 위하여 "신고 성실도 평가 결과", "미조사연도 수" 등을 기준으로 지방국세청장과 세무서장이 일괄하여 조사대상자를 선정한다.(조사사규 §9 ②)

○ **세무조사 대상자 정기선정 사유**(국기법 §81의6 ②)

> 1. 국세청장이 납세자의 신고 내용에 대하여 과세자료, 세무정보 및 「주식회사의 외부감사에 관한 법률」에 따른 감사의견, 외부감사 실시내용 등 회계성실도 자료 등을 고려하여 정기적으로 신고 성실도를 분석[7]한 결과 불성실 혐의가 있다고 인정하는 경우
> 2. 최근 4과세기간 이상 같은 세목의 세무조사를 받지 아니한 장기미조사 납세자에 대하여 업종, 규모, 경제력 집중, 납세자의 이력, 세무정보 등을 고려하여 신고 내용이 적정한지를 검증할 필요가 있는 경우[8]
> 3. 무작위 추출방식으로 표본조사를 하려는 경우
>   ※ 이 경우 납세자의 규모, 업종 등을 감안하여 성실한 납세자가 조사를 받는 사례가 과다하게 발생하지 않도록 제한적으로 운영하여야 한다.(조사사규 §8 ①)

---

7) 절대평가와 상대평가를 전년도와 비교하여 고려한다(예 B-C, D-C 성실도가 같은 C일지라도 전년도에 B에서 C로 하락한 업체와 D에서 C로 상승한 업체는 달리 평가하게 될 것이다).
8) 조사대상자 선정지침이라는 내부기준은 공개되지 않고 있다. 다만, 1,000억 원 이상 법인은 4년 주기 순환조사를 원칙으로 선정하고, 경제력 집중의 500억 원 이상 법인은 4년 주기 순환조사로 선정한다(법인조사관리

▶▶ 「비정기선정」 사유

원칙적으로 납세자는 성실성 추정 원칙에 따라 성실한 납세자가 제출한 신고서는 진실한 것으로 추정하게 되어 있다. 따라서 원칙적으로 납세자는 세무조사 대상자로 선정되지 아니한다.

그러나 아래와 같은 경우에는 공평과세와 세법질서의 확립을 위하여 납세자의 성실성 추정 원칙이 배제되므로 '비정기적'으로 지방국세청장과 세무서장이 세무조사 대상자를 선정한다. 이 경우 세무서장이 실시하여야 하는 긴급조사, 부분조사, 자료상 조사 및 거짓 (세금)계산서 수취자 조사 등을 제외하고는 지방국세청장의 사전 승인을 받아야 한다.(조사사규 §9 ③)

참고로 사업자가 아닌 비사업자의 양도소득세, 상속세, 증여세 조사의 경우에는 비정기선정하여 세무조사를 실시하게 된다.

한편, 일선 세무관서에서의 비정기 조사 관련 내용별 조사비율은 아래와 같이 추정된다.

> 1. 탈세제보 · 차명계좌로 인한 세무조사: 약 60%
> 2. 각종 과세자료 · 전산분석자료 · 거래처파생자료 분석으로 인한 세무조사: 약 20%
> 3. 검찰, 경찰 수사자료 통보분, 정보자료, 밀알정보 활용자료, 교차조사자료, 지방국세청 위임 조사자료: 20%

○ **세무조사 대상자 비정기선정 사유: 납세자의 성실성 추정이 배제되는 경우**(국기법 §81의6 ③)

> 1. 납세자가 세법에서 정하는 신고, 성실신고확인서의 제출, 세금계산서 또는 계산서의 작성 · 교부 · 제출, 지급명세서의 작성 · 제출 등의 납세협력의무를 이행하지 아니한 경우
> 2. 무자료거래[9], 위장[10] · 가공거래[11] 등 거래 내용이 사실과 다른 혐의가 있는 경우

정기조사대상자 선정 참조).
9) 무자료거래: 세금계산서를 수수하지 아니하고 재화나 용역을 공급하는 거래

3. 납세자에 대한 구체적인 탈세 제보가 있는 경우

4. 신고 내용에 탈루나 오류의 혐의를 인정할 만한 명백한 자료가 있는 경우

5. 납세자가 세무공무원에게 직무와 관련하여 금품을 제공하거나 금품제공을 알선한 경우

▶▶ 법령에서 정한 선정사유가 없음에도 세무조사 대상으로 선정한 것이 위법하다는 판결(대법원 2014. 6. 26. 선고 2012두911 판결)

이 사건 세무조사 결과 원고가 한 신고내용이 일부 사실과 다르다는 점이 밝혀진 것일 뿐 원고가 세법이 정하는 신고 등 각종 납세협력의무를 이행하지 아니하였다고 인정할 아무런 증거가 없고, 서울지방국세청장은 소외인과 관련한 세무신고자료나 전산자료에 나타난 소외인의 재산 현황에 비추어 이 사건 부동산의 취득자금출처가 불분명하다고 보았을 뿐 원고의 신고내용 자체에 탈루나 오류의 혐의를 인정할 만한 명백한 자료를 갖고 있지 아니하였으며, 피고들은 원고의 신고내용에 대한 성실도 분석을 한 결과자료를 제출하지 아니하여 원고의 신고내용에 대한 성실도 분석결과 불성실혐의가 있다고 볼 수도 없고, 원고에 대한 조사대상 세목은 종합소득세, 부가가치세 등으로서 과세관청의 조사결정에 의하여 과세표준과 세액이 확정되는 세목이 아니라는 등의 이유로, 이 사건 각 처분은 구 「국세기본법」에 정한 세무조사대상 선정사유가 없음에도 위법하게 개시된 세무조사를 기초로 한 것이어서 위법하다.

▶▶ 세무조사가 남용되어 이루어진 경우 위법하다는 판결
(대법원 2016. 12. 15. 선고 2016두47659 판결)

이 사건 세무조사는 세무공무원인 소외 2가 소외 1과 토지 관련 분쟁관계에 있던 소외 3의 부탁을 받고 세무조사라는 이름으로 소외 1을 압박하여 분쟁 토지의 소유권을 반환하게 하기 위한 방편으로 행하여진 것으로서, 세무조사의 객관적 필요성이 결여된 것이다.

또한 이 사건 세무조사를 담당한 서울지방국세청 조사3국 조사관리과로서는 조사 개시 직후 소외 1에게 부동산 저가 양수로 인한 증여세 포탈 혐의를 인정할 수 없다는 결론을 내렸음에도

---

10) 위장거래: 실제 재화나 용역을 공급한 거래처의 세금계산서를 수수하지 아니하고 다른 거래처의 세금계산서를 수수하는 거래

11) 가공거래: 실제 재화나 용역을 공급하지 아니하였음에도 세금계산서를 수수하는 거래

불구하고 합리적인 이유 없이 이 사건 회사에 대한 포괄적인 법인세 통합조사로 조사의 범위를 확대하였는데, 이는 최소성의 원칙에도 위반된 것이다.

이 사건 세무조사는 외관상으로는 세무조사의 형식을 취하고 있으나, 그 실질은 세무공무원이 개인적 이익을 위하여 그 권한을 남용한 전형적 사례에 해당하고 그 위법의 정도가 매우 중대하다. 결국 이 사건 세무조사는 위법하므로 그에 근거하여 수집된 과세자료를 기초로 이루어진 이 사건 처분 역시 위법하다.

* 「국세기본법」 제81조의4 제1항은 다른 목적을 위하여 세무조사권을 남용하여서는 아니 된다고만 하여 다분히 추상적으로 규정함에 따라 선언적 규정이라고 할 수 있는데, 위 판결은 해당 조문에 대해 실체적인 법규적 효력을 인정한 것임. 따라서 세무조사권을 필요 최소성의 원칙에 따라야 하고, 다른 목적의 실현을 위해 세무조사권을 남용한 것으로 볼 수 있는 경우에는 그에 기초하여 이루어진 부과처분은 위법한 것으로 볼 수 있음.

▶▶ 제보 내용이 객관적 자료로 뒷받침되지 않아 조사대상 선정이 위법하다는 판결
(대법원 2011. 5. 26. 선고 2008두1146 판결)

세무공무원에게 탈세제보가 있더라도 그 탈세제보가 객관성과 합리성 있는 자료로 뒷받침되어 그것에 의해 조세탈루의 개연성이 상당한 정도로 인정되는 경우가 아닌 한 그 제보내용이 구체적이라는 사정만으로는 재조사가 허용되는 경우에 해당한다고 보기 어렵다.

원고의 2002 사업연도에 대한 최초 세무조사에서 이미 이 사건 상가 분양에 대한 세무조사가 이루어진 것으로 보이는 점, 이 사건 탈세제보가 원고에 대한 것이 아니라 원고의 분양대행사인 △△개발에 대한 것인 점, 위 탈세제보에 첨부된 자료의 출처가 어디인지 그 객관성을 확인할 수 있는 근거가 없고 위 탈세제보의 진실성을 뒷받침할 만한 아무런 자료도 없는 점 등에 비추어 보면, 이 사건 탈세제보에 첨부된 자료에 이 사건 상가들의 분양계약자, 분양가액 등이 구체적으로 기재되어 있다는 사정만으로는 중부지방국세청장이 이 사건 탈세제보를 받은 것이 원고의 조세탈루의 개연성이 객관성과 합리성 있는 자료에 의하여 상당한 정도로 인정되는 경우로서 재조사가 허용되는 '조세탈루의 혐의를 인정할 만한 명백한 자료가 있는 경우'에 해당한다고 할 수 없다.

▶▶ 세무조사 대상 선정사유에 대한 적법성 입증책임은 과세관청에 있다는 판결
(서울고등법원 2016. 7. 13. 선고 2015누57408 판결)

> 법원은 세무조사 대상 선정사유에 위법이 없음과 관련하여 처분의 적법성에 대한 입증책임이
> 있는 과세관청에서 입증하여야 한다고 판시하였다. 즉, 과세원인 및 과세표준금액 등 과세요건
> 이 되는 사실에 대하여는 과세처분이 적법하다고 주장하는 피고에게 증명책임이 있는 것이 원
> 칙이므로, 적법하게 세무조사가 개시되었다는 점에 대해서는 피고가 증명하여야 한다.

4-2. 신고성실도 평가

국세청장은 납세자의 신고 내용에 대하여 정기적으로 성실도를 분석하고 불성실 혐
의가 있다고 인정되면, 세무조사 대상자로 선정하여 세무조사를 실시하게 된다.

신고성실도 평가란, 말 그대로 기업들이 얼마나 성실히 세금을 납부했는지를 평가하
는 것이다. 국세청은 각종 세금신고 내용과 과세정보를 토대로 통계기법과 전산감사기
법을 응용해 신고성실도를 전산분석하는 성실도분석시스템(CAF, Compliance Analysis
Function)을 갖추고 있다.

국세청의 성실도 분석 방법은 우선 평가대상 법인을 비슷한 매출액과 업종별로 그룹
화해 동일 그룹별로 성실도를 평가한 후 업종·계급별 상대평가와 분식회계 정도 등을
따지는 절대평가에 의해 종합 점수를 매긴 뒤 각 법인을 A·B·C·D등급으로 분류한
다. 이후 직전 2개년 누적 신고성실도와 당해연도 신고성실도를 반영해 종합 신고성실
도를 확정하게 된다. 크게 상·중·하위그룹으로 분류되며, 하위그룹으로 분류된 기업
은 당연히 세무조사 대상에 선정될 확률이 높아진다.

성실도분석시스템에 의한 성실도 평가 요소는 대략 351가지 정도인데, 매출액과 신
고소득, 접대비, 기업주의 사적 경비지출액 등이 이에 해당된다. 법인세 등 각종 세금신
고 상황과 업종별 주요 원가비율, 세부담률 등을 동일한 업종과 동일한 규모 법인 간에

상대평가하며, 상대평가의 정확성을 위해 차입금이나 임차료, 상각비 등 기업별 특수요인은 배제한다.

또 조사 결과 나타난 대표적인 탈루 사례 등을 반영하고, 기업주와 그 생계가족의 재산변동상황, 소비수준, 신고소득 등 연계분석에 의한 탈루개연성, 분식회계 정도 등을 절대평가한다.

절대평가의 구체적인 내용을 보면, 접대성 경비를 다른 계정으로 분산 처리한 경우나 재고자산을 조절해 소득을 조작한 경우, 전산감사를 통해 분식회계 추정률이 높은 경우 등을 우선 분석해 평가한다. 또 외환거래와 무역거래, 무역 외 투자거래 내용 및 세금신고 소득발생 내역 등을 연계분석해 기업재산 해외유출 혐의 등을 분석한다. 기업주 가족이 업무와 무관한 해외여행 경비를 법인카드로 사용했거나, 가공인건비를 계상한 혐의 등이 나타난 것도 분석 대상에 포함된다. 기업주 가족의 생활수준과 소비성향, 부동산이나 주식 등의 재산변동 상황을 법인 신고내용과 연계해 탈루혐의가 있는지도 분석한다.

이와 함께 기업주와 주주, 그 친족 또는 계열사 등 특수관계자 간 내부거래금액의 과다 여부와 접대비 등 소비성 경비 지출 증가율 과다 혐의 등도 분석 대상이다. 지출비용의 적격증빙 수취비율, 부실거래 비율, 원천징수 이행률 등 납세의무 또는 납세협력의무 이행 정도도 평가요소에 들어간다.

그런데 신고성실도의 평가요소는 세무조사 대상자 선정과 연관이 되어 있으므로, 국세청에서는 신고성실도 조작 등을 통한 세무조사 회피를 방지하기 위하여 성실도 평가기준에 대하여 공개하지 않고 있고 개략적인 내용만 공개하고 있다.

▶▶ **신고성실도 평가**(조사사규 §10)

1. 신고성실도는 법인세, 소득세, 부가가치세, 원천제세, 양도소득세 등의 신고사항과 각종 세원정보 등을 반영하여 전산시스템[12]에 의해 평가함을 원칙으로 한다.

2. 세무정보자료 수집[13] 등 세원관리 정보에 의한 평가로 보완할 수 있다.
3. 전산시스템으로 신고성실도를 평가할 때에는 평가요소 및 가중치를 과학적이고 객관적인 방법으로 정한다.

　최근에는 소득 - 지출분석시스템(PCI)과 금융정보분석원(FIU) 정보자료를 이용하여 세무조사 대상자를 선정하는 것으로도 알려져 있다. 이에 대해서는 제2편에서 살펴보도록 한다.

4 - 3. 재조사, 중복조사

▶▶ 중복조사 금지 원칙

　재조사가 금지되는 '세무조사'에 해당하는지 여부는 조사의 목적과 실시경위, 질문조사의 대상과 방법 및 내용, 조사를 통하여 획득한 자료, 조사행위의 규모와 기간 등을 종합적으로 고려하여 구체적 사안에서 개별적으로 판단하여야 한다.

　다만, 그 조사행위가 실질적으로 과세표준과 세액을 결정·경정하기 위한 것으로서 납세자의 사무실 등에서 납세자 등을 직접 접촉하여 상당한 시일에 걸쳐 질문하거나 일정한 기간 동안의 장부·서류·물건 등을 검사·조사하는 경우에는 특별한 사정이 없는 한 재조사가 금지되는 '세무조사'로 보아야 한다.(대법원 2017. 3. 16. 선고 2014두8360 판결 참조)

　그러므로 조사공무원은 적정하고 공평한 과세를 실현하기 위하여 필요한 최소한의 범위에서 세무조사를 하여야 하고, 다른 목적 등을 위하여 조사권을 남용해서는 안되며 재조사나 중복조사는 원칙적으로 금지되는 것이다.(국기법 §81의4 ①)

---

12) 예를 들어, 동종업체 전국 평균 부가율이나 세무관서별 평균 부가율 대비당 업체의 부가율 비교와 함께 동종업체 전국 평균 소득률 등 대비당 업체 소득률 그리고 매출액 규모별(계급별)로 평가하게 된다.
13) PCI(소득 - 지출분석시스템), FIU(금융정보분석원) 자료, 자체탈세정보자료, 탈세제보자료 등 수집

따라서 중복조사가 금지되는 세무조사에 기초하여 이루어진 부과처분은 위법한 것으로 보아야 한다.

▶▶ 부분조사를 실시한 후 재차 세무조사를 하는 경우

부분조사를 실시한 후 해당 조사에 포함되지 아니한 부분에 대하여 조사하는 경우 세무조사권 남용은 아니라고 2018년 신설하였다.[국기법 §81의4 ② (6)]

이러한 규정은 현장확인 시 세무공무원이 세무조사에 준하는 행위를 한 경우에는 이를 현장확인이 아닌 세무조사를 한 것으로 보게 되고, 현장확인 후 별도의 절차에 따라 세무조사를 실시한 경우에는 그 세무조사는 중복조사에 해당하는 재조사에 해당하므로 이에 기초하여 이루어진 부과 처분은 위법하다는 판결(대법원 2017. 3. 16. 선고 2014두8360 판결 참조)을 보완하려는 취지로 보인다.[14]

▶▶ 중복조사 방지를 위한 조치(조사사규 §11, §12)

1. 조사대상자를 선정할 때에는 납세자의 세무조사 이력 및 조사대상으로 이미 선정되어 있는지 등을 확인하여 중복조사를 방지하여야 한다.
2. 같은 세목 및 같은 과세기간에 대하여 재조사를 해서는 아니되며, 조사 시작 후에도 중복조사 사실이 확인되는 경우에는 즉시 조사철회 및 조사반(팀) 철수 등 필요한 조치를 하여야 한다.
3. 현장확인은 세무조사로 보지 아니하며, 거래상대방에 대한 조사가 필요한 경우에는 해당 거래상대방과의 거래내용에 대한 부분조사로 한정한다.
4. 중복조사를 방지하기 위해 지방국세청 및 세무서의 조사국·과장 또는 성실납세지원국장·부가가치세과장·소득(재산)세과장·(재산)법인세과장 등은 조사이력 및 조사대상자 선정 명세 등을 전산에 입력하여 관리하여야 한다.
5. 부분조사를 실시한 납세자에 대하여 전부조사를 실시하는 경우 부분조사를 받은 부분에 대해서는 조사한 것으로 본다.

---

14) 실무적으로는 부분조사 시 전부조사에 해당하는 조사를 할 수도 있으므로, 대법원 판례에 비추어 보면 오히려 납세자의 권익이 침해될 수 있다.

▶▶ 재조사를 실시할 수 있는 예외적인 경우

중복조사 금지 원칙에도 불구하고, 조사공무원은 아래의 경우에 해당하는 경우에는 재조사를 할 수 있다.(국기법 §81의4 ②, 국기령 §63의2)

1. 조세탈루의 혐의를 인정할 만한 명백한 자료가 있는 경우
2. 거래상대방에 대한 조사가 필요한 경우
3. 2개 이상의 과세기간과 관련하여 잘못이 있는 경우
4. 조세 불복청구에 따른 재조사 결정에 의하여 조사를 하는 경우(결정서 주문에 기재된 범위의 조사에 한정한다)
5. 납세자가 세무공무원에게 직무와 관련하여 금품을 제공하거나 금품제공을 알선한 경우
6. 부분조사를 실시한 후 해당 조사에 포함되지 아니한 부분에 대하여 조사하는 경우[15]
7. 부동산투기, 매점매석, 무자료거래 등 경제질서 교란 등을 통한 세금탈루혐의가 있는 자에 대하여 일제조사를 하는 경우
8. 과세관청 외의 기관이 직무상 목적을 위해 작성하거나 취득해 과세관청에 제공한 자료의 처리를 위해 조사하는 경우
9. 국세환급금의 결정을 위한 확인조사를 하는 경우
10. 조세범칙행위의 혐의를 인정할 만한 명백한 자료가 있는 경우. 다만, 해당 자료에 대하여 「조세범처벌절차법」 제5조 제1항 제1호에 따라 조세범칙조사심의위원회가 조세범칙조사의 실시에 관한 심의를 한 결과 조세범칙행위의 혐의가 없다고 의결한 경우에는 조세범칙행위의 혐의를 인정할 만한 명백한 자료로 인정하지 아니한다.

▶▶ 중복조사와 관련한 법원의 판단 내용

1. 당초 부분조사를 실시한 후 통합조사를 실시하는 경우
   (대법원 2015. 2. 26. 선고 2014두12062 판결)
   어느 세목의 특정 과세기간에 대하여 모든 항목에 걸쳐 세무조사를 한 경우에는 물론 그 과세기간의 특정 항목에 대하여만 법인세 부분조사를 실시한 과세기간에 대해, 이후 법인세

---

15) 2018. 1. 1. 「국세기본법」 제81조의4(세무조사권 남용금지) 제2항 제6호를 신설하여 '부분조사를 실시한 후 해당 조사에 포함되지 아니한 부분에 대하여 재차 조사하는 경우'에는 세무조사권 남용이 아닌 것이라고 규정하고 있다.

통합조사를 실시하는 것은 중복조사에 해당한다. 다만, 부분조사가 조사범위 확대에 따라 이루어진 경우에는 중복조사에 해당하지 아니하다.

* 위 판결은 부분조사를 실시한 후 동일세목 및 과세기간의 나머지 항목에 대해 재조사하는 것은 원칙적으로 중복조사에 해당하여 위법한 처분으로 보는 것이나, 해당 부분조사를 실시한 것이 무리였다는 등의 특별한 사정이 있는 경우에는 예외적으로 부분조사한 항목을 제외한 나머지 항목에 대하여 재조사할 수 있다고 본 판례임.

2. 당초 법인세 통합조사를 실시한 후 주식변동조사를 실시한 경우
(대법원 2015. 9. 10. 선고 2013두6206 판결)

세무공무원이 어느 세목의 특정 과세기간에 대하여 ① 모든 항목에 걸쳐 세무조사를 한 경우는 물론 ② 그 과세기간의 특정 항목에 대하여만 세무조사를 한 경우에도, 다시 그 세목의 같은 과세기간에 대하여 세무조사를 하는 것은 「국세기본법」에서 금지하는 재조사에 해당하고, 세무공무원이 당초 세무조사한 특정 항목을 제외한 다른 항목에 대하여만 다시 세무조사함에 따라 세무조사 내용이 중첩되지 아니하였다고 하여 달리 볼 것은 아니다.

다만, 당초 세무조사가 다른 세목이나 다른 과세기간에 대한 세무조사 도중에 해당 세목이나 과세기간에도 동일한 잘못이나 세금탈루혐의가 있다고 인정되어 관련 항목에 대하여 세무조사 범위가 확대됨에 따라 부분적으로만 이루어진 경우와 같이 당초 세무조사 당시 모든 항목에 걸쳐 세무조사를 하는 것이 무리였다는 등의 특별한 사정이 있는 경우에는 당초 세무조사를 한 항목을 제외한 나머지 항목에 대하여 향후 다시 세무조사를 하는 것은 구 「국세기본법」 제81조의3 제2항에서 금지하는 재조사에 해당하지 아니한다고 볼 것이다.

이 사건 세무조사는 원고의 2000 사업연도 법인세에 대한 거듭된 세무조사로서 특별한 사정이 없는 한 구 「국세기본법」 제81조의3 제2항에서 금지하는 재조사에 해당하고, 그에 앞서 이루어진 세무조사의 대상에 'BBB 주식변동내역'에 관한 부분이 제외되어 있었다고 하여 달리 볼 수는 없으므로, 이 사건 법인세 부과처분은 위법한 재조사에 기초하여 이루어진 것으로서 더 나아가 살펴볼 필요 없이 위법하다고 할 것이다.

3. 당초 부가가치세 세무조사를 실시한 후 통합조사를 실시한 경우
(대법원 2013. 11. 28. 선고 2013두15668 판결)

피고가 2009. 3. 4.부터 같은 해 3. 17.까지 실시한 세무조사의 조사대상 세목은 부가가치세였고, 서울지방국세청이 2009. 5. 14.부터 같은 해 7. 8.까지 실시한 세무조사는 조사대상 세목이 '개인제세 통합조사(소득세, 부가가치세, 원천세 등 포함)'였는바, 나중의 세무조사 대상 세목 중에 종전 세무조사의 대상 세목인 부가가치세 외에 다른 세목도 포함되어 있다는 사정만으로 나중 세무조사가 중복조사에 해당되지 않는다고 볼 수 없다.

4. 감사 결과 재조사 처분 지시에 따라 세무조사를 실시한 경우

1) 재조사 관련 조세탈루의 혐의를 인정할 명백한 자료가 없는 경우
   (대법원 2011. 1. 27. 선고 2010두6083 판결)
   국세청장이 중부지방국세청에 대한 감사를 실시하여 재조사 지시에 따른 세무조사 결과 최초 세무조사에서 획득한 자료 외에 추가로 탈루혐의를 인정할 명백한 자료가 없는 경우 재조사가 허용되는 예외 사유에 해당하지 아니하므로 중복조사가 허용되지 않는다.

2) 감사관서가 감사권의 행사로 거래상대방에게 부분적인 질문권을 행사한 것은 중복조사에 해당함.(대법원 2015. 5. 28. 선고 2014두43257 판결)
   같은 세목 및 과세기간에 대한 거듭된 세무조사는 납세자의 영업의 자유나 법적 안정성을 심각하게 침해할 뿐만 아니라 세무조사권의 남용으로 이어질 우려가 있으므로 조세공평의 원칙에 현저히 반하는 예외적인 경우를 제외하고는 금지할 필요가 있는 점, 구「국세기본법 시행령」제63조의2 규정에 따라 재조사가 허용되는 경우는 구「국세기본법」제81조의4 제2항 제1호 내지 제4호에서 규정한 재조사가 예외적으로 허용되는 경우와 유사한 경우로 한정되므로 허용 사유 및 범위를 엄격하게 해석함이 타당한 점 등을 종합하면, 종전 세무조사에서 작성 또는 취득한 과세자료는 구「국세기본법 시행령」제63조의2 제2호 전단에 의한 '각종 과세자료의 처리를 위한 재조사'에서 '과세자료'에 해당하지 않으므로 이와 같은 종전 세무조사 과정에서 작성하거나 취득한 과세자료에 기초하여 광주지방국세청이 감사과정에서 실시한 질문·사실확인 등을 한 것은 '각종 과세자료의 처리를 위한 재조사'에 해당한다고 할 수 없으므로 중복조사에 해당한다.

5. 2개 이상의 사업연도와 관련하여 잘못이 있는 경우의 의미
   (대법원 2017. 4. 27. 선고 2014두6562 판결)
   구「국세기본법」제81조의4 제2항 제3호에서 정한 재조사의 예외적인 허용사유인 '2개 이상의 사업연도와 관련하여 잘못이 있는 경우'란 다른 사업연도에 발견된 것과 같은 종류의 잘못이 해당 사업연도에도 단순히 되풀이되는 경우를 말하는 것이 아니라 하나의 원인으로 인하여 2개 이상의 사업연도에 걸쳐 과세표준 및 세액의 산정에 관한 오류 또는 누락이 발생한 경우를 의미한다.
   ① 완결적인 하나의 행위가 원인이 되어 같은 잘못이 2개 이상 사업연도에 걸쳐 자동적으로 반복되는 경우는 물론, ② 하나의 행위가 그 자체로 완결적이지는 않더라도 그로 인해 '과세표준 및 세액의 산정에 관한 오류 또는 누락'의 원인이 되는 원칙이 결정되고, 이후에 2개 이상의 사업연도에 걸쳐 그 내용이 구체화되는 후속조치가 이루어질 때에는, 이러한 후속조치는 그 행위 당시부터 예정된 것이므로, 마찬가지로 하나의 행위가 원인이 된 것이다.

6. 탈세제보에 의한 세무조사를 재조사가 허용되는 세무조사로 보는 경우
   (대법원 2018. 2. 28. 선고 2017두52337 판결)
   「국세기본법」제81조의4는 제1항에서 "세무공무원은 적정하고 공평한 과세를 실현하기 위하여 필요한 최소한의 범위에서 세무조사를 하여야 하며, 다른 목적 등을 위하여 조사권을

남용해서는 아니 된다."고 규정하는 한편, 제2항에서 "재조사가 허용되는 각 호의 어느 하나에 해당하는 경우가 아니면 같은 세목 및 같은 과세기간에 대하여 재조사를 할 수 없다."고 규정하고, 제1호에서 재조사가 예외적으로 허용되는 경우의 하나로 '조세탈루의 혐의를 인정할 만한 명백한 자료가 있는 경우'를 규정하고 있다.

이 사건 세무조사는 이 사건 선행조사와 그 과세대상 세목과 과세기간이 중첩되어 「국세기본법」 제81조의4 제2항에서 정한 재조사에 해당하지만, 이 사건 세무조사의 계기가 된 탈세제보는 그 내용이 구체적일 뿐만 아니라 내용증명과 입금증 및 영수증, 사건 수임내역, 차명계좌의 입금내역 등 관련 자료들이 함께 제출되었고, 이러한 관련 자료들이 이 사건 선행조사에서 이미 제출, 조사된 자료들이라고 볼 수도 없는 점 등을 종합하면, 피고는 원고의 조세탈루 개연성을 확인할 수 있는 상당한 정도의 객관성과 합리성이 뒷받침되는 자료에 근거하여 이 사건 세무조사를 한 것으로 볼 수 있으므로, 결과적으로 이 사건 세무조사는 「국세기본법」 제81조의4 제2항 제1호에 따라 예외적으로 허용되는 재조사에 해당하여 중복세무조사금지의 원칙에 위반되지 않는다고 판단하였다.

7. 주식변동조사와 명의신탁에 대한 조사를 하는 경우
(대법원 2017. 12. 13. 선고 2015두3805 판결)

과세관청은 법인에 대한 주식변동조사 과정에서 주주인 원고를 상대로 주식거래 경위에 관하여 조사·확인을 하였으므로, 이후의 원고를 상대로 주식명의신탁에 관한 세무조사를 한 것은 중복조사에 해당한다.

8. 2차 세무조사 시 확보하지 않은 자료에 의한 세무조사의 경우
(대법원 2019. 6. 13. 선고 2019두34647 판결)

조사청이 1차 세무조사 시 확보하고 있었던 자료에 이미 포함된 내용과 동일한 사실에 기초한 민사판결문은 조세탈루혐의를 명백히 인정할 만한 새로운 자료라 할 수 없으므로 2차 세무조사는 위법하다.

9. 부분조사를 할 당시 모든 항목에 걸쳐 세무조사를 하는 것이 무리였다는 등의 특별한 사정이 있는 경우(대법원 2015. 3. 26. 선고 2012두14224 판결)

업무무관 가지급금 등 채권의 회수지연이 있을 경우 그것은 해당 사업연도 인정이자 익금산입 대상 및 차입금 지급이자 손금불산입 대상이 되고 그러한 잘못은 채권의 회수지연이 계속되는 한 다른 사업연도에도 영향을 미치므로 이를 시정하는 기회에 다른 사업연도의 잘못도 함께 시정할 필요가 있는 점, 각 사업연도마다 같은 종류의 잘못이 반복되는 경우에는 그 조사대상이 한정될 뿐만 아니라 조사내용도 단순명료한 경우가 대부분이어서 조사에 따른 납세자의 부담은 크지 아니한 반면 이러한 사유가 있다고 하여 과세관청에 대하여 다른 사업연도 전반에 관한 조사로 확대하기를 기대하기는 어려운 점 등에 비추어 보면, 서울지방국세청장이 제1차 세무조사 당시 원고의 소외 회사들에 대한 구상금채권 등의 회수지연이 업무무관 가지급금에 해당한다고 보아 그에 국한하여 2002 사업연도에 관한 조사를 하였다가 제1차 세무조사 당시 조사한 항목을 제외한 나머지 항목에 대하여 제2차 세무조사를 하는 것은, 당초 세무조사 당시 다른 과세기간의 모든 항목에 걸쳐 세무조사를 하는 것이 무리였다는 등의 특별한 사정이 있는 경우에 해당하여 구 「국세기본법」 제81조의4 제2항에서 금지하는 재조사에 해당하지 아니한다고 할 것이다.

▶▶ 중복조사는 위법하다는 판례(대법원 2018. 6. 19. 선고 2016두1240 판결)

당초 세무조사가 잘못되었으므로 주식변동조사를 실시하라는 감사원 감사에 따른 세무조사의 적정성 여부

1. 쟁점
   – 각종 과세자료의 처리를 위한 재조사이어서 재조사가 가능하다는 국세청의 입장
   – 예외적인 재조사가 아니므로 위법하다는 납세자의 입장

2. 판결 요지
   ① 세무조사의 성질과 효과, 중복조사를 원칙적으로 금지하는 취지, 증여세의 과세대상 등을 고려하면, 증여세에 대한 후속 세무조사가 조사의 목적과 실시 경위, 질문조사의 대상과 방법 및 내용, 조사를 통하여 획득한 자료 등에 비추어 종전 세무조사와 실질적으로 같은 과세요건사실에 대한 것에 불과할 경우에는 재조사에 해당하는 것으로 보아야 한다.
   ② 각종 과세자료란 세무조사권을 남용하거나 자의적으로 행사할 우려가 없는 과세관청 외의 기관이 그 직무상 목적을 위하여 작성하거나 취득하여 과세관청에 제공한 자료로서 국세의 부과·징수와 납세의 관리에 필요한 자료를 의미하고, 이러한 자료에는 과세관청이 종전 세무조사에서 작성하거나 취득한 과세자료는 포함되지 않는다.
   ③ 2011년 세무조사는 조사의 목적과 실시 경위, 질문조사의 대상과 방법 및 내용, 조사를 통하여 획득한 자료 등에 비추어 보아 2008년 세무조사와 실질적으로 같은 증여 사실에 대한 것이라고 봄이 타당하며, 단순히 2011년 세무조사의 명목이나 형식만을 내세워 이를 2008년 세무조사 후에 이루어진 별개의 증여 사실에 대한 세무조사라고는 할 수 없다.
   ④ 감사원 감사결과 처분요구는 새로운 진술이나 자료를 기초로 한 것이 아니라, 과세관청이 종전 세무조사에서 이미 작성하거나 취득한 자료를 토대로 하면서도 사실관계 인정 여부에 대한 판단 등만을 달리하여 이루어진 것인 만큼, 이를 두고 재조사 허용사유의 하나로 규정하고 있는 '각종 과세자료'에 해당한다고 볼 수는 없다.

▶▶ 중복 세무조사에 의한 과세처분의 효력

(대법원 2017. 12. 13. 선고 2016두55421 판결)

「국세기본법」은 재조사가 예외적으로 허용되는 경우를 엄격히 제한하고 있는바, 한정적으로 열거된 요건을 갖추지 못한 경우 같은 세목과 같은 과세기간에 대한 재조사는 원칙적으로 금지되고, 이러한 중복세무조사 금지 원칙을 위반한 때에는 과세처분의 효력을 부정하는 방법으로 통제할 수밖에 없는 중대한 절차적 하자가 존재한다고 보아야 한다.

금지되는 재조사에 기하여 과세처분하는 것은 단순히 당초 과세처분의 오류를 경정하는 경우에 불과하다는 등의 특별한 사정이 없는 한 그 자체로 위법하고, 과세관청이 재조사로 얻은 과세자료를 과세처분의 근거로 삼지 않았다거나 이를 배제하고서도 동일한 과세처분이 가능한 경우라고 하여 달리 볼 것은 아니다.

▶▶ 세무조사 대상자 선정 후 철회

정기 또는 비정기 조사대상자로 선정된 후 중복조사에 해당하는 경우, 조사대상기간이 국세부과제척기간을 경과한 경우, 조사대상자가 조사개시 전에 사망한 경우 등 조사대상자를 명백히 잘못 선정한 경우에는 조사대상을 철회하여야 한다.

▶▶ 중복 세무조사가 허용되는 예외적 사유로 '거래상대방에 대한 조사가 필요한 경우'의 의미

「국세기본법」 제81조의4 제2항 제2호는 중복 세무조사가 허용되는 예외적 사유로 '거래상대방에 대한 조사가 필요한 경우'를 규정하고 있는데, 그 의미는 거래상대방에 대한 세무조사를 할 때 본인에게 납세협력의무가 있기 때문에 본인에 대한 중복 세무조사가 허용된다는 것이다.(광주고등법원 2015. 11. 5. 선고 2015누5329 판결)

4-4. 소규모 성실사업자 세무조사 면제

아래 ①의 소규모 사업자가 아래 ②의 납세협력의무를 이행하는 경우에는 정기선정 세무조사를 하지 않을 수 있다. 다만, 객관적인 증거자료에 의하여 과소신고한 것이 명백한 경우에는 세무조사 대상이 될 수 있다.(국기법 §81의6 ⑤)

① 업종별 수입금액이 다음 금액 이하인 사업자
　　가. 개인사업자: 간편장부대상자[16]
　　나. 법인사업자: 법인의 수입금액이 3억 원 이하인 자(과세기간이 1년 미만인 경우에는 1년으로 환산한 수입금액)
② 장부 등 기록 요건(국기령 §63의5 ②)

가. 모든 거래사실이 객관적으로 파악될 수 있도록 복식부기 방식으로 장부를 기록·관리할 것

나. 과세기간 개시 이전에 「여신전문금융업법」에 따른 신용카드가맹점으로 가입하고 해당 과세기간에 아래의 행위를 하지 아니할 것(현금영수증 가맹점으로 가입하여야 하는 사업자만 해당)
　－신용카드로 결제할 것을 요청하였으나 이를 거부하는 경우(5천 원 미만 제외)
　－신용카드 매출전표를 발급하여야 할 금액과 다르게 발급하는 경우(5천 원 미만 제외)

다. 과세기간 개시 이전에 「조세특례제한법」 제126조의3에 따른 현금영수증 가맹점으로 가입하고 해당 과세기간에 아래의 행위를 하지 아니할 것(현금영수증 가맹점으로 가입하여야 하는 사업자만 해당)
　－현금영수증의 발급을 거부하는 경우(5천 원 미만 제외)
　－현금영수증을 재화나 용역의 대가를 다르게 기재하여 발급하는 경우(5천 원 미만 제외)

라. 「소득세법」 제160조의5에 따른 사업용 계좌를 개설하여 사용할 것(개인만 해당한다)

마. 재화나 용역을 공급하는 경우 「부가가치세법」 제32조 제2항에 따른 전자세금계산서 또는 「소득세법」 제163조 제1항 각 호 외의 부분 후단에 따른 전자계산서를 발급하고, 「부가가

---

16) 「소득세법」 제160조 제3항에 따른 간편장부대상자
　① 해당 과세기간에 신규로 사업을 개시한 사업자
　② 직전 과세기간 수입금액이 다음 금액에 미달하는 사업자
　　가. 3억 원: 농업·임업 및 어업, 광업, 도매 및 소매업(상품중개업을 제외), 부동산매매업, 그 밖에 나목 및 다목에 해당되지 아니하는 사업
　　나. 1억 5천만 원: 제조업, 숙박 및 음식점업, 전기·가스·증기 및 공기조절 공급업, 수도·하수·폐기물처리·원료재생업, 건설업(비주거용 건물 건설업은 제외), 부동산 개발 및 공급업(주거용 건물 개발 및 공급업에 한정), 운수업 및 창고업, 정보통신업, 금융 및 보험업, 상품중개업
　　다. 7천 5백만 원: 부동산임대업, 부동산업(부동산매매업은 제외), 전문·과학 및 기술서비스업, 사업시설관리·사업지원 및 임대서비스업, 교육서비스업, 보건업 및 사회복지서비스업, 예술·스포츠 및 여가 관련 서비스업, 협회 및 단체, 수리 및 기타 개인서비스업, 가구 내 고용활동
17) 소규모 성실사업자에 대한 정기조사 면제 시 적용하는 성실신고기준 고시(국세청 고시 제2021-35호 2021.

치세법」제60조 또는 「소득세법」제81조의10에 따른 가산세(세금계산서 및 계산서 관련 가산세로 한정한다)의 부과 대상이 되는 행위를 하지 않을 것

바. 「법인세법 시행령」제158조 제6항에 따른 지출증명서류 합계표를 작성하여 보관할 것

사. 업종별 평균 수입금액 증가율 등을 고려하여 국세청장이 정하여 고시[17]하는 수입금액 등의 신고기준에 해당할 것

아. 해당 과세기간의 법정신고납부기한 종료일 현재 최근 3년간 조세범으로 처벌받은 사실이 없을 것

자. 해당 과세기간의 법정신고납부기한 종료일 현재 국세의 체납사실이 없을 것

⑤ 세무조사 계획의 수립

5-1. 조사대상 과세기간과 조사반 편성

▶▶ 조사대상 과세기간 최소화 원칙

조사대상 과세기간이란 과세관청에서 세무조사를 실시할 때 질문·조사권을 행사할 수 있는 기간적인 대상 또는 범위라고 할 수 있다. 따라서 조사대상 과세기간을 벗어난 부분에 대해 세무조사를 실시하여 과세를 하는 경우에는 위법한 처분이라고 할 수 있다.

조사대상 과세기간은 조사대상자 선정 사유를 감안하여 최소한의 범위에서 정하여야 한다.(조사사규 §13 ①)

▶▶ 조세범칙조사에 있어서 조사대상 과세기간

조세범칙조사의 조사대상 과세기간은 조세탈루 수법·규모·기수시기 등을 감안하여 국세부과의 제척기간 범위[18] 또는 공소시효를 고려하여 정할 수 있다.(조사사규 §13 ②)

---

8. 20.)
① 성실신고기준: 해당 과세연도의 수입금액을 직전 과세연도의 수입금액보다 10% 이상 신고하고, 해당 과세연도의 소득금액을 직전 과세연도의 소득금액 이상 신고할 것
② 제외기준: 사업장의 이전(확장) 또는 업종의 변경 등 다음의 사유에 의하여 수입금액 또는 과세표준이 증가하는 경우에는 이를 성실신고기준에서 제외
   가. 사업장 면적(적수로 계산)이 직전 과세연도보다 50%(이전하는 경우 30%) 이상 증가하는 경우
   나. 업종을 변경하거나 업종을 추가하는 경우(한국표준산업분류에 의한 대분류 기준)

▶▶ 조사업무량 등을 고려하여 조사반 편성

조사계획을 수립하는 경우에는 조사유형, 조사대상자의 업종·규모 및 조사업무량 등을 고려하여 적정한 인원으로 조사반(팀)을 편성하여야 한다.(조사사규 §14 ①)

▶▶ 조사인력 풀(Pool) 편성·운영

지방국세청장 및 세무서장은 전문가 지원, 효율적인 조사관리, 조사성과 제고 등을 위하여 업종별·거래유형별 조사전담반 또는 조사인력 풀(Pool)을 편성·운영할 수 있다.(조사사규 §14 ②)

▶▶ 조사반(팀)의 구성원 교체

조사반(팀)의 구성원은 효율적인 조사관리에 지장을 주지 않는 범위에서 수시로 교체·편성할 수 있으며, 특별한 사정이 없으면 조사반(팀) 구성원의 1/2(소수점 이하는 올림한다)까지만 1년을 초과하여 같은 조사반(팀)에 편성할 수 있다. 다만, 금융업조사·국제조사 전담팀의 경우에는 전문인력의 효율적 관리를 위해 예외로 한다.(조사사규 §14 ③)

5-2. 세무조사 기간

▶▶ 세무조사 기간 최소화 원칙

세무조사는 세무조사대상 세목, 업종, 규모, 조사 난이도 등을 고려하여 세무조사 기간이 최소한이 되도록 하여야 한다.(국기법 §81의8 ①)

---

18) 국세의 부과제척기간은 국세를 부과할 수 있는 날부터 5년으로 한다.(국기법 §26의2 ①)
　　아래의 경우는 다음에 정해진 기간으로 한다.
　　① 납세자가 법정신고기한까지 미신고 시: 7년(역외거래의 경우 10년)
　　② 사기 기타 부정한 행위로 국세를 포탈하거나 환급(공제)받는 경우: 10년(역외거래의 부정행위는 15년)

세무조사 기간이란, 세무조사를 실시할 수 있는 시간한계를 설정(토요일·공휴일 포함)한 것이므로 세무조사 기간이 경과한 경우에는 세무조사를 실시할 수 없다. 따라서 질문·검사, 소명자료의 제출요구, 금융거래확인, 거래처 확인 등을 할 수 없다. 그러나 실무적으로 조사기간이 종료되더라도 조사대상자가 성실신고한 것이라고 판단되는 경우에는 세무조사 기간이 종료되기 전이라도 조기에 세무조사를 종결할 수 있다.

▶▶ 세무조사 기간이 연장되는 경우

아래의 사유에 해당하는 경우에는 세무조사 도중 세무조사 기간을 연장할 수 있다. (국기법 §81의8 ①)

1. 납세자가 장부·서류 등을 은닉하거나 제출을 지연하거나 거부하는 등 조사를 기피하는 행위[19]가 명백한 경우
2. 거래처 조사, 거래처 현지확인 또는 금융거래 현지확인이 필요한 경우
3. 세금탈루혐의가 포착되거나 조사 과정에서 조사유형이 「조세범처벌절차법」에 따른 조세범칙조사로 전환되는 경우
4. 천재지변이나 노동쟁의로 조사가 중단되는 경우
5. 납세자보호관 등이 세금탈루혐의와 관련하여 추가적인 사실 확인이 필요하다고 인정하는 경우
6. 세무조사 대상자가 세금탈루혐의에 대한 해명 등을 위하여 세무조사 기간의 연장을 신청한 경우로서 납세자보호관 등이 이를 인정하는 경우

▶▶ 중소규모납세자의 세무조사 기간

세무공무원은 세무조사 기간을 정할 경우 조사대상 과세기간 중 연간수입금액 또는 양도가액이 가장 큰 과세기간의 연간 수입금액 또는 양도가액이 100억 원 미만(부가가치세에 대한 세무조사의 경우 1과세기간 공급가액의 합계액이 50억 원 미만)인 중소규모납세자에 대한 세무조사 기간은 원칙적으로 20일 이내(토요일·공휴일 포함)로 하

---

19) 세무조사 기간 연장을 염두에 둔 조사공무원은 조사기피행위에 대한 근거를 남기기 위해 자료제시 등의 요구를 공문으로 하게 된다.

여야 한다.(국기법 §81의8 ②, 조사사규 §15 ②)

중소규모납세자가 세무조사 기간 연장사유에 해당하여 세무조사 기간을 연장하는 경우 최초로 연장하는 경우에는 관할 세무서장의 승인을 받아야 하고, 2회 이후 연장의 경우에는 관할 상급 세무관서의 장의 승인을 받아 각각 20일 이내에서 연장할 수 있다.(국기법 §81의8 ③)

▶▶ 세무조사 기간의 제한이 없는 경우

아래의 사유에 해당하는 경우에는 중소규모납세자에 해당하더라도 세무조사 기간의 제한 및 세무조사 연장기간의 제한이 없게 된다.(국기법 §81의8 ③)

1. 무자료거래, 위장·가공거래 등 거래 내용이 사실과 다른 혐의가 있어 실제 거래 내용에 대한 조사가 필요한 경우
2. 역외거래를 이용하여 세금을 탈루하거나 국내 탈루소득을 해외로 변칙 유출한 혐의로 조사하는 경우
3. 명의위장, 이중장부의 작성, 차명계좌의 이용, 현금거래의 누락 등의 방법을 통하여 세금을 탈루한 혐의로 조사하는 경우
4. 거짓계약서 작성, 미등기양도 등을 이용한 부동산 투기 등을 통하여 세금을 탈루한 혐의로 조사하는 경우
5. 상속세·증여세 조사, 주식변동 조사, 범칙사건 조사 및 출자·거래관계에 있는 관련자에 대하여 동시조사를 하는 경우

▶▶ 세무조사 기간의 계산

조사기간의 계산은 조사시작일부터 조사종결일까지의 기간으로 하며, 조사기간 중의 토요일·공휴일을 포함하여 계산한다. 다만, 세무조사가 중지[20]된 기간은 조사기간 계산에 포함하지 아니한다.(조사사규 §16)

---

20) 7-16 세무조사의 중지 내용 참고

5-3. 세무조사 방법

▶▶ 통합조사의 원칙

세무조사는 납세자의 사업과 관련하여 세법에 따라 신고·납부의무가 있는 세목에 대해 통합조사를 원칙으로 한다.(국기법 §81의11 ①)

조사대상자의 납세 성실도 수준, 사업규모, 업종, 과세자료 분석내용, 탈루혐의사항 및 탈세정보내용 등을 고려하여 전부조사, 부분조사, 간편조사의 방법으로 실시할 수 있다.(조사사규 §17)

▶▶ 세무조사 방법(조사사규 §17)

① 전부조사 방법

납세자가 비치·기장하고 있는 장부 및 그와 관련된 증빙서류(전산조직에 의해 장부와 증빙서류를 작성하였을 때에는 전자기록을 포함한다) 조사와 그 장부의 진실성 여부를 검증하기 위한 실물조사, 생산수율 검토, 각종 현황조사, 거래처조사 또는 거래처 현장확인 및 금융거래 현장확인을 실시하는 조사 방법을 말한다.

② 부분조사 방법

세금탈루혐의가 있는 특정 사업장, 특정 항목·부분 또는 거래의 일부에 대해 전부조사의 방법을 준용하여 실시하는 조사 방법을 말한다.

③ 간편조사 방법

서면심리 및 준비조사 결과 나타난 문제점을 중심으로 우편질문에 의한 해명자료의 검증 또는 단기간의 현장조사 방법으로 실시하는 조사 방법을 말한다.

간편조사는 주로 정기조사대상자 중 중소규모의 신고성실도가 높은 납세자를 대상으로 컨설팅 위주의 조사를 하는 방식이다.

▶▶ 세목별 조사

아래의 어느 하나에 해당하는 경우 특정한 세목만을 조사할 수 있다.(국기법 §81의11 ②)

1. 세목의 특성, 납세자의 신고유형, 사업규모 또는 세금탈루혐의 등을 고려하여 특정 세목만을 조사할 필요가 있는 경우
2. 조세채권의 확보 등을 위하여 특정 세목만을 긴급히 조사할 필요가 있는 경우
3. 그 밖에 세무조사의 효율성 및 납세자의 편의 등을 고려하여 특정 세목만을 조사할 필요가 있는 경우

▶▶ 부분조사

아래의 어느 하나에 해당하는 사항에 대한 확인을 위하여 필요한 부분에 한정한 부분조사를 실시 할 수 있다.(국기법 §81의11 ③)

다음 사유 중 3.부터 9.까지에 해당하여 부분조사가 실시되는 경우 같은 세목 및 같은 과세기간에 대하여 2회를 초과하여 실시할 수 없다.(국기법 §81의11 ④)

○ **부분조사 사유**(국기법 §81의11 ③, 국기령 §63의12 ①)

1. 「국세기본법」 제45조의2 제3항, 「소득세법」 제156조의2 제5항 및 제156조의6 제5항, 「법인세법」 제98조의4 제5항 및 제98조의6 제5항에 따른 경정 등의 청구에 대한 처리 또는 「국세기본법」 제51조 제1항에 따른 국세환급금의 결정을 위하여 확인이 필요한 경우
2. 「국세기본법」 제65조 제1항 제3호 단서(같은 법 제66조 제6항 및 제81조에서 준용하는 경우를 포함한다) 또는 같은 법 제81조의15 제5항 제2호 단서에 따른 재조사 결정에 따라 사실관계의 확인 등이 필요한 경우
3. 거래상대방에 대한 세무조사 중에 거래 일부의 확인이 필요한 경우
4. 납세자에 대한 구체적인 탈세 제보가 있는 경우로서 해당 탈세 혐의에 대한 확인이 필요한 경우
5. 명의위장, 차명계좌의 이용을 통하여 세금을 탈루한 혐의에 대한 확인이 필요한 경우
6. 법인이 주식 또는 출자지분을 시가보다 높거나 낮은 가액으로 거래하거나 「법인세법 시행령」 제88조 제1항 제8호 각 목 및 같은 항 제8호의2의 자본거래로 인하여 해당 법인의 특수관계인인 다른 주주 등에게 이익을 분여하거나 분여받은 구체적인 혐의가 있는 경우로서 해당

혐의에 대한 확인이 필요한 경우

7. 무자료거래, 위장·가공 거래 등 특정 거래 내용이 사실과 다른 구체적인 혐의가 있는 경우로서 조세채권의 확보 등을 위하여 긴급한 조사가 필요한 경우

8. 과세관청 외의 기관이 직무상 목적을 위해 작성하거나 취득하여 과세관청에 제공한 자료의 처리를 위해 조사하는 경우

9. 「소득세법」 제156조의2 제1항·제2항 및 「법인세법」 제98조의4 제1항·제2항에 따른 조세조약상의 비과세·면제 적용 신청의 내용을 확인할 필요가 있는 경우

▶▶ 부분조사대상자 선정 시 먼저 비정기선정 사유 해당 여부 검토

비정기조사대상자로 선정된 자에 대한 조사방법은 통합조사를 실시하거나 부분조사 등을 실시할 수 있다. 부분조사도 비정기조사이므로 먼저 비정기선정 사유를 검토한 후, 비정기선정 사유에 해당하는 경우에 한해 부분조사 실시 여부를 검토하여야 한다.

그러므로 부분조사 사유에 해당하더라도 먼저 세무조사 비정기선정 사유인지 우선하여 검토하고 이에 해당하여야만 부분조사를 실시할 수 있다.

▶▶ 관련인에 대한 동시조사(조사사규 §20)

① 관련인 동시조사란 조사대상자로 선정된 납세자의 관련인이 조사대상자로 이미 선정이 되어 있거나 명백한 조세 탈루혐의가 있는 경우에 보충적으로 실시하는 조사이다.

② 조사의 효율성, 납세자 편의 등을 감안하여 조사대상 납세자와 출자관계에 있는 자, 거래가 있는 자 또는 납세자와 특수관계에 있는 자 등 관련인 및 관련법인이 조사대상자로 선정되었거나 조세 탈루혐의가 있는 경우에는 그 관련인을 동시에 조사[21]할 수 있다.

③ 관련인에 대하여 동시조사를 실시하고자 하는 경우에는 지방국세청장의 승인을 받아야 한다. 만약, 관련인의 납세지가 다른 지방국세청 관할인 경우에는 국세청

---

21) 사주일가 등에 대한 자금출처조사, 증여세조사, 양도소득세조사 등

52

장의 승인을 받아야 한다.

④ 관련인에 대한 동시조사가 부분조사인 경우에는 지방청장의 승인 없이 동시조사를 실시할 수 있다.

⑤ 동시조사를 실시하는 경우로서 조사관할 조정이 필요한 때에는 관할조정을 하여야 하며, 세무조사 사전통지 등 일반 조사절차를 준수하여야 한다.

⑥ 합병법인 또는 피합병법인에 대한 조사과정에서 피합병법인 또는 합병법인에 대한 동시조사가 필요한 경우에는 지방청장 또는 국세청장의 승인을 얻어 동시조사를 실시할 수 있다.

⑥ 세무조사 착수

6-1. 세무조사 사전통지 및 사전통지의 생략

▶▶ 세무조사의 사전통지

① 세무공무원은 세무조사를 하는 경우에는 조사를 받을 납세자(또는 납세관리인)에게 조사를 시작하기 20일[22](도달기준) 전에 아래의 사항을 기재하여 사전통지하여야 한다.[23] (국기법 §81의7 ①, 국기령 §63의6 ①)

---

1. 조사대상 세목
2. 조사기간
3. 납세자 또는 납세관리인의 성명과 주소 또는 거소
4. 조사대상 세목, 과세기간 및 조사사유
5. 부분조사를 실시하는 경우에는 해당 부분조사의 범위
6. 그 밖에 필요한 사항

---

22) 「국세기본법」 제65조 제1항 제3호 단서(제66조 제6항과 제80조의2에서 준용하는 경우를 포함한다) 또는 「국세기본법」 제81조의15 제5항 제2호 단서에 따른 재조사 결정으로 재조사를 하는 경우에는 7일
23) 세무공무원은 세무조사 사전통지서를 작성하여 송달하고 송달을 확인할 수 있는 근거서류를 보관하여야 하므로, 통지서 수령확인서 등을 요청하기도 한다.

만약 사전통지서 송달지연 등의 사유로 조사착수 15일 전까지 납세자에게 도달하지 않는 경우 사전통지서가 도달한 날로부터 15일 후 조사착수하거나 조사계획을 다시 수립하여 사전통지서를 발송한 후 조사를 착수하여야 한다.

② 공동사업장에 대한 세무조사를 실시하는 경우에는 대표공동사업자에게 세무조사 사전통지 또는 세무조사 통지를 하여야 한다. 다만, 비대표공동사업자를 세무조사 하는 경우에는 비대표공동사업자에게도 세무조사 사전통지 또는 세무조사 통지를 하여야 한다.(조사사규 §56 ⑤)

③ 세무조사 사전 통지 또는 세무조사 개시 통지를 하는 경우에는 '조사사유'란에 조사대상 선정사유와 법적근거를 기재하여야 하고, 부분조사를 실시하는 경우에는 '부분조사 범위'란에 부분조사 대상 범위를 상세히 기재하여야 하며, 조사대상 과세기간에 대하여 이미 세목별 조사 또는 부분조사를 실시한 경우에는 '조사제외 대상'란에 조사제외 대상 세목, 과세기간 및 범위 등을 명확히 기재하여 중복조사를 방지하여야 한다.(조사사규 §21 ③)

▶▶ 세무조사 사전통지의 생략

① 조세범칙조사를 하거나 사전 통지를 하면 증거인멸 등으로 조사 목적을 달성할 수 없다고 인정되는 경우로서 다음 어느 하나에 해당하는 때에는 조사관서장의 승인을 받아 사전통지를 생략하고 조사를 시작할 수 있다.(국기법 §81의7 ① 단서, 조사사규 §21 ① 단서)

1. 거짓세금계산서·계산서 수수 또는 무자료거래 등 유통질서 문란행위 및 신용카드 변칙거래로 세금을 탈루하거나 탈루하게 한 혐의가 있는 경우
2. 이중장부·허위계약·증빙서류 허위작성 및 변조·차명계좌 이용, 명의위장 등 부정한 방법으로 세금을 탈루한 혐의가 있는 경우
3. 현금거래를 누락하는 방법 등을 통해 세금을 탈루한 혐의가 있는 경우
4. 기업자금을 빼돌려 이를 기업주 등 개인이 착복하였거나 개인 재산증식에 이용한 혐의가 있는 경우
5. 국제거래 및 역외거래를 이용하여 세금을 탈루하였거나 기업자금을 불법으로 해외에 빼돌린 혐의가 있는 경우
6. 사전 통지 시 거래상대방 또는 제3자와 담합의 우려가 있는 경우

② 이 경우에는 세무조사 시작 시 세무조사 사전 통지를 하지 않은 사유 등이 기재된 세무조사 개시 통지서[24]를 교부하여야 한다.(조사사규 §21 ②)

▶▶ 세무조사 개시 통지의 교부를 생략

납세자가 폐업 등 다음 사유에 해당하는 경우에는 세무조사 개시 통지의 교부를 생략할 수 있으며, 이러한 경우에는 「국세기본법」에 따른 서류송달의 방법(제10조), 공시송달(제11조)에 의해 세무조사 개시 통지 서류를 송달하여야 한다.(조사사규 §21 ④)

1. 납세자가 세무조사 대상이 된 사업을 폐업한 경우
2. 납세자가 납세관리인을 정하지 아니하고 국내에 주소 또는 거소를 두지 아니한 경우
3. 납세자 또는 납세관리인이 세무조사통지서의 수령을 거부하거나 회피하는 경우

▶▶ 세무조사 통지는 행정소송의 대상이 되는 처분에 해당한다는 판결
(대법원 2011. 3. 10. 선고 2009두23617 판결)

세무조사의 사전통지서에 기재된 '세무조사를 하겠다는 결정' 자체가 항고소송의 대상이 되는 처분의 성격을 갖고 있는지에 관한 판결로서 세무조사 사전통지를 하는 경우 국민의 구체적인 권리를 침해하는 행정청의 공권력적 행위에 해당하여 처분에 포함되는지에 관한 판결이다.

---

24) 사전통지 사항, 사전통지를 하지 아니한 사유, 그 밖에 세무조사의 개시와 관련된 사항으로서 대통령령으로 정하는 사항이 포함된 세무조사통지서를 교부하여야 한다.(국기법 §81의7 ⑥ 1호)

과세관청의 질문조사권이 행해지는 세무조사결정(세무조사 통지)이 있는 경우 납세의무자는 세무공무원의 과세자료 수집을 위한 질문에 대답하고 검사를 수인하여야 할 법적 의무를 부담하게 되는 점, 세무조사는 기본적으로 적정하고 공평한 과세의 실현을 위하여 필요한 최소한의 범위 안에서 행하여져야 하고, 더욱이 동일한 세목 및 과세기간에 대한 재조사는 납세자의 영업의 자유 등 권익을 심각하게 침해할 뿐만 아니라 과세관청에 의한 자의적인 세무조사의 위험마저 있으므로 조세공평의 원칙에 현저히 반하는 예외적인 경우를 제외하고는 금지될 필요가 있는 점(대법원 2010. 12. 23. 선고 2008두10461 판결 등 참조), 납세의무자로 하여금 개개의 과태료 처분에 대하여 불복하거나 조사 종료 후의 과세처분에 대하여만 다툴 수 있도록 하는 것보다는 그에 앞서 세무조사결정에 대하여 다툼으로써 분쟁을 조기에 근본적으로 해결할 수 있는 점 등을 종합하면, 세무조사결정(세무조사 통지)은 납세의무자의 권리 · 의무에 직접 영향을 미치는 공권력의 행사에 따른 행정작용으로써 항고소송의 대상이 된다고 할 것이다.

■ 국세기본법 시행규칙 [별지 제54호 서식] <개정 2022. 3. 18.>

 국세청
National Tax Service

행 정 기 관 명

수신자

제 목 세무조사 사전 통지

　　　　귀하(귀사)에 대한 세무조사를 실시하기에 앞서 아래와 같이 알려드립니다.

(근거: 「국세기본법」 제81조의7 제1항 및 같은 법 시행령 제63조의6)

납 세 자 또는 납세관리인	상 호 (성 명)		사업자등록번호 (생 년 월 일)	
	사업징 (주소 또는 거소)			
조 사 대 상 세 목				
조 사 대 상 과 세 기 간 (자 료 요 청 대 상 기 간)		년　월　일 ~ 　년　월　일		
조 　 사 　 기 　 간		년　월　일 ~ 　년　월　일		
조 　 사 　 사 　 유				
조 사 제 외 대 상	세목: 　　　　과세기간: 　　　　범위:			
부 분 조 사 범 위				

　　　　만약 귀하(귀사)에게 「국세기본법 시행령」 제63조의7 제1항에 해당하는 사유가 있으면 세무조사의 연기를 신청할 수 있습니다.

　　※ 「국세기본법 시행령」 제63조의7 제1항에 해당하는 사유
　　　 1. 화재, 그 밖의 재해로 사업상 심각한 어려움이 있을 때
　　　 2. 납세자 또는 납세관리인의 질병, 장기 출장 등으로 세무조사를 받기 곤란하다고 판단될 때
　　　 3. 권한 있는 기관에 장부, 증거서류가 압수되거나 영치되었을 때
　　　 4. 제1호부터 제3호까지의 규정에 준하는 사유가 있을 때. 끝.

발 신 명 의

직인

　　이 통지에 대한 문의 사항 또는 조사 시작 전 세무조사 연기신청 등에 관한 궁금한 사항은 ○○○과 담당자 ○○○(전화: 　　　)에게 연락하시기 바라며 조사 시작 이후 세무조사와 관련하여 불편·애로 사항이 있을 때에는 납세자보호담당관 ○○○(전화: 　　　)에게 연락하시면 친절하게 상담해 드리겠습니다.

기안자 직위(직급) 서명　　　　검토자 직위(직급)서명　　　　결재권자 직위 (직급)서명

협조자

시행　　　　　처리과－일련번호(시행일자)　　　　접수　　　　　처리과명－일련번호(접수일자)

우　　　　　　주소　　　　　　　　　　　　　　/ 홈페이지 주소

전화( )　　　　　　　전송( )　　　　　　 / 기안자의 공식전자우편주소　/ 공개구분

210㎜×297㎜[일반용지 70g/㎡(재활용품)]

■ 국세기본법 시행규칙 [별지 제54호의2 서식] <개정 2024. 3. 22.>

행 정 기 관 명

수신자

제 목 세 무 조 사 개 시 통 지

　　　　귀하(귀사)에 대한 세무조사를 아래와 같이 개시하게 되었음을 알려드립니다.
(근거: 「국세기본법」 제81조의 7 제6항)

납 세 자	상 호 (성 명)		사업자등록번호 (생 년 월 일)	
	사업장 (주 소)			
조 사 대 상 세 목				
조 사 대 상 과 세 기 간		년 월 일 ~	년 월 일	
조 사 기 간		년 월 일 ~	년 월 일	
조 사 사 유				
조 사 제 외 대 상	세목:	과세기간:		범위:
부 분 조 사 범 위				
사전통지 미실시 사유 또 는 연기된 조사를 긴급히 개시해야 하는 사유				

끝.

발 신 명 의 　직인

　　이 통지에 대한 문의 사항이 있으면 ○○○과 담당자 ○○○(전화:　　　)에게 연락하시기 바라며
세무조사와 관련하여 불편·애로 사항이 있을 때에는 납세자보호담당관 ○○○(전화:　　　)에게
연락하시면 친절하게 상담해 드리겠습니다.

기안자 직위(직급) 서명　　　　검토자 직위(직급)서명　　　　결재권자 직위 (직급)서명
협조자
시행　　　　처리과－일련번호(시행일자)　　　　접수　　　　처리과명－일련번호(접수일자)
우　　　　주소　　　　　　　　　　　　　　/ 홈페이지 주소
전화( )　　　　　　　전송( )　　　　/ 기안자의 공식전자우편주소 / 공개구분

(예시)

세무조사 준비사항 안내

이번 세무조사에서 준비할 사항을 아래와 같이 미리 알려드리니 세무조사 시작할 때 제출하여 주시기 바랍니다.

아울러 세무조사가 원활하게 진행되어 정해진 기간 내에 종결될 수 있도록 조사공무원의 장부 또는 증빙서류 등의 제출요구와 질문·조사에 적극적으로 협조해 주시기를 부탁드립니다.

궁금한 사항은 언제든지 ○○○(전화 ***-****, 팩스 ***-****) 반장에게 문의해 주시기 바랍니다.

■ 준비할 사항

1. 신고서 및 회계장부 등
    1) 조사대상 사업연도 및 기타 사업연도(조사대상 연도의 앞·뒤 사업연도) 법인세신고서·결산서·감사보고서(수정신고서, 경정청구서 포함)
    2) 조사대상 사업연도 회계장부·전표·증빙서류, 예금/증권 통장 및 당좌원장 등
    3) 조사대상 사업연도 부가세·원천세 등 신고서 및 관련 부속 서류(세금계산서철, 계산서철, 원천징수부, 지급명세서 등)
    4) 세무조정사항 세무내역

2. 국제거래 관련 준비할 사항
    1) 현지법인별 이전가격 보고서, 재무제표, 감사보고서, 사업보고서
    2) 현지법인별 거래명세서, APA 상호 협의서

3. 기타 조사 관련 부책 등
    1) 회사 조직도(주요 보직자 명단 표시, 연도 말 기준 5년간)

2) 사무실 배치도 및 부서별 업무분장표, 지점현황, 해외지점법인현황

3) 임직원 명단(연도 말 기준 5년간)

부서명	직위	성명	주민번호	재직기간	비고

4) 법인등기부등본(말소사항 포함), 정관, 이사회회의록, 주주총회회의록, 각종 사규 및 지침

5) 유가증권 및 부동산 취득·매각·임차·임대차계약서 일체

6) 예금·증권 통장 및 당좌원장, 당좌수표 및 어음발행대장 등

7) 특수관계지(국내, 해외포함) 간 거래내역(재화, 용역, 자본)

4. 전산자료 관련 준비할 사항

1) 전산시스템 부서의 조직도 및 전화번호(조사 시 전산 담당할 실무 담당자 지정)

2) 전산운영기(H/W)의 기종 및 운영체제(S/W, DBMS) 종류

3) 전산업무 흐름도 작성(부서별 업무처리 절차도)

4) 파일/DB 리스트(회계전표, 세금계산서, 제품·상품 관리 등)
   - 파일/DB명, 개요, 레이아웃, ERD

5) 전산 DATA DOWN-LOAD(전표, 세금계산서, 제품수불부 등)
   - ACCESS 또는 엑셀 파일로 작성
   - 전표 파일 서식(아래 항목 필수 포함)

일자	전표번호	순번	계정코드	계정과목			차변	대변	적요(품목)	거래처		입력부서	귀속부서
				대분류	중분류	소분류				상호	사업자번호		

* 일자순(재무상태표의 경우 전기 이월 포함), 입력전표 전체(대체전표 포함)
* 계정과목은 대분류(자산, 부채, 자본, 비용, 수익), 중분류, 소분류로 구분
  예) 대분류: 비용, 중분류: 판관비, 소분류: 급여(최소구분)
* 계정과목별 차변 및 대변 금액이 시산표 및 B/S, I/S 금액과 일치해야 함.

▣ 세무조사를 받을 때 유의사항

1. 모든 서류의 제출은 원본으로 하여 주시기 바랍니다. 현재 업무상 필요하신 서류는 원본을 가져오신 후 조사실에서 해당부분을 복사하시고, 원본대조필 도장을 찍으신 후 가져가시기 바랍니다.

2. 요청서류가 철에 편철되어 있을 경우 해당 철에 포스트잇을 붙이셔서 가져오시면 되며, 철을 별도로 분해해서 서류를 복사하여 제출하실 필요는 없습니다.(세무조사팀에서 서류 복사 후 해당 철은 다시 반납할 예정입니다)

3. 소명과 관련된 임직원의 국내외 장·단기 출장 시 사전에 통보하여 주시기 바랍니다.

4. 세무조사와 관련하여 애로사항이 있으시거나, 세무조사관들이 협력할 사항이 발생할 때에는 언제든지 조사담당 팀장 및 반장에게 말씀하셔서 협조를 얻으시기 바랍니다.

※ 세무조사실 배치도(참고용)

캐비닛1	회의탁자	조사담당 (팀장) 책상①

프린터1
(팀장)

| 프린터2
(반장)

앵글
/
전표
및
제
서
류 | 조사반장
책상② | | 캐비닛2 |

	책상 ④	책상 ③	캐비닛3
	책상 ⑥	책상 ⑤	캐비닛4
	책상 ⑧	책상 ⑦	캐비닛5

| 복사기 | 문서파쇄기 | 음료수대 |

6-2. 세무조사의 연기

▶▶ 세무조사의 연기신청

세무조사의 사전통지를 받은 납세자가 천재지변 등으로 조사를 받기 곤란한 아래와 같은 사유가 있는 경우에는 조사관서장에게 조사를 연기해 줄 것을 신청할 수 있다. (국기법 §81의7 ②, 국기령 §63의7, 조사사규 §22 ①)

1. 화재, 그 밖의 재해로 사업상 심각한 어려움이 있을 때
2. 납세자 또는 납세관리인의 질병, 장기출장 등으로 세무조사가 곤란하다고 판단될 때
3. 권한 있는 기관[25]에 장부, 증거서류가 압수되거나 영치되었을 때
4. 1.~3.에 준하는 사유가 있는 때
5. 납세자보호담당관이 세무조사의 일시중지를 요청하는 경우[26]

세무조사 연기 신청을 하려는 자는 ① 세무조사의 연기를 받으려는 자의 성명과 주소(거소) ② 세무조사의 연기를 받으려는 기간 ③ 세무조사의 연기를 받으려는 사유 ④ 그 밖에 필요한 사항을 적은 문서를 제출하여야 한다.(국기령 §63의7 ②)

▶▶ 세무조사의 연기 통지

납세자가 세무조사 연기신청을 하는 경우 조사관서장은 그 내용을 검토하여 세무조사 연기신청에 대한 승인 여부를 결정하고 그 결과(연기 결정 시 연기한 기간을 포함)를 세무조사 연기신청 결과 통지에 의하여 조사개시 전까지 납세자에게 통지하여야 한다.(국기법 §81의7 ③, 조사사규 §22 ②)

▶▶ 세무조사 연기기간 종료

세무조사 연기기간이 종료된 때에는 특별한 사유가 없으면 지체 없이 조사를 시작하

---

25) 경찰, 검찰 등
26) 이 경우 당초 조사시작 예정일 전일까지 세무조사 연기 통지(별지 제4호 서식)에 그 사유를 구체적으로 기재하여 납세자에게 통지하여야 한다.(조사사규 §22 ③)

여야 한다.(조사사규 §22 ④)

다만, 다음의 어느 하나에 해당하는 사유가 있는 경우에는 연기기간이 만료되기 전에 조사를 개시할 수 있다.(국기법 §81의7 ④)

---

1. 세무조사 연기사유가 소멸한 경우

   이 경우 조사를 개시하기 5일 전까지 조사를 받을 납세자에게 연기사유가 소멸한 사실과 조사기간을 통지하여야 한다.(국기법 §81의7 ⑤)

2. 조세채권을 확보하기 위하여 조사를 긴급히 개시할 필요가 있다고 인정되는 경우

   이 경우 조사를 긴급히 개시하여야 하는 사유가 포함된 세무조사 통지서를 세무조사를 받을 납세자에게 교부하여야 한다. 다만, 폐업 등 대통령령으로 정하는 경우에는 그러하지 아니한다.(국기법 §81의7 ⑥)

▶▶ 세무조사 재개 통지

조세채권을 확보하기 위하여 조사를 긴급히 개시하는 경우에는 조사를 긴급히 개시하여야 하는 사유를 세무조사 개시 통지(별지 제2호 서식)에 기재하여 통지하여야 하고, 연기사유가 소멸되어 조사를 개시하는 경우에는 조사 개시 5일전까지 납세자에게 연기사유가 소멸한 사실과 조사기간을 세무조사 재개(개시) 통지(별지 제11호 서식)에 기재하여 통지하여야 한다. 이때 조사반(팀)이 변경되는 등 당초 통지 내용이 변경되는 경우에는 새로이 조사계획을 수립하여 조사를 시작한다.(조사사규 §22 ⑤)

6-3. 세무조사 착수 시 준수사항

▶▶ 세무조사 착수 시 준수사항(조사사규 §23)

---

1. 조사관리자는 조사시작 전에 조사공무원을 대상으로 조사공무원 행동수칙에 대한 교육을 실시하여야 한다.
2. 조사공무원이 세무조사를 시작하는 때에는 신분증과 조사원증을 반드시 소지하고 납세자

또는 관련인에게 제시하여야 한다.

3. 조사공무원은 조사사유, 조사기간, 권리구제 절차 등 필요한 사항을 납세자에게 상세히 설명한 후 조사를 시작하여야 한다.

▶▶ 납세자권리헌장의 교부 및 낭독(조사사규 §24)

조사공무원이 세무조사를 시작하는 때에는 국세청장이 제정·고시한 납세자권리헌장을 납세자에게 교부하고 그 요지를 직접 낭독해 주는 등 납세자가 보장받을 수 있는 권리를 설명해 주어야 하며, 조사사유, 조사기간, 「국세기본법」 제81조의18 제1항에 따른 납세자보호위원회에 대한 심의 요청사항·절차 및 권리구제 절차 등 납세자가 보장받을 수 있는 권리를 설명해 주어야 하며, 납세자권리헌장 등 수령 및 낭독확인서를 제출받아 조사서류와 함께 보관하여야 한다.

▶▶ 조사공무원의 청렴의무 준수(조사사규 §25)

① 조사공무원은 공정한 직무수행을 위해 「공직자의 이해충돌 방지법」, 「공직자의 이해충돌 방지법 시행령」 및 「국세청 공직자의 이해충돌 방지제도 운영지침」을 준수하여야 한다.

② 조사공무원은 조사대상자 또는 세무대리인 등 직무관련자와 「공직자의 이해충돌 방지법」 제5조 제1항에 따른 사적 이해관계가 있는 경우 사적관계 등을 기재한 「사적 이해관계자 신고 및 회피 신청서」(「국세청 공직자의 이해충돌 방지제도 운영지침」 별지 제1호 서식) 등을 작성하여 이해충돌방지담당관에게 제출하여야 한다.

③ 조사공무원이 세무조사를 시작하는 때에는 조사대상자 및 세무대리인(변호사, 공인회계사 또는 세무사를 말한다. 이하 같다)과 함께 청렴서약서(별지 제3호 서식)를 작성하여 조사관서장에게 제출하여야 한다.

④ 조사대상자 또는 세무대리인이 청렴서약서 작성에 동의하지 않는 경우에는 조사공무원이 조사대상자 또는 세무대리인의 성명을 기재하고 서명란에 "날인거부"라고 표기하여 조사관서장에게 제출하여야 한다.

사적이해관계자의 신고 및 회피·기피 신청(공직자 이해충돌방지법 §5 ①)

다음 어느 하나에 해당하는 직무를 수행하는 공직자는 직무관련자(직무관련자의 대리인을 포함한다. 이하 이 조에서 같다)가 사적이해관계자임을 안 경우, 안 날부터 14일 이내에 소속기관장에게 그 사실을 서면(전자문서를 포함한다. 이하 같다)으로 신고하고 회피를 신청하여야 한다.

1. 인가·허가·면허·특허·승인·검사·검정·시험·인증·확인, 지정·등록, 등재·인정·증명, 신고·심사, 보호·감호, 보상 또는 이에 준하는 직무
2. 행정지도·단속·감사·조사·감독에 관계되는 직무
3. 병역판정검사, 징집·소집·동원에 관계되는 직무
4. 개인·법인·단체의 영업 등에 관한 작위 또는 부작위의 의무부과 처분에 관계되는 직무
5. 조세·부담금·과태료·과징금·이행강제금 등의 조사·부과·징수 또는 취소·철회·시정명령 등 제재적 처분에 관계되는 직무
6. 보조금·장려금·출연금·출자금·교부금·기금의 배정·지급·처분·관리에 관계되는 직무
7. 공사·용역 또는 물품 등의 조달·구매의 계약·검사·검수에 관계되는 직무
8. 사건의 수사·재판·심판·결정·조정·중재·화해 또는 이에 준하는 직무
9. 공공기관의 재화 또는 용역의 매각·교환·사용·수익·점유에 관계되는 직무
10. 공직자의 채용·승진·전보·상벌·평가에 관계되는 직무
11. 공공기관이 실시하는 행정감사에 관계되는 직무
12. 각급 국립·공립 학교의 입학·성적·수행평가에 관계되는 직무
13. 공공기관이 주관하는 각종 수상, 포상, 우수기관 선정, 우수자 선발에 관계되는 직무
14. 공공기관이 실시하는 각종 평가·판정에 관계되는 직무
15. 국회의원 또는 지방의회의원의 소관 위원회 활동과 관련된 청문, 의안·청원 심사, 국정감사, 지방자치단체의 행정사무감사, 국정조사, 지방자치단체의 행정사무조사와 관계되는 직무
16. 그 밖에 국회규칙, 대법원규칙, 헌법재판소규칙, 중앙선거관리위원회규칙 또는 대통령령으로 정하는 직무

납세자권리헌장

납세자의 권리는 헌법과 법률에 따라 존중되고 보장됩니다.

납세자는 신고 등의 협력의무를 이행하지 않았거나 구체적인 조세탈루혐의가 없는 한 성실하다고 추정되고 법령에 의해서만 세무조사 대상으로 선정되며, 공정한 과세에 필요한 최소한의 기간과 범위에서 조사받을 권리가 있습니다.

납세자는 증거인멸의 우려 등이 없는 한 세무조사 기간과 사유를 사전에 통지받으며, 사업의 어려움으로 불가피한 때에는 조사의 연기를 요구하여 그 결과를 통지받을 권리가 있습니다.

납세자는 세무대리인의 조력을 받을 수 있고 명백한 조세탈루혐의 등이 없는 한 중복조사를 받지 아니하며, 장부·서류는 탈루혐의가 있는 경우로서 납세자의 동의가 있어야 세무관서에 일시보관될 수 있습니다.

납세자는 세무조사 기간이 연장 또는 중지되거나 조사범위가 확대될 때, 그리고 조사가 끝났을 때 그 사유와 결과를 서면으로 통지받을 권리가 있습니다.

납세자는 위법·부당한 처분 또는 절차로 권익을 침해당하거나 침해당할 우려가 있을 때 그 처분의 적법성에 대하여 불복을 제기하여 구제받을 수 있으며, 납세자보호담당관과 보호위원회를 통하여 정당한 권익을 보호받을 수 있습니다.

납세자는 자신의 과세정보에 대해 비밀을 보호받고 권리행사에 필요한 정보를 신속하게 제공받을 수 있으며, 국세공무원으로부터 언제나 공정한 대우를 받을 권리가 있습니다.

국 세 청 장

납세자권리헌장 등 수령 및 낭독 확인서

귀 청(서)에서 202 . . 부터 202 . . 까지 실시하는   조사와 관련하여 국세기본법 제81조의2 제2항 및 제81조의7 제1항에 따라 교부한 아래의 서류를 수령하고 조사공무원으로부터 납세자권리헌장을 낭독 받고, 조사사유, 조사기간, 제81조의18 제1항에 따른 납세자보호위원회에 대한 심의 요청사항·절차 및 권리구제 등 납세자 권익보호 절차에 대해 설명 받았음을 확인합니다.

1. 세무조사 개시(사전) 통지
2. 납세자권리헌장

교부장소	서울 종로 종로5길 86 서울지방국세청
	(사유) 사업장 폐업으로 대표자 요청에 따라 직접 방문 수령 ※ 교부장소가 조사관서인 경우에만 사유를 기재

20 년   월   일

수 령 인

　　소재지(주　소) :

　　법인명(상　호) :

　　E-Mail(이메일주소) :

　　전화번호 :

　　대표자(성　명) :　　　　　　　　㊞

청(서)장 귀하

　　　　　　(조사팀 :　　　　　)

청 렴 서 약 서

□ 조사받는 납세자 인적사항

대 표 자 성 명		주민등록번호	
상 호(법 인 명)		사업자등록번호	
주소 또는 영업소			

위 조사받는 납세자와 그 세무대리인은 202 . . .부터 202 . . .까지 실시하는 ( )세무조사와 관련하여 조사착수에서부터 종결까지는 물론 조사종결 후에도 금품·향응 또는 공무수행 목적 외의 사적편의를 제공·알선하지 않을 것이며, 조사공무원으로부터 부당한 요구가 있을 경우에는 단호히 거절할 것이다.

이를 위반한 경우에는 관계 법령 또는 규정에 따라 형사처벌, 세무조사 실시 및 세정상 각종 혜택배제, 징계 등 어떠한 처벌이나 불이익도 감수할 것임을 서약하고 이를 ( )지방국세청장(세무서장)에게 제출한다.

202 년 월 일

위 서약자   납 세 자   성명   (인)

세무대리인   성명   (인)

- -

우리 조사공무원은 위 납세자에 대한 세무조사와 관련하여 청탁이나 부정·불의와 타협하지 않고 금품 및 향응 등 부당한 편의를 제공받지 않을 것이며,

이를 위반한 경우에는 관계 법령 또는 규정에 따라 인사처분 및 형사처벌 등 응분의 책임을 감수할 것임을 서약하고, 이를 ( )지방국세청장(세무서장)에게 제출한다.

202 년 월 일

위 서약자   소속   직급   성명   (인)

직급   성명   (인)

직급   성명   (인)

직급   성명   (인)

직급   성명   (인)

직급   성명   (인)

지방국세청장(세무서장) 귀하

7 세무조사의 진행

7-1. 부당한 세무조사와 권리보호요청

▶▶ 납세자의 권익보호 원칙

조사공무원은 세무조사 과정에서 법령에서 정한 납세자의 권익을 보호하고 조사공무원의 행동수칙을 준수하여야 한다.(조사사규 §26 ①)

이에 따라 국세청장은 납세자의 권리를 보호하기 위하여 국세청에 납세자 권리보호업무를 총괄하는 납세자보호관을 두고, 세무서 및 지방국세청에는 납세자 권리보호업무를 수행하는 담당관을 각각 1인을 둔다. 납세자보호관[27]은 개방형직위로 운영하고 납세자보호관 및 담당관이 업무를 수행할 때에 독립성이 보장될 수 있어야 한다.(국기법 §81의16)

○ **조사공무원의 행동수칙**(조사사규 별표1)

> 1. 조사공무원의 기본자세
>   1) 조사공무원은 「조사공무원 행동수칙」을 숙지하고 모든 조사업무 수행과정에서 철저히 지켜야 한다.
>   2) 조사공무원은 공평과세 실현 및 성실신고 담보의 주역이라는 긍지와 확고한 사명감을 가지고 조사에 임하여 창의적이고 적극적인 자세로 업무를 수행하여야 한다.
>   3) 조사공무원은 조사공무원으로서의 자질향상과 조사기법의 개발을 위하여 부단히 연구하고 노력하여야 한다.
>   4) 조사공무원은 세정의 최일선 역군으로서 국세공무원의 거울이 됨을 명심하고 조사에 임하여서는 불필요한 언행을 삼가며 항상 친절하고 예의바른 자세와 존댓말을 사용하여야 한다.
>   5) 조사공무원은 법률이 정한 납세자의 권익을 최대한으로 보장하고 세무조사로 인한 영업활동이나 사생활의 불편을 최소화하여야 한다.
>   6) 조사공무원은 관련 법규를 해석하거나 과세요건 존부 등 사실판단을 하는 경우 심도 있

---

[27] 납세자보호관은 조세·법률·회계 분야의 전문지식과 경험을 갖춘 사람으로 공개모집하며, 세무공무원 또는 세무공무원으로 퇴직한지 3년이 지나지 않은 사람은 제외하여야 한다.(국기법 §81의16 ③ 후단)

고 신중하게 업무를 수행하여 과세처분이 적법하게 이뤄질 수 있도록 최선의 노력을 하여야 한다.

7) 조사공무원은 세무조사와 관련하여 알게 된 정보를 법률에 정하여진 경우 외에는 어떠한 경우에도 타인에게 제공 또는 누설하거나 다른 목적에 이용하여서는 아니 된다.

8) 조사공무원은 조사장소 등 지정된 장소 이외에서는 조사를 받는 업체의 관계자와 어떠한 접촉도 하여서는 아니 된다.

9) 조사공무원은 어떠한 청탁이나 부정·불의와도 타협해서는 아니 되며 조사시작 전, 조사 진행 중, 조사종결 후 그 어느 때에도 향응을 제공받거나 금품수수 등을 하여서는 아니 된다.

2. 조사시작 전에 지켜야할 사항

1) 조사공무원은 세무조사가 신속하고 효율적으로 진행될 수 있도록 필요한 자료를 사전에 수집, 분석하는 등 준비조사를 철저히 하여야 한다.

2) 조사공무원은 조사계획 등 관련 정보가 사전에 누설되지 않도록 주의하여야 한다.

3) 관리자는 조사공무원에게 조사 출장전 조사공무원 행동수칙에 대한 교육을 실시하여야 한다.

3. 조사를 시작할 때 지켜야 할 사항

1) 조사공무원은 조사처에 도착 즉시 조사시작 상황, 연락처 등을 관리자에게 보고하여야 한다.

2) 세무조사를 시작할 때에는 조사원증을 보여준 후 납세자권리헌장을 교부하고 그 요지를 납세자에게 직접 낭독해 주어야 하며, 납세자에게 조사사유, 조사기간, 조사범위, 권리보호요청제도 등을 상세히 설명하여야 한다.

3) 납세자가 세무조사를 거부하는 경우에는 충분한 설명으로 납세자의 이해를 구하고 그 사실을 관리자에게 보고하여 지휘에 따라야 한다.

4. 조사진행 중에 지켜야 할 사항

1) 조사공무원은 조사업무 수행중에 조사목적을 벗어난 어떠한 사적편의 제공을 요구해서는 아니 된다.

2) 「조세범 처벌절차법」에 의하지 아니하고는 어떠한 경우에도 납세자의 주택이나 사업장 또는 사무실 등을 임의로 압수·수색하여서는 아니된다. 다만, 납세자가 동의하는 경우에는 장부나 증빙 서류를 관리자의 지시에 따라 조사관서에 일시보관할 수 있다.

3) 조사공무원은 조사계획에 의한 조사방법, 조사범위, 조사기간을 반드시 지켜야 한다. 다만, 조사계획의 변경이 필요할 경우 납세자에게 그 이유를 설명해야 한다.

4) 조사공무원은 조사내용을 납세자 또는 납세자가 위임한 세무대리인에게 설명해야 하고, 이견이 제시되는 경우에는 이를 검토하여야 한다.

5) 납세자가 조사내용에 대하여 이견이 있는 경우 그 주장이 옳다고 판단되면 즉시 시정해야 한다. 또한 납세자가 계속 부당하다는 주장을 할 경우 조사공무원은 「과세기준자문제도」 및 「과세사실판단자문제도」를 적극 활용하여 납세자에게 부당한 과세가 발생하지 않도록 최선의 노력을 하여야 한다.

6) 조사공무원은 다툼이 예상되는 사항에 대하여는 과세근거 및 관련증빙 확보를 철저히 하여 납세자의 불복청구나 쟁송에 대비하여야 한다.

7) 조사공무원은 매일의 조사를 마치면서 납세자의 협조에 대한 감사의 뜻을 표시해야 하며 다음 조사일시를 명확히 예고하되 약속일시를 지키지 못할 경우에는 사전에 납세자에게 알려야 한다.

8) 조사공무원은 조사내용을 관리자에게 상세히 보고하고 앞으로의 조사방향을 지시 받아야 한다.

9) 조사공무원은 조사와 관련하여 대내외로부터의 청탁이나 압력을 받은 경우 즉시 직상급자 또는 소속기관장에게 보고하여야 한다.

10) 조사공무원은 납세자의 일과시간 내에 조사를 실시하여야 한다. 다만, 납세자의 요구 등 부득이한 사유가 있는 경우에는 일과시간 외에도 조사할 수 있다.

5. 조사를 마칠 때 지켜야 할 사항

1) 조사공무원은 조사를 마칠 때에는 납세자에게 조사가 종결되었음을 알리고 조사기간 동안 성실히 조사에 협조하여 준데 대하여 감사의 인사를 하여야 한다.

2) 조사공무원은 조사중에 제출받은 조사관련 장부와 증빙서류를 납세자에게 조사기간이 종료된 이후 반환하여야 한다.

3) 조사공무원은 조사종결 즉시 종결보고를 하고, 관리자의 지시에 따라 처리하여야 한다.

4) 조사공무원은 조사적출 내용 등 조사진행 사항에 대하여 조사관계자 이외의 타인에게 보안을 철저히 유지해야 한다.

5) 조사공무원은 조사과정에서 발생한 과세자료 또는 정보가 활용될 수 있도록 적절한 조치를 하여야 한다.

6) 납세자가 조사결과에 불만이 있을 경우 권리구제절차(과세전적부심사청구, 이의신청, 심사청구, 심판청구 등)에 대하여 설명하여야 한다.

▶▶ 세무조사 과정에서 권리보호요청

납세자는 세무조사 진행과정에서 아래에 해당하는 조사공무원의 행위로 인하여 납세자의 권리가 부당하게 침해되고 있거나 침해가 예상되는 경우에 납세자보호담당관

에게 세무조사에 대한 권리보호요청을 할 수 있다.(납보사규 §70 ①)

1. 세법·같은 법 시행령·같은 법 시행규칙에 명백히 위반되는 조사(위법·부당한 세무조사 포함)
2. 조세탈루의 혐의를 인정할 만한 명백한 자료가 있는 경우 등 법령이 정하는 구체적 사유 없이 같은 세목 및 같은 과세기간에 대한 재조사(중복조사)
3. 중소규모납세자가 세무조사 기간연장 및 범위확대에 대해 세무조사 일시중지 및 중지를 요청하는 경우
4. 조사대상 세목 및 과세기간의 과세표준·세액 계산과 관련 없는 장부 등의 제출을 요구하는 행위
5. 적법한 절차를 거치지 아니하고 조사대상 과세기간·세목 등 조사범위를 벗어나 조사하거나 조사기간을 임의로 연장 또는 중지하는 행위
6. 납세자 또는 권한 있는 자로부터 동의를 받지 않거나 적법한 절차를 거치지 아니하고 임의로 장부·서류·증빙 등을 열람·복사하거나 일시보관하는 행위
7. 납세자 또는 세무대리인에게 금품·향응 또는 업무집행과 직접 관련 없는 사적편의 제공을 요구하는 행위
8. 납세자가 제출한 자료나 업무상 취득한 자료를 관련 법령에 의하지 않고 타인에게 제공 또는 누설하거나, 사적인 용도로 사용하는 행위
9. 조사중지 기간 중 납세자에 대하여 과세표준 및 세액의 결정 또는 경정을 위한 질문을 하거나 장부 등의 검사·조사 또는 제출을 요구하는 행위
10. 기타 이에 준하는 사유로서 납세자의 권리가 부당하게 침해되고 있거나 침해가 현저히 예상되는 경우

▶▶ 권리보호요청에 대한 시정 절차

① 납세자보호담당관이 납세자 권리보호가 필요하다고 판단하여 조사관리자에 대하여 세무조사에 대해 시정요구를 한 경우에는 요구한 조치를 이행하여야 한다. 다만, 시정요구를 수용하기 곤란한 경우에는 그 의견을 납세자보호담당관에게 통보하여야 한다.(조사사규 §26 ②)
② 납세자보호담당관은 시정요구에 대하여 조사관리자가 수용할 수 없다고 통보한 경우에는 즉시 '시정명령 요청서(별지 제36호 서식)'에 의하여 직상급 세무관서 납세

자보호담당관 또는 납세자보호관에게 시정명령을 요청하여야 한다. 다만, 조사관
리자가 시정요구를 수용할 수 없다고 통보한 사유가 정당하다고 판단되는 경우에
는 시정요구를 철회하고 그 결과를 권리보호 요청인에게 통지하여야 한다.(납보사
규 §103 ①)

③ 상급기관의 납세자보호담당관으로부터 시정명령서를 받는 경우 조사관리자는 즉
시 시정명령을 이행하여야 한다.(납보사규 §103 ③)

▶▶ 권리보호요청과 고충민원의 구분

권리보호요청은 처분이나 집행 과정에서 또는 집행이 예정된 때에 세무공무원의 부
당한 행위로 납세자의 권리가 침해되고 있거나 침해가 현저히 예상되는 경우에 제출되
는 민원으로 한다.(납보사규 §69 ①)

처분 또는 집행이 완료된 사항으로서 경정감·압류해제 등 세무관서장의 후속처분
이 필요한 고충민원에 대하여 신속한 후속처분이 이루어지지 않아 납세자에게 회복할
수 없는 손실이 예상되어 긴급히 구제를 요청하는 경우에는 권리보호요청으로 분류하
여 처리한다.(납보사규 §69 ②)

▶▶ 납세자보호위원회 심의 내용(국기법 §81의18 ②)

① 세무조사의 대상이 되는 과세기간 중 연간 수입금액 또는 양도가액이 가장 큰 과
세기간의 연간 수입금액 또는 양도가액이 100억 원 미만(부가가치세에 대한 세무
조사의 경우 1과세기간 공급가액의 합계액이 50억 원 미만)인 납세자 외의 납세
자에 대한 세무조사 기간의 연장(「조세범처벌절차법」 제2조 제3호에 따른 "조세
범칙조사"는 제외한다). 다만, 조사대상자가 해명 등을 위하여 연장을 신청한 경
우는 제외한다.
② 중소규모납세자 이외의 납세자에 대한 세무조사 범위의 확대
③ 세무조사 기간 연장 및 세무조사 범위 확대에 대한 중소규모납세자의 세무조사
일시중지 및 중지 요청

④ 위법·부당한 세무조사 및 세무조사 중 세무공무원의 위법·부당한 행위에 대한 납세자의 세무조사 일시중지 및 중지 요청

⑤ 장부 등의 일시보관 기간 연장

⑥ 그 밖에 납세자의 권리보호를 위하여 납세자보호담당관이 심의가 필요하다고 인정하는 안건

▶▶ 세무조사 참관신청

일반통합조사 대상자로서 연간 수입금액이 가장 큰 조사대상 과세기간이 다음 각 호의 요건에 해당하는 납세자는 권리보호를 위하여 납세자보호담당관에게 세무조사 과정에 참관하여 줄 것을 요청할 수 있다. 다만, 무신고 혐의 수입금액이 다음 각 호의 기준금액 이상인 무신고자 및 「조세특례제한법 시행령」 제29조 제3항에 따른 소비성 서비스업 등 '별표1'에 해당하는 지원배제업종 영위 사업자와 자료상 등 불성실 사업자는 제외한다.(납보사규 §42)

1. 수입금액이 10억 원 미만인 개인사업자
2. 수입금액이 20억 원 미만인 비상장·비계열 영리내국법인

7-2. 세무대리인 선임

▶▶ 세무조사 시 조력을 받을 권리의 보장

납세자는 세무조사 또는 조세범칙조사를 받는 경우에 변호사, 공인회계사, 세무사로 하여금 조사에 참여하게 하거나 의견을 진술하게 할 수 있다.(국기법 §81의5)

▶▶ 위임장 제출(조사사규 §28)

① 조사공무원은 세무대리인이 조사에 참여하거나 의견을 진술하고자 하는 경우에 해당 세무대리인으로부터 그 권한이 있음을 증명하는 위임장을 제출받아 조사관

서장에게 보고하여야 한다. 또한, 세무대리인이 위임장 제출사실을 확인하고자 하는 경우, 세무조사 관련 세무대리인 위임장 접수확인서를 지체 없이 교부하여야 한다.

② 조사공무원은 위임장을 제출하지 아니한 세무대리인에 대해서는 세무조사 과정에서의 입회·의견진술을 거부하여야 한다.

③ 조사공무원은 세무대리인이 조력의 범위를 넘어 조사를 방해하거나 늦추려는 경우, 거짓으로 진술하는 경우 또는 납세자가 직접 진술할 필요가 있는 경우 등에는 납세자가 직접 의견을 진술하도록 요구할 수 있다.

④ 조사공무원은 위임장을 제출하지 아니한 세무대리인 또는 제3자가 조사과정에서 입회·의견을 진술하는 경우에는 그 사실을 조사공무원의 행동수칙에 따라 조사국장, 세무서장에게 보고하여야 한다.

⑤ 조사공무원은 조사에 참여하거나 의견을 진술하기 위해 위임장을 제출한 세무대리인이 「세무사법」 제14조의3에 따른 수임제한대상 공직퇴임세무사에 해당하는지 여부를 검토하여야 한다.

⑥ 조사공무원은 검토 결과 수임제한대상으로 확인되는 경우에는 「세무대리업무에 관한 사무처리규정」 제23조(징계요구) 및 제26조(징계요건 조사보고)에 따른 절차를 진행하여야 한다.

위 임 장

ㅇ 성 명: ㅇ 전화번호:

ㅇ 주민등록번호: ㅇ 사업자등록번호:

ㅇ 사업장소재지(주소):

ㅇ 자 격: ㅇ 관 계:

                                       (기장대행, 세무조정, 고문, 사외이사 등)

   상기 세무대리인에게   청·서에서 202 . . .부터 202 . . .까지 실시하는   조사와 관련하여 「국세기본법」 제81조의5에 따른 "조사에 입회하거나 의견을 진술할 수 있는 권한"을 위임한다.

년 월 일

위 임 자

사업장소재지(주소):

법인명(상호):

사업자(주민)등록번호:

대표자(성명):   ㉘

청(서)장 귀하

※ 세무조사에 입회하거나 의견을 진술할 세무대리인은 이 위임장을 조사ㅇ과(전화 : ~)로 제출하여 주시기 바란다.

7-3. 문서 제출 요구와 문서 제출 기피 · 지연 · 파기

▶▶ 서류 제출 등을 기피 · 지연하는 경우

조사공무원은 조사받는 납세자가 장부 또는 증빙서류, 물건, 그 밖의 관련 문서 등을 파기 · 은닉하거나 열람 또는 제출명령에 대하여 기피 · 지연하는 경우에는 조사기간의 연장, 과태료의 부과, 조세범칙조사의 실시, 「조세범처벌법」 등 관련 법령에 따른 통고 처분 등 적절한 조치를 취해야 한다.(조사사규 §29)

2018년 12월 국세청은 세무조사 과정에서 납세자의 질문조사권 회피행위에 대해 효과적으로 대응하기 위해 과태료 부과기준을 명확히 한 과태료 부과 업무 매뉴얼을 개정하여 배포하였고, 각급 관서에서는 자료제출 불응 등 조사거부, 기피행위에 대해 개정 매뉴얼에 따라 과태료를 적극적으로 부과하고 있다.

▶▶ 세무조사 과정에서 자료 제출 불응에 대한 과태료 부과
(국세기본법 제88조 및 국세기본법시행령 별표 1)

① 관할 세무서장은 세법의 질문 · 조사권 규정에 따른 세무공무원의 질문에 대하여 거짓으로 진술하거나 그 직무집행을 거부 또는 기피[28]한 자에게 5천만 원 이하의 과태료를 부과 · 징수한다.

② 과태료 사전 통지자: 질문 · 조사권을 행사한 조사관서장(지방청의 경우 지방청장)

③ 부과권자: 질문 · 조사권을 행사한 관서장(지방청의 경우 관할 세무서장)

④ 부과 대상자: 각 세법상 질문 · 조사권 행사의 대상이 되는 개인 또는 법인(예외적으로 대리인 또는 종업원에게도 부과 가능)

⑤ 과태료 부과 금액: 연간 수입금액에 따라 500만 원에서 5,000만 원까지 부과할 수 있다.(납세의무자가 아닌 경우 500만 원)

---

28) 조사대상자가 자료 제출을 기피하거나 불응하는 경우 과태료를 부과할 수 있다. 부과기준은 질문 · 조사를 거부한 특정 행위를 하나의 위반행위로 보아 과태료 금액을 산정한다.

▶▶ 장부의 소각 · 파기에 대한 벌금상당액 부과기준(조절령 별표 자.)

> 조세를 포탈하기 위한 증거인멸의 목적으로 세법에서 비치하도록 하는 장부 또는 증빙서류(전산조직을 이용하여 작성한 장부 또는 증빙서류를 포함)를 해당 국세의 법정신고기한이 지난 날부터 5년 이내에 소각 · 파기 또는 은닉한 자는 2년 이하의 징역 또는 2천만 원 이하의 벌금에 처한다.(조처법 §8)

① 1차 위반 시

소각 · 파기하거나 은닉한 장부의 연도 및 그 직전연도의 부가가치세 과세표준금액 또는 이에 준하는 금액의 1년간 평균액의 10%에 해당하는 금액. 다만, 그 금액이 500만 원 미만인 경우에는 500만 원을 벌금상당액으로 하고, 2천만 원을 초과하는 경우에는 2천만 원을 벌금상당액으로 한다.

② 2차 이상 위반 시

소각 · 파기하거나 은닉한 장부의 연도 및 그 직전연도의 부가가치세 과세표준금액 또는 이에 준하는 금액의 1년간 평균액의 20%에 해당하는 금액. 다만, 그 금액이 500만 원 미만인 경우에는 500만 원을 벌금상당액으로 하고, 2천만 원을 초과하는 경우에는 2천만 원을 벌금상당액으로 한다.

▶▶ 통고처분

지방국세청장 또는 세무서장은 조세범칙행위의 확증을 얻었을 때에는 그 대상이 되는 자에게 그 이유를 구체적으로 밝히고 벌금에 상당하는 금액을 납부할 것을 통고하여야 한다. 통고처분을 이행하였을 때는 동일한 사건에 대하여 다시 조세범칙조사를 받거나 처벌받지 아니하게 된다.(조절법 §15)

▶▶ 세무조사 과정에서 위반사항에 대한 과태료(국기법 §88~§90)

① 관할 세무서장은 세법의 질문·조사권 규정에 따른 세무공무원의 질문에 대하여 거짓으로 진술하거나 그 직무집행을 거부 또는 기피한 자에게 5천만 원 이하의 과태료를 부과·징수한다.

② 관할 세무서장 또는 세관장은 세무공무원에게 금품을 공여한 자에게 그 금품 상당액의 2배 이상 5배 이하의 과태료를 부과·징수한다. 다만, 「형법」 등 다른 법률에 따라 형사처벌을 받은 경우에는 과태료를 부과하지 아니하고, 과태료를 부과한 후 형사처벌을 받은 경우에는 과태료 부과를 취소한다.

③ 국세청장은 국세공무원이 「국세기본법」 제81조의13 제1항에 따라 알게 된 과세정보를 타인에게 제공 또는 누설하거나 그 목적 외의 용도로 사용한 자에게 2천만 원 이하의 과태료를 부과·징수한다. 다만, 「형법」 등 다른 법률에 따라 형사처벌을 받은 경우에는 과태료를 부과하지 아니하고, 과태료를 부과한 후 형사처벌을 받은 경우에는 과태료 부과를 취소한다.

장부·서류 등 자료 제출 요구서

납세자	법인명(상호)		사 업 자 등 록 번 호	
	대표자(성명)		주 민 등 록 번 호	
	주 소			

자 료 제 출 기 한: 년   월   일까지

관 련 자 료   제 출 요 구   명 세

번호	요구자료명	번호	요구자료명

1. 「법인세법」 제122조, 「소득세법」 제170조 등 세법상의 질문·조사 또는 질문·검사권에 의하여 위와 같이 관련 자료의 제출을 요구한다.

2. 위 제출기한까지 관련 자료를 제출하지 않으시면 「국세기본법」 제81조의8 및 「국세기본법 시행령」 제63조의10의 규정에 따라 세무조사를 중지하거나, 조사기간을 연장할 수 있음을 알려드립니다.

년   월   일

세 무 서 장
지방국세청장

기안자(직위/직급)   서명 검토자(직위/직급)   서명 결재자(직위/직급)   서명
협조자(직위/직급)   서명
시행 처리과정 – 일련번호(시행일자)   접수   처리과명 – 일련번호(접수일자)
우   주소   /홈페이지 주소
전화(   )   . 전송(   )   /공무원의 공식 전자우편주소   /공개구분

7-4. 금품·향응 제공이나 제공 약속

납세자나 세무대리인이 세무조사와 관련하여 금품 또는 향응을 제공·알선하거나 제공 약속을 하는 경우 아래와 같은 조치가 따르게 된다. 예를 들어 세무조사 시 국세 공무원들과 함께 식사를 하는 것도 향응 제공으로 간주하므로 금지되고 있다.

▶▶ 수수 금지 금품 등의 신고(국세청공무원행동강령 제46조)

① 공무원은 다음 각 호의 어느 하나에 해당하는 경우에는 소속기관의 장에게 지체 없이 별지 제12호 서식으로 신고하여야 한다.
  1. 공무원 자신이 수수 금지 금품 등을 받거나 그 제공의 약속 또는 의사표시를 받은 경우
  2. 공무원이 자신의 배우자나 직계존속·비속이 수수 금지 금품 등을 받거나 그 제공의 약속 또는 의사표시를 받은 사실을 알게 된 경우

② 공무원은 제1항 각 호의 어느 하나에 해당하는 경우에는 금품 등을 제공한 자 또는 제공의 약속이나 의사표시를 한 자에게 그 제공받은 금품 등을 지체 없이 반환하거나 반환하도록 하거나 그 거부의 의사를 밝히거나 밝히도록 하여야 한다.

▶▶ 부정청탁 및 금품 등 수수의 금지에 관한 법률 위반에 따른 조치

① 부정청탁에 대한 거절의무

부정청탁을 받은 조사공무원은 우선 그 청탁이 부정청탁임을 알린 다음 거절하는 의사를 명확히 표시하여야 한다.(청탁금지법 §7 ①) 조사공무원이 거절의무를 위반했을 때는 과태료 같은 처벌규정은 없으나, 김영란법을 위반한 경우에 해당하여 징계대상에 해당된다.

공공기관의 장 등은 공직자 등이 이 법 또는 이 법에 따른 명령을 위반한 경우에는 징계처분을 하여야 한다.(청탁금지법 §21)

② 금품등을 수수한 경우

조사공무원은 직무 관련 여부 및 그 명목에 관계없이 동일인으로부터 1회에 100만

원 또는 매 회계연도에 300만 원을 초과하는 금품등을 받거나 요구 또는 약속해서는 아니 된다. 또한 직무와 관련하여 대가성 여부를 불문하고 원칙적으로 금품 수수[29]가 금지된다.(청탁금지법 §8 ①, ②)

이를 위반한 조사공무원은 3년 이하의 징역 또는 3천만 원 이하의 벌금에 처한다.(청탁금지법 §22 ①)

③ 부정청탁에 따라 직무를 수행한 경우(청탁금지법 §22 ②)

부정청탁을 받은 공직자 등이 청탁에 따라 직무를 수행하였다면 2년 이하의 징역 또는 2천만 원 이하의 벌금에 해당하는 형사처벌을 받게 된다.

④ 부정청탁자에 대한 조치

가. 부정청탁을 한 본인(청탁금지법 §23 ③)

자신의 일을 직접 청탁한 사람은 청탁금지법상 금지된 행위를 한 것이지만, 이에 대한 처벌 규정은 없다. 그러나 제3자를 통하여 부정청탁을 한 경우, 그 부정청탁을 시킨 사람은 1천만 원 이하의 과태료를 부과받게 된다.

나. 법인을 위해서 부정청탁을 한 임직원

법인의 대표이사를 포함한 임직원이 회사를 위해서 부정청탁을 한 경우 국민권익위원회에서는 이를 제3자를 통한 부정청탁으로 보아 과태료 부과대상[30]으로 보고 있다.

다. 부정청탁을 전달한 사람(청탁금지법 §23 ①, ②)

부정청탁을 전달한 사람이 공직자인 경우에는 3천만 원 이하의 과태료를 받게 되고, 공직자가 아닌 경우에는 2천만 원 이하의 과태료를 부과받게 된다.

---

29) [청탁금지법시행령 별표1] 제외되는 금품 등: ① 음식물 5만 원, ② 경조사비 5만 원(화환, 조화 10만 원), ③ 선물 5만 원(농수산물 및 농수산 상품권 15만 원, 설날, 추석기간 30만 원)
30) 이에 대해 임직원이 법인을 위해 한 청탁은 본인이 한 청탁에 해당되어 과태료가 부과되지 않는다는 주장도 있다.

▶▶ 부정청탁을 한 세무대리인에 대한 징계

조사공무원은 세무대리인의 「세무대리업무에 관한 사무처리규정」 제24조(징계요구 사유 – 성실의무위반) 또는 제25조(징계요구사항 – 진실은폐·허위진술), 「세무사법」 제12조의2(탈세 상담 등의 금지)[31]에 따른 징계요구사유를 발견한 때에는 「세무대리업무에 관한 사무처리규정」 제23조(징계요구) 및 제26조(징계요건 조사보고)에 따른 절차를 진행하도록 하여야 한다.(조사사규 §29 ③)

○ 세무대리업무에 관한 사무처리규정 제24조(징계요구사유 – 성실의무 위반)

「세무사법」 제12조 제1항의 규정에 의한 성실의무 위반의 사유에는 다음 각 호의 사유가 포함되는 것으로 한다.

1. 재화나 용역의 거래가 실제 거래가 아님을 알면서도 세무사가 자기사무소에서 의뢰인의 계산서 또는 세금계산서를 대리 작성한 때
2. 관련 공무원 및 납세자와 결탁하여 법령을 위반함으로써 조세의 부담을 감소시키거나 부당한 방법으로 환급을 발생시켜 국고의 손실을 초래한 때
3. 다른 세무사의 업무를 갈취하는 등 경업행위를 한 때
4. 사건소개 상습자 및 사건전담자에게 일정한 보수를 지급하는 방법에 의하여 직무수임 행위를 한 때
5. 납세자의 비위 또는 약점을 이용하여 직무수임을 강요하거나 유인행위를 한 때
6. 납세자와 공무원 간의 금품수수를 중개, 알선, 소개하거나 횡령 또는 공무원에게 금품·향응을 제공한 때
7. 「소득세법」 제70조의2에 따른 성실신고에 관하여 불성실하거나 거짓으로 확인한 때
8. 세무사가 사무직원에 대한 지도·감독 책임의무를 다하지 아니한 것으로 확인된 때
9. 제1호부터 제8호까지 이외에 기타 성실의무를 위반한 때

---

31) 세무사나 그 사무직원은 납세자가 사기나 그 밖의 부정한 방법으로 조세를 포탈(逋脫)하거나 환급 또는 공제받도록 하는 일에 가담하거나 방조하여서는 아니 되며, 이를 상담하거나 그 밖에 이와 비슷한 행위를 하여서는 아니 된다.

○ 세무대리업무에 관한 사무처리규정 제25조(징계요구사유 – 진실은폐, 허위진술)

> 「세무사법」 제12조 제2항의 규정에 의한 성실의무 위반의 사유에는 다음 각 호의 사유가 포함
> 되는 것으로 한다.
> 1. 장부 또는 증빙서류가 허위 또는 기타 부정한 방법으로 작성된 것을 알면서도 이를 정당하게
>   시정하지 아니하고 직무수임을 하거나 이를 방조하여 조세의 부담을 부당히 감소시킨 때
> 2. 세법규정에 위배된 허위의 조정계산서를 작성하여 제출함으로써 조세의 부담을 부당히 감소
>   시킨 때
> 3. 전표, 영수증, 기디 증빙서류 등이 구비되지 아니한 사업자의 장부를 작성하거나 관계증빙서
>   류를 조작한 때
> 4. 계산서 및 세금계산서의 발행과 수취의 내용이 가공거래, 위장자료 교환, 허위계산서 발행
>   등으로 실거래 사실과 상위한 것을 알면서 이를 방조한 때
> 5. 법인에 소속된 세무사로서 해당 법인의 다른 소속세무사가 부당한 직무수임을 하는 것을
>   알면서 계속 묵인한 때
> 6. 위장사업자인지 알면서 직무수임행위를 한 때
> 7. 소득세와 법인세의 소득금액을 고의적으로 결손 신고할 것을 유도한 때
> 8. 법 제2조 제7호에 따른 조세에 관한 신고서류를 허위로 확인한 때
> 9. 제1호부터 제8호까지 이외에 기타 진실을 은폐한 행위를 한 때

7-5. 조사권 남용 금지

▶▶ 세무조사권의 남용 금지

세무공무원은 적정하고 공평한 과세를 실현하기 위하여 필요한 최소한의 범위에서 세무조사를 하여야 하며, 다른 목적 등을 위하여 조사권을 남용해서는 안된다. 또한 세무공무원은 세무조사를 하기 위하여 필요한 최소한의 범위에서 장부 등의 제출을 요구하여야 하며, 조사대상 세목이나 조사대상 기간과 관련없는 장부 등의 제출을 요구해서는 안된다.(국기법 §81의4 ①, ③)

▶▶ 조사공무원의 금지 행위

조사공무원은 조사편의 등의 목적으로 다음 각 호의 어느 하나에 해당하는 행위를

해서는 안된다.(조사사규 §30 ②)

---

1. 세무조사를 실시하면서 관련 법령 및 규정에서 정한 절차에 의하지 아니하고 임의로 관련 장부·서류 등을 압수·수색하거나 일시보관하는 행위
2. 조사대상 세목 및 과세기간의 과세표준과 세액의 계산과 관련 없는 장부 등의 제출을 요구하는 행위
3. 「국세기본법」 제81조의8 제4항에 따른 세무조사의 중지기간 중에 납세자에 대하여 국세의 과세표준과 세액을 결정 또는 경정하기 위한 질문을 하거나 장부 등의 검사·조사 또는 그 제출을 요구하는 행위
4. 관련 법령 및 규정에서 정한 승인절차에 의하지 아니하고 임의로 조사기간의 연장, 조사범위의 확대 또는 거래처 현장확인을 하는 행위
5. 거래처, 관련인 등에 대한 조사를 실시하면서 조사대상자 선정, 전산입력, 조사 통지 등 관련 법령 및 규정에서 정한 조사절차를 준수하지 아니하고 조사를 실시하는 행위
6. 세무조사와 관련 없이 납세자와 그 관련인의 사생활 등에 관한 질문을 하는 행위
7. 그 밖에 세무조사를 실시하면서 납세자의 권리를 부당하게 침해하는 행위

▶▶ 공정한 세무조사 저해 행위 금지

누구든지 세무공무원으로 하여금 법령을 위반하게 하거나 지위 또는 권한을 남용하게 하는 등 공정한 세무조사를 저해하는 행위를 하여서는 안된다.(국기법 §81의4 ④)

▶▶ 조사관리자의 관리·감독 의무

조사관리자는 조사공무원이 세무조사를 수행하는 과정에서 조사권을 남용하는 행위가 발생하지 않도록 조사절차 준수 여부 등을 관리·감독하여야 한다.(조사사규 §30 ③)

▶▶ 조사권 남용을 한 조사공무원과 조사관리자에 대한 처벌

조사관서장은 조사권 남용 금지 규정을 위반한 조사공무원과 관리·감독을 소홀히 한 조사관리자에 대하여 「국세청공무원상벌규정」이 정하는 바에 따라 처벌하고, 당사자의 귀책사유가 있는지 여부에 따라 조사분야 퇴출, 교육 등 적절한 재발방지 조치를

하여야 한다. 다만, 제1항 또는 제2항을 위반하여 3회 이상 징계처분을 받은 조사공무원에 대해서는 조사분야 업무에서 배제한다.(조사사규 §30 ④)

▶▶ 조사권 남용으로 한 세무조사는 위법

세무조사권 남용 금지 규정은 세무조사의 적법요건으로 객관적 필요성, 최소성, 권한 남용의 금지 등을 규정하고 있는 것인데, 이는 법치국가원리를 조세절차법의 영역에서도 관철하기 위한 것으로 그 자체로서 구체적인 법규적 효력을 갖게 된다.

따라서 세무조사가 과세자료의 수집 또는 신고내용의 정확성 검증이라는 그 본연의 목적이 아니라 부정한 목적을 위하여 행하여진 것이라면 이는 세무조사에 중대한 위법 사유가 있는 경우에 해당하고, 이러한 세무조사에 의하여 수집된 과세자료를 기초로 한 과세처분 역시 위법한 것이 된다.

세무조사가 국가의 과세권을 실현하기 위한 행정조사의 일종으로서 과세자료의 수집 또는 신고내용의 정확성 검증 등을 위하여 필요불가결하며, 종국적으로는 조세의 탈루를 막고 납세자의 성실한 신고를 담보하는 중요한 기능을 수행한다 하더라도 만약 그 남용이나 오용을 막지 못한다면 납세자의 영업활동 및 사생활의 평온이나 재산권을 침해하고, 나아가 과세권의 중립성과 공공성 및 윤리성을 의심받는 결과가 발생할 것이기 때문이다.[32](대법원 2016. 12. 15. 선고 2016두47659 판결 참조)

7-6. 비밀유지와 예외

▶▶ 세무공무원의 비밀유지 의무

① 세무공무원은 납세자가 세법에서 정한 납세의무를 이행하기 위하여 제출한 자료나 국세의 부과·징수를 위하여 업무상 취득한 자료 등 과세정보를 타인에게 제

---

32) 세무조사가 정치적이나 개인적인 목적 등으로 이루어진 것이라면 그 세무조사는 남용된 것이어서 위법하므로, 이로 인한 세금 추징액은 전부 위법하다는 것이다.

공 또는 누설하거나 목적 외의 용도로 사용해서는 안된다.(국기법 §81의13 ①)

② 조사공무원은 조사와 관련하여 알게 된 사실 중 일반적으로 공표되지 아니한 사항에 대해서는 재직 중은 물론 퇴직 후에도 누설해서는 안된다.(조사사규 §31 ②)

▶▶ 비밀유지 의무의 예외

① 아래의 어느 하나에 해당하는 경우에는 그 사용 목적에 맞는 범위에서 납세자의 과세정보를 제공할 수 있다.(국기법 §81의13 ① 단서)

---

1. 국가행정기관, 지방자치단체 등이 법률에서 정하는 조세, 과징금의 부과·징수 등을 위하여 사용할 목적으로 과세정보를 요구하는 경우
2. 국가기관이 조세쟁송이나 조세범 소추(訴追)를 위하여 과세정보를 요구하는 경우
3. 법원의 제출명령 또는 법관이 발부한 영장[33]에 의하여 과세정보를 요구하는 경우
4. 세무공무원 간에 국세의 부과·징수 또는 질문·검사에 필요한 과세정보를 요구하는 경우
5. 통계청장이 국가통계작성 목적으로 과세정보를 요구하는 경우
6. 「사회보장기본법」 제3조 제2호에 따른 사회보험의 운영을 목적으로 설립된 기관[34]이 관계 법률에 따른 소관 업무를 수행하기 위하여 과세정보를 요구하는 경우
7. 국가행정기관, 지방자치단체 또는 「공공기관의 운영에 관한 법률」에 따른 공공기관이 급부·지원 등을 위한 자격의 조사·심사 등에 필요한 과세정보를 당사자의 동의를 받아 요구하는 경우
8. 「국정감사 및 조사에 관한 법률」 제3조에 따른 조사위원회가 국정조사의 목적을 달성하기 위하여 조사위원회의 의결로 비공개회의에 과세정보의 제공을 요청하는 경우
9. 다른 법률의 규정에 따라 과세정보를 요구하는 경우

---

② 이러한 규정에 따라 과세정보의 제공을 요구하는 자는 문서로 요구하여야 하며, 과세정보를 제공받은 자는 과세정보의 유출을 방지하기 위한 시스템의 구축 등 과세정보의 안전성 확보를 위한 조치를 하여야 한다.(국기법 §81의13 ②, ⑥)

---

33) 영장 없이 공문으로 과세정보를 경찰 수사용이나 검찰 수사용으로 요청할 수도 없고, 이를 받아들여서도 안된다.
34) 건강보험공단, 국민연금공단, 근로복지공단이 4대보험의 적정 납부 여부를 위해 소득세 신고내용 등을 확인하게 되었다.

7-7. 부실과세 방지의무

▶▶ 조사공무원의 부실과세 방지의무

조사공무원은 세무조사를 수행함에 있어서 객관적인 사실에 근거하여 적법·공정하게 과세하여야 한다. 또한 조사관서장은 조사공무원이 세무조사를 수행하는 과정에서 적법하지 않은 과세가 발생하지 않도록 관리·감독하여야 한다.(조사사규 §32 ①, ⑤)

▶▶ 조사공무원의 부실과세에 대한 심사, 조사 또는 인사 조치

조사공무원이 조사하여 고지한 처분이 불복청구 등의 과정에서 인용 또는 취소된 경우로서 국세청장이 정하는 기준에 해당하는 사안에 대해서는 본·지방청 감사관은 부실과세 여부에 대한 심사 또는 조사를 실시할 수 있고, 조사관서장은 그 결과 법령 적용 또는 사실 조사 등에 있어 중대한 귀책사유가 있는 것으로 판정된 경우에는 인사상 불이익 등 필요한 조치를 취하여야 한다.(조사사규 §32 ⑥)

▶▶ 과세기준 자문신청과 과세사실판단 자문신청

부실과세를 방지하기 위하여 조사공무원은 조사과정에서 납세자와 이견이 있거나 단독적으로 판단하기 곤란한 법령해석 사항이나 사실판단 사항에 있는 경우 국세청 징세법무국장에게 과세기준 자문신청이나 지방국세청 또는 세무서 납세자보호담당관에게 과세사실판단 자문신청을 할 수 있다.(조사사규 §32 ②, ③)

7-8. 과세기준 자문신청

▶▶ 법령해석사항에 대한 자문

조사공무원[35]은 조사과정에서 납세자와 이견이 있거나 단독적으로 판단하기 곤란한

---

35) 납세자가 직접 신청하는 것이 아님에 유의. 즉 납세자로서는 조사공무원에게 요청하여 조사공무원이 신청해야 할 것이다.

「법령해석사항」이 있는 경우에는 국세청 징세법무국장에게 과세기준자문을 신청할 수 있다.(조사사규 §32 ②)

이 경우 자문신청내용에 대하여 납세자의 이견이 있을 때에는 「납세자 의견서」를 반드시 제출하여야 한다.(법령사규 §27의3 ①)

▶▶ 과세기준자문의 정의

"과세기준자문"이란 지방국세청장·세무서장 및 주무국장이 납세자와 이견이 있거나 단독으로 판단하기 곤란한 세법해석 사항에 대하여 과세 전에 국세청 징세법무국장(법무과장)에게 자문을 하는 것을 말한다.[법령사규 §2(11)]

▶▶ 과세기준 자문신청 대상

과세기준자문은 국세의 부과·징수과정에서 납세자와 이견이 있거나 단독으로 판단하기 곤란한 세법해석 사항을 대상으로 한다. 다만, 자문신청 내용이 다음 각 호의 어느 하나에 해당하는 경우에는 자문신청 대상에서 제외한다.(법령사규 §27의2)

---

1. 정립된 판례나 기존의 세법해석 사례가 있는 경우
2. 「과세사실판단자문 사무처리규정」 제2조 제1항의 구체적인 사실 판단에 관한 사항인 경우
3. 감사원, 본·지방청 감사관실의 처분요구에 관한 사항인 경우
4. 「국세기본법」 제55조에 따른 불복이 진행 중이거나 같은 법 제81조의15에 따른 과세전적부심사가 진행 중인 사항인 경우
5. 소송이 진행 중인 사항인 경우
6. 「국제조세조정에 관한 법률」 제22조에 따른 상호합의절차가 개시된 사항을 질의한 경우(신청인에 관한 개별적이고 구체적인 사안에 한정)
7. 가정의 사실관계를 기초로 하여 질의한 경우
8. 세법해석과 관련 없는 사항을 질의한 경우
9. 국세부과제척기간의 만료일까지의 기한이 3월 이하인 경우

▶▶ 신청기한

지방국세청장·세무서장이 과세기준자문을 신청하는 경우 세무조사 결과통지 또는 과세예고통지 전까지 신청하여야 한다.(법령사규 §27의4)

세무조사의 중지기간 중에는 과세기준자문을 신청할 수 없다. 다만, 납세자가 세무조사 중지 전 「과세기준자문 납세자 동의서」를 작성하여 신청기관에게 제출하고, 신청기관이 납세자 의견을 충분히 포함한 자문신청서를 제출한 경우에는 신청 가능하다.(법령사규 §27의3 ④)

▶▶ 보완요구

징세법무국장(법규과장)은 과세기준자문 신청내용이 아래의 어느 하나에 해당하는 경우 14일 이내의 기간을 정하여 신청기관에 보완을 요구하여야 한다.(법령사규 §28)

1. 사실관계가 분명하지 아니한 경우
2. 관련 증명자료를 제출하지 아니한 경우
3. 과세관청의 의견이 누락된 경우
4. 납세자가 작성한 의견서 제출이 누락되었거나 납세자 의견이 불명확한 경우

▶▶ 신청서의 반려

징세법무국장(법규과장)은 과세기준자문 신청내용이 아래의 어느 하나에 해당하는 경우에는 자문신청서를 반려할 수 있다.(법령사규 §28의3)

1. 자문신청대상이 아닌 경우
2. 신청기관에 보완요구를 하였으나 보완하지 아니한 경우
3. 자문신청기한이 경과한 경우
4. 세법령이나 기본통칙 등에 명백히 규정되어 있거나 법령 개정이 진행 중인 사유 등으로 견해표명이 바람직하지 아니하다고 판단되는 경우

5. 자문신청서를 접수한 후 그 신청내용에 대해 결정 또는 경정이 있는 경우

7-9. 과세사실판단 자문신청

▶▶ 사실판단 사항에 대한 자문

조사공무원은 조사과정에서 납세자의 이견이 있거나 단독적으로 판단하기 곤란한 「사실판단 사항」에 대해서는 과세사실판단자문 신청서에 의해 지방국세청 또는 세무서 납세자보호담당관에게 과세사실판단자문을 신청할 수 있다.(조사사규 §32 ③)

▶▶ 과세쟁점사실 및 과세사실판단 자문의 정의

"과세쟁점사실"이란 국세의 부과, 징수, 환급 등과 관련된 일정한 사실관계를 확정하거나 확정된 사실관계를 해석된 법령에 적용함에 있어서 국세공무원과 납세자 간에 다른 의견이 있거나 있을 소지가 있는 경우(본청·지방국세청 감사 또는 과세자료 통·수보와 관련하여 감사공무원과 피감사공무원 간 또는 과세자료 통·수보 공무원 간에 다른 의견이 있는 경우를 포함한다) 그 사실관계 전부를 말하는 것이다.[과판사규 §2 ① (1)]

"과세사실판단 자문신청"이란 과세쟁점사실에 대하여 과세사실판단자문위원회에서 심의하여 과세 여부 등을 판단해 줄 것을 신청하는 것을 말한다.[과판사규 §2 ① (2)]

▶▶ 과세사실판단 자문신청 대상

국세공무원은 아래의 업무처리 중 과세쟁점사실이 발생한 경우 이에 대하여 과세사실판단 자문신청을 할 수 있다.(과판사규 §10 ①)

1. 세무조사
2. 과세자료처리(자료상 조사에 따른 파생자료를 포함한다)
3. 환급업무
4. 압류, 제2차 납세의무자 지정 등 체납처분
5. 경정청구, 수정신고, 무신고 등에 따른 결정
6. 본청·지방국세청 감사
7. 기타 과세쟁점사실에 대한 판단이 필요한 업무

▶▶ 과세사실판단 자문신청 제외대상

아래의 어느 하나에 해당하는 것에 대해서는 자문신청대상에서 제외한다.(과판사규 §10 ②)

1. 법령해석사안(사전답변을 거친 경우 포함)
2. 이전가격심의위원회, 평가심의위원회, 조세범칙심의위원회 등 각종 위원회의 심의대상인 경우
3. 「과세전적부심사사무처리규정」 제3조에 의하여 세무조사 결과 등 통지를 한 경우
4. 불복청구 중인 사항인 경우(재조사 또는 필요한 처분을 위한 경우는 제외)
5. 과세 여부 등을 명확히 판단할 수 있는 사안인 경우
6. 업무의 진행 및 절차에 관한 사항인 경우
7. 부과제척기간의 만료가 임박(신청일로부터 제척기간의 만료일까지의 기간이 3개월 이하)한 경우

▶▶ 신청인 및 신청방법

① 신청인 : 과세사실판단자문 신청인은 업무를 담당하는 공무원으로 한다. 다만, 여러 사람이 하나의 반이나 팀을 구성하여 업무를 수행하는 경우에는 반장이나 팀장 등 그 대표자를 신청인으로 한다.(과판사규 §12 ①)

또한, 납세자보호담당관은 영세납세자 지원 등의 업무처리 과정에서 과세쟁점사실을 발견한 경우에는 직권으로 이를 과세사실판단자문위원회 회의에 부칠 수 있

다.(과판사규 §12 ④)

② 신청방법 : 과세사실판단자문신청은 신청인이 소속된 납세자보호담당관에게 하되, 쟁점별 세액이 100억 원 이상인 경우에는 소속된 지방국세청장(납세자보호담당관)에게 신청한다. 다만, 본청 소속 공무원의 업무처리 자문 및 동일쟁점 다수 사례 관련사항은 국세청장(심사2담당관)에게 신청한다.(과판사규 §13 ①)

자문신청은 「과세사실판단자문신청서」(별지 제1호 서식)에 의하여야 한다. 이 경우 관련 증거서류나 증거물이 있는 때에는 신청서에 이를 첨부하여야 하며, 객관적이고 공정한 사실판단이 이루어질 수 있도록 자문신청을 하기 전에 쟁점사실에 대한 신청인 의견을 서면으로 납세자(「국세기본법」 제59조에 의한 대리인 포함)에게 제공하여 납세자 등과 의견 교환을 하고, 수령한 납세자 의견을 신청서에 충분히 반영하여 관련 증빙서류 등을 함께 제출하여야 한다.(과판사규 §13 ②, ③)

단, 「국세기본법」 제81조의8 제4항에 따른 세무조사의 중지기간 중에는 과세사실판단자문을 신청할 수 없다.

▶▶ 신청기한

① 과세사실판단 자문의 신청은 신청 기준일 전일까지 하여야 한다.(과판사규 §13 ①)

[업무종류별 신청 기준일]

업무종류	신청 기준일
과세자료처리	- 과세전적부심사사무처리규정 제3조에 의한 세무조사 결과 등 통지대상: 통지서 발송일
환급업무	- 그 외: 해당 업무에 대한 결과보고서에 최종 결재권자가 결재하는 날
감사관련 사항	- 감사공무원: 감사결과과세예고통지서 발송일 - 피감사공무원: 감사답변서 제출기한
제2차 납세의무자 지정	제2차 납세의무자 지정통지서 발송일
압류	압류통지서 발송일
경정청구	경정청구 처리결과 통지일

② 세무조사의 경우에는 조사기간 종료일(조사중지나 조사기간 연장으로 인해 종결

일이 당초보다 늦어질 경우에는 새로운 조사종결일)을 포함한 10일 전까지 신청하여야 한다. 다만, 조사기간이 20일 이내인 경우에는 조사기간이 끝나기 5일 전까지 신청하여야 한다.(과판사규 §13 ②)

③ 제2항의 기한까지 과세기준자문을 신청하여 과세기준자문을 거친 경우에는 그 과세기준자문의 결과를 받은 날로부터 3일 이내에 과세사실판단 자문을 신청할 수 있다.(과판사규 §13 ③)

▶▶ 과세사실판단자문위원회의 심의 대상

① 과세사실판단자문 신청에 응하기 위하여 본청, 지방국세청, 세무서에 각각 과세사실판단자문위원회를 둔다.(과판사규 §3 ①)

② 본청 과세사실판단자문위원회: 본청 소속 공무원의 업무처리와 관련하여 발생한 과세쟁점사실에 대한 자문신청사항 및 동일쟁점 다수사례 사실판단자문과 과세쟁점별 세액이 100억 원 이상인 경우

③ 지방국세청 과세사실판단자문위원회: 해당 지방국세청 소속 공무원의 업무처리와 관련하여 발생한 과세쟁점사실에 대한 자문신청사항과 과세쟁점별 세액이 2억 원(서울지방국세청·중부지방국세청·부산지방국세청은 4억 원) 이상인 경우

④ 세무서 과세사실판단자문위원회: 해당 세무서 소속 공무원의 업무처리와 관련하여 발생한 과세쟁점사실에 대한 자문신청사항

▶▶ 과세사실판단 자문의 처리

① 세무서 과세사실판단자문위원회는 자문신청일부터 21일 이내에 자문결정을 하여야 한다.(과판사규 §21 ①)

② 본청 및 지방국세청 과세사실판단자문위원회는 자문신청일부터 30일 이내에 자문결정을 하여야 한다.(과판사규 §21 ②)

③ 과세사실판단자문위원회의 개최가 필요하지 않다고 판단되어 서면심의[36]하는 경

---

36) 자문신청에 관련된 세액이 5천만 원 미만인 경우 또는 유사한 사안에 대하여 이미 과세사실판단자문위원회의 심의를 거쳐 결정된 사례가 있는 경우(과판사규 §18)

우에는 14일 이내에 자문결정을 하여야 한다.(과판사규 §21 ③)

④ 과세쟁점사실 조사를 위하여 납세자보호담당관이 서면으로 납세자의 의견을 조회한 경우에는 납세자에게 의견조회서를 보낸 날부터 납세자로부터 의견을 회신받은 날까지의 기간은 처리기한에 포함하지 아니하되 그 기간은 10일을 한도로한다.(과판사규 §21 ⑤)

▶▶ 과세사실판단자문위원회 의결결과 및 활용결과

① 과세사실판단자문위원회 위원장이 자문결정을 한 때에는 그 결과를 신청인에게 자문내용과 이유, 관련자료를 첨부하여 신청인이 업무처리에 참고할 수 있도록 통보한다.(과판사규 §22)

② 과세사실판단자문신청에 대한 심의결과를 통보받은 신청인은 그 결과를 업무처리에 활용하여야 하며, 즉시 그 결과를 납세자보호담당관(본청 심사2담당관)에게 통보하여야 한다.(과판사규 §23)

7-10. 조사받는 장소의 변경

▶▶ 조사장소의 한정 원칙

세무조사는 주사무소, 주된 사업장, 주소지 또는 조사관서 등에서 실시함을 원칙으로 한다.(조사사규 §33)

▶▶ 조사장소의 변경

납세자가 사업장 이외의 곳을 세무조사 장소로 변경을 신청하는 경우나 세무조사를 받는 납세자의 편의를 위하여 부득이한 경우에는 조사관서장의 승인을 받아 세무조사에 적합한 기타 장소에서 실시할 수 있다.(조사사규 §33 ① 단서)

이에 따라 등기부상 법인소재지와 서류를 보관하고 있는 경리부서가 다른 곳에 있는 경우 서류 보관장소를 조사장소로 변경 신청할 수 있다.

7-11. 조사받는 시간의 제한

▶▶ 일과시간 내 실시 원칙

납세자를 직접 상대로 하는 세무조사는 그 납세자의 일과시간 내에 실시하여야 한다.(조사사규 §34 ①)

▶▶ 일과시간 외에 세무조사를 실시하는 경우

① 납세자의 요구가 있거나 납세자의 동의를 받은 경우에는 일과시간 외에도 세무조사를 실시할 수 있다.(조사사규 §34 ① 단서)

② 야간업소 또는 주로 공휴일과 토요일에 영업을 하는 납세자의 경우에는 야간, 공휴일 또는 토요일에 세무조사를 실시할 수 있다.(조사사규 §34 ②)

③ 조사받는 납세자가 공휴일 또는 토요일[37]에 조사를 실시하여 줄 것을 요청하는 경우에는 조사관서장의 승인을 받아 해당 공휴일 또는 토요일에도 조사를 실시할 수 있다.(조사사규 §34 ③)

7-12. 세무조사 기간 단축

▶▶ 조사기간의 단축을 위한 노력 의무

조사공무원은 세무조사 기간을 단축하기 위하여 최대한 노력하여야 하며, 기장 및 회계처리의 투명성 등 납세성실도를 검토하여 더 이상 조사할 필요가 없다고 판단될 때에는 조사기간 종료 전이라도 조사를 조기에 종결할 수 있다.(조사사규 §35 ①)

---

37) 조사기간 중의 토요일·공휴일은 조사기간에 포함(조사사규 §16 ①)되어 있으나, 야간업소 또는 주로 공휴일과 토요일에 영업을 하는 납세자가 아닌 경우에는 원칙적으로 공휴일과 토요일에 세무조사를 실시할 수 없다.

7-13. 세무조사 기간 연장

▶▶ 세무조사 기간의 연장

세무공무원은 조사대상 세목·업종·규모, 조사 난이도 등을 고려하여 세무조사 기간이 최소한이 되도록 하여야 한다. 다만, 세무조사 과정에서 아래의 사유에 해당하는 경우에는 세무조사 기간을 연장할 수 있다.(국기법 §81의8 ①)

1. 납세자가 장부·서류 등을 은닉하거나 제출을 지연하거나 거부하는 등 조사를 기피하는 행위[38]가 명백한 경우
2. 거래처 조사, 거래처 현지확인 또는 금융거래 현지확인이 필요한 경우
3. 세금탈루혐의가 포착되거나 조사 과정에서 조사유형이 「조세범처벌절차법」에 따른 조세범칙조사로 전환되는 경우
4. 천재지변이나 노동쟁의로 조사가 중단되는 경우
5. 납세자보호담당관 등이 세금탈루혐의와 관련하여 추가적인 사실 확인이 필요하다고 인정하는 경우
6. 세무조사 대상자가 세금탈루혐의에 대한 해명 등을 위하여 세무조사 기간의 연장을 신청한 경우로서 납세자보호관 등이 이를 인정하는 경우

▶▶ 세무조사 기간 연장의 절차

① 중소규모가 아닌 경우[조사사규 §36 ② (1)]

　　가. 중소규모납세자 이외의 납세자에 대한 조사기간 연장 신청은 지방국세청 납세자보호위원회의 심의를 거쳐 조사관서의 장이 그 승인 여부를 결정한다. 다만, 납세자 또는 납세관리인이 조사기간 연장을 신청하는 경우에는 조사관서의 납세자보호담당관이 승인 여부를 결정한다.

　　나. 조세범칙조사의 경우에는 조세범칙조사심의위원회의 승인을 받아야 한다.

---

38) 조사기피행위에 대하여 구체적이고 객관적인 기준을 마련하여 입법화할 필요가 있다.

○ **중소규모납세자**(조사사규 §15 ②)

> 조사대상 과세기간 중 연간 수입금액 또는 양도가액이 가장 큰 과세기간의 연간 수입금액 또는 양도가액이 100억 원 미만(부가가치세에 대한 세무조사의 경우 1과세기간 공급가액의 합계액이 50억 원 미만)인 납세자

② 중소규모납세자를 세무서에서 조사하는 경우[조사사규 §36 ② (2)]

　가. 최초 연장은 조사관할 관서의 납세자보호담당관(조세범칙조사의 경우에는 조사과장)의 승인을 받아야 하고, 2회 이후 연장은 지방국세청 납세자보호담당관(조세범칙조사의 경우에는 조세범칙조사심의위원회)의 승인을 받아야 한다.

　나. 이 경우 세무조사 연장기간은 각각 20일 이내로 제한된다.

③ 중소규모납세자를 지방국세청에서 조사하는 경우[조사사규 §36 ② (3)]

　가. 최초 연장은 지방국세청 납세자보호담당관(조세범칙조사의 경우에는 조세범칙조사심의위원회)의 승인을 받아야 하고, 2회 이후 연장은 국세청 납세자보호관의 승인을 받아야 한다.

　나. 이 경우 세무조사 연장기간은 각각 20일 이내로 제한된다.

▶▶ 세무조사 기간 자동 연장

세무조사가 중지·재개되는 경우에는 조사기간 중 중지된 기간에 해당하는 일수만큼 조사기간이 연장된다는 내용이 기재된 세무조사 중지 통지 및 세무조사 재개 통지를 납세자에게 통지함으로써 조사기간이 연장된다.(조사사규 §36 ④)

7-14. 세무조사 기간 제한 연장 제외

▶▶ 세무조사 기간 연장에 제한을 받지 않는 경우

세금계산서에 대한 추적조사가 필요한 경우 등 일정한 사유에 해당하는 경우에는 연

장기간의 제한을 받지 아니하고 세무조사를 실시[39]할 수 있다.(국기법 §81의8 ③ 단서)

> 1. 무자료거래, 위장·가공거래 등 거래 내용이 사실과 다른 혐의가 있어 실제 거래 내용에 대한 조사가 필요한 경우
> 2. 역외거래를 이용하여 세금을 탈루하거나 국내 탈루소득을 해외로 변칙 유출한 혐의로 조사하는 경우
> 3. 명의위장, 이중장부의 작성, 차명계좌의 이용, 현금거래의 누락 등의 방법을 통하여 세금을 탈루한 혐의로 조사하는 경우
> 4. 거짓계약서 작성, 미등기양도 등을 이용한 부동산 투기 등을 통하여 세금을 탈루한 혐의로 조사하는 경우
> 5. 상속세·증여세 조사, 주식변동 조사, 범칙사건 조사 및 출자·거래 관계에 있는 관련자에 대하여 동시조사를 하는 경우

[세무조사 연장 절차]

구 분	대 상	세무서		지방청	
		1회 연장	2회 이후 연장	1회 연장	2회 이후 연장
일반 세무조사	중소규모	세무서 납보	지방청 납보	지방청 납보	국세청 납보
	대규모	납세자보호위원회(세무서)		납세자보호위원회(지방청)	
조세범칙조사 (질서범 포함)	중소규모	조세범칙조사심의위원회		조세범칙조사심의위원회	
	대규모				

7-15. 세무조사 기간 연장 통지

조사공무원은 조사기간이 연장되는 경우에는 그 사유와 기간을 세무조사 기간 연장 통지서에 의하여 납세자에게 통지하여야 한다.(조사사규 §36 ③)

---

39) 세무조사 시 대응에 유의할 필요가 있다. 다만, 실무적으로 업무량을 고려할 때 조사관서에서도 무제한 연장하여 세무조사를 하기는 곤란하다.

▶▶ 조사기간 종료 전에 송달

조사기간 연장 통보서를 받은 주무국(과)장은 조사기간 종료 전에 납세자에게 송달하여야 하며, 이때 조사기간 연장 승인 결과에 이의가 있을 경우 납세자보호위원회에 권리보호요청을 신청할 수 있음을 안내하여야 한다.(납보사규 §52 ②)

○ **조사기간 종료 후 통지한 연장 통지는 효력 없음**(기획재정부 조세정책과-191, 2010. 2. 14.)

> 「국세기본법」 제81조의8 제2항의 규정에 따라 세무조사 기간을 연장하려는 때에는 연장사유와 기간을 납세자에게 문서로 조사기간이 종료되기 전에 통지하여야 하는 것이며, 조사기간 종료 후에 통지한 조사기간 연장 통지는 연장의 효력이 없다.

7-16. 세무조사의 중지

▶▶ 세무공무원이 세무조사를 중지하는 경우

세무공무원은 납세자가 자료의 제출을 지연하는 등 일정한 사유로 세무조사를 진행하기 어려운 경우에는 세무조사를 중지할 수 있다. 이 경우 그 중지기간은 세무조사기간 및 세무조사 연장기간에 산입하지 아니한다.(국기법 §81의8 ④, 조사사규 §37 ①)

조사관서장이 세무조사를 중지하는 사유는 아래와 같다.(국기령 §63의9)

> 1. 세무조사 연기신청 사유에 해당하는 사유가 있어 납세자가 조사중지를 신청한 경우
> 2. 국외자료의 수집·제출 또는 상호합의절차 개시에 따라 외국 과세기관과의 협의가 필요한 경우
> 3. 다음 각 목의 어느 하나에 해당하여 세무조사를 정상적으로 진행하기 어려운 경우
>   가. 납세자의 소재가 불명한 경우
>   나. 납세자가 해외로 출국한 경우
>   다. 납세자가 장부·서류 등을 은닉하거나 그 제출을 지연 또는 거부한 경우
>   라. 노동쟁의가 발생한 경우
>   마. 그 밖에 이와 유사한 사유가 있는 경우
> 4. 삭제

5. 납세자보호관 또는 담당관이 세무조사의 일시중지를 요청하는 경우

위 사유에 따라 조사중지가 3회차 이상인 경우에는 「납세자보호사무처리규정」제54조 및 제55조에 따라 조사관서 납세자보호담당관의 승인을 받아 조사를 중지할 수 있다.(조사사규 §37 ②)

▶▶ 세무조사의 중지통지 및 재개통지

① 조사관서장이 세무조사를 중지하는 경우에는 세무조사 중지 통지에 그 사유를 구체적으로 기재하여 납세자에게 통지하여야 한다. 다만, 납세자가 세무조사 중지신청을 한 경우에는 세무조사 (중지·연장) 신청 결과 통지(별지 제9호 서식)에 세무조사 중지 여부를 기재하여 통지하여야 한다.(조사사규 §37 ③)

② 조사관서장은 세무조사를 중지한 기간이 종료된 때에는 특별한 사유가 없으면 지체없이 조사를 재개하여야 한다. 다만, 중지기간이 종료되기 전이라도 중지사유가 소멸되었거나 증거인멸 우려 또는 조세채권 확보 등으로 긴급히 조사를 재개하여야 할 사유가 발생한 때에는 세무조사를 재개할 수 있다.(조사사규 §37 ④)

③ 세무조사를 재개하는 경우에는 납세자에게 세무조사 재개(개시) 통지에 그 사유를 구체적으로 기재하여 통지하여야 한다. 조사를 재개함에 있어 조사반(팀)이 변경되는 등의 사유가 발생한 경우에는 새로 조사계획을 수립하여야 한다.(조사사규 §37 ⑤ ⑥)

▶▶ 세무조사의 중지기간 중 세무조사 금지

세무조사의 중지기간 중에는 납세자에 대하여 국세의 과세표준과 세액을 결정 또는 경정하기 위한 질문을 하거나 장부 등의 검사·조사 또는 그 제출을 요구할 수 없다.(국기법 §81의8 ⑤)

그러나 중지기간 중 납세자의 필요에 의해 자발적으로 조사진행사항에 대해 문의하거나 해명자료를 제출하는 경우에는 응답이나 제출받을 수 있다. 또한 조사기간의 연

장이나 범위를 확대한다는 통지행위를 할 수 있고, 납세자 외의 거래처 등에 대한 관련인 추가 선정 등도 가능하다.

7-17. 세무조사 범위의 확대

▶▶ 세무공무원의 조사범위 준수 의무

세무공무원은 세무조사를 실시하는 동안 조사대상 과세기간 및 조사대상 세목, 조사기간 등에 대해 사전에 정한 범위와 한계를 준수하여야 한다.(조사사규 §38)

▶▶ 세무조사 범위 확대의 제한

세무공무원은 구체적인 세금탈루혐의가 여러 과세기간 또는 다른 세목까지 관련된 것으로 확인되는 경우 등 일정한 사유에 해당하는 경우에는 조사 진행 중 조사범위를 확대[40]할 수 있다. 세무공무원은 세무조사의 범위를 확대하는 경우에는 그 사유와 범위를 납세자에게 문서로 통지하여야 한다.(국기법 §81의9)

○ **세무조사 범위의 확대**(국기령 §63의10)

> 1. 다른 과세기간·세목 또는 항목에 대한 구체적인 세금탈루 증거자료가 확인되어 다른 과세기간·세목 또는 항목에 대한 조사가 필요한 경우
> 2. 명백한 세금탈루혐의 또는 세법 적용의 착오 등이 있는 조사대상 과세기간의 특정 항목이 다른 과세기간에도 있어 동일하거나 유사한 세금탈루혐의 또는 세법 적용 착오 등이 있을 것으로 의심되어 다른 과세기간의 그 항목에 대한 조사가 필요한 경우

---

40) 예를 들어 임대료 등 매출누락 차명통장이 발견된 경우, 지속적으로 부당한 인건비를 지출한 정황이 있는 경우 등 확대의 사유가 될 수 있다.

▶▶ 세무조사 범위 확대 절차(조사사규 §39 ②~⑤)

① 중소규모 이외의 납세자

중소규모 이외의 납세자에 대한 조사에서 조사범위를 확대하는 경우에는 납세자보호위원회의 승인을 받아야 한다.

② 중소규모납세자

중소규모납세자에 대하여 조사범위를 확대하는 경우에는 최초 조사범위 확대는 조사관할 관서의 납세자보호담당관의 승인을 받아야 하고, 2회 이후 확대는 상급 관서의 납세자보호(담당)관의 승인을 받아야 한다.

③ 조세범칙조사의 경우

조세범칙조사 과정에서 조사 기간을 연장하거나 조사범위를 확대하고자 하는 경우에는 조세범칙조사심의위원회의 승인을 받아야 한다.

④ 조사범위 확대 통지

조사공무원은 조사범위가 확대된 경우에는 조사 범위확대 통지에 확대 사유를 구체적으로 기재하여 납세자에게 통지하여야 한다.

[조사범위 확대 절차]

구 분	대 상	세무서		지방청	
		1회 확대	2회 이후 확대	1회 확대	2회 이후 확대
일반 세무조사	중소규모	세무서 납보	지방청 납보	지방청 납보	국세청 납보
	대규모	납세자보호위원회(세무서)		납세자보호위원회(지방청)	
조세범칙조사 (질서범 포함)	중소규모	조세범칙조사심의위원회		조세범칙조사심의위원회	
	대규모				

104

▶▶ 조사대상자에게 세무조사 범위 확대에 따른 통지 없이 한 과세처분

- 세무공무원이 제출받은 자료를 검토하는 과정에서 조사대상 외 과세기간의 신고내용이 잘못되었다는 의심이 들었다면 위 「국세기본법」 규정에 따라 세무조사의 범위를 해당 부분에 한정하여 확대한 후 청구인에게 그 내용을 문서로 통지하였어야 하나, 조사청은 그러한 법령상의 절차를 위반한 채 세무조사 대상이 아닌 과세기간에 대한 세무조사 결과통지를 하였고, 그 결과통지 내용대로 이 건 부과처분을 한바, 결국 이 건 부과처분은 세무조사의 대상 과세기간이 확대되었음에도 불구하고 청구인에게 통지가 누락된 세무조사에 기초한 것이어서 그 처분의 취소사유에 해당하는 중대한 절차상 하자가 있다 할 것이므로 청구인이 20◎◎~20◇◇년 귀속 종합소득세 신고 시 감가상각비를 과다계상하였다고 보아 과세한 이 건 처분은 잘못이 있다.(조심 2018서4063, 2019. 6. 26.)

- 과세관청이 임의로 세무조사의 범위를 확대하면서 그 사유와 범위를 납세자에게 문서로 통지하지 않고 과세한 행위는 처분의 취소사유에 해당하는 중대한 절차상 하자로 그 처분의 취소사유에 해당함.(조심 - 2022 - 부 - 0108, 2022. 8. 18.)

7-18. 장부·서류 등의 일시보관

▶▶ 장부·서류 보관 금지

세무공무원은 세무조사의 목적으로 납세자의 장부등을 세무관서에 임의로 보관할 수 없다.(국기법 §81의10 ①)

▶▶ 납세자의 동의가 있는 경우

납세자가 비정기 조사대상자 선정사유에 해당하는 경우[41]로서 납세자의 동의가 있는 경우[42]에는 조사 목적에 필요한 최소한의 범위에서 납세자, 소지자 또는 보관자 등 정당한 권한이 있는 자가 임의로 제출한 장부 등을 세무관서에 일시보관 할 수 있다.(국

---

41) 국세기본법 제81조의6 ③
42) 납세자의 동의가 없는 경우에는 세무공무원이 임의로 장부·서류를 가져갈 수 없다.

① **일시보관 방법에 의한 조사계획을 수립한 경우**(조사사규 §40 ①)

　　가. 조사공무원은 납세자의 증거인멸 우려 등으로 세무조사의 목적을 달성할 수 없
　　　　다고 판단될 경우에는 조사관할 지방국세청장의 승인을 받아 장부·서류 등의
　　　　일시보관 방법에 의한 조사계획을 수립할 수 있다.

　　나. 조사계획에 따라 조사 시작 시 각 세법의 질문조사권에 따라 장부·서류·증빙
　　　　등의 제출을 요구하고 납세자의 동의를 받아 세무조사 기간 동안 관련 장부·서
　　　　류·증빙 등을 조사관서에 일시보관할 수 있다.

② **조사 진행 중 긴급한 경우**(조사사규 §40 ②)

　　조사 진행 중 납세자의 증거인멸 우려 등 세무조사의 목적을 달성할 수 없다고 판단
되는 경우, 조사관할 지방국세청장의 승인을 받아 납세자등의 동의하에 장부·서류·
증빙 등을 조사관서에 일시보관할 수 있다.

▶▶ 일시보관 및 반환 절차

① **일시보관동의서 수령**

　　조사공무원은 납세자, 소지자 또는 보관자 등 정당한 권한이 있는 자에게 일시보관
내용이 포함된 장부 등 일시보관에 따른 안내를 교부하고, 장부 등의 일시보관 방법 및
절차를 설명한 후 장부 등 일시보관 안내확인 및 동의서를 받아야 한다.(조사사규 §40 ③)

○ **장부등 일시 보관 방법 및 절차**(국기령 §63의11 ①)

> 장부 등의 일시 보관 전에 납세자, 소지자 또는 보관자 등 정당한 권한이 있는 자(이하 "납세
> 자등"이라 한다)에게 다음 각 호의 사항을 고지하여야 한다.
> 1. 법 제81조의6 제3항 각 호의 사유 중 장부등을 일시 보관하는 사유
> 2. 납세자등이 동의하지 아니하는 경우에는 장부등을 일시 보관할 수 없다는 내용
> 3. 납세자등이 임의로 제출한 장부등에 대해서만 일시 보관할 수 있다는 내용
> 4. 납세자등이 요청하는 경우 일시 보관 중인 장부등을 반환받을 수 있다는 내용

② 일시보관증 등 교부

조사공무원은 일시보관할 장부·서류에 대하여 일시보관증, 일시보관 서류 등의 목록 및 장부·서류 등 반환요청서를 교부하여야 한다.(조사사규 §40 ③)

③ 즉시 반환

장부·서류 등의 일시보관은 조사목적에 필요한 최소한의 범위에서 실시하여야 하며, 일시보관한 장부·서류 중 증거서류로서의 활용가치가 없다고 판단되는 것은 납세자에게 즉시 반환하여야 한다.(조사사규 §40 ④)

④ 납세자의 반환요청이 있는 경우

일시보관하고 있는 장부 또는 서류 등에 대하여 납세자가 반환을 요청한 경우에는 그 반환요청일로부터 14일 이내에 반환하여야 한다. 이 경우 조사공무원은 장부 또는 서류 등에 대한 사본을 보관할 수 있고, 그 사본이 원본과 다름없다는 사실을 확인하는 납세자의 서명 또는 날인을 요구할 수 있다.(조사사규 §40 ⑤)

조사목적을 달성하기 위해 필요한 경우에는 납세자보호위원회의 심의를 거쳐 1회에 한해 14일 이내의 범위 내에서 보관기간을 연장할 수 있다.(조사사규 §40 ⑥)

⑤ 반환확인서 수령

조사공무원은 일시보관하고 있던 장부·서류 등을 반환하는 경우에는 장부·서류 등 반환확인서를 납세자로부터 받아 보관하여야 한다.(조사사규 §40 ⑦)

7-19. 자료제출 요구와 해명기회 부여

▶▶ 해명기회 부여

조사공무원은 세무조사 진행 과정에서 세금탈루혐의 등에 대하여 납세자에게 해명할 수 있는 기회를 주어야 한다.(조사사규 §41 ①)

▶▶ 자료제출 요구

① 서면으로 해명자료 제출을 요구하는 경우

조사공무원은 세무조사 과정에서 조사받는 납세자에게 과세요건 및 사실관계 확인 등에 필요한 서류·증빙·물건 등의 제출·열람 및 해명을 요구할 경우에는 구두 또는 장부·서류 등 자료제출 요구에 의해 요구하고, 요구사항 목록을 작성하여 보관하여야 한다.(조사사규 §41 ②)

② 요구사항 목록의 작성 보관

중요 조사 항목 및 불복 예상 항목, 납세자가 자료제출을 지연 또는 기피하는 경우, 그 외 자료의 보존 및 유지가 필요한 것으로 인정되는 경우에는 별지 제18호 서식에 의해 요구하여야 하고, 요구사항 목록을 작성·보관하여야 한다.(조사사규 §41 ② 단서)

▶▶ 과세근거자료의 확보

조사공무원은 과세의 근거자료를 확보하여 향후 불복청구 등에 대비하여야 하며, 납세자 또는 관련인 등의 확인이 필요한 사항에 대해서는 확인서 또는 진술서를 받아야 한다.(조사사규 §41 ③)

7-20. 조세범칙조사 등으로 조사유형 전환

세무조사 도중 일정한 사유가 발생하는 경우에는 부분조사에서 전부조사로, 전부조사에서 자금출처조사로, 일반조사에서 범칙조사 등으로 당초 세무조사 유형이 다른 유형으로 전환될 수 있다.

▶▶ 조사유형 전환의 요건

세무조사 시 부분조사 또는 세목별 조사 과정에서 발견된 세금탈루 행위가 과세기간의 전반적인 사항 또는 다른 세목에 관련되는 경우 조사유형을 전환할 수 있다.(조사사규 §42 ①)

▶▶ 조사유형 전환 절차

부분조사에서 전부조사 등으로 유형 전환되는 경우에는 납세자보호담당관 또는 납세자보호위원회의 승인을 받도록 하고 있다.(조사사규 §42 ①)

7-21. 금융거래 조사 절차

세무조사의 목적으로 금융거래 현장확인이 필요한 경우에는 아래의 절차에 따라 실시하여야 하며, 「금융실명거래 및 비밀보장에 관한 법률」, 「상속세 및 증여세법」 등 관련 법령에서 정한 범위와 절차를 준수하여야 한다.(조사사규 §43 ①)

▶▶ 조사관할 지방국세청장의 사전 승인

① 조사관할 지방국세청장의 사전 승인 대상[조사사규 §43 ① (1)]

　가. 금융거래 현장확인대상자 또는 계좌를 선정하는 때

　나. 타인의 연결계좌 또는 연결수표 입출금계좌 중 승인받지 않은 자 명의의 계좌에 대한 금융거래정보를 조회하고자 하는 때

② 사후 보고하는 경우(조사사규 §43 ②)

　가. 세무조사 과정에서 신용카드 변칙거래, 거짓(세금)계산서 수수혐의 등에 대한 금융거래 현장확인이 긴급히 필요한 경우에는 조사관서장(조사국장, 세무서장)의 승인을 받아 금융거래 현장확인이나 조회를 시작할 수 있다.

　나. 이 경우 시작한 날의 다음 날까지 금융거래 현장확인 대상자와 긴급한 사유 등을 지방국세청장에게 보고하여야 한다.

③ 조회대상기간의 확대[조사사규 §43 ① (1)]

금융거래 조회대상기간은 조사대상 과세기간으로 한정하되, 조사대상 과세기간 내의 탈루혐의 확인 등과 관련하여 필요한 경우에는 조사대상 과세기간 외의 기간으로 확대할 수 있다.[조사사규 §43 ① (1)]

▶▶ 승인대상기간 외의 기간에 대한 정보제공요구

지방국세청장의 승인을 받은 자 또는 계좌에 대해 승인대상기간 외의 기간에 대한 금융거래정보 제공을 요구하고자 하는 때에는 조사관서장, 조사국장, 세무서장의 승인을 받아야 한다.[조사사규 §43 ① (2)]

▶▶ 조사 종료 후 금융거래정보 요구 금지

조사기간 종료 후에는 금융기관에 대해 금융거래정보 제공을 요구할 수 없다.[조사사규 §43 ① (3)]

▶▶ 금융거래 현장확인 관련 법령 정리

금융거래 정보 요구 사유	관련 법령	일괄조회	금융기관	요구관서
부동산과 관련된 소득·법인세 탈루혐의자(알선중개자 포함) 요구	「금융실명법」 제4조 제2항	가능	금융기관 (전산실)	관서장
상속세·증여세 결정	「상속증여세법」 제83조 제1항	가능	금융기관 (전산실)	지방청장
탈루혐의 인정할 명백한 자료 확인, 체납자의 재산조회 및 상속·증여 재산 확인 등 사유로 질문·조사	「금융실명법」 제4조 제1항 제2호	불가	특정 점포	관서장
명백한 조세탈루혐의	「과세자료제출법」 제6조	가능	금융기관 (전산실)	지방청장

7-22. 거래처 조사 및 거래처 현장확인

▶▶ 거래처에 대한 조사

① 거래처에 대한 세무조사

세무조사 과정에서 조사대상 납세자의 거래처 또는 거래상대방에 대한 조사가 필요한 경우에는 해당 거래처를 조사대상자로 선정하여야 한다.(조사사규 §44 ①)

② 조사관할 조정 등

이 경우 조사대상자 선정, 조사관할 조정, 세무조사 통지 등 일반적인 세무조사 절차를 준수하여야 한다.(조사사규 §44 ① 후단)

▶▶ **거래처에 대한 현장확인**

세무조사 과정에서 조사대상 납세자의 거래처 또는 거래상대방에 대하여 현장확인이 필요한 경우에는 그 사유와 범위를 표시하여 소관 조사과장의 승인을 받아 실시한다. 현장확인 출장 시에는 현장확인 출장증에 그 사유를 기재하여 현장확인 대상 거래처 또는 거래상대방에게 제시하여야 한다.(조사사규 §44 ②)

⑧ 세무조사의 종결

8-1. 세무조사의 종결 절차

▶▶ **세무조사의 종결 절차**(조사사규 §45)

① 조사관서장에게 보고

조사공무원이 세무조사를 종결하고자 할 때에는 조사한 내용을 정리하여 조사관서장에게 보고하여야 한다.

② 조사관서장의 조사종결 여부 결정

조사종결 보고를 받은 조사관서장은 그 내용을 검토하여 조사의 종결 여부를 결정한다.

③ 납세자에게 조사 결과에 대한 설명

조사공무원은 조사기간의 마지막 날에 납세자 또는 납세관리인에게 조사 결과에 대하여 구체적으로 설명하여야 하며, 조사 결과에 대한 이의가 있을 경우 납세자의 권리구제 방법을 상세히 알려주어야 한다.

▶▶ 세무조사 결과통지

① 20일 이내 통지(국기법 §81의12 ①, 조사사규 §46 ①)

조사공무원은 납세자에게 통지한 조사기간이 종료한 날(다만, 통지한 조사기간 전에 조사를 종결한 경우에는 조사종결일)로부터 20일 이내에 납세자 또는 납세관리인이 참석하는 회의(조사 결과 설명회[43])를 개최하여 세무조사 결과를 구체적으로 설명하고, 세무조사 결과통지서에 세무조사 결과를 상세히 기재하여 납세자에게 통지하여야 한다.

다만, 공시송달의 사유가 있는 경우에는 40일 이내에 통지하여야 한다.

---

1. 세무조사 내용
2. 결정 또는 경정할 과세표준, 세액 및 산출근거
3. 세무조사 대상 세목 및 과세기간
4. 과세표준 및 세액을 결정 또는 경정하는 경우 그 사유(근거 법령 및 조항, 과세표준 및 세액 계산의 기초가 되는 구체적 사실관계 등을 포함한다)
5. 가산세의 종류, 금액 및 그 산출근거
6. 관할 세무서장이 해당 국세의 과세표준과 세액을 결정 또는 경정하여 통지하기 전까지 수정 신고가 가능하다는 사실
7. 과세전적부심사를 청구할 수 있다는 사실

---

② 세무조사 결과통지의 생략(국기법 §81의12 ① 단서, 국기령 §63의13 ②)

다음에 규정된 어느 하나에 해당하는 경우에는 조사 결과의 설명 및 통지를 생략할 수 있고, 조사 결과 설명회에 납세자가 참석을 원하지 않는 경우에는 설명회를 생략할 수 있다.(조사사규 §46 ① 단서)

가. 납세관리인을 정하지 아니하고 국내에 주소 또는 거소를 두지 아니한 경우
나. 조세불복에 따른 재조사 결정에 의한 조사를 마친 경우
다. 세무조사 결과통지서 수령을 거부하거나 회피하는 경우

[43) 국세청은 납세자에게 세무조사 결과를 정확하게 알려주고 구체적으로 설명하는 조사 결과 설명회를 신설하였다.(2023. 5. 16.)

③ 개인공동사업자에 대한 조사 결과통지(조사사규 §46 ②)

개인공동사업자에 대한 조사 결과통지는 대표공동사업자에게 한다. 다만, 대표공동사업자가 아닌 비대표공동사업자를 세무조사한 경우에는 비대표공동사업자에게도 세무조사 결과통지를 한다.

④ 조사 종결까지 장기간 소요될 것으로 예상되는 경우(조사사규 §46 ③)

조사를 종결하는데 장기간이 소요될 것으로 판단되는 경우 미완료된 부분을 제외한 나머지 부분에 대한 조사 결과를 조사 종결 전에 우선 통지할 수 있다. 이 경우 미완료된 부분은 조사 종결일까지 조사를 종결한 후 그 결과를 통지한다.

⑤ 세무조사 결과 일부 통지 대상(조사사규 §46 ④)

세무공무원은 다음의 어느 하나에 해당하는 사유 등과 같이 20일(40일) 이내에 조사 결과를 통지할 수 없는 부분이 있는 경우에는 우선 종결된 부분만 결과통지를 하고 나머지 부분에 대해서는 납세자가 동의서를 제출하는 경우 조사 결과를 통지할 수 없는 부분을 제외한 나머지 조사 결과에 대해 납세자에게 구체적으로 설명하고, 이를 세무조사 결과통지서에 상세히 기재하여 납세자에게 통지할 수 있다.

　가. 「국제조세조정에 관한 법률」 및 조세조약에 따른 국외자료의 수집·제출 또는 상호합의절차 개시에 따라 외국 과세기관과의 협의가 진행 중인 경우

　나. 해당 세무조사와 관련하여 세법의 해석 또는 사실관계 확정을 위하여 과세기준자문 또는 과세사실판단자문을 신청하는 경우

⑥ 일부 통지 사유가 해소된 경우(국기법 §81의12 ③, 조사사규 §46 ⑤)

상호합의절차 종료, 세법의 해석 또는 사실관계 확정을 위한 질의에 대한 회신 등의 사유가 해소된 때에는 그 사유가 해소된 날부터 20일(공시송달의 사유 40일) 이내에 조사 결과를 통지할 수 없는 부분 외에 대한 조사 결과를 납세자에게 설명하고, 서면으로 통지하여야 한다.

▶▶ 세무조사 결과통지(과세예고통지)를 생략한 과세처분의 효력

(대법원 2016. 4. 15. 선고 2015두52326 판결)

과세예고통지는 과세관청이 조사한 사실 등의 정보를 미리 납세자에게 알려줌으로써 납세자가 충분한 시간을 가지고 준비하여 과세전적부심사와 같은 의견청취절차에서 의견을 진술할 기회를 가짐으로써 자신의 권익을 보호할 수 있도록 하기 위한 처분의 사전통지로서의 성질을 가진다. 또한 과세처분 이후에 행하여지는 심사·심판청구나 행정소송은 시간과 비용이 많이 소요되어 효율적인 구제수단으로 미흡한 측면이 있다는 점과 대비하여 볼 때, 과세전적부심사 제도는 과세관청이 위법·부당한 처분을 행할 가능성을 줄이고 납세자도 과세처분 이전에 자신의 주장을 반영할 수 있도록 하는 예방적 구제제도의 성질을 가진다. 이러한 과세예고통지와 과세전적부심사 제도는 1999. 8. 31. 법률 제5993호로 국세기본법이 개정되면서 납세자의 권익 향상과 세정의 선진화를 위하여 도입되었는데, 과세예고통지를 받은 자가 청구할 수 있는 과세전적부심사는 위법한 처분은 물론 부당한 처분도 심사대상으로 삼고 있어 행정소송과 같은 사후적 구제절차에 비하여 그 권리구제의 폭이 넓다.

이와 같이 사전구제절차로서 과세예고통지와 과세전적부심사 제도가 가지는 기능과 이를 통해 권리구제가 가능한 범위, 이러한 제도가 도입된 경위와 취지, 납세자의 절차적 권리 침해를 효율적으로 방지하기 위한 통제방법 등을 종합적으로 고려하여 보면, 「국세기본법」 및 구 「국세기본법 시행령」이 과세예고통지의 대상으로 삼고 있지 않다거나 과세전적부심사를 거치지 않고 곧바로 과세처분을 할 수 있는 예외사유로 정하고 있는 등의 특별한 사정이 없는 한, 과세관청이 과세처분에 앞서 필수적으로 행하여야 할 과세예고통지를 하지 아니함으로써 납세자에게 과세전적부심사의 기회를 부여하지 아니한 채 과세처분을 하였다면, 이는 납세자의 절차적 권리를 침해한 것으로서 과세처분의 효력을 부정하는 방법으로 통제할 수밖에 없는 중대한 절차적 하자가 존재하는 경우에 해당하므로, 그 과세처분은 위법하다고 보아야 할 것이다.

8-2. 조사에 따른 경정결의서 등 작성

▶▶ 결정 · 경정 절차(조사사규 §47)

① 제세결정 · 경정결의서 작성 시기

조사종결 지시를 받은 조사공무원은 아래의 시기가 경과할 때에는 지체 없이 제세결정 · 경정결의서를 작성하여야 한다.

가. 과세전적부심사 청구기간이 경과한 때
나. 과세전적부심사 결정이 있는 때
다. 납세자의 조기결정 신청이 있는 때

② 조사서 작성

조사공무원은 세무조사 적출사항에 대해서 그 내용과 근거를 조사서에 상세히 기재하고 끝부분에 조사자의 직, 성명을 기재한 후 서명 날인하여야 한다.

▶▶ 과세전적부심사를 청구한 경우 결정 · 경정의 유보

납세자가 세무조사 결과통지에 대해 과세전적부심사를 청구한 경우에는, 그 청구한 부분에 대해서는 제세결정 · 경정을 유보하여야 한다.(조사사규 §48 ①)

▶▶ 조기 결정 · 경정을 하는 경우

납기 전 징수사유가 있는 등 일정한 사유(국기법 §81의15 ③, 국기령 §63의14 ③)가 있는 경우에는 과세전적부심사 청구 중이라도 조사내용에 따라 결정 · 경정할 수 있다. 이 경우 그 이유를 청구인에게 통지하여야 한다.(조사사규 §48 ②)

1. 「국세징수법」 제9조에 규정된 납기 전 징수의 사유가 있거나 세법에서 규정하는 수시부과의 사유가 있는 경우

2. 「조세범처벌법」 위반으로 고발 또는 통고 처분하는 경우. 다만, 고발 또는 통고처분과 관련 없는 세목 또는 세액에 대해서는 그러하지 아니하다.

3. 세무조사 결과 통지 및 과세예고 통지를 하는 날부터 국세부과 제척기간의 만료일까지의 기간이 3개월 이하인 경우

4. 「국제조세조정에 관한 법률」에 따라 조세조약을 체결한 상대국이 상호합의 절차의 개시를 요청한 경우

5. 재조사 결정에 따라 조사를 하는 경우

제 **2**편

일반세무조사

❶ 법인조사

1-1. 정기조사대상 선정

▶▶ 조사대상 선정 기본 원칙

① 신고성실도 평가결과와 미조사 연도 수 고려

법인 정기조사대상은 전산에 의한 신고성실도 평가결과와 미조사 연도 수 등 국세청장이 별도로 정하는 선정기준[44]에 따라 공정하고 객관적으로 선정하여야 하며, 종사직원의 자의성을 배제하도록 하고 있다.(법인사규 §199 ②)

② 신고성실도 평가

가. 신고성실도는 법인세·부가가치세 및 원천세 등의 신고상황과 각종 세원정보 등을 반영하여 전산시스템에 따라 평가함을 원칙으로 하고, 세무조사 또는 평소 세원관리 결과에 따라 보완할 수 있다.(법인사규 §196 ①)

나. 법인의 신고성실도는 「법인 신고성실도 전산분석」[45]에 의해 사업연도별로 평가한다.(법인사규 §196 ②)

다. 국세청장은 「법인 신고성실도 전산분석」에 따라 평가한 신고성실도 전산평가 자료를 정기조사대상 선정 전에 지방국세청장(성실납세지원국장)에게 통보한다. 각종 신고성실도 평가자료는 개별기업의 과세정보이므로 대외보안 등에 유의하여야 하며, 정기조사대상 선정업무를 담당하는 과장이 관리한다.(법인사규 §197, §198)

---

44) 그 기준은 공개되지 않고 있다.
45) ① 업종별, 지역별, 매출액 규모별(계급별) 상대평가
　　② 업종별 전국·지역별 평균소득률, 업종별 전국·지역별 평균부가율과 비교하여 상대평가
　　③ 본인의 직전연도의 성실도와 비교하여 하락 시 좀 더 불성실한 것으로 평가(예 C등급이라도 전년도에 A였다가 C가 된 경우와 전년도에 D였다가 C가 된 경우를 다르게 평가)
　　④ 소득-지출분석시스템(PCI), 금융정보분석원(FIU)자료, 자체정보자료, 탈세제보자료, 밀알정보 등 활용
　　⑤ 외부회계감사 감사의견, 외부회계감사 실시내용 등 회계성실도 자료

▶▶ 조사대상 선정

① 연간 수입금액 2,000억 원[46) 이상의 법인

법인 정기조사대상 선정 시 연간 수입금액 2,000억 원 이상의 법인은 5년 주기 순환 조사를 원칙으로 선정한다.(법인사규 §200 ①)

○ **국세기본법 제81조의6 ② (2)【세무조사관할 및 대상자 선정】**

> 최근 4과세기간 이상 같은 세목의 세무조사를 받지 아니한 납세자에 대하여 업종, 규모, 경제력 등을 고려하여 대통령령으로 정하는 바에 따라 신고 내용이 적정한지를 검증할 필요가 있는 경우(세무조사를 할 수 있다)

○ **국세기본법 시행령 제63조의4【장기 미조사자에 대한 세무조사기준】**

> 법 제81조의6 제2항 제2호에 따라 실시하는 세무조사는 납세자의 이력이나 세무정보 등을 고려하여 국세청장이 정하는 기준에 따른다.

② 연간 수입금액 500억 원 이상의 법인

경제력 집중 등 아래의 어느 하나에 해당하는 법인의 경우에는 수입금액 500억 원 이상의 법인을 5년 주기 순환조사로 선정한다.(법인사규 §200 ① 단서)

> 1. 독점규제 및 공정거래에 관한 법률에 따른 상호출자제한기업집단 소속 법인
> 2. 자산 2천억 원 이상
> 3. 전문인적용역 제공 법인

③ ①, ② 외의 법인

가. ①, ② 외의 법인은 정기적으로 신고성실도 평가에 의한 선정을 원칙으로 하되 무작

---

46) 2017년 5년 주기 정기순환조사 대상을 3,000억 원에서 1,000억 원으로 하향조정했다가 2019년 1,500억 원으로, 2024년 2,000억 원으로 조정했다.

위추출방식에 의한 선정을 병행할 수 있다.[국기법 §81의6 ② (1) (3), 법인사규 §200 ②]

나. 장기간[47] 세무조사를 받지 아니하여 성실신고 여부 검증이 필요한 일정 규모 이상의 법인[48]은 신고성실도 평가 결과와 관계없이 정기조사 대상으로 선정할 수 있다.(법인사규 §200 ③)

▶▶ 세무조사 대상자 선정 관할

법인 정기조사 대상 선정은 법인의 성격, 사업규모 및 업무량 등을 감안하여 국세청장이 별도로 정하는 선정기준에 따라 지방국세청장 또는 세무서장이 담당한다.

지방국세청장은 세금탈루 규모, 조사의 난이도 등을 고려하여 세무조사 대상자 선정 관할을 변경한 경우에는 선정관할 변경내역을 관할 지방국세청장 또는 관할 세무서장에게 조속히 통지하여야 한다.(법인사규 §201)

▶▶ 선정할 법인 수

법인의 성실신고를 담보하기 위하여 매년 적정수준의 법인 수를 정기조사 대상으로 선정하게 되며, 지방청별·세무서별로 각 관할지역에 소재하는 법인의 전체 수입금액 규모, 법인 수, 조사인력 등을 감안하여 합리적이고 균형 있게 배분하여야 한다.(법인사규 §202)

1-2. 법인세 등의 통합조사 및 동시조사

▶▶ 통합조사 실시 원칙

법인에 대하여 법인세 일반세무조사 또는 조세범칙조사를 하는 때에는 법인의 사업과 관련하여 신고·납부의무가 있는 세목을 통합하여 실시하는 것을 원칙으로 한다.(조사사규 §50 ①)

---

47) 최근 4과세기간 이상 같은 세목의 세무조사를 받지 아니한 납세자에 대하여[국기법 §81의6 ② (2)]
48) 국세청장이 정하는 기준은 비공개

▶▶ 통합조사 원칙의 예외

① 세목별 조사[국기법 §81의11 ② (1)]

세목의 특성, 납세자의 신고유형, 사업규모, 세금탈루혐의 등을 고려하여 특정 세목만을 조사할 필요가 있는 경우

② 긴급조사[국기법 §81의11 ② (2)]

조세채권의 확보 등을 위하여 긴급히 조사할 필요가 있는 경우

③ 부분조사(국기법 §81의11 ③ 및 국기령 §63의12 ①)

세무조사의 효율성 및 납세자의 편의 등을 고려하여 특정 세목만을 조사할 필요가 있는 경우로서 아래의 어느 하나에 해당하는 경우 해당 사항에 대한 확인을 위하여 필요한 부분에 한정한 조사를 실시

1. 경정 등의 청구에 대한 처리 또는 국세환급금의 결정을 위하여 확인이 필요한 경우
2. 불복청구 시 재조사 결정에 따라 사실관계의 확인 등이 필요한 경우
3. 거래상대방에 대한 세무조사 중에 거래 일부의 확인이 필요한 경우
4. 납세자에 대한 구체적인 탈세 제보가 있는 경우로서 해당 탈세 혐의에 대한 확인이 필요한 경우
5. 명의위장, 차명계좌의 이용을 통하여 세금을 탈루한 혐의에 대한 확인이 필요한 경우
6. 법인이 주식 또는 출자지분을 시가보다 높거나 낮은 가액으로 거래하거나 「법인세법 시행령」 제88조 제1항 제8호 각 목 및 같은 항 제8호의2의 자본거래로 인하여 해당 법인의 특수관계인인 다른 주주 등에게 이익을 분여(分與)하거나 분여받은 구체적인 혐의가 있는 경우로서 해당 혐의에 대한 확인이 필요한 경우
7. 무자료거래, 위장·가공거래 등 특정 거래 내용이 사실과 다른 구체적인 혐의가 있는 경우로서 조세채권의 확보 등을 위하여 긴급한 조사가 필요한 경우
8. 과세관청 외의 기관이 직무상 목적을 위해 작성하거나 취득하여 과세관청에 제공한 자료의 처리를 위해 조사하는 경우
9. 조세조약상의 비과세, 면제 적용 신청의 내용을 확인할 필요가 있는 경우

▶▶ 통합조사 시 동시조사[49](조사사규 §50 ②)

① 주식변동조사와 동시조사

법인에 대한 통합조사를 실시함에 있어 조사대상 과세기간에 주식변동사항에 대한 탈루혐의가 있는 경우(조사대상 과세기간이 아닌 사업연도가 주식변동 조사대상으로 선정된 경우를 포함한다)에는 주식변동조사를 동시에 실시한다.

다만, 효율적인 조사운용 또는 긴급히 조사를 실시하여야 할 필요가 있는 등의 경우에는 주식변동조사를 별도로 실시할 수 있다.

② 자금출처조사와 동시조사

그 법인의 최대주주나 특수관계자가 자금출처 조사대상으로 이미 선정되어 있는 경우에는 자금출처조사를 동시에 실시한다.

▶▶ 조사 사업장 추가와 통합조사(조사사규 §50 ③)

① 법인세 납세지 이외의 주된 사업장의 탈루혐의

법인세 납세지 이외의 주된 사업장(수입금액이 제일 큰 사업장이나 제조, 판매활동 등 주된 영업활동의 대부분이 이루어지고 있는 별도의 사업장[50])에 대하여 부가가치세, 개별소비세, 주세, 원천세 등의 탈루혐의가 있어 조사대상으로 선정하고자 하는 경우 탈루혐의 범위 및 규모 등으로 보아 통합조사가 필요하다고 인정되는 경우 지방국세청장 등의 승인을 받아 통합조사를 실시할 수 있다.

② 조사관할 조정

이 경우 관할 세무서가 달라 조사관할 조정이 필요한 경우에는 조사관할을 조정할 수 있다.

---

49) 동시조사[조사사규 §3 (26)]
  세무조사 시 조사효율성, 납세자 편의 등을 감안하여 조사대상자로 선정된 납세자와 특수관계에 있는 자(법인을 포함한다) 등 관련인을 함께 조사하거나, 동일한 납세자가 통합조사 또는 세목별 조사, 주식변동조사, 자금출처조사 등 여러 유형의 조사대상자로 각각 선정되어 있는 경우 각 조사의 조사시기를 맞추어 함께 조사하는 것을 말한다.
50) 공장 등 지점 사업장이 별도로 있고, 부가가치세 신고를 별도로 하는 경우

▶▶ 조사대상 과세기간(조사사규 §50 ⑥)

① 조사대상 과세기간

법인에 대한 통합조사를 실시하는 경우 법인세 및 부가가치세 등의 조사대상 과세기간은 사업연도 단위로 한다.

② 부가가치세 등의 조사대상 과세기간 확대

부가가치세 등의 조사대상 과세기간이 법인세와 다른 경우[51]나 과세정상화 등 세원관리를 위해 필요한 경우에는 부가가치세 등의 조사대상 과세기간을 확대하여 실시할 수 있다.

▶▶ 사업장 관할 세무서와 본점 관할 세무서가 다른 경우(조사사규 §50 ⑤)

① 통합조사를 위한 사전 조회

사업장 관할 관서장이 부가가치세 등 세목별 조사를 실시하고자 하는 경우 그 법인의 법인세 조사대상 선정 여부를 지방국세청장에게 조회[52]하여야 한다.

② 법인세 조사관할 세무서장이 통합조사

조회결과 법인세 조사대상자로 선정되어 있는 경우에는 부가가치세 등의 탈루혐의를 법인세 조사관할 관서장에게 통보하여 통합조사를 하도록 하여야 한다.

③ 사업장 관할 관서장이 별도 조사할 수 있는 경우

가. 법인세 조사대상자로 선정되어 있지 아니한 경우

나. 탈루행태나 조사의 긴급성 등으로 해당 세목만을 조사할 필요가 있다고 판단되어 지방국세청장이 승인한 경우

다. 국세청장 또는 지방국세청장이 주관하는 일제조사나 업종별 조사를 실시하는 경우

---

51) 예를 들어 3월 말 결산 법인 등
52) 중복조사대상 선정을 방지하기 위한 것이다.

1-3. 법인세 긴급조사

▶▶ 긴급조사

각 세법에서 규정하는 수시부과 사유가 발생하였거나, 「채무자 회생 및 파산에 관한 법률」에 의한 회생절차개시 신청 등으로 조세채권의 조기 확보가 필요한 납세자에 대하여 그 사유가 발생하는 즉시 실시하는 세무조사를 말한다.[조사사규 §3 (27)]

* 회생절차 개시 후 2차 관계인 집회기일까지 조세채권을 확정·고지해야 회생채권으로 변제받을 수 있으며, 신고하지 않으면 실권된다.(대법원 2007. 9. 6. 선고 2005다43883 판결)

▶▶ 긴급조사를 하게 되는 수시부과 사유

내국법인이 그 사업연도 중에 수시부과 사유가 발생하였고 법인세를 포탈할 우려가 있는 경우에는 수시로 그 법인에 대한 법인세를 부과할 수 있다. 수시부과 사유란 아래의 경우를 말한다.(법법 §69 ①, 법령 §108 ①)

> 1. 신고를 하지 아니하고 본점 등을 이전한 경우
> 2. 사업부진 기타의 사유로 인하여 휴업 또는 폐업상태에 있는 경우
> 3. 기타 조세를 포탈할 우려가 있다고 인정되는 상당한 이유가 있는 경우
>   가. 부도발생 및 채무누적으로 인하여 채권자의 신청으로 법원에 의하여 소유부동산이 경매될 것이 예상되는 경우[53](통칙 69-108…1)
>   나. 과장광고·허위사실유포·무분별한 텔레마케팅 등 사기나 그 밖의 부정한 방법으로 영업을 하는 신규사업자로서 사업연도 종료 후에는 조세채권확보가 어렵고 조세를 포탈할 우려가 인정되는 상당한 이유가 있는 경우

▶▶ 긴급조사 대상 법인의 조사범위

그 사업연도의 개시일부터 수시부과 사유가 발생한 날까지를 수시부과기간으로 하여 조사를 한다. 다만, 직전 사업연도에 대한 과세표준 등의 신고기한 이전에 수시부과

---

53) 조속히 조사하여 조세채권을 확보하기 위한 것이다.

사유가 발생한 경우(직전 사업연도에 대한 과세표준신고를 한 경우는 제외)에는 직전 사업연도 개시일부터 수시부과 사유가 발생한 날까지를 수시부과기간으로 한다.(법법 §69 ②)

▶▶ 긴급조사의 결정 방법(조사사규 §52)

① 실지조사 후 결정 원칙

긴급조사(수시부과)는 조세채권의 일실등을 방지하기 위하여 부득이한 경우를 제외하고는 법인세신고서 및 그 첨부서류, 비치 기장된 장부, 기타 증빙서류에 의한 실지조사 방법에 따라 과세표준 또는 세액을 결정하여야 한다.

② 추계 결정

가. 장부와 증빙이 미비한 경우 추계로 결정·경정할 수 있다.

나. 추계 결정·경정한 경우에도 추후 법인세 과세표준 및 세액신고서와 장부 및 증빙서류 등에 의하여 실지조사가 가능한 때에는 실지조사에 의하여 경정하여야 한다.

③ 사무실조사 결정

실지조사 할 필요가 없다고 판단되는 경우[54]에는 긴급조사 대상법인이 마지막 사업연도 분까지 제출한 서류(법인세 과세표준 및 세액신고서에 준하는 서류)의 내용을 검토하여 결정·경정할 수 있다.

1-4. 세무조사 후 소득금액 변동 통지 절차

▶▶ 소득금액변동통지(조사사규 §53 ①)

① 결정·경정일로부터 15일 내 통지

세무조사 결과에 따라 처분되는 배당, 상여 및 기타소득은 법인소득금액을 결정·경

---

54) 예를 들어 폐업 등으로 사무실이 없는 경우 등

정하는 납세지 관할 세무서장 또는 지방국세청장이 소득금액변동통지서를 작성하여 그 결정일 또는 경정일부터 15일 내에 법인에게 통지하여야 한다.

② 법인의 소재지가 분명하지 아니하여 송달 할 수 없는 경우

가. 주주 등에게 통지

법인의 소재지가 불분명하거나 그 통지서를 송달할 수 없는 경우에는 그 주주 및 상여나 기타소득의 처분을 받은 거주자에게 소득금액변동통지서(2)를 작성하여 통지하여야 한다.

나. 주소지 관할 세무서장에게 통보

이 경우 해당 거주자의 주소지 관할 세무서장에게 전산출력된 소득금액변동통지서를 통보하여 사후관리하도록 하여야 한다.

다. 소득금액 변동 통지 사실을 해당 주주 등에게도 통지

세무서장 또는 지방국세청장이 법인에게 소득금액변동통지서를 통지한 경우에는, 그 통지하였다는 사실(내용은 포함하지 아니함)을 해당 주주 및 상여나 기타소득의 처분을 받은 거주자에게 알려주어야 한다.(조사사규 §53 ④)

▶▶ 소득금액변동통지서의 송달

① 등기우편 등으로 송달

소득금액변동통지서의 송달은 직접교부, 등기우편 또는 전자우편 등으로 송달한다.(조사사규 §53 ②)

② 공시송달

법인의 소재지가 분명하지 아니하여 주주 등에게 통지하는 경우에 있어서 아래의 사유에 해당하는 경우에는 공시송달을 하여야 한다. 서류의 주요 내용을 공고한 날부터 14일이 지나면 서류송달이 된 것으로 본다.(국기법 §11 ①)

가. 주소 영업소가 국외에 있고 송달하기 곤란한 경우

나. 주소 또는 영업소가 분명하지 아니한 경우

다. 송달받아야 할 자가 송달할 장소에 없는 경우로서 등기우편으로 송달하였으나 수취인 부재로 반송되는 다음의 경우

1. 서류를 등기우편으로 송달하였으나 수취인이 부재중인 것으로 확인되어 반송됨으로써 납부기한 내에 송달이 곤란하다고 인정되는 경우
2. 세무공무원이 2회 이상 납세자를 방문[처음 방문한 날과 마지막 방문한 날 사이의 기간이 3일(기간을 계산할 때 공휴일 및 토요일은 산입하지 않는다) 이상이어야 한다]해 서류를 교부하려고 하였으나 수취인이 부재중인 것으로 확인되어 납부기한 내에 송달이 곤란하다고 인정되는 경우

▶▶ 이전소득금액 통지

「국제조세조정에 관한 법률」에 따른 이전소득금액통지서는 소득금액 변동 통지에 갈음하여 처리하게 된다.(조사사규 §53 ③)

1-5. 소득금액변동통지 수령 이후 후속절차

▶▶ 원천징수시기 및 납부

① 법인세법에 의하여 처분되는 상여(배당, 기타소득 포함)는 소득금액변동통지서를 받은 날에 지급한 것으로 본다.(소법 §131 ②) 따라서 가산세 없이 소득세를 원천징수하여 기한 내(다음 달 10일)에 납부하면 된다.
② 그러나 상여 처분 등에 대한 소득금액변동통지서를 받고도 이에 대한 소득세를 원천징수하여 납부하지 아니한 경우에는 당해 법인의 관할 세무서장이 원천징수납부불성실가산세를 가산한 금액을 당해 법인으로부터 징수하거나 소득자의 관할 세무서장이 당해 상여처분소득에 대한 소득세를 당해 소득자로부터 직접 징수하게 된다.(서일-105, 2007. 1. 17.)

▶▶ 종합소득세 추가신고

원천징수하여 납부하는 세금 이외에 종합소득금액이 변경되어 종합소득세를 추가하여 납부하여야 하는 경우 해당 법인이 소득금액변동통지서를 받은 날이 속하는 달의 다음다음 달 말일까지 추가 신고·납부한 때에는 종합소득 과세표준확정신고기한까지 신고·납부한 것으로 본다.[55](소령 §134 ①)

② 개인조사

2-1. 정기조사대상 선정

▶▶ 정기조사대상 선정 기본원칙

① 성실도 평가결과와 미조사 연도 수 고려하여 선정

정기조사대상은 전산에 의한 성실도 평가결과와 미조사 연도 수 등 국세청장이 별도로 정하는 선정기준에 따라 공정하고 객관적으로 선정하여야 하며, 종사직원의 자의성을 배제하여야 한다.(소득사규 §96 ②)

② 성실도 평가

국세청장(소득세과장)은 개인납세자의 신고내용에 대한 성실도를 종합소득세·부가가치세 등 신고자료와 과세자료 등을 활용하여 전산시스템에 따라 평가함을 원칙으로 하고, 세무조사 또는 세원관리 결과 등에 따라 이를 보완하게 된다.(소득사규 §93)

▶▶ 선정기준

① 500억 원 이상인 개인사업자는 5년 주기 순환조사

개인사업자 정기조사대상 선정 시 연간 사업소득(부동산임대소득 포함) 수입금액 500억 원 이상(전문인적용역사업자 200억 원)인 개인사업자는 5년 주기 순환조사를 원

---

55) 즉, 기한 내 신고하고 납부할 경우 신고·납부불성실가산세가 적용되지 않는다는 의미이다.

칙으로 선정하고, 기타 순환조사 선정기준은 국세청장이 별도로 정하는 기준[56]에 의한 다.(소득사규 §97 ①)

② ① 외의 개인납세자 조사 선정

신고성실도 평가에 의한 선정을 원칙으로 하되, 장기간 세무조사를 받지 아니하여 성실신고 여부 검증이 필요한 개인납세자는 정기조사대상으로 선정할 수 있다.(소득사규 §97 ②)

③ 표본조사 선정

납세자의 성실도 및 미조사기간과 관계없이 개인납세자에 대한 표본조사가 필요한 경우 무작위 추출방식으로 선정할 수 있다.(소득사규 §97 ③)

▶▶ 선정관할 및 선정인원

사업자의 성격, 사업규모, 종사직원의 업무량 등을 감안하여 지방국세청장(개인납세2과장) 또는 세무서장(소득세담당과장)이 정기조사대상자를 선정한다.(소득사규 §98)
개인납세자의 성실신고를 유도하고 신고의 적정성을 검증하기 위하여 적정수준의 인원을 정기 조사대상으로 선정하여야 한다.(소득사규 §99)

2-2. 소득세 조사의 관할

▶▶ 소득세 조사의 관할

① 납세지 관할 세무서장

소득세 조사는 소득세의 납세지를 관할하는 세무서장 또는 지방국세청장이 관할한다. 다만, 필요한 경우 지방국세청장 또는 국세청장은 그 관할을 조정할 수 있다.(조사사규 §54 ①)

---

56) 비공개

○ 소득세법 제6조【납세지】

> ① 거주자의 소득세 납세지는 그 주소지로 한다. 다만, 주소지가 없는 경우에는 그 거소지로 한다.

② 공동사업자의 경우 대표공동사업자의 납세지 관할 세무서장이 관할

공동사업자의 소득세 조사는 대표공동사업자의 소득세 납세지 관할 관서장이 관할한다. 다만, 사업장현황조사[57])는 사업장 관할 세무서장 또는 지방국세청장이 관할한다.(조사사규 §54 ②)

③ 사업장 관할 세무서장이 소득세를 조사하는 경우

아래의 사유에 해당하는 경우에는 사업장 관할 세무서장이 소득세 조사를 하도록 지방국세청장 또는 국세청장이 조사관할을 조정할 수 있다. 다만, 사업장과 소득세의 납세지를 관할하는 지방국세청이 다른 경우에는 국세청장이 조사관할을 조정할 수 있다.(조사사규 §54 ③)

> 1. 소득세의 납세지가 사업장과 원거리인 사업장
> 2. 지방국세청장이 세무서 간 조사업무량의 적정한 배분을 위하여 사업장 관할 세무서장이 조사할 필요가 있다고 인정하는 사업자
> 3. 공동사업자로서 위 1, 2에 해당하는 사업자
> 4. 사업장 관할 세무서장이 부가가치세 조사대상으로 선정한 사업자

④ 제3의 세무서장이 소득세를 조사하는 경우

조사대상 개인사업자의 업종, 사업규모, 조사난이도 및 조사인력 등을 감안하여 소득세의 납세지 관할 또는 사업장 관할 이외의 세무서장이 조사할 필요가 있는 경우 국세청장 또는 지방국세청장은 조사관할을 조정할 수 있다.(조사사규 §54 ④)

---

57) 면세사업자의 사업장현황조사 등

▶▶ 복수사업장 중 원거리 사업장 조사 의뢰

조사대상 납세자의 복수사업장 중 원거리에 있어 직접 조사하기 곤란한 사업장이 있는 경우에는 사업장 관할 세무서장에게 그 사업장에 대한 조사를 의뢰할 수 있다.(조사사규 §55)

2-3. 개인사업자 통합조사 및 동시조사

▶▶ 통합조사 실시

개인사업자에 대하여 일반세무조사 또는 조세범칙조사를 실시하는 때에는 세목별 조사의 필요성이 있는 등 예외적인 경우[58]를 제외하고 그 납세자의 사업과 관련하여 신고·납부의무가 있는 세목에 대하여 통합조사를 실시함을 원칙으로 한다.(조사사규 §56 ①)

▶▶ 공동사업자를 조사하는 경우

① 대표공동사업자를 조사하는 경우

조사대상으로 선정된 납세자가 공동사업장의 대표공동사업자인 경우 공동사업장에 대해서도 통합조사 대상에 포함된다.(조사사규 §56 ②)

② 비대표공동사업자가 아닌 경우

원칙적으로 공동사업장은 통합조사 대상에 포함하지 아니하는 것을 원칙으로 하되 공동사업장과 조사대상자와의 거래·자금관계 및 지분비율 등을 고려하여 공동사업장에 대한 세무조사의 필요성이 있는 경우 세무조사를 실시할 수 있다.(조사사규 §56 ③)

▶▶ 공동사업장을 조사하는 경우(조사사규 §56 ④)

① 원칙: 대표공동사업자에 대하여 통합조사 실시

공동사업장이 조사대상으로 선정되었을 경우 그 대표공동사업자에 대해서 통합조사

---

58) "1-2. 법인세 등의 통합조사 및 동시조사, 통합조사 원칙의 예외" 참조

를 실시함을 원칙으로 한다.

② 예외: 공동사업자 각각을 동시에 통합조사 실시

조사관할 관서장은 공동사업장과 비대표공동사업자와의 거래·자금관계 및 지분비율 등을 고려하여 공동사업자 각각을 조사대상으로 선정하여 동시에 통합조사를 실시할 수 있다.

▶▶ 사업장 관할 세무서장이 통합조사하는 경우

① 사업장 관할 세무서장의 통합조사

납세지 관할이 아닌 사업장 관할 세무서장이 소득세 외 세목(부가가치세·개별소비세·주세·원천징수 대상세목 등)을 조사대상으로 선정하여 통합조사를 실시할 수 있다.(조사사규 §56 ⑥)

② 사전 승인

이 경우에는 그 사유를 덧붙여 지방국세청장이나 국세청장에게 통합조사의 승인을 받아야 한다. 이때 조사관할 조정이 필요한 경우 조사관할을 조정할 수 있다.(조사사규 §56 ⑦)

▶▶ 통합조사 대상 과세기간(조사사규 §56 ⑧)

① 1년 단위 원칙

개인사업자에 대한 통합조사를 실시하는 경우에 소득세 및 부가가치세 등의 조사대상 과세기간은 1년 단위(1. 1.~12. 31.)로 한다.

② 확대 실시하는 경우

과세정상화 등 세원관리를 위해 필요한 경우에는 부가가치세 등의 조사대상 과세기간을 확대하여 실시할 수 있다.

2-4. 통합조사의 조사관할

▶▶ 주소지 관할 세무서장이 조사하는 것이 원칙

개인사업자에 대한 통합조사는 소득세 조사관할 세무서장이 실시함을 원칙으로 한다.(조사사규 §57 ①)

▶▶ 사업장 관할 세무서장이 부가가치세 등을 조사하려는 경우

사업장 관할 세무서장이 부가가치세 등 세목별 조사를 실시하고자 하는 경우에는 그 사업자의 소득세 조사대상 선정 여부를 지방국세청장에게 조회하여 아래와 같이 처리한다.(조사사규 §57 ②)

① 이미 소득세 조사대상자로 선정되어 있는 경우

가. 소득세 조사관할 관서장에게 통보

이미 소득세 조사대상자로 선정되어 있는 경우에는 부가가치세 등 탈루혐의를 소득세 조사관할 관서장에게 통보하여 통합 조사하도록 한다.

나. 필요한 경우 승인받아 사업장 관할 세무서장이 조사

탈루행태나 조사의 긴급성 등으로 해당 세목만을 조사할 필요가 있다고 판단되는 경우에는 지방국세청장의 승인을 받아 사업장 관할 관서장이 세목별 조사를 실시할 수 있으며, 국세청장 또는 지방국세청장이 주관하는 일제조사나 업종별 조사 등의 경우에는 지방국세청장의 승인을 받지 아니하고 사업장 관할 관서장이 부가가치세 등 세목별 조사를 실시할 수 있다.

② 소득세 조사대상자로 선정되어 있지 아니한 경우

소득세 조사대상자로 선정되어 있지 아니한 경우에는 부가가치세 등의 조사관할 관서장이 부가가치세 등 세목별 조사를 실시한다.

2-5. 명의위장 사업자에 대한 조사

▶▶ 실사업자 조사

① 조사대상자가 명의위장자로 확인되는 경우

소득세 조사 진행 중 조사대상자가 명의위장자로 확인되는 경우 조사관서장의 승인을 받아 실사업자를 조사대상에 추가하여 조사를 실시하여야 한다.(조사사규 §58 ①)

② 실사업자 명의의 다른 사업장 조사 범위 확대

실사업자를 조사대상에 추가할 경우 실사업자 명의의 다른 사업장 등을 조사대상 범위에 포함하여 조사를 실시할 수 있다.(조사사규 §58 ②)

③ 조사관할 조정

실사업자의 조사관할이 다르면 조사관할을 조정하는 등 일반적인 조사절차를 준수하여야 한다.(조사사규 §58 ③)

▶▶ 명의위장사업자에 대한 벌칙

① 명의를 빌린 사람

조세의 회피 또는 강제집행의 면탈을 목적으로 타인의 성명을 사용하여 사업자등록을 하거나 타인명의의 사업자등록을 이용하여 사업을 영위한 자는 2년 이하의 징역 또는 2천만 원 이하의 벌금에 처하도록 규정되어 있다.(조처법 §11 ①)

② 명의를 빌려준 사람

조세의 회피 또는 강제집행의 면탈을 목적으로 자신의 성명을 사용하여 타인에게 사업자등록을 할 것을 허락하거나 자신 명의의 사업자등록을 타인이 이용하여 사업을 영위하도록 허락한 자는 1년 이하의 징역 또는 1천만 원 이하의 벌금에 처하게 된다.(조처법 §11 ②)

2-6. 소득세의 긴급조사

▶▶ 긴급조사(조사사규 §59)

① 세무서장 관할인 경우

수시부과 사유가 발생한 경우 세원관리부서에서 조사과장에게 긴급조사대상자 명단을 인계하고 조사과장은 즉시 별도의 계획을 수립하여 긴급조사를 실시하여야 한다.

② 지방국세청장 관할인 경우

가. 긴급조사대상자가 지방국세청 조사관할에 해당하는 경우에는 관할 세무서장은 즉시 지방국세청장(조사국장)에게 보고하여야 한다.

나. 지방국세청장(조사국장)은 직접 조사할 필요가 없다고 판단되는 경우에는 세무서장이 별도 계획을 수립하여 조사하도록 통보한다.(위임조사)

다. 지방국세청장(조사국장)은 아래의 어느 하나에 해당하는 경우 별도 계획을 수립하여 긴급조사를 실시하여야 한다.

---

1. 사업의 규모, 조세탈루혐의 및 경제적 파급효과가 크다고 판단되는 경우
2. 지방국세청의 실지조사 대상으로 선정되어 있는 경우

○ 소득세법 제82조【수시부과 결정】

---

① 납세지 관할 세무서장 또는 지방국세청장은 거주자가 과세기간 중에 다음 각 호의 어느 하나에 해당하면 수시로 그 거주자에 대한 소득세를 부과(수시부과)할 수 있다.

1. 사업부진이나 그 밖의 사유로 장기간 휴업 또는 폐업 상태에 있는 때로서 소득세를 포탈할 우려가 있다고 인정되는 경우
2. 그 밖에 조세를 포탈할 우려가 있다고 인정되는 상당한 이유가 있는 경우

○ **통칙 82 - 0…1【수시부과 사유】**

> 부도발생 또는 채무누적 등의 사유로 인하여 법원에 의하여 소유부동산이 경매될 것이 예상되는 경우에도 수시부과 사유에 해당한다.

▶▶ 긴급조사 절차(소득사규 §134)

① 사업장 관할 관서장은 수시부과 사유가 발생한 경우에는 소득세 수시부과 여부를 판단하여 해당 사업장의 소득세 과세표준과 세액을 결정한다.

② 소득세 담당과장은 수시부과를 위하여 소득세 조사가 필요한 경우에는 긴급조사 대상자로 선정하여 조사담당과장에게 조사를 의뢰한다.

③ 수시부과 및 긴급조사의 범위는 수시부과 대상기간을 원칙으로 하고 필요한 경우에는 그 범위를 확대할 수 있다.

④ 사업장 관할 관서장이 긴급조사하는 경우 그 직전연도 이전의 과세기간에 대한 조사대상 선정 여부를 전산 등으로 확인하여 소득세 조사대상자로 선정된 때에는 이미 선정된 조사대상과세기간을 포함하여 조사하며, 긴급조사 전에 이미 조사에 착수한 경우에는 소득세 조사관할 세무서장(조사담당과장)이 긴급조사를 같이 하게 된다.

⑤ 긴급조사에 의하지 아니하고 수시부과하는 경우 이미 조사대상자로 선정되어 있는 경우에는 소득세 조사관할 지방청장(조사국장) 또는 세무서장에게 수시부과 자료를 통보하여 처리하도록 한다.

⑥ 소득세 담당과장은 수시부과를 하더라도 조세채권을 확보할 수 없다고 판단되는 경우에는 수시부과를 보류하고 정기 소득세 신고기간에 소득세 확정신고를 하도록 유도할 수 있다.

2-7. 신고내용 확인 대상자 선정

▶▶ 신고내용 확인

① 신고내용 확인 대상자 선정

지방청장(소득재산세과장) 또는 세무서장(소득세 담당과장)은 종합소득세 확정신고 기간 중 납세자에게 제공한 성실신고 안내자료 반영 여부, 특정 항목의 신고적정 여부 등을 검토하여 신고내용에 오류 또는 탈루혐의가 있는 납세자를 신고내용 확인 대상자로 선정할 수 있다.(소득사규 §53)

② 신고내용 확인 범위

신고내용 확인대상 기간은 직전 1개 과세연도로 한다.(소득사규 §54)

신고내용 확인범위는 신고내용 확인대상 선정자의 신고내용 중 오류 또는 탈루혐의가 있는 특정항목에 한정하여야 한다. 또한, 지방청장(소득재산세과장) 또는 세무서장(소득세 담당과장)은 신고내용 확인 대상기간과 범위를 확대해서는 아니 된다.(소득사규 §55)

③ 신고내용 확인 절차(해명자료 제출안내)

> 가. 해명자료 제출안내: 신고내용 확인은 납세자와 직접적인 접촉 없이 서면에 의한 간접확인 방법으로 수행하는 것을 원칙으로 한다.(소득사규 §57 ①)
> 지방청장(소득재산세과장) 또는 세무서장(소득세담당과장)은 선정된 신고내용 확인 대상자의 신고내용 오류 또는 탈루혐의를 확인하기 위해 납세자가 제출해야 할 해명자료를 구체적으로 기재하여 납세자에게 해명자료 제출을 서면으로 안내하여야 한다.
> 이 때, 해명자료 제출기한은 납세자가 해명자료 안내문을 받은 날로부터 1주일 이상으로 한다. 또한 해명안내를 할 경우 「권리보호 요청제도에 대한 안내」를 납세자에게 서면으로 안내하여야 한다.(소득사규 §58, 59)
>
> 나. 해명자료 검토결과 안내: 지방청장(소득재산세과장) 또는 세무서장(소득세 담당과장)은 해명자료 검토결과 당초 신고내용에 오류 또는 탈루한 내용이 발견되지 않는 경우 처리기한 일로부터 7일 이내에 「종합소득세 해명자료 검토결과 안내」로 납세자에게 안내하여야 한다.(소득사규 §60)

다. 수정신고 안내: 지방청장(소득재산세과장) 또는 세무서장(소득세 담당과장)은 납세자가 제출한 해명자료 검토결과 종합소득세 과세표준 및 세액계산에 오류 또는 탈루한 내용을 확인한 경우 「종합소득세 수정신고안내」로 납세자에게 수정신고를 안내하여야 한다.(소득사규 §61)

라. 세무조사 대상 선정의뢰: 지방청장(소득재산세과장) 또는 세무서장(소득세 담당과장)은 납세자가 해명안내 또는 수정신고 안내를 받고도 해명자료 또는 수정신고서를 제출하지 아니하거나, 제출한 해명자료 또는 수정신고서 검토결과 탈루혐의가 명백하고 탈루규모 및 형태를 감안하여 세무조사가 필요하다고 판단되는 경우 조사대상 선정 등에 활용하도록 지방청 조사국장 또는 세무서 조사과장에게 통보할 수 있다.(소득사규 §64)

③ 부가가치세 조사

3 - 1. 부가가치세 조사의 관할

▶▶ 사업장 관할 세무서장이 실시함이 원칙

부가가치세의 조사는 사업장을 관할하는 세무서장이 실시함을 원칙으로 한다. 다만, 조사대상자의 업종, 사업규모, 업무량, 조사의 난이도 등을 감안하여 필요한 경우에는 사업장 관할 지방국세청장이 실시할 수도 있다.(조사사규 §60 ①)

▶▶ 통합조사시에는 납세지 관할 세무서장

① 납세지 관할 세무서장이 실시함이 원칙

통합조사를 실시하는 경우에는 법인세·소득세의 납세지 관할 세무서장 또는 지방국세청장이 세무조사를 실시함을 원칙으로 한다.(조사사규 §60 ②)

② 사업장 관할 세무서장이 실시할 수 있는 경우

조사대상 납세자의 사업장이 여러 개일 경우 특정 사업장을 관할하는 세무서장이 지방국세청장의 승인을 받아 또는 지방국세청장이 국세청장 등의 승인을 받아 그 밖의 사업장까지 조사를 실시할 수 있다.(조사사규 §60 ② 후단)

3-2. 부가가치세 등의 통합조사

▶▶ 통합조사의 원칙

부가가치세 조사대상자로 선정된 자(추적조사대상자 포함)는 특정 세목만을 조사할 필요가 있는 경우를 제외[59]하고는 통합조사하는 것을 원칙으로 한다.(조사사규 §61 ①)

▶▶ 중복조사 방지를 위한 노력

부가가치세 등 특정 세목만 조사하는 경우 실지조사계획을 수립할 때에는 조사대상 과세기간 및 조사범위를 명확히 하고, 이를 철저히 준수 및 감독하여 향후 같은 과세기간에 대한 통합조사가 실시되더라도 중복조사라는 오해가 발생되지 않도록 하여야 한다.(조사사규 §61 ②)

▶▶ 개별소비세 등에도 준용

개별소비세, 주세, 증권거래세, 인지세 및 교통·에너지·환경세 등에 관한 조사에 있어서도 통합조사의 원칙을 적용하고 중복조사 방지를 위한 조사범위를 철저히 준수하여야 한다.(조사사규 §64)

3-3. 세금계산서 발급 위반자에 대한 조치

▶▶ 세금계산서 발급의무를 위반한 경우 조치

조사 결과 세금계산서 발급의무를 위반한 자에 대해서는 통고처분, 고발 등의 범칙처분을 하여야 한다.(조사사규 §62 ①) 자세한 내용은 "제3편 조세범칙조사" 편을 참조하기 바란다.

---

59) "1-2. 법인세 등의 통합조사 및 동시조사, 통합조사 원칙의 예외" 참조

● 세금계산서의 발급의무 위반 등 유형(조처법 §10)

① 다음 각 호의 어느 하나에 해당하는 행위를 한 자는 1년 이하의 징역 또는 공급가액에 부가가치세의 세율을 적용하여 계산한 세액의 2배 이하에 상당하는 벌금에 처한다.
   1. 「부가가치세법」에 따라 세금계산서(전자세금계산서를 포함한다. 이하 이 조에서 같다)를 발급하여야 할 자가 세금계산서를 발급하지 아니하거나 거짓으로 기재하여 발급한 행위
   2. 「소득세법」 또는 「법인세법」에 따라 계산서(전자계산서를 포함한다. 이하 이 조에서 같다)를 발급하여야 할 자가 계산서를 발급하지 아니하거나 거짓으로 기재하여 발급한 행위
   3. 「부가가치세법」에 따라 매출처별세금계산서합계표를 제출하여야 할 자가 매출처별세금계산서합계표를 거짓으로 기재하여 제출한 행위
   4. 「소득세법」 또는 「법인세법」에 따라 매출처별계산서합계표를 제출하여야 할 자가 매출처별계산서합계표를 거짓으로 기재하여 제출한 행위
② 다음 각 호의 어느 하나에 해당하는 행위를 한 자는 1년 이하의 징역 또는 공급가액에 부가가치세의 세율을 적용하여 계산한 세액의 2배 이하에 상당하는 벌금에 처한다.
   1. 「부가가치세법」에 따라 세금계산서를 발급받아야 할 자가 통정하여 세금계산서를 발급받지 아니하거나 거짓으로 기재한 세금계산서를 발급받은 행위
   2. 「소득세법」 또는 「법인세법」에 따라 계산서를 발급받아야 할 자가 통정하여 계산서를 발급받지 아니하거나 거짓으로 기재한 계산서를 발급받은 행위
   3. 「부가가치세법」에 따라 매입처별세금계산서합계표를 제출하여야 할 자가 통정하여 매입처별세금계산서합계표를 거짓으로 기재하여 제출한 행위
   4. 「소득세법」 또는 「법인세법」에 따라 매입처별계산서합계표를 제출하여야 할 자가 통정하여 매입처별계산서합계표를 거짓으로 기재하여 제출한 행위
③ 재화 또는 용역을 공급하지 아니하거나 공급받지 아니하고 다음 각 호의 어느 하나에 해당하는 행위를 한 자는 3년 이하의 징역 또는 공급가액에 부가가치세의 세율을 적용하여 계산한 세액의 3배 이하에 상당하는 벌금에 처한다.
   1. 「부가가치세법」에 따른 세금계산서를 발급하거나 발급받은 행위
   2. 「소득세법」 및 「법인세법」에 따른 계산서를 발급하거나 발급받은 행위
   3. 「부가가치세법」에 따른 매출·매입처별세금계산서합계표를 거짓으로 기재하여 제출한 행위
   4. 「소득세법」 및 「법인세법」에 따른 매출·매입처별계산서합계표를 거짓으로 기재하여 제출한 행위
④ 제3항의 행위를 알선하거나 중개한 자도 제3항과 같은 형에 처한다. 이 경우 세무를 대리하는 세무사·공인회계사 및 변호사가 제3항의 행위를 알선하거나 중개한 때에는 「세무사법」 제22조 제2항에도 불구하고 해당 형의 2분의 1을 가중한다.
⑤ 제3항의 죄를 범한 자에 대해서는 정상(情狀)에 따라 징역형과 벌금형을 병과할 수 있다.

▶▶ 양벌규정의 적용

통고처분 및 고발을 할 경우 실제행위자와 그 행위자가 소속된 법인이나 개인에게도 통고처분 및 고발[60]을 하여야 한다.(조사사규 §62 ②)

▶▶ 자료중개 행위자에 대한 조치

① 세무대리인에 대한 징계

자료상 등의 세무대리인으로서 거짓(세금)계산서 수수를 알선·중개 또는 방조한 자는 '기획재정부 세무사 징계위원회' 또는 '세무사회', '공인중개사회'에 징계를 요구하거나 통고처분 또는 고발 조치 처분을 하여야 한다.(조사사규 §63 ①)

② 자료중개 행위자

세무대리인 이외의 자로서 자료상 간 또는 자료상과 거래한 자 간에 자료를 알선·중개한 자에 대하여도 통고처분 또는 고발 조치 처분을 받게 된다.(조사사규 §63 ②)

④ 양도소득세 조사

4-1. 현장확인 실시

▶▶ 현장확인 실시

세무서장(재산제세 담당과장)은 양도소득세 결정 또는 경정 시 다음 각 호의 어느 하나에 해당하는 경우에는 그 사유 등을 구체적으로 명시한 출장계획을 수립하여 현장확인을 실시할 수 있다.(양도사규 §32 ①)

---

60) 세법상 벌과금양정규정이 지나치게 엄격하고 과도하며, 조사공무원의 재량이 거의 없는 반면, 고발 시 검찰이나 법원에서는 여러 가지 사정을 반영하기에 처벌 수위가 다소 낮아지는 경우가 있다.

1. 주택 또는 농지(임야·축사용지 포함) 양도자료 중 서면검토만으로 비과세·감면요건 충족 여부를 확인할 수 없는 경우
2. 건물 및 토지 등 부동산의 용도별 실제 이용현황 또는 사용면적 등 사실관계 확인이 필요한 경우
3. 납세자가 제출한 해명자료에 대해 현장확인이 필요하거나 세무서장(재산제세 담당과장)의 해명요구에 응하지 아니한 경우로서 현장확인이 필요한 경우
4. 그 밖에 제1호부터 제3호까지의 규정과 유사한 업무처리를 위해 현장확인이 필요한 경우

▶▶ 현장확인의 관할

① 납세지 관할 세무서장(재산제세 담당과장)이 실시

현장확인은 원칙적으로 양도소득세의 납세지를 관할하는 세무서장(재산제세 담당과장)이 실시한다.(양도사규 §32 ②)

② 현장 관할 세무서장(재산제세 담당과장)에게 확인 의뢰

현장확인 장소가 다른 지방국세청 관할에 소재하거나 1일 근무시간 내에 처리가 어려운 경우에는 현장을 관할하는 세무서장(재산제세 담당과장)에게 현장확인을 의뢰할 수 있다. 이 경우 의뢰받은 세무서장(재산세 담당과장)은 20일 이내에 현장확인 결과를 회신하여야 한다.(양도사규 §32 ② 단서. ④)

▶▶ 현장확인 기간

현장확인 계획 수립 시에 현장확인 기간은 5일(토요일·공휴일 제외) 이내로 한다. (양도사규 §32 ③)

▶▶ 현장확인은 실지조사가 아님

① 재산제세 담당과장은 현장확인 업무를 수행하는 출장자에 대해 정해진 확인범위를 준수하고 현장확인과 직접적인 관련이 없는 자료제출 등을 요구하지 않도록

사전에 교육하여야 한다.(양도사규 §32 ⑦)

② 현장확인 출장명령을 받은 직원은 납세자 및 관련인 등에게 '현장확인 출장증'을 반드시 제시하여야 하며, '사실관계 확인을 위한 현장확인 안내'와 '권리보호 요청제도에 대한 안내'를 함께 교부하여 세무조사로 인식되지 않도록 해야 한다.(양도사규 §32 ⑧)

▶▶ 현장확인 결과 통지

재산제세 담당과장은 현장확인 기간이 끝난 후 20일 이내에 현장확인 결과를 『현장확인 결과통지(별지 제11호 서식)』나 『과세예고 통지서(「과세전적부심사사무처리규정」별지 제2호 서식)』 등에 따라 서면으로 통지하여야 한다. 다만, 아래의 사유에 해당하는 경우에는 그 통지를 생략할 수 있다.(양도사규 §32 ⑩)

---

1. 납세자(관련인 포함)와의 접촉이 없어 현장확인에 대한 결과 통지가 불필요한 경우
2. 납세자의 주소 및 거소가 불분명한 경우
3. 신고내용 확인, 경정청구에 따른 현장확인으로 해당 절차에 따라 통지가 필요한 경우
4. 그 밖에 사실관계 확인을 위한 현장확인으로 세무서장이 별도 통지가 필요 없는 것으로 판단하는 경우

4-2. 조사대상자의 선정 및 관할

▶▶ 조사대상자는 비정기 선정방법으로 선정

① 비정기 선정방법에 의함

양도소득세 조사대상자 선정은 지방청·세무서별 특성을 고려한 후 국세청통합전산망(NTIS) 등을 활용하여 누락유형별 분석범위를 정해 비정기 선정방법에 의한다.(양도사규 §34 ①)

② 국세청통합전산망(NTIS) 활용

국세청통합전산망(NTIS)을 이용하여 선정할 경우 신고서 단위 검증사유 해당 여부,[61] 사후결의 당시 미결자료 생성 여부 등을 감안하여 선정자료로 활용한다.(양도사규 §34 ②)

○ **비정기 선정 사유**(국기법 §81의6 ③)

> 1. 납세자가 세법에서 정하는 신고, 성실신고확인서의 제출, 세금계산서 또는 계산서의 작성·교부·제출, 지급명세서의 작성·제출 등의 납세협력의무를 이행하지 아니한 경우
> 2. 무자료 거래, 위장·가공거래 등 거래 내용이 사실과 다른 혐의가 있는 경우
> 3. 납세자에 대한 구체적인 탈세 제보가 있는 경우
> 4. 신고 내용에 탈루나 오류의 혐의를 인정할 만한 명백한 자료가 있는 경우
> 5. 납세자가 세무공무원에게 직무와 관련하여 금품을 제공하거나 금품제공을 알선한 경우

▶▶ 선정방법 및 절차

① 납세지 관할 세무서장이 선정함이 원칙

조사대상자는 공평과세와 세법질서의 확립을 위하여 국세기본법상 비정기 선정 사유의 범위 안에서 납세지(기획조사는 양도자산 소재지 포함)를 관할하는 세무서장 또는 지방국세청장이 선정한다. 이 경우 세무서장은 지방국세청장(조사국장)의 승인을 받아야 한다. 다만, 다음의 경우에는 승인을 받지 않는다.(양도사규 §34 ③)
- 재외국민 인감경유자 등 긴급조사 대상으로 선정하는 경우
- 불복청구결정에 따라 재조사를 하는 경우

② 중복 선정 금지 의무

조사대상자를 선정할 때에는 납세자의 세무조사 이력 및 조사 진행 상황을 확인하여 중복 선정되지 않도록 하여야 한다.(양도사규 §34 ④)

---

61) ① 실지거래가액으로 계산한 양도차익이 기준시가로 계산한 양도차익보다 적은 경우
　　② 공인중개사를 통하지 아니하고 직거래를 한 경우
　　③ 특수관계인 간 거래한 경우

▶▶ 조사의 관할

① 납세지 관할 세무서장이 실시하는 것이 원칙

양도소득세 조사는 납세지를 관할하는 세무서장 또는 지방국세청장이 실시한다.(양도사규 §33 ①)

② 부동산투기 조사 시 양도물건 소재지 관할 세무서장이 실시

부동산투기 등과 관련한 기획조사 등은 양도물건 소재지 관할 세무서장 또는 지방국세청장이 할 수 있다.[62] (양도사규 §33 ① 단서)

③ 조사관할 조정

가. 지방국세청장이나 국세청장은 세무관서별 업무량과 조사인력 등을 고려하여 조사관할을 조정할 수 있다.(양도사규 §33 ②)

나. 조사관할의 조정이 필요하다고 인정되는 경우 세무서장은 지방국세청장(조사국장)에게 조사관할의 조정을 신청할 수 있으며, 지방국세청장은 조사관할을 조정하여 세무서장에게 조사를 위임할 수 있다.(양도사규 §33 ③)

다. 세무서장 또는 지방국세청장으로부터 조사관할 조정의 신청을 받은 관할 지방국세청장 또는 국세청장은 세금 탈루의 규모, 조사의 난이도 및 가용 조사인력 등을 종합적으로 검토하여 공정하고 합리적으로 조사관할을 조정해야 한다.(양도사규 §33 ④)

④ 세무조사를 시작한 이후 납세지 변경 시

지방국세청장 또는 세무서장이 세무조사를 시작한 이후에 납세자의 납세지가 변경되더라도 원래의 조사관서에서 관할한다.(양도사규 §33 ⑤)

⑤ 조세불복청구 결정이 재조사 결정인 경우

조세불복청구의 결정에 따라 재조사를 하는 때에는 납세지가 변경되었더라도 원래의 조사관서에서 관할한다.(양도사규 §33 ⑤)

---

62) 조사의 편의를 위한 것이다. 예를 들어, 강남의 아파트 투기조사를 하는 경우 납세지가 제주도 등 지방인 경우 조사인력 배치와 조사지휘 등에 애로가 있기 때문이다.

4-3. 세무조사 기간, 조사의 분류 및 조사의 범위

▶▶ 세무조사의 착수, 진행 및 종결

양도소득세 조사와 관련한 제반절차 등에 관하여는 일반 세무조사 절차를 준용한다.

▶▶ 조사기간

① 20일 이내

조사대상 과세기간 중 양도가액이 가장 큰 과세기간의 양도가액이 100억 원 미만인 납세자에 대한 세무조사 기간은 원칙적으로 20일 이내로 한다.(양도사규 §37 ②)

② 조사기간의 제한이 없는 경우(국기법 §81의8 ③ 단서)

> 1. 무자료거래, 위장·가공거래 등 거래 내용이 사실과 다른 혐의가 있어 실제 거래 내용에 대한 조사가 필요한 경우
> 2. 역외거래를 이용하여 세금을 탈루(脫漏)하거나 국내 탈루소득을 해외로 변칙유출한 혐의로 조사하는 경우
> 3. 명의위장, 이중장부의 작성, 차명계좌의 이용, 현금거래의 누락 등의 방법을 통하여 세금을 탈루한 혐의로 조사하는 경우
> 4. 거짓계약서 작성, 미등기양도 등을 이용한 부동산 투기 등을 통하여 세금을 탈루한 혐의로 조사하는 경우
> 5. 상속세·증여세 조사, 주식변동 조사, 범칙사건 조사 및 출자·거래관계에 있는 관련자에 대하여 동시조사를 하는 경우

③ 조사기간을 정할 때에는 양도가액 및 조사의 업무량 등을 감안하여 조사에 필요한 최소한의 기간으로 정하여야 한다.(양도사규 §37 ①)

④ 조사기간의 계산은 조사시작일부터 조사종결일까지의 기간으로 하며, 조사기간 중의 토요일·공휴일을 포함하여 계산한다.(양도사규 §38 ①)

⑤ 세무조사가 중지된 기간은 조사기간 계산에 포함하지 아니한다.(양도사규 §38 ②)

▶▶ 조사의 분류

양도소득세 조사는 일반조사와 간편조사로 분류한다.(양도사규 §39 ①)

① 일반조사

일반조사는 양도소득세 간편조사 외의 양도소득세 조사를 말한다.(양도사규 §39 ③)

② 간편조사

양도소득세 간편조사는 소규모 납세자의 불편을 완화하기 위해 짧은 기간 동안 최소한의 범위에서 상담 위주로 실시하는 양도소득세 조사를 말한다.(양도사규 §39 ②)

▶▶ 조사의 범위

양도소득세 조사를 할 때에는 조사대상으로 선정된 과세연도의 과세대상 자산 전부를 조사하여야 한다.(양도사규 §40 ①)

조사공무원이 조사범위를 확대하고자 하는 경우에는 「납세자보호사무처리규정」에 따라 조사범위 확대를 신청하여 승인을 받아야 한다.(양도사규 §40 ②)

▶▶ 관련인에 대한 동시조사

조사의 효율성, 납세자 편의 등을 감안하여 조사대상 납세자와 거래가 있는 자 또는 납세자와 특수관계에 있는 자 등 관련인이 조사대상자로 선정되었거나 조세 누락 혐의가 있으면 그 관련인을 동시에 조사할 수 있다.(양도사규 §41 ①)

4-4. 관련 법령 위반사항의 통보 조치

▶▶ 관련 법령 위반사항의 통보

조사관서장은 양도소득세 과세자료처리 및 세무조사를 하는 과정에서 아래의 관련 법령 위반 사실을 확인한 경우 물건지 관할 지방자치단체장에게 그 위반 내용을 통보하여야 한다.(양도사규 §57)

① 「부동산 거래신고 등에 관한 법률」 제5조 제3항(부동산거래가격 검증체계를 활용하여 거래가격의 적정성을 검증)에 따라 신고 내용을 통보받은 세무관서의 장이 그 내용을 과세자료로 활용하여 실제 거래가격이 거짓으로 신고된 사실을 확인한 자료로 「부동산 거래신고 등에 관한 법률」 제6조 제4항에 따라 요청을 받은 경우

> **「부동산 거래신고 등에 관한 법률」 제5조 【신고 내용의 검증】**
>
> ② 신고관청은 제3조(부동산 거래의 신고)에 따른 신고를 받은 경우 제1항에 따른 부동산 거래가격 검증체계를 활용하여 그 적정성을 검증하여야 한다.
> ③ 신고관청은 제2항에 따른 검증 결과를 해당 부동산의 소재지를 관할하는 세무관서의 장에게 통보하여야 하며, 통보받은 세무관서의 장은 해당 신고 내용을 국세 또는 지방세 부과를 위한 과세자료로 활용할 수 있다.
>
> **「부동산 거래신고 등에 관한 법률」 제6조 【신고 내용의 조사 등】**
>
> ④ 국토교통부장관 및 신고관청은 제1항 및 제3항에 따른 신고 내용 조사를 위하여 국세·지방세에 관한 자료, 소득·재산에 관한 자료 등 대통령령으로 정하는 자료를 관계 행정기관의 장에게 요청할 수 있다. 이 경우 요청을 받은 관계 행정기관의 장은 정당한 사유가 없으면 그 요청에 따라야 한다.

② 「부동산 실권리자명의 등기에 관한 법률」 제3조, 제10조부터 제12조까지 및 제14조의 위반

> **제3조 【실권리자명의 등기의무 등】**
>
> ① 누구든지 부동산에 관한 물권을 명의신탁약정에 따라 명의수탁자의 명의로 등기하여서는 아니 된다.
> ② 채무의 변제를 담보하기 위하여 채권자가 부동산에 관한 물권을 이전받는 경우에는 채무자, 채권금액 및 채무변제를 위한 담보라는 뜻이 적힌 서면을 등기신청서와 함께 등기관에게 제출하여야 한다.

제10조【장기미등기자에 대한 벌칙 등】

① 「부동산등기특별조치법」 제2조 제1항, 제11조 및 법률 제4244호 부동산등기특별조치법 부칙 제2조를 적용받는 자로서 다음 각 호의 어느 하나에 해당하는 날부터 3년 이내에 소유권이전등기를 신청하지 아니한 등기권리자(이하 "장기미등기자"라 한다)에게는 부동산 평가액의 100분의 30의 범위에서 과징금(「부동산등기특별조치법」 제11조에 따른 과태료가 이미 부과된 경우에는 그 과태료에 상응하는 금액을 뺀 금액을 말한다)을 부과한다. (단서 생략)

제11조【기존 명의신탁약정에 따른 등기의 실명등기 등】

① 법률 제4944호 부동산 실권리자명의 등기에 관한 법률 시행 전에 명의신탁약정에 따라 부동산에 관한 물권을 명의수탁자의 명의로 등기하거나 등기하도록 한 명의신탁자(이하 "기존 명의신탁자"라 한다)는 법률 제4944호 부동산 실권리자명의 등기에 관한 법률 시행일부터 1년의 기간(이하 "유예기간"이라 한다) 이내에 실명등기하여야 한다. (단서 생략)

제12조【실명등기의무 위반의 효력 등】

① 제11조에 규정된 기간 이내에 실명등기 또는 매각처분 등을 하지 아니한 경우 그 기간이 지난 날 이후의 명의신탁약정 등의 효력에 관하여는 제4조를 적용한다.
② 제11조를 위반한 자에 대하여는 제3조 제1항을 위반한 자에 준하여 제5조, 제5조의2 및 제6조를 적용한다.
③ 법률 제4944호 부동산 실권리자명의 등기에 관한 법률 시행 전에 명의신탁약정에 따른 등기를 한 사실이 없는 자가 제11조에 따른 실명등기를 가장하여 등기한 경우에는 5년 이하의 징역 또는 2억 원 이하의 벌금에 처한다.

제14조【기존 양도담보권자의 서면 제출 의무 등】

① 법률 제4944호 부동산 실권리자명의 등기에 관한 법률 시행 전에 채무의 변제를 담보하기 위하여 채권자가 부동산에 관한 물권을 이전받은 경우에는 법률 제4944호 부동산 실권리자명의 등기에 관한 법률 시행일부터 1년 이내에 채무자, 채권금액 및 채무변제를 위한 담보라는 뜻이 적힌 서면을 등기관에게 제출하여야 한다.

② 제1항을 위반한 채권자 및 제1항에 따른 서면에 채무자를 거짓으로 적어 제출하게 한 실채무자에 대하여는 해당 부동산평가액의 100분의 30의 범위에서 과징금을 부과한다.

4-5. 신고내용 확인

▶▶ 의의

국세청장(자산과세국장) 또는 지방국세청장(성실납세지원국장)은 납세자의 자발적 성실신고를 유도하기 위해 양도소득세의 오류 또는 누락 여부 등 신고 적정 여부를 확인하여야 한다.(양도사규 §14)

▶▶ 확인대상자 선정(양도사규 §16)

① 국세청장(자산과세국장) 또는 지방국세청장(성실납세지원국장)은 세원정보 또는 「과세자료의 제출 및 관리에 관한 법률」에 따라 제출된 자료, 외부기관으로부터 수집한 자료 등을 활용하여 확인대상자를 선정한 후, 지방국세청장(성실납세지원국장) 또는 세무서장(재산제세 담당과장)에게 신고내용 확인계획 및 대상자를 시달할 수 있다.

② 확인대상자는 국세청장(자산과세국장) 또는 지방국세청장(성실납세지원국장)이 선정함을 원칙으로 한다. 다만, 세무서장(재산제세 담당과장)이 관내 세원의 특수성을 감안하여 확인이 필요하다고 판단하는 경우 지방국세청장(성실납세지원국장)의 승인을 받아 선정할 수 있다.

③ 확인 담당자는 확인대상자의 신고·결정내역 등을 사전 검토하여 과세실익이 없다고 판단되는 경우에는 확인대상에서 제외한 후, 신고내용 확인 업무를 실시하여야 한다.(양도사규 §16)

▶▶ 신고내용 확인 실시

① 해명안내문 발송

확인 담당자는 납세자의 해명이 필요한 경우 '양도소득세 해명자료 제출 안내'로 서면 요구하여야 한다. 이 경우 해명자료 제출기간은 1주 이상으로 적정하게 부여하고 해명자료는 신고내용 확인 범위에 한정하여 구체적으로 제출을 안내하여야 한다.(양도사규 §18 ①)

② 해명자료에 따른 처리 방법

해명자료 등의 확인 결과에 따라 아래와 같이 처리한다.(양도사규 §18 ③~⑥)

1. 확인 담당자는 해명자료 검토결과 과세표준과 납부세액 또는 환급세액에 오류가 있거나 누락된 내용이 발견되는 경우 '양도소득세 기한 후 신고 안내' 또는 '양도소득세 수정신고 안내'로 기한 후 신고·수정신고를 안내하여야 한다.
2. 신고내용 확인 업무는 납세자와의 직접적인 접촉 없이 간접확인의 방법으로 수행함을 원칙으로 한다.
3. 해명자료 검토결과 오류 또는 누락된 내용이 발견되지 않는 경우 '양도소득세 해명자료 검토결과 안내'로 납세자에게 안내하여야 한다.
4. 신고내용 확인 결과 납세자가 수정(기한 후) 신고서를 제출한 경우 '양도소득세 수정(기한 후)신고 검토결과 안내'로 납세자에게 안내하여야 한다.

▶▶ 경정 또는 실지조사대상자 선정

① 확인 담당자는 납세자가 안내를 받고 해명자료를 제출하지 않았거나(불성실 제출 포함) 양도소득세 과세표준 수정(기한 후)신고를 하지 않은 경우(불성실 신고 포함) 등으로서 객관적인 자료에 따라 오류 또는 누락된 내용이 확인되는 경우에는 「과세전적부심사사무처리규정」에 따른 과세예고통지서를 발송하고 과세전적부심사 청구기한 종료 후 양도소득세 과세표준 및 세액을 결정·경정하여야 한다. (양도사규 §19 ①)

② 지방국세청장(성실납세지원국장) 또는 세무서장(재산제세 담당과장)은 확인대

상자가 위 ①의 결정·경정대상자로서 탈루혐의가 명백하여 실지조사가 필요하다고 인정되는 경우 실지조사대상자로 선정할 수 있다.(양도사규 §19 ②)

⑤ 상속세 및 증여세의 조사

5-1. 상속세 및 증여세 조사의 관할

▶▶ 상속세 조사의 관할(상증법 §6 ①)

① 피상속인 주소지 관할 세무서장

상속세는 피상속인의 주소지(주소지가 없거나 분명하지 아니한 경우에는 거소지)를 관할하는 세무서장이 조사한다.

② 예외: 상속재산 소재지 관할 세무서장

상속개시지가 국외인 경우에는 상속재산 소재지를 관할하는 세무서장이 관할하고, 상속재산이 둘 이상의 세무서장 등의 관할구역에 있을 경우에는 주된 재산의 소재지를 관할하는 세무서장이 조사한다.

▶▶ 증여세 조사의 관할

① 원칙: 수증자 주소지 관할 세무서장(상증법 §6 ②)

증여세는 수증자의 주소지를 관할하는 세무서장이 조사한다.

② 증여자 주소지 관할 세무서장

아래의 경우 증여자의 주소지를 관할하는 세무서장이 조사한다.

> 1. 수증자가 비거주자인 경우
> 2. 수증자의 주소 및 거소가 분명하지 않은 경우
> 3. 명의신탁재산의 증여의제에 따라 재산을 증여한 것으로 보는 경우

③ 증여재산 소재지 관할 세무서장(상증법 §6 ③)

아래의 경우 증여재산의 소재지를 관할하는 세무서장이 조사한다.

> 1. 수증자와 증여자가 모두 비거주자인 경우
> 2. 수증자와 증여자 모두의 주소 및 거소가 분명하지 않은 경우
> 3. 수증자가 비거주자이거나 주소 또는 거소가 분명하지 않고, 증여자가 합병에 따른 이익의
>   증여(상증법 §38 ②), 증자에 따른 이익의 증여(상증법 §39 ②), 현물출자에 따른 이익의
>   증여(상증법 §39의3 ②), 특수관계법인과의 거래를 통한 이익의 증여의제(상증법 §45의3),
>   특수관계법인으로부터 제공받은 사업기회로 발생한 이익의 증여의제(상증법 §45의4)된
>   경우

5-2. 과세자료의 분류

▶▶ 과세자료의 생성

국세청장(자산과세국장)은 과세자료[63]를 주기적으로 생성하여 납세지 관할 세무서
장(재산세과장)에게 배정하여야 한다.(상증사규 §13 ①)

▶▶ 과세자료의 분류

과세자료는 아래와 같이 신고담당과 조사담당 처리 대상자료로 분류하여 처리하게
된다.(상증사규 §13 ②)

① 신고담당 처리 대상자료

> 1. 상속세: 상속재산가액이 상속공제 등에 미달[64]하거나 실지조사에 의하지 않고 처리 가능한
>   자료
> 2. 증여세: 등기원인이 증여이거나 증여의제 등으로 증여사실이 확인되어 실지조사 없이 과세

---

63) "과세자료"란 상속세 및 증여세 과세(비과세·과세미달 포함)의 근거가 되는 자료를 말하며, "과세자료
   전"이란 과세자료의 내용을 수록한 규격화된 문서를 말한다.[상증사규 §1의2 (7)]

가 가능하거나, 증여재산가액이 증여공제 등에 미달하여 실지조사에 의하지 않고 처리가 가능한 자료

② 조사담당 처리 대상자료

1. 상속세
   가. 상속세 신고담당 처리 대상자료에 해당하지 아니하는 자료
   나. 탈세제보에 따른 과세자료
   다. 신고담당 처리 대상자료 중 해명자료 제출을 거부하는 경우
   라. 제출된 해명자료의 내용만으로 과세자료를 처리할 수 없는 경우로서 조사실익이 있는 자료

2. 증여세
   가. 증여가액의 평가 및 부담부증여 등 과세요건의 확인에 실지조사가 필요한 자료
   나. 신고담당 처리 대상자료 중 해명자료 제출을 거부하는 경우
   다. 제출된 해명자료의 내용만으로 과세자료를 처리할 수 없는 경우로서 조사실익이 있는 자료

5-3. 과세자료의 처리와 조사대상자 선정

▶▶ 과세자료의 처리를 위한 해명요구 및 처리

① 해명요구

상속세 및 증여세 과세자료를 처리할 때 납세자의 해명이 필요한 경우 해명요구사항을 기재한 상속(증여)세 해명자료 제출 안내문을 발송하여 해명을 요구하게 된다.(상증사규 §13 ③)

---

64) 최근에는 상속재산가액으로 신고한 금액이 상속공제 등에 미달하게 상속세 신고를 하였더라도 상속세 세무조사가 나오는 경우가 있다.

② 해명자료 검토 및 처리

세무공무원은 납세자가 제출한 해명자료를 성실하게 검토하여 처리하며, 그 처리결과를 상속(증여)세 해명자료 검토결과 안내문에 의하여 납세자에게 안내(고지세액이 없는 경우도 포함) 통지하게 된다.(상증사규 §13 ⑦)

5-4. 조사담당 처리대상 자료에 대한 조사

▶▶ 상속세 및 증여세 조사 계획의 수립

상속세·증여세 조사담당 처리대상 자료에 대해 조사계획을 수립하여 세무조사를 실시한다. 다만, 그 자료의 부과제척기간이 6개월 이내인 경우나 납부기한 전 징수에 따른 수시결정 대상에 해당하는 경우에는 즉시 조사계획을 수립하여 조사 결정하여야 한다.(상증사규 §35 ①, §38 ①)

○ **납부기한 전 징수**(국징법 §9 ①)

---

① 관할 세무서장은 납세자에게 다음 각 호의 어느 하나에 해당하는 사유가 있는 경우 납부기한 전이라도 이미 납세의무가 확정된 국세를 징수할 수 있다.
1. 국세, 지방세 또는 공과금의 체납으로 강제징수 또는 체납처분이 시작된 경우
2. 「민사집행법」에 따른 강제집행 및 담보권 실행 등을 위한 경매가 시작되거나 「채무자 회생 및 파산에 관한 법률」에 따른 파산선고를 받은 경우
3. 「어음법」 및 「수표법」에 따른 어음교환소에서 거래정지처분을 받은 경우
4. 법인이 해산한 경우
5. 국세를 포탈(逋脫)하려는 행위가 있다고 인정되는 경우
6. 납세관리인을 정하지 아니하고 국내에 주소 또는 거소를 두지 아니하게 된 경우

▶▶ 조사대상자의 상속재산 조회

가. NTIS(엔티스)로 조회

지방국세청장(조사담당국장) 또는 세무서장(재산세과장)은 조사대상자의 상속재산

및 증여재산을 NTIS(엔티스)[65]로 확인하고, 필요한 경우에는 상속재산 및 증여재산을 확인하기 위하여 관계기관에 직접 조회하여야 한다.(상증사규 §36 ①)

나. 금융재산 일괄 조회

피상속인의 직업, 나이, 재산 상태, 소득신고 상황 등으로 보아 상속세 및 증여세를 누락한 혐의가 있다고 인정되거나, 피상속인의 자금사용처가 분명하지 않은 사유 등 인별 재산과세자료의 수집·관리대상인 경우에는 금융재산을 일괄하여 조회할 수 있다.(상증사규 §36 ②, 상증법 §83 ①)

○ **금융재산 일괄조회**(상증법 §83 ①)

> ① 국세청장(지방국세청장 포함)은 세무서장 등이 제76조에 따른 상속세 또는 증여세를 결정하거나 경정하기 위하여 조사하는 경우에는 금융회사 등의 장에게 금융실명거래 및 비밀보장에 관한 법률 제4조에도 불구하고 다음 각 호의 어느 하나에 해당하는 자의 금융재산에 관한 과세자료를 일괄하여 조회할 수 있다.
> 1. 직업, 연령, 재산 상태, 소득신고 상황 등으로 볼 때 상속세나 증여세의 탈루혐의가 있다고 인정되는 자
> 2. 제85조 제1항을 적용받은 상속인·피상속인 또는 증여자·수증자

○ **납세자별 재산 과세자료의 수집·관리**(상증법 §85 ①)

> ① 국세청장은 재산 규모, 소득수준 등을 고려하여 대통령령으로 정하는 자에 대해서는 상속세 또는 증여세의 부과·징수 업무를 효율적으로 수행하기 위하여 세법에 따른 납세자 등이 제출하는 과세자료나 과세 또는 징수의 목적으로 수집한 부동산·금융재산 등의 재산자료를 그 목적에 사용할 수 있도록 납세자별로 매년 전산조직에 의하여 관리하여야 한다.

---

65) "NTIS(엔티스)"란 국세의 부과·징수업무를 통합관리하기 위하여 운영하는 국세행정전산시스템을 말한다.[상증사규 §1의2 (5)]

○ **인별 재산 과세자료의 수집 · 관리대상**(상증령 §87)

① 법 제85조 제1항에서 "대통령령으로 정하는 자"란 다음 각 호의 어느 하나에 해당하는 자를 말한다.
1. 부동산과다보유자로서 재산세를 일정금액 이상 납부한 자 및 그 배우자
2. 부동산임대에 대한 소득세를 일정금액 이상 납부한 자 및 그 배우자
3. 종합소득세(부동산임대에 대한 소득세를 제외한다)를 일정금액 이상 납부한 자 및 그 배우자
4. 납입자본금 또는 자산규모가 일정금액 이상인 법인의 최대주주 등 및 그 배우자
5. 기타 상속세 또는 증여세의 부과 · 징수업무를 수행하기 위하여 필요하다고 인정되는 자로서 기획재정부령이 정하는 자
② 제1항에서 규정하는 인별 재산 과세자료를 수집 · 관리하는 대상자의 선정 · 부동산과다보유기준 및 금액기준의 설정에 대하여는 기획재정부령이 정하는 바에 의한다.

○ **인별 재산 과세자료의 수집 · 관리대상**(상증칙 §23)

① 영 제87조 제1항 제5호에서 "기획재정부령이 정하는 자"라 함은 다음 각 호의 1.에 해당하는 자를 말한다.
1. 고액의 배우자 상속공제를 받거나 증여에 의하여 일정금액 이상의 재산을 취득한 자
2. 일정금액 이상의 재산을 상속받은 상속인
3. 삭제
4. 일정금액 이상의 재산을 처분하거나 재산이 수용된 자로서 일정 연령 이상인 자
5. 기타 상속세 또는 증여세를 포탈할 우려가 있다고 인정되는 자
② 영 제87조 제1항 제1호 내지 제5호의 규정에 의한 대상자의 선정 · 부동산과다보유 및 금액기준은 납세자 등이 제출한 과세자료나 과세 또는 징수목적으로 수집한 재산 및 소득자료 중 부동산보유현황 · 주식변동상황 · 소득세 및 법인세의 납부실적의 분석 등을 통하여 국세청장이 정하는 기준[66]에 의한다.

---

66) 국세청장이 정하는 기준은 현재 비공개이다. 그러나 종합소득세 과세표준, 상속재산이 일정금액 이상인 상속인, 토지재산세, 건물재산세, 임대소득, 부동산을 증여받은 가액, 법인의 최대주주 여부, 계열기업 사주, 이자 · 배당, 상장주식 보유자 중 일정금액 이상인 자로 추정될 뿐이다.

▶▶ 증여세 조사의 동시선정(상증사규 §39)

① 지방국세청장(조사국장) 또는 세무서장은 증여세 실지조사대상자 이외의 자로서 양도대금 또는 취득자금의 증여 여부를 확인할 필요가 있다고 판단되는 경우에는 그와 그 관련인 모두를 조사대상자로 선정할 수 있다.

② 납세지를 관할하는 세무서가 다른 수증자가 같은 부동산을 지분으로 증여받거나, 같은 법인의 주식을 증여받은 경우 세무서장은 지방국세청장(조사국장)에게 동시조사 승인 및 조사관할 세무서 조정을 신청하여야 한다.

③ 제2항의 신청을 받은 지방국세청장(조사국장)은 납세자 편의, 조사의 실효성, 공유지분의 수량 등을 감안하여 동시조사를 승인하거나 조사관서를 지정하여야 한다. 다만, 조사대상자의 납세지를 관할하는 지방국세청을 달리하는 경우에는 국세청장(자산과세국장)이 동시조사 승인 및 조사관서를 지정하여야 한다.

5 - 5. 현장확인

▶▶ 현장확인의 의의

"현장확인"이란 세원관리, 과세자료처리, 신고내용 확인, 증거자료 수집 처리 등 업무를 처리하기 위해 납세자 및 관련인 등을 상대로 세무조사에 의하지 않고 현장확인 계획에 따라 현장 출장하여 사실관계를 확인하는 것을 말한다.[상증사규 §1의2 (10)]

▶▶ 현장확인의 실시

① 현장확인 사유

세무서장(재산제세 담당과장)은 상속세 및 증여세의 다음 각 호의 어느 하나에 해당하는 경우에는 업무 등을 처리하기 위하여 그 사유 등을 구체적으로 명시한 별도의 출장계획을 수립하여 현장확인을 실시할 수 있다.(상증사규 §16 ①)

1. 상속세 및 증여세 감면 등의 사후관리 자료로 현장확인이 필요한 경우
2. 납세자가 제출한 해명자료에 대해 현장확인이 필요하거나 세무서장(재산제세 담당과장)의 해명요구에 응하지 아니한 경우로 현장확인이 필요한 경우

② 현장확인 방법

현장확인은 상속세 및 증여세 납세지를 관할하는 세무서장(재산제세 담당과장)이 실시함을 원칙으로 한다. 다만, 다음 각 호의 경우에는 해당 세무서장에게 현장확인을 의뢰할 수 있다.(상증사규 §16 ②)

1. 주소지와 물건지의 관할 지방국세청이 같은 경우로서 민원처리 기한이나 출장 거리 등 업무의 효율성을 감안하여 지방국세청장(조사국장)이 지정하는 세무서장
2. 주소지와 물건지의 관할 지방국세청이 다른 경우로서 1일 근무시간에 처리가 어려운 경우 물건지 관할 세무서장

③ 현장확인 기간

현장확인 계획 수립 시에 현장확인 기간은 5일(토요일·공휴일 제외) 이내로 하여야 한다.(상증사규 §16 ③)

▶▶ 신고내용 확인 및 조사대상자 선정

① 의의

국세청장(자산과세국장), 지방국세청장(성실납세지원국장)은 상속세 및 증여세 과세표준과 세액의 결정·경정을 위해 상속세 및 증여세의 오류 또는 누락 여부 등 신고내용의 적정 여부를 확인하여야 한다.(상증사규 §21)

② 확인대상자 선정(상증사규 §23)

가. 국세청장(자산과세국장) 또는 지방국세청장(성실납세지원국장)은 세원정보 또는 「과세자료의 제출 및 관리에 관한 법률」에 따라 수집한 자료, 외부기관으로부

터 수집한 자료 등을 활용하여 특정 항목(유형)의 오류 또는 누락 혐의사항에 대한 확인대상자를 선정한 후 지방국세청장(성실납세지원국장) 또는 세무서장(재산제세 담당과장)에게 통지할 수 있다.

나. 위 가.에 따른 확인대상자는 국세청장(자산과세국장), 지방국세청장(성실납세지원국장)이 선정함을 원칙으로 한다. 다만, 세무서장(재산제세 담당과장)이 관내 세원의 특수성을 감안하여 상속세 및 증여세의 특정 항목(유형)의 오류 또는 누락 혐의사항에 대하여 확인이 필요하다고 판단하는 경우 지방국세청장(성실납세지원국장)의 승인을 받아 확인대상자를 선정할 수 있다.

다. 지방국세청장(성실납세지원국장) 또는 세무서장(재산제세 담당과장)은 확인대상자의 신고·결정내역 등을 사전 검토하여 과세실익이 없다고 판단되는 경우에는 확인대상에서 제외한 후, 신고내용 확인 업무를 실시하여야 한다.

③ 해명자료 제출안내

지방국세청장(성실납세지원국장) 또는 세무서장(재산제세 담당과장)은 납세자의 해명이 필요한 경우「상속세(증여세) 신고내용 확인 해명자료 제출 안내(별지 제27호 서식)」와「납세자 해명자료 제출(별지 제30호 서식)」로 납세자에게 서면으로 발송하여야 한다. 이 경우 해명자료 제출기간은 1주 이상으로 적정하게 부여하고 해명자료는 신고내용 확인 범위에 한정하여 구체적으로 제출을 안내하여야 한다.(상증사규 §25 ①)

5-6. 자금출처조사

▶▶ 자금출처조사

"자금출처조사"란 거주자 또는 비거주자의 재산 취득(해외유출 포함), 채무의 상환 등에 소요된 자금과 이와 유사한 자금의 원천이 직업·연령·소득 및 재산상태 등으로 보아 본인의 자금능력에 의한 것이라고 인정하기 어려운 경우, 그 자금의 출처를 밝혀 증여세 등의 탈루 여부를 확인하기 위하여 행하는 세무조사를 말한다. 거주자 또는 비거주자가 재산을 취득(해외유출 포함)하거나 채무의 상환 또는 개업 등에 사용한 자금[67]과 이와 유사한 자금의 원천이 직업·나이·소득 및 재산상태 등으로 보아 본인의 자금 능력에 의한 것이라고 인정하기 어려운 경우, 그 자금의 출처를 밝혀 증여세 등의 탈루 여부를 확인하기 위하여 행하는 세무조사를 말한다.[상증사규 §1의2 (11)]

▶▶ 자금출처조사대상자의 선정(상증사규 §41)

① 자금출처조사대상자 선정

지방국세청장(조사국장) 또는 세무서장은 「국세기본법」 제81조의6(정기선정, 비정기선정)에 따라 대상을 선정하여 자금출처조사를 할 수 있다.

② 직계존비속의 조사대상자 동시선정

위 ①에 따라 선정된 실지조사대상자가 배우자 또는 직계존속과 직계비속으로부터 취득자금을 증여받은 혐의가 있는 경우에는 그 배우자 또는 직계존속과 직계비속을 조사대상자로 동시에 선정할 수 있다.

③ 위임조사 실시

지방국세청장(조사국장)은 조사업무량을 감안하여 세무서에서 조사하는 것이 필요하다고 판단되는 경우에는 세무서장에게 위임하여 조사를 실시할 수 있으며, 이 경우에는 조사진행 상황 및 결과를 매월 확인하여야 한다.

▶▶ 재산취득자금 등의 증여추정 배제 기준(상증사규 §42)

① 증여추정 배제 기준

재산취득일 전 또는 채무상환일 전 10년 이내에 주택과 기타재산의 취득가액 및 채무상환금액이 아래 기준에 미달하고, 주택취득자금, 기타재산 취득자금 및 채무상환자금의 합계액이 총액한도 기준에 미달하는 경우에는 재산취득자금 등의 증여추정규정(상증법 §45)을 적용하지 아니한다.

---

67) 사업자등록 신청 시 소요자금 등에 기재된 금액도 검토대상이 된다.

[증여추정 배제 기준]

구 분	취득재산		채무상환	총액한도
	주택	기타재산		
30세 미만	5천만 원	5천만 원	5천만 원	1억 원
30세 이상	1.5억 원	5천만 원	5천만 원	2억 원
40세 이상	3억 원	1억 원	5천만 원	4억 원

② 배제 기준에서 제외되는 경우

증여추정 배제 기준에 해당하더라도 취득가액 또는 채무상환금액에 대하여 타인으로부터 증여받은 사실이 확인될 경우에는 증여세 과세대상이 된다.

5-7. 주식변동조사

▶▶ 주식변동조사

"주식변동조사"란 주식 및 출자지분 변동과정[68]에서 관련 주주 및 해당 법인의 제세탈루 여부를 확인하는 세무조사를 말한다.[상증사규 §1의2 (14)]

▶▶ 주식변동

"주식변동"이란 출자, 증자, 감자, 매매, 상속, 증여, 신탁, 주식배당, 합병, 전환사채・신주인수권부사채・교환사채・기타 유사한 사채의 출자전환(전환・인수・교환 등) 등에 따라 주주 또는 출자자가 회사에 대하여 갖는 법적지위권 또는 소유지분율 및 소유주식수・출자지분이 변동되는 것을 말한다.[상증사규 §1의2 (13)]

---

68) 특수관계인 간 고저가 거래, 특수관계인 이외의 자 간의 거래에도 상증법상 평가액과 3억 원 이상 차이나는 고저가 거래, 자기주식 취득, 차명주식으로 의심되는 거래 등

▶▶ 주식변동조사의 관할

주식변동조사는 조사대상 주주의 납세지 관할 세무서장 등이 수행한다. 다만, 다음 각 호에 정하는 사유에 해당하는 경우에는 국세청장(같은 지방국세청 내 소관 세무서 관할 조정의 경우에는 지방국세청장)이 그 관할을 조정할 수 있다.(상증사규 §43 ①)

1. 주식발행법인 본점소재지와 관련 주주의 납세지가 지방국세청장(세무서장)의 관할을 달리하는 경우
2. 주식발행법인이 「독점규제 및 공정거래에 관한 법률」 제2조에서 정하는 계열회사(일정규모 이상인 경우에 한함)에 해당하는 경우
3. 세무관서별 업무량과 세무조사 인력 등을 고려하여 관할을 조정할 필요가 있다고 판단되는 경우
4. 그 밖의 「조사사무처리규정」에 의한 조사사무 관할 조정 사유에 해당하는 경우

▶▶ 주식변동조사대상자의 선정

① 지방국세청장(조사국장) 또는 세무서장은 다음 각 호 어느 하나에 해당되면 조사대상을 선정하여 주식변동조사를 할 수 있다.(상증사규 §44 ①)
  1. 탈세제보, 세무조사 파생자료, 정보자료 등에 따라 주식변동조사가 필요한 경우
  2. 법인세조사 중 해당 법인의 주주에 대한 주식변동조사가 필요한 경우
  3. 상속세 및 증여세를 조사결정할 때 상속 또는 증여받은 주식과 관련하여 해당 법인의 주주에 대한 주식변동조사가 필요한 경우
  4. 주식변동과 관련한 각종 세금을 누락한 혐의가 발견되어 해당 법인의 주주에 대한 주식변동조사가 필요한 경우
② 위 ①의 2.에 해당하는 경우에 세무서장은 지방국세청장(조사국장)의 사전승인 없이 주식변동사항에 대해 실지조사대상자로 선정할 수 있다. 다만, 주식발행법인이 「독점규제 및 공정거래에 관한 법률」 제2조에서 정하는 계열회사(일정규모 이상인 경우에 한함)에 해당하는 경우에는 사전에 지방국세청장(조사국장)의 승인을 받아야 한다.(상증사규 §44 ②)

5-8. 해외이주비 자금출처 확인 조사

▶▶ 해외이주비 자금출처 확인

외국환거래규정에 따라 세대별 해외이주비 지급 누계액이 미화 10만 불을 초과하는 경우에는, 세무서장이 발급하는 해외이주비 자금출처확인서가 필요하다.

> **외국환거래규정 제4-6조【해외이주비의 지급절차】**
>
> ③ 해외이주자(해외이주예정자를 포함하며 이 항에서 같다)는 세대별 해외이주비 지급누계 금액이 미화 10만 불을 초과하는 경우에는 해외이주자의 관할 세무서장이 발급하는 해외이주비 전체 금액에 대한 자금출처확인서를 지정거래외국환은행의 장에게 제출하여야 한다.

▶▶ 해외이주비 자금출처 확인 및 조사

① 관할 세무서

해외이주자 및 해외이주예정자(이하 "해외이주자 등"이라 한다)의 최종 주소지를 관할하는 세무서장(재산세과장)이 신청을 받아 처리한다.(상증사규 §57 ①)

② 자금출처 확인 또는 조사

「외국환거래규정」 제4-6조에 규정된 해외이주자 및 해외이주예정자가 신청한 해외이주비 자금출처확인서(별지 제19호 서식)는 해외이주자 등의 최종 주소지를 관할하는 세무서장(재산제세 담당과장)이 재산반출금액이 국세의 신고·납부 금액과 대비하여 적정한지 다음 각 호의 내용을 확인하여야 하며, 서면으로 자금출처를 확인할 수 없는 경우에는 실지조사 후 발급할 수 있다.(상증사규 §57 ①)

> 1. 신청인 및 그 세대원의 부동산 매각자금에 대한 양도소득세, 상속 또는 수증재산에 대한 상속세 및 증여세 등의 신고·납부 여부
> 2. 국세의 체납 여부
> 3. 「국세징수법」 제9조 제1항에서 규정하는 납기 전 징수 사유 여부
>   ① 국세, 지방세 또는 공과금의 체납으로 강제징수 또는 체납처분이 시작된 경우

② 「민사집행법」에 따른 강제집행 및 담보권 실행 등을 위한 경매가 시작되거나 「채무자 회생 및 파산에 관한 법률」에 따른 파산선고를 받은 경우

③ 「어음법」 및 「수표법」에 따른 어음교환소에서 거래정지처분을 받은 경우

④ 법인이 해산한 경우

⑤ 국세를 포탈(逋脫)하려는 행위가 있다고 인정되는 경우

⑥ 납세관리인을 정하지 아니하고 국내에 주소 또는 거소를 두지 아니하게 된 경우

③ 자금출처확인서 발급

해외이주비 자금출처확인서는 국세징수·예금 압류 등 조세채권확보에 필요한 조치 후 접수일부터 10일 이내에 전산으로 발급하여야 한다. 다만, 조세채권확보 및 실지조사 등에 시간이 추가 소요되는 경우 1회에 한하여 발급기한을 20일 이내에서 연장할 수 있다.(상증사규 §57 ②)

④ 10만 불 초과 시 전체 금액에 대한 자금출처 확인

세무서장(재산세과장)은 세대별 해외이주비 지급 누계액이 미화 10만 불을 초과하는 경우에는 해외이주비 전체 금액에 대하여 자금출처확인서를 발급[69]하여야 한다.(증사규 §57 ③)

5-9. 부동산 매각자금 확인 조사

▶▶ 부동산 매각자금 확인

외국환거래규정에 규정된 바에 따라 외국환은행이 특정인에게 외국환을 매각하는 경우[70] 세무서장이 발급한 부동산매각자금확인서가 필요하다.

---

69) 해외이주비의 원천을 확인하여 증여세나 누락소득에 대한 소득세 등을 추징하기 위한 것이다.

70) 즉, 외국인, 비거주자 등 특정인이 원화를 외화로 환전하고자 하는 경우

▶▶ 확인서 발급 관할 세무서(상증사규 §58 ①)

① 외국인 거주자: 외국환거래규정 제2-3조 제1항 제3호 나목에 의한 외국인거주자의 경우 매각한 부동산 소재지 관할 세무서장(부동산이 둘 이상으로 이를 관할하는 세무서가 다른 경우에는 신청서를 접수한 세무서장)

> **외국환거래규정 제2-3조【외국환의 매각】**
>
> ① 외국환은행은 다음 각 호의 1에 해당하는 경우에 한하여 내국지급수단을 대가로 외국환을 매각할 수 있다.
>
> 3. 제1호 나목 및 제2호 마목에 불구하고 다음 각 목의 1에 해당하는 지급을 위하여 매각하는 경우에는 당해 매입을 하고자 하는 자가 별지 제7-4호 서식의 대외지급수단매매신고서에 의하여 한국은행총재에게 신고하여야 한다.
>
> 나. 외국인거주자의 국내부동산 매각대금의 지급. 다만, 외국으로부터 휴대수입 또는 송금(대외계정에 예치된 자금을 포함한다)된 자금으로 국내부동산을 취득한 후 취득금액 범위 내에서 매각대금을 지급하고자 하는 경우로서 별지 제4-2호 서식에 의한 부동산소재지 또는 신청자의 최종 주소지 관할 세무서장이 발행한 부동산매각자금확인서를 제출하는 경우에는 그러하지 아니하다.

② 재외동포: 외국환거래규정 제4-7조 제1항 제1호에 의한 경우

신청자의 최종 주소지 관할 세무서장 또는 매각한 부동산 소재지 관할 세무서장(부동산이 둘 이상으로 이를 관할하는 세무서가 서로 다른 경우에는 신청서를 접수한 세무서장)

> **외국환거래규정 제4-7조【재외동포의 국내재산 반출절차】**
>
> ① 재외동포가 본인명의로 보유하고 있는 다음 각 호의 1에 해당하는 국내재산(재외동포 자격 취득 후 형성된 재산을 포함한다)을 국외로 반출하고자 하는 경우에는 거래외국환은행을 지정하여야 한다.
>
> 1. 부동산 처분대금(부동산을 매각하여 금융자산으로 보유하고 있는 경우를 포함한다)
> 2. 국내예금 · 신탁계정 관련 원리금, 증권매각대금
> 3. 본인명의 예금 또는 부동산을 담보로 하여 외국환업무취급기관으로부터 취득한 원화대출금
> 4. 본인명의 부동산의 임대보증금

② 재외동포가 제1항 각 호의 자금을 반출하고자 하는 경우에는 거래외국환은행을 지정하여야 하며, 다음 각 호의 1에 해당하는 취득경위 입증서류를 지정거래외국환은행의 장에게 제출하여야 한다.

  1. 부동산처분대금의 경우 별지 제4-2호 서식에 의한 부동산소재지 또는 신청자의 최종 주소지 관할 세무서장이 발행한 <u>부동산매각자금확인서</u>. 다만, 확인서 신청일 현재 부동산 처분일로부터 5년이 경과하지 아니한 부동산 처분대금에 한함.
  2. 제1항 제2호 내지 제4호의 지급누계금액이 미화 10만 불을 초과하는 경우 지정거래외국환은행의 주소지 또는 신청자의 최종 주소지 관할 세무서장이 발행한 전체 금액에 대한 자금출처확인서 등. 다만, 반출 월로부터 과거 3월간 취득한 국내에서의 고용, 근무에 따른 국내보수 또는 자유업 영위에 따른 소득 및 국내로부터 지급받는 사회보험 및 보장급부 또는 기타 이와 유사한 소득범위 이내에 대하여는 취득경위 입증서류 제출로 갈음함.

③ 비거주자: 외국환거래업무취급지침 제9장 제5절의 규정에 의한 경우

  신청자의 최종 주소지 관할 세무서장(국민인 경우로 한정한다) 또는 매각한 부동산 소재지 관할 세무서장(부동산이 둘 이상으로 이를 관할하는 세무서가 서로 다른 경우에는 신청서를 접수한 세무서장)

외국환거래업무취급지침 제9장 제5절

비거주자가 국내부동산 등의 매각대금을 외국으로 지급하고자 하는 경우 제출서류
1. 지급신청서(지침서식 제3-1호)
2. 부동산 등을 취득하였음을 입증하는 서류(부동산취득신고필증 등)
3. 매각사실을 입증하는 서류(매매계약서 등)
4. <u>부동산매각자금확인서</u> 또는 양도소득세신고납부확인(신청)서(관할 세무서장 발행)

▶▶ 부동산 매각자금 확인 또는 조사 절차

① 조사 또는 확인사항

  부동산매각자금확인서를 발급하는 세무서장(재산제세 담당과장)은 재산반출금액이 국세의 신고·납부 금액과 대비하여 적정한지 다음 각 호의 내용을 확인하여야 하며, 서면으로 부동산 매각자금을 확인할 수 없는 경우에는 실지조사 후 발급할 수 있다.(상

증사규 §58 ②)

> 1. 해당 부동산에 대한 양도소득세, 상속세 및 증여세 등의 신고·납부 여부
> 2. 국세의 체납 여부
> 3. 국세징수법 제9조 제1항에서 규정하는 납기 전 징수 사유 여부

② 부동산매각자금확인서 발급

국세징수·예금 압류 등 조세채권확보에 필요한 조치 후 접수일로부터 10일 이내에 전산으로 발급하여야 한다. 다만, 조세채권확보 및 실지조사 등에 시간이 추가 소요되는 경우 1회에 한하여 발급기한을 20일 이내에서 연장할 수 있다.(상증사규 §58 ③)

③ 반출 가능한 금액

부동산매각자금확인서상의 양도가액은 실지거래가액으로 계산하고, 실제 반출 가능한 금액(확인금액)은 양도가액에서 해당 부동산의 채무액(전세보증금, 임대보증금 등을 포함한다) 및 양도와 관련된 제세공과금(양도소득세, 지방소득세 등을 포함한다), 양도비 등을 공제한 금액으로 한다.(상증사규 §58 ④)

④ 부동산매각자금확인서 발급대상 부동산

부동산매각자금확인서의 발급대상은 신청자가 신청일 현재 5년 이내에 매각한 부동산으로 한다.[71](상증사규 §58 ⑤)

5-10. 예금 등에 대한 자금출처 확인 조사

▶▶ 예금 등에 대한 자금출처 확인

재외동포가 외국환거래규정 제4-7조 제1항 제2호부터 제4호까지 규정된 예금 등[72]

---

71) 국세의 부과제척기간이 5년임을 감안한 것이다.
72) 외국환거래규정 제4-7조 제1항 제2호부터 제4호
   2. 국내예금·신탁계정 관련 원리금, 증권매각대금

의 금융자산을 반출하기 위해서는 외국환은행에 세무서장이 발급한 예금 등에 대한 자금출처확인서가 필요하다.

▶▶ 관할 세무서

지정거래 외국환은행 소재지 관할 세무서장 또는 신청자의 최종 주소지를 관할하는 세무서장이다.(상증사규 §59 ①)

▶▶ 확인 · 조사 내용

① 확인 · 조사 내용

관할 세무서장이 재산반출금액이 국세의 신고 · 납부 금액과 대비하여 적정한지 다음 각 호의 내용을 확인하여야 하며, 서면으로 자금출처를 확인할 수 없는 경우에는 실지조사 후 발급할 수 있다.(상증사규 §59 ①)

> 1. 「예금 등에 대한 자금출처확인서」에 기재된 내용의 자금출처와 관련된 국세의 신고 · 납부 여부
> 2. 국세의 체납 여부
> 3. 「국세징수법」 제9조 제1항에서 규정하는 납기 전 징수 사유 여부

② 예금 등에 대한 자금출처확인서 발급

국세징수 · 예금압류 등 조세채권확보에 필요한 조치 후 접수일부터 10일 이내에 전산으로 발급하게 된다. 다만, 조세채권확보 및 실지조사 등에 시간이 추가 소요되는 경우 1회에 한하여 발급기한을 20일 이내에서 연장할 수 있다.(상증사규 §59 ②)

▶▶ 지급 누계 금액이 10만 달러 초과 시

아래의 지급 누계 금액이 미화 10만 불을 초과하는 경우에는 전체 금액에 대하여 자

---

3. 본인명의 예금 또는 부동산을 담보로 하여 외국환업무취급기관으로부터 취득한 원화대출금
4. 본인명의 부동산의 임대보증금

금출처확인서를 발급하여야 한다.(상증사규 §59 ③)

1. 국내예금·신탁계정 관련 원리금, 증권매각대금
2. 본인명의 예금 또는 부동산을 담보로 하여 외국환은행으로부터 취득한 원화대출금
3. 본인명의 부동산의 임대보증금

⑥ 국제거래 조사

6 - 1. 이전가격조사

▶▶ 이전가격조사

"이전가격조사"란 거주자, 내국법인 또는 외국법인 국내사업장이 「국제조세조정에 관한 법률」에서 규정하는 국외 특수관계자와의 거래와 관련하여 과세표준 및 세액신고 시에 적용된 이전가격이 「국제조세조정에 관한 법률」에서 규정하는 정상가격과 합치 하는지를 확인[73]하기 위하여 행하는 세무조사를 말한다.[조사사규 §3 (32)]

▶▶ 정상가격

"정상가격"이란 거주자, 내국법인 또는 국내사업장이 국외 특수관계인이 아닌 자와의 통상적인 거래에서 적용되거나 적용될 것으로 판단되는 가격을 말한다.[국조법 §2 ① (5)]

▶▶ 이전가격심의위원회

이전가격조사의 국제적 기준에 맞는 공정하고 합리적인 운영을 도모하기 위하여 각 지방국세청(조사1국, 서울청은 국제거래조사국) 내에 이전가격심의위원회(이하 이 절 에서 "위원회"라 한다)를 둔다.(조사사규 §65)

---

73) 부당행위계산부인과 유사

위원회는 다음의 사안과 관련하여 이전가격 조사 결과를 사전 심의하고 조정한다.

> 1. 총소득조정금액이 300억 원 이상인 이전가격 조사 종결예정 사안
> 2. 납세자가 이의를 제기하는 이전가격조사 종결예정 사안
> 3. 그 밖에 위원회에서 검토할 필요가 있다고 판단하는 사안

▶▶ 세무조사의 협력

① 체약상대국과 세무조사 협력

국세청장은 조세조약이 적용되는 자와의 거래에 대하여 세무조사가 필요하다고 판단되는 경우에는 그 거래에 대하여 체약상대국과 동시에 세무조사를 하거나 체약상대국에 세무공무원을 파견하여 직접 세무조사 실시 또는 체약상대국의 세무조사에 참여하게 할 수 있다.(조사사규 §69 ①)

② 체약상대국과 세무조사 합의

국세청장은 세무조사 협력의 절차·방법 및 범위 등 국가 간 세무조사 협력을 위하여 필요한 사항을 체약상대국의 권한 있는 기관과 합의할 수 있다.(조사사규 §69 ③)

● 세무조사 협력(국조법 §39)

> ① 우리나라의 권한 있는 당국은 조세조약이 적용되는 자와의 거래에 대하여 세무조사가 필요하다고 판단되는 경우에는 그 거래에 대하여 다음 각 호의 행위를 할 수 있다.
> 1. 체약상대국과 동시에 세무조사를 하는 행위
> 2. 체약상대국에 세무공무원을 파견하여 직접 세무조사를 하게 하거나 체약상대국의 세무조사에 참여하게 하는 행위
> ② 우리나라의 권한 있는 당국은 체약상대국이 조세조약에 따라 세무조사 협력을 요청하는 경우 수락할 수 있다.

6-2. 이전가격조사 시 자료제출

▶▶ 자료제출 요구

조사공무원은 이전가격조사 등 국제거래에 대한 세무조사 시 조사대상자 또는 그의 국외 특수관계인에게 아래와 같은 자료의 제출을 요구할 수 있다. 이 경우 조사공무원은 조사에 필요한 정도, 자료제출 준비기간, 납세자의 경제적 부담 등을 종합적으로 고려하여 합리적인 수준과 기간 범위에서 하여야 한다.(조사사규 §66 ①, ⑤)

1. 법인의 조직도 및 사무 분장표
2. 해당 거래와 관련된 자의 사업활동 내용
3. 특수관계가 있는 자와의 상호출자 현황
4. 자산의 양도·매입 등에 관한 각종 관련 계약서
5. 제품의 가격표
6. 제조원가계산서
7. 특수관계가 있는 자와 특수관계가 없는 자를 구별한 품목별 거래명세표
8. 용역의 제공이나 그 밖의 거래의 경우에는 제4호부터 제7호까지에서 규정한 자료에 준하는 서류
9. 국제거래 가격 결정자료
10. 특수관계가 있는 자 간의 가격결정에 관한 내부 지침
11. 해당 거래와 관련된 회계처리 기준 및 방법
12. 거주자와 국외 특수관계인 간의 용역거래와 관련하여 그 거래내용을 파악할 수 있는 아래의 자료
    가. 용역거래계약서
    나. 거주자와 국외 특수관계인 간의 관계도
    다. 용역거래 당사자의 내부 조직도 및 조직별 설명자료
    라. 용역 제공을 위하여 발생한 비용의 지출항목별 명세서(「국제조세조정에 관한 법률 시행령」 제12조 제1항에 따라 용역의 대가를 산정하는 경우에만 해당함)
    마. 용역 제공 일정표, 용역공정표, 용역 제공자 및 직원 현황 등 용역을 제공한 사실을 확인할 수 있는 자료
    바. 간접적 청구방식(용역 제공자가 국내 또는 국외의 복수 특수관계인들에게 동일 또는 유사한 용역을 제공하고 발생한 비용을 용역을 제공받은 특수관계인들 사이에서 합리적으로 배분 또는 할당하는 방식을 말함)으로 용역의 대가를 산출하는 경우에는 그

비용 배분 또는 할당에 관한 자료

13. 정상원가분담액 등에 의한 결정 및 경정과 관련하여 원가분담약정서 등 아래의 자료

　가. 다음 사항이 포함된 원가분담약정서

　　(1) 계약 참여자의 명단

　　(2) 계약 참여자가 제공하는 자산의 유형 및 명세

　　(3) 계약 참여자 간의 권리관계

　나. 가목의 사항이 포함된 원가분담 수정약정서(「국제조세조정에 관한 법률 시행령」 제19조에 따라 원가 등의 분담에 대한 약정에 새로 참여하거나 중도에 탈퇴하는 경우에 한함)

　다. 제공되는 자산의 평가와 관련하여 적용하는 회계원칙 및 평가 명세

　라. 참여자 및 수혜자가 얻을 기대편익의 평가 명세

　마. 실제로 실현된 기대편익의 측정 명세

　바. 기대편익과 실제편익의 차이에 따른 정산 명세

14. 법인세 및 소득세 신고 시 누락된 서식 또는 항목

▶▶ 자료의 제출

자료제출을 요구받은 자는 자료제출을 요구받은 날부터 60일 이내에 해당 자료를 제출하여야 한다.(조사사규 §66 ②)

▶▶ 자료제출의 연장

아래의 사유에 해당하는 경우에는 60일의 범위에서 한 차례만 그 제출기한을 연장할수 있다. 자료제출 기한 연장을 신청하는 자는 자료제출 기한 15일 전까지 신청서를 제출하여야 하며, 조사공무원은 접수일로부터 7일 이내에 연장 여부를 신청인에게 통지하지 아니한 경우에는 연장신청한 기한까지 제출 기한이 연장된 것으로 보게 된다. (조사사규 §66 ② 단서, ③)

1. 자료제출을 요구받은 자가 화재·재난 및 도난 등의 사유로 자료를 제출할 수 없는 경우
2. 자료제출을 요구받은 자가 사업이 중대한 위기에 처하여 자료를 제출하기 매우 곤란한 경우
3. 관련 장부·서류가 권한 있는 기관에 압수되거나 영치된 경우
4. 국외 특수관계인의 과세연도 종료일이 도래하지 아니한 경우

5. 자료의 수집·작성에 상당한 기간이 걸려 기한까지 자료를 제출할 수 없는 경우
6. 제1호부터 제5호까지에서 규정한 사유에 준하는 사유가 있어 기한까지 자료를 제출할 수 없다고 판단되는 경우

▶▶ 자료제출의무 불이행에 대한 제재

자료의 제출을 요구받은 자가 정당한 사유 없이 자료를 기한까지 제출하지 아니하거나 거짓된 자료를 제출하는 경우에는 1억 원 이하의 과태료를 부과한다.(조사사규 §68 ①)

6-3. 해외금융계좌 신고의무

▶▶ 해외금융계좌 신고의무

○ 해외금융계좌의 신고(국조법 §53 ①)

① 해외금융계좌를 보유한 거주자 및 내국법인 중에서 해당 연도의 매월 말일 중 어느 하루의 해외금융계좌 잔액(해외금융계좌가 여러 개인 경우에는 각 해외금융계좌 잔액을 합산한 금액)이 5억 원을 초과하는 자(이하 "계좌신고의무자"라 한다)는 해외금융계좌 정보를 다음 연도 6월 1일부터 30일까지 납세지 관할 세무서장에게 신고하여야 한다.
② 제1항을 적용할 때 다음 각 호의 구분에 따른 자(이하 이 장에서 "해외금융계좌 관련자"라 한다)는 해당 해외금융계좌를 각각 보유한 것으로 본다.
1. 해외금융계좌 중 실지명의에 의하지 아니한 계좌 등 그 계좌의 명의자와 실질적 소유자가 다른 경우: 그 명의자와 실질적 소유자
2. 해외금융계좌가 공동명의계좌인 경우: 각 공동명의자
③ 제1항 및 제2항에 따른 계좌신고의무자 판정기준, 해외금융계좌 잔액 산출방법, 신고방법 및 실질적 소유자의 판단기준 등 해외금융계좌 신고에 필요한 사항은 대통령령으로 정한다.

▶▶ 해외금융계좌 신고의무 불이행에 대한 제재

조사공무원이 조사과정에서 해외금융계좌 신고의무자의 신고의무 위반 행위를 확인

한 경우 과태료 부과 등 필요한 조치를 하여야 한다.(조사사규 §69의2 ①)

① 해외금융계좌 신고의무 불이행에 대한 과태료(국조법 §90 ①)

해외금융계좌신고의무자가 신고기한까지 해외금융계좌정보를 신고하지 아니하거나 과소 신고한 경우에는 다음 구분에 따라 계산한 금액의 20% 이하에 상당하는 과태료를 부과한다.

1. 신고를 하지 아니한 경우: 미신고 금액
2. 과소 신고한 경우: 실제 신고한 금액과 신고하여야 할 금액과의 차액

② 신고의무 위반자 명단공개(국조사규 §117 ①)

해외금융계좌 신고의무 위반 금액이 50억 원을 초과하는 자(법인의 대표자 포함)의 성명, 법인명, 나이, 직업, 주소, 신고의무 위반금액 등을 공개할 수 있다.

❼ 소득-지출분석시스템(PCI)[74]

7-1. 소득-지출분석시스템(PCI)이란?

▶▶ 소득-지출분석시스템이란?

① 소득-지출분석시스템은 국세청에서 보유하고 있는 과세정보자료를 체계적으로 통합 관리하여 일정기간 동안[75] 납세자가 신고한 신고소득(Income)과 납세자의 재산증가(Property)·소비지출액(Consumption)을 비교·분석하는 시스템이다.
② 우리말로는 「소득-지출분석시스템」이며, 영문으로는 약칭 「PCI 분석시스템」으로 호칭한다.
「Property, Consumption and Income Analysis System」

---

74) 소득-지출분석시스템 개발, 2009. 12. 18. 국세청 보도자료 참고
75) 5년으로 알려져 있다.

● 소득－지출분석시스템 모델

재산증가액		소비지출액		신고(결정) 소득금액 계		탈루혐의금액
부동산 주식 회원권 등	(＋)	해외체류비 신용카드·현금영수증 사용액 등	(－)		(＝)	

- 일정기간의 소득금액과 재산증가액 및 소비지출액을 비교·분석하여 탈루혐의금 액을 도출하게 된다.

▶▶ 분석시스템 개발은 지능적 탈세에 대응하기 위함

① 수입금액 노출을 은폐하기 위해 현금거래하거나 납부능력이 없는 제3자의 이름을 빌려 차명으로 사업하는 등 지능적 탈세에 대한 근원적 대응을 위해 개발하게 된 것이다.
② 탈루소득금액은 최종적으로 실제 소득자에게 귀속되어 부동산, 주식 등 재산증가 및 해외여행 등 소비지출로 나타나므로, 이 분석시스템을 활용하면 지능적 탈세 수단에 보다 효과적으로 대처할 수 있게 된다.
③ 국세청에서는 이 시스템을 활용하여 수입금액 등을 원천적으로 누락·축소하는 세금탈루자를 적극 발굴하여 세무조사에 활용하고 있다.

7-2. 소득－지출분석시스템(PCI)은 어디에 사용하나?

소득－지출분석시스템(PCI)은 아래와 같이 국세행정 전반에 걸쳐 활용되고 있다.

▶▶ 취약·호황업종의 성실신고 유도

사회적으로 문제업종 및 고소득 자영업자 위주로 관리를 강화하고, 점차 일반 업종 으로 확대 활용하고 있다.

▶▶ 기업주의 법인자금 사적사용 여부 검증

영리법인의 개인 사주가 회사자금을 임의로 유용하여 사적으로 소비지출·재산증식
하였는지 여부를 검증하고 있다.

▶▶ 고액자산 취득 시 자금출처 관리

취득능력이 부족한 자(소득이 없는 자·미성년자 등)가 고액의 부동산 등을 취득 시
자금출처 관리에 활용하고 있다.

▶▶ 세무조사 대상자 선정

고소득 자영업자 세무조사 대상자 선정 시 분석시스템을 활용하여 신고소득에 비해
재산증가나 소비지출이 큰 사업자 위주로 선정하고 있다.

이러한 시스템 활용으로 인하여 종전 소득금액 동업종 간 비교위주의 세무조사 대상
자 선정 방법에서 보다 합리적이고 객관적으로 조사대상자가 선정될 수 있다.

▶▶ 근로장려금 환급대상자 및 고액체납자 관리업무

근로장려금 환급대상 요건 검토·관리 및 부정환급 혐의자 선정 시 활용하고, 고액
체납자의 재산은닉 및 소비지출 현황 파악에 활용하고 있다.

7-3. 모텔 사업자 과소신고 적출 사례

▶▶ 사업자 현황

- 해당 사업자는 ○○도 ○○시에서 모텔업과 ○○구에서 음식점업을 겸업하면서
  최근 5년간 종합소득금액 41백만 원(월 0.7백만 원)을 신고하였으나,
- ○○구 소재 시가 31억 원 하는 아파트에 거주하며, 고급승용차를 소유하고, 해외
  여행 등을 15차례 가는 등 소득에 비해 소비수준이 과하다는 점이 PCI 시스템에
  의하여 분석되었다.

● 최근 5년간 탈루혐의 추정액

재산증가액		소비지출액		신고(결정) 소득금액 계 __41백만 원__		탈루혐의금액 __2,291백만 원__
부동산 주식 회원권 등 __2,020백만 원__	(+)	해외체류비 신용카드·현금영수증 사용액 등 __312백만 원__	(−)		(=)	

- 최근 5년간 신고한 종합소득금액 41백만 원
- 재산증가금액 2,020백만 원
  - 부동산: (취득) 아파트 등 3건　　취득가액 3,140백만 원
  - 부동산: (양도) 아파트 등 3건　　양도가액 1,135백만 원
  - 주　식: (취득) ○○주식 취득 15백만 원
- 소비지출금액 312백만 원

7-4. 회사의 자금으로 개인 부동산 취득 적출 사례

▶▶ 사업자 현황

- 해당 납세자는 ○○시 ○○구에서 ○○(주)의 대표이사로 근무하면서 최근 5년간 근로소득금액 309백만 원(월 5백만 원)을 신고하였으나,
- ○○구 소재 시가 35억 원 하는 아파트에 거주하며, 고급승용차를 소유하고, 가족 7명이 해외여행 등을 112차례 가는 등 소득에 비해 소비수준이 과다한 것으로 분석되었다.

● 최근 5년간 탈루혐의 추정액

재산증가액		소비지출액		신고(결정) 소득금액 계 __309백만 원__		탈루혐의금액 __3,596백만 원__
부동산 주식 회원권 등 __3,071백만 원__	(+)	해외체류비 신용카드·현금영수증 사용액 등 __834백만 원__	(−)		(=)	

- 최근 5년간 신고한 종합소득금액 309백만 원
- 재산증가금액 3,071백만 원
  - 부동산: (취득) 아파트 1건   취득가액 3,475백만 원
  - 부동산: (양도) 아파트 1건   양도가액 830백만 원
  - 주 식: (취득) ○○주식 85,200주 426백만 원(액면가액)
- 소비지출금액 834백만 원

7-5. 고소득 병의원 과소신고 적출 사례

▶▶ 사업자 현황

- 해당 사업자는 ○○도 ○○시에서 ○○의원을 운영하며 최근 5년간 종합소득금액 322백만 원(월 5백만 원)을 신고하였으나,
- ○○구 소재 시가 25억 원 하는 고급주택에 거주하며, 고급승용차를 소유하고, 자녀 3명을 캐나다로 유학 보내고, 해외여행 등을 32차례 가는 등 소득에 비해 소비 수준이 과다한 것으로 분석되었다.

● 최근 5년간 탈루혐의 추정액

재산증가액		소비지출액		신고(결정) 소득금액 계		탈루혐의금액
부동산 주식 회원권 등 **2,818백만 원**	(+)	해외체류비 신용카드·현금영수증 사용액 등 **261백만 원**	(-)	**322백만 원**	(=)	**2,757백만 원**

- 최근 5년간 신고한 종합소득금액 322백만 원
- 재산증가금액 2,818백만 원
  - 부동산: (취득) 상가 1건   취득가액 2,818백만 원
- 소비지출금액 261백만 원

7-6. 고소득 변호사 과소신고 적출 사례

▶▶ 사업자 현황

- 해당 사업자는 ○○시 ○○구에서 변호사 사무실을 운영하며 최근 5년간 종합소득 금액 37백만 원(월평균 0.6백만 원)을 신고하였으나,
- ○○구 소재 시가 15억 원 주택에 거주하며, 고급승용차를 소유하고, 자녀 2명 미국 유학, 해외여행 등을 32차례 가는 등 소득에 비해 소비수준이 과다한 것으로 분석되었다.

● 최근 5년간 탈루혐의 추정액

재산증가액 부동산 주식 회원권 등 1,708백만 원	(+)	소비지출액 해외체류비 신용카드·현금영수증 사용액 등 536백만 원	(−)	신고(결정) 소득금액 계 37백만 원	(=)	탈루혐의금액 2,207백만 원

- 최근 5년간 신고한 종합소득금액 37백만 원
- 재산증가금액 1,708백만 원
  - 부동산: (취득) 빌라 10채　　　　취득가액　2,133백만 원
  - 부동산: (양도) 아파트 외 1건　　양도가액　　425백만 원
- 소비지출금액 536백만 원

7-7. 주유소 사업자 과소신고 적출 사례

▶▶ 사업자 현황

- 사업자는 ○○시 ○○구에서 ○○주유소를 운영하면서 최근 5년간 종합소득금액 73백만 원(월 1.2백만 원)을 신고하였으나,
- ○○구 소재 시가 25억 원 하는 고급주택에 거주하며, 고급승용차를 소유하고, 해외여행 10차례 등 소득에 비해 소비수준이 과다한 것으로 분석되었다.

● 최근 5년간 탈루혐의 추정액

재산증가액		소비지출액		신고(결정) 소득금액 계		탈루혐의금액
부동산 주식 회원권 등 **2,837백만 원**	(+)	해외체류비 신용카드·현금영수증 사용액 등 **166백만 원**	(−)	**73백만 원**	(=)	**2,930백만 원**

- 최근 5년간 신고한 종합소득금액 73백만 원
- 재산증가금액 2,837백만 원
  - 부동산: (취득) 아파트 등 5건   취득가액   2,787백만 원
  - 주 식: (취득) ○○주식 5백만 원   자동차   45백만 원
- 소비지출금액 166백만 원

⑧ 금융정보분석원(FIU)과 차명계좌 세무조사

8-1. 금융정보분석원(FIU)이란?

▶▶ 금융정보분석원(KOFIU)

① 금융정보분석원이란 「특정금융거래정보의 보고 및 이용에 관한 법률」에 의거하여 설립된 기구(Korea Financial Intelligence Unit, KoFIU)를 말한다.
② 금융정보분석원은 법무부·금융위원회·국세청·관세청·경찰청·한국은행·금융감독원 등 관계기관의 전문 인력으로 구성되어 있으며, 금융기관 등으로부터 자금세탁 관련 혐의거래를 수집·분석하여 불법거래, 자금세탁행위 또는 공중협박자금조달행위와 관련된다고 판단되는 금융거래 자료를 법집행기관(검찰청, 경찰청, 국세청, 관세청, 금융위원회, 중앙선관위 등)에 제공하는 업무를 주 업무로 하고, 금융기관 등의 혐의거래 보고업무에 대한 감독 및 검사, 외국의 FIU와의 협조 및 정보교류 등을 담당하고 있다.

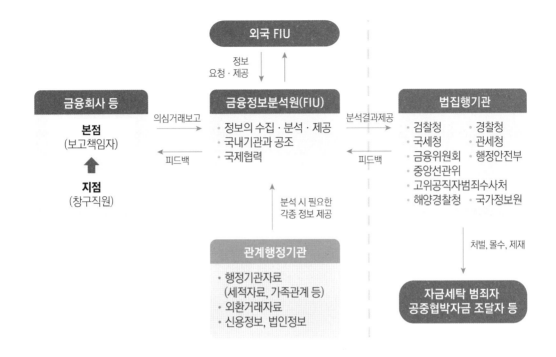

8-2. 의심거래보고제도(STR)란?(특금법[76] §4)

▶▶ 의심거래보고제도(Suspicious Transaction Report, STR)

① 의심거래보고제도(Suspicious Transaction Report, STR)

금융거래(카지노에서의 칩 교환 포함)와 관련하여 수수한 재산이 불법재산이라고 의심되는 합당한 근거가 있거나 금융거래의 상대방이 자금세탁행위를 하고 있다고 의심되는 합당한 근거가 있는 경우 이를 금융정보분석원장에게 보고토록 한 제도이다.

② 의심거래보고의 대상

2010년 6월 30일부터 의심거래보고 기준금액이 2천만 원에서 1천만 원으로 하향조정되고, 2013년 8월 13일부터 의심거래보고 기준금액이 삭제됨에 따라 의심거래보고 건수가 크게 증가되고 있는 추세이다.

---

76) 「특정 금융거래정보의 보고 및 이용 등에 관한 법률」

③ 의심거래 정보의 국세청 등 제공

금융기관 등 보고기관이 의심스러운 거래(혐의거래)의 내용에 대해 금융정보분석원(KoFIU)에 보고하면 KoFIU는 ① 보고된 혐의거래내용과 ② 외환전산망 자료, 신용정보, 외국 FIU의 정보 등 자체적으로 수집한 관련 자료를 종합·분석한 후 불법거래 또는 자금세탁행위와 관련된 거래라고 판단되는 때에는 해당 금융거래자료를 검찰청·경찰청·국세청·관세청·금융위원회·선거관리위원회 등 법집행기관에 제공하고, 법집행기관은 거래내용을 조사·수사하여 기소 등의 의법조치를 하게 된다.

8-3. 고액현금거래보고제도(CTR)란?(특금법 §4의2)

▶▶ 고액현금거래보고제도(CTR)란?

① 1천만 원 이상 현금거래 자동 보고 제도

고액현금거래보고제도(Currency Transaction Reporting System, CTR)는 일정금액 이상의 현금거래를 FIU에 보고토록 한 제도이다. 1일 거래일[77] 동안 1천만 원 이상의 현금을 입금하거나 출금한 경우 거래자의 신원과 거래자의 신원과 거래일시, 거래금액 등 객관적 사실을 30일 이내에 전산으로 자동 보고토록 하고 있다.

② 도입 목적

고액현금거래보고제도는 객관적 기준에 의해 일정금액 이상의 현금거래를 보고토록 하여 불법자금의 유출입 또는 자금세탁혐의가 있는 비정상적 금융거래를 효율적으로 차단하려는데 목적이 있다.

현금거래를 보고토록 한 것은 1차적으로는 출처를 은닉·위장하려는 대부분의 자금세탁거래가 고액의 현금거래를 수반하기 때문이며, 또한 금융기관 직원의 주관적 판단에 의존하는 의심거래보고제도만으로는 금융기관의 보고가 없는 경우 불법자금을 적발하기가 사실상 불가능하다는 문제점을 해결하기 위한 것이다.

---

77) 동일인 명의로 이루어지는 1거래일 동안의 금융거래 등에 따라 지급한 금액을 합산하거나 영수한 금액을 합산한다(1회가 아님에 유의). 합산 시 100만 원 이하의 원화 송금, 외국환 매입, 매각 금액은 제외한다.

▶▶ FIU 정보를 활용한 조사 사례

1. 대기업 제약회사의 영업사원이 법인계좌에서 매월 수십 차례에 걸쳐 소액 현금을 분할 인출하여 병원 및 약국에 리베이트로 지급한 정황을 포착하여 법인세 등을 추징(○○○억 원 부과)
2. 다수의 건물을 보유한 400억 원대 대재산가가 직접 운영하는 모텔의 현금수입을 누락하고, 일부는 가족이 주주인 전대법인을 설립해 수입금액을 누락한 후 저가임차료를 받는 방법으로 소득세 등을 탈루(○○억 원 부과)
3. 수출업체가 해외거래처 수입금액 중 커미션은 사주(이중국적자) 명의 비거주자 계좌로 받아 수입금액 누락하고, 배우자 명의로 해외 페이퍼컴퍼니를 설립한 후 수수료를 지급하는 방법으로 법인자금을 유출(○○억 원 부과)

8-4. 고객확인제도(CDD)란?(특금법 §5의2)

▶▶ 고객확인제도(CDD)란?

① 고객확인제도(Customer Due Diligence, CDD)

금융회사가 고객과 거래 시 고객의 성명과 실지명의 이외에 주소, 연락처 등을 추가로 확인하고, 자금세탁행위 등의 우려가 있는 경우 실제 당사자 여부 및 금융거래 목적을 확인하는 제도이다.

② 고객확인 대상

가. 계좌의 신규 개설

고객이 금융기관에서 예금계좌, 위탁매매계좌 등을 개설하는 경우뿐만 아니라, 일반적으로 금융기관과 계속적인 금융거래를 개시할 목적으로 계약을 체결하는 것을 말한다. 예를 들어, 보험·공제계약, 대출·보증·팩토링 계약의 체결, 양도성예금증서, 표지어음의 발행, 금고대여 약정, 보관어음 수탁 등도 "계좌의 신규 개설"에 포함된다.

나. 일회성 금융거래의 금액

1. 카지노에서 베팅에 사용되는 도구인 칩을 거래하는 경우: 3백만 원 또는 그에 상당하는 다른 통화로 표시된 금액

2. 가상자산거래의 경우: 1백만 원에 상당하는 가상자산의 금액

3. 전신송금의 경우: 1백만 원 또는 그에 상당하는 다른 통화로 표시된 금액

4. 그 밖의 일회성 금융거래의 경우

  • 외국통화로 표시된 외국환거래의 경우: 1만 미합중국달러 또는 그에 상당하는 다른 통화로 표시된 금액

  • 그 외의 금융거래의 경우: 1천만 원

③ 강화된 고객확인제도(Enhanced Due Diligence, EDD)

2007년 12월 21일 공포되고 2008년 12월 22일 시행된 개정 「특정금융거래보고법」은 금융기관으로 하여금 스스로 고객 및 거래유형에 따른 자금세탁 또는 공중협박자금조달의 위험도를 평가하고, 위험도에 따라 고위험 고객 또는 거래에 대해서는 강화된 고객확인을 수행토록 의무화하였다.[78]

[금융실명법과 CDD, EDD와 비교]

금융실명법	CDD(2006년 1월 도입)	
		고위험고객: EDD
성명, 주민번호	성명, 주민번호 + 주소, 연락처, 실제소유자	성명, 주민번호, 주소, 연락처, 실제소유자 + 거래목적, 자금원천 등

8-5. PCI와 FIU 정보를 활용한 차명계좌 적출

▶▶ PCI와 FIU 정보를 활용한 차명계좌 적출

● 소득-지출분석시스템 모델

재산증가액 부동산 주식 회원권 등	(+)	소비지출액 해외체류비 신용카드·현금영수증 사용액 등	(−)	신고(결정) 소득금액 계	(=)	탈루혐의금액

---

78) 최근에 특히 계좌 신규 개설이 어려워졌다.

소득-지출분석시스템 모델은 일정기간의 소득금액과 재산증가액·소비지출액을 비교 분석하여 탈루혐의금액을 도출하는 것이다.

• FIU 금융정보와 연계된 소득-지출분석시스템

FIU 금융정보와 소득-지출분석시스템이 결합하면 더욱더 강력한 소득-지출분석시스템(PCI)이 된다. 예를 들어 재산증가액에 예금증가액을 포함시키거나, 소비지출액에 예금인출액을 포함시키는 개념이다. 참고로 예금증가액과 예금감소액을 서로 상계하지는 아니한다.

• 차명계좌 적출 사례

5년간 입출금 누적금액이 고액인 특정 계좌를 검색한 후 그 예금주의 5년간 신고소득금액과 계좌에 입금된 내용(혹은 출금된 내용)을 소득-지출분석시스템 모델에 반영하면 차명계좌 혐의를 적출할 수 있게 된다. 그 다음 차명계좌 예금주의 친인척 등을 검색하고 계좌입출금 상대방을 확인하여 탈세혐의 사업자를 가려낸 후 세무조사 대상자로 선정하여 특별 세무조사를 하게 된다.

• 조사 사례
  - 팬시문구 도매상 친인척, 직원 등 차명계좌로 매출누락 대금 관리하다 적발
  - 건축자재 도매상 대표이사 개인계좌로 소액 매출누락 대금 관리하다 적발
  - 개인사업자인 건축자재 도매상 대표자 개인계좌로 매출누락 대금 적발
  - 등산가방 등 제조업자 차명계좌 적발(시장상인 매출누락 적발)

⑨ 탈세정보자료 등 세무정보자료와 세무조사

"세무정보자료"란 국세청 내부세무정보인 탈세정보, 세원동향정보와 외부인의 세무정보인 탈세제보로 구분된다.

이하에서는 이에 대한 개념과 처리내용에 대하여 살펴보도록 한다.

9 - 1. 탈세정보

▶▶ 탈세정보란?

"탈세정보"란 개별 납세자의 구체적인 소득금액 탈루 및 조세포탈 행위에 대한 정보로서 국세공무원이 직접 수집한 정보를 말한다. 일반국민인 외부인이 국세청에 접수하는 탈세제보와는 개념이 다른 것이다.

▶▶ 탈세정보의 수집

국세공무원은 연 1건 이상의 개별납세자에 대한 탈세정보를 수집하여 보고하도록 규정[79]하고 있으며, 그 대상은 아래와 같다.

1. 기업의 탈세 행위
2. 부동산 등 대규모의 실물투기로 인한 탈세 행위
3. 고액의 사채거래로 인한 탈세 행위
4. 변칙적인 상속·증여 행위
5. 소득원이 불분명한 사회적 지탄대상 경제생활자
6. 자료상 등 세금계산서 수수질서 문란 행위
7. 국제거래를 통한 탈세 행위
8. 국내재산의 해외 불법 도피 행위
9. 재산은닉, 사해행위 등을 통한 조세채권 면탈 행위
10. 전자상거래를 이용한 탈세 행위
11. 기타 상습적 또는 신종유형의 탈세 행위

▶▶ 탈세정보의 처리

수집된 탈세정보에 대하여 과세자료, 보완자료, 불문자료 등으로 분류한 후 종합심리분석을 실시하고 그 결과 혐의 사항이 상당한 신빙성이 있다고 판단되는 경우 조세범

---

79) 자체탈세정보자료, 세원동향정보(세원정보자료)

칙사무처리규정에 의한 조세범칙조사대상 또는 조사사무처리규정에 의한 조사대상으로 분류하여 처리하게 된다.

9-2. 세원동향정보

▶▶ 세원동향정보

"세원동향정보"란 탈세정보와는 별도로 국세공무원이 직접 수집한 아래의 정보를 말한다.

국세청 세원정보과장은 세무서 및 지방국세청에 세원동향정보의 과제를 부여할 수 있으며 평가 및 지도, 우수 사례 발굴 및 교육을 실시할 수 있다.

---

1. 계열그룹 및 그룹의 사주, 임원, 주주 등에 대한 세원동향
2. 대기업(수입금액 개인 50억 원, 법인 1,000억 원 이상)의 세원동향
3. 고액의 사채거래와 관련된 세원동향
4. 부동산 투기 등 중요 실물거래 관련 세원동향
5. 업종별 주요 탈세 세원동향
6. 세정업무 관련 중요 여론동향 및 개선 사항
7. 세정업무 관련 유관기관 등의 동향
8. 전자상거래 업체 동향 및 특기사항
9. 기타 새로운 유형의 중요 세원동향

▶▶ 세원동향정보의 처리

세원동향정보자료는 국세청 활용자료, 지방국세청 활용자료, 누적관리할 자료로 분류한 후 탈세동향 관련 자료에 대하여는 종합심리분석을 실시하고, 탈세혐의사항이 상당히 신빙성이 있는 자료에 대하여는 조사대상자로 선정하여 세무조사를 실시하게 된다.

9-3. 탈세제보

▶▶ 탈세제보란?

"탈세제보"란 탈세제보서 서식에 의한 제보를 포함하여 진정서, 탄원서, 고발장 등 명칭 여하에 불구하고 탈세혐의 내용이 구체적으로 기재되고, 증빙서류가 있는 경우에는 이를 첨부한 문서로 세무관서에 직접 접수되었거나 타 기관에 접수되어 이첩된 서류를 말한다.(탈세제보관리규정 §2)

또한 인터넷, FAX, ARS전화 등에 의한 제보도 탈세제보 내용이 구체적일 경우에는 탈세제보에 포함된다.

▶▶ 탈세제보의 처리원칙

국세공무원은 탈세제보의 접수에서부터 포상금 지급까지 각 단계별로 제보자의 신원이 노출되지 않도록 아래의 조치를 취하여야 한다.(탈세제보관리규정 §3 ③)

1. 제보처리 과정에서 탈세제보로 인한 서면확인 또는 조사(이하 "조사 등"이라 한다)임을 유추할 수 있는 문구사용 금지
2. 제보자가 유선으로 본인의 탈세제보와 관련하여 질의하는 경우에는 반드시 제보자의 신원을 확인하고 답변
3. 조사 등 제보처리 과정에서 제보자가 제출한 증명서류 등을 피제보자에게 언급 또는 제시 금지
4. 그 밖에 제보자의 신원보안을 위한 모든 조치

▶▶ 탈세제보의 분류 및 처리

접수된 탈세제보는 즉시처리자료, 누적관리자료, 불문처리자료로 분류하며, 즉시처리자료에 대해서는 조사사무처리규정에 의한 조사대상 또는 현지확인으로 분류하여 처리한다.

9 - 4. 밀알정보

▶▶ 밀알정보란?

"밀알정보"란 세무공무원이 일상생활 중 생성하는 정보를 말한다. 떨어진 밀알도 모으면 상당한 양이 된다는 점에 착안한 용어이다. 귀동냥, 지인으로부터 들은 정보, 식당에서 들은 이야기, 민원업무 · 서류처리 중 수집한 정보, 직접 방문한 맛집 등의 정보를 말한다.

▶▶ 세무공무원의 평가지표로 활용

밀알정보는 조직 및 개인성과 지표로 정식 지정이 된 항목이며, 정보의 질적 수준을 평가하여 1점, 1.5점, 2.5점의 3단계로 구분하여 평가한다. 매년 상 · 하반기에 각각 2.5점을 받아야 만점을 받게 된다고 한다.

국세청에서 일선 세무서 등에 목표 건수를 하달하고 부진한 관서는 질책을 받는 구조이다. 우수수집과 조사실적 거양 등 우수활용 시 팀별, 개인별로 포상하기도 한다.

제 **3** 편

조세범칙조사

① 조세범칙조사

▶▶ 조세범칙조사

"조세범칙조사"란 조사공무원이 「조세범처벌법」 제3조부터 제16조까지의 죄에 해당하는 위반행위 등을 확정하기 위하여 조세범칙사건에 대하여 행하는 조사활동을 말한다.

▶▶ 조세범칙사건 개요

「조세범처벌법」에서 규정하고 있는 조세범칙사건과 처벌내용은 아래와 같다.

① 조세포탈(조처법 §3 ①)

구 분	처벌내용
사기나 그 밖의 부정한 행위*로써 조세를 포탈하거나 조세의 환급·공제를 받은 자	2년 이하의 징역 또는 포탈세액, 환급·공제 받은 세액의 2배 이하에 상당하는 벌금
포탈세액 등이 3억 원 이상이고, 그 포탈세액 등이 신고·납부하여야 할 세액의 30% 이상인 경우	3년 이하의 징역 또는 포탈세액 등의 3배 이하에 상당하는 벌금
포탈세액 등이 5억 원 이상인 경우	

* 조처법 §3 ⑥ 사기나 그 밖의 부정한 행위

> "사기나 그 밖의 부정한 행위"란 조세의 부과와 징수를 불가능하게 하거나 현저히 곤란하게 하는 아래의 적극적인 행위를 말한다.
> 1. 이중장부의 작성 등 장부의 거짓 기장
> 2. 거짓 증빙 또는 거짓 문서의 작성 및 수취
> 3. 장부와 기록의 파기
> 4. 재산의 은닉, 소득·수익·행위·거래의 조작 또는 은폐
> 5. 고의적으로 장부를 작성하지 아니하거나 비치하지 아니하는 행위 또는 계산서, 세금계산서 또는 계산서합계표, 세금계산서합계표의 조작
> 6. 전사적 기업자원 관리 설비(ERP)의 조작 또는 전자세금계산서의 조작
> 7. 그 밖에 위계(僞計)에 의한 행위 또는 부정한 행위

② 면세유의 부정유통(조처법 §4)

구 분	처벌내용
농어민 등이 농업·임업 또는 어업에 사용하기 위한 석유류를 규정한 용도 외의 다른 용도로 사용·판매하여 조세를 포탈하거나 조세의 환급·공제를 받은 석유판매업자	3년 이하의 징역 또는 포탈세액 등의 5배 이하의 벌금
부정 면세유를 취득하여 판매하는 자	판매가액의 3배 이하의 과태료
외국항행선박 또는 원양어업선박에 사용할 목적으로 개별소비세 및 교통·에너지·환경세를 면제받는 석유류를 외국항행선박 또는 원양어업선박 외의 용도로 반출하여 조세를 포탈하거나, 외국항행선박 또는 원양어업선박 외의 용도로 사용된 석유류에 대하여 외국항행선박 또는 원양어업선박에 사용한 것으로 환급·공제받은 자	3년 이하의 징역 또는 포탈세액 등의 5배 이하의 벌금
외국항행선박 또는 원양어업선박 외의 용도로 반출한 석유류를 판매하거나 그 사실을 알면서 취득한 자	판매가액 또는 취득가액의 3배 이하의 과태료

③ 면세유류 구입카드 등의 부정발급(조처법 §4의2)

구 분	처벌내용
거짓이나 그 밖의 부정한 방법으로 면세유류 구입카드 등을 발급하는 행위를 한 자	3년 이하의 징역 또는 3천만 원 이하의 벌금

④ 가짜석유제품의 제조 또는 판매(조처법 §5)

구 분	처벌내용
「석유 및 석유대체연료 사업법」 제2조 제10호에 따른 가짜석유제품을 제조 또는 판매하여 조세를 포탈한 자	5년 이하의 징역 또는 포탈한 세액의 5배 이하의 벌금

⑤ 무면허 주류의 제조 및 판매(조처법 §6)

구 분	처벌내용
「주세법」에 따른 면허를 받지 아니하고 주류, 밑술·술덧을 제조(개인의 자가소비를 위한 제조는 제외한다)하거나 판매한 자. 이 경우 밑술*과 술덧**은 탁주로 본다.	3년 이하의 징역 또는 3천만 원(해당 주세 상당액의 3배의 금액이 3천만 원을 초과할 때에는 그 주세 상당액의 3배의 금액) 이하의 벌금

 * 밑술: 술을 빚을 때에 빨리 발효하도록 누룩, 지에밥과 함께 조금 넣는 묵은 술로 주모라고도 한다.
** 술덧: 술의 품질을 높이기 위하여 밑술에 넣는 술밑이나 술밥

⑥ 체납처분 면탈(조처법 §7)

구 분	처벌내용
납세의무자 또는 납세의무자의 재산을 점유하는 자가 체납처분의 집행을 면탈*하거나 면탈하게 할 목적으로 그 재산을 은닉·탈루하거나 거짓 계약을 하였을 때	3년 이하의 징역 또는 3천만 원 이하의 벌금
「형사소송법」 제130조 제1항에 따른 압수물건의 보관자 또는 「국세징수법」 제39조 제1항에 따른 압류물건의 보관자가 그 보관한 물건은 은닉·탈루하거나 손괴 또는 소비하였을 때	
체납처분**의 집행을 면탈하거나 압류물건을 은닉·탈루·손괴·소비한 사정을 알고도 이와 같은 행위를 방조하거나 거짓 계약을 승낙한 자	2년 이하의 징역 또는 2천만 원 이하의 벌금

* 면탈: 죄나 책임을 받지 않게 됨.
** 체납처분: 국가 또는 지방자치단체가 조세, 공과금 등을 체납한 사람의 재산을 압류하고 공매에 부쳐 납부액을 강제로 징수하는 행정 처분

⑦ 장부의 소각·파기 등(조처법 §8)

구 분	처벌내용
조세를 포탈하기 위한 증거인멸의 목적으로 세법에서 비치하도록 하는 장부 또는 증빙서류를 해당 국세의 법정신고기한이 지난 날부터 5년 이내에 소각·파기 또는 은닉한 자	2년 이하의 징역 또는 2천만 원 이하의 벌금

⑧ 성실신고 방해 행위(조처법 §9)

구 분	처벌내용
납세의무자를 대리하여 세무신고를 하는 자가 조세의 부과 또는 징수를 면하게 하기 위하여 타인의 조세에 관하여 거짓으로 신고를 하였을 때	2년 이하의 징역 또는 2천만 원 이하의 벌금
납세의무자로 하여금 과세표준의 신고를 하지 아니하게 하거나 거짓으로 신고하게 한 자 또는 조세의 징수나 납부를 하지 않을 것을 선동하거나 교사한 자	1년 이하의 징역 또는 1천만 원 이하의 벌금

⑨ 세금계산서의 발급의무 위반 등(조처법 §10)

구 분	처벌내용
「부가가치세법」에 따라 세금계산서를 작성하여 발급하여야 할 자와 매출처별세금계산서합계표를 정부에 제출하여야 할 자가 아래의 행위를 한 경우 • 세금계산서를 발급하지 아니하거나 거짓으로 기재하여 발급한 경우 • 거짓으로 기재한 매출처별세금계산서합계표를 제출한 경우	1년 이하의 징역 또는 공급가액에 부가가치세의 세율을 적용하여 계산한 세액의 2배 이하에 상당하는 벌금
「부가가치세법」에 따라 세금계산서를 발급받아야 할 자와 매입처별세금계산서합계표를 정부에 제출하여야 할 자가 통정하여 아래의 행위를 한 경우 • 세금계산서를 발급받지 아니하거나 거짓으로 기재한 세금계산서를 발급받은 경우 • 거짓으로 기재한 매입처별세금계산서합계표를 제출한 경우	1년 이하의 징역 또는 매입금액에 부가가치세의 세율을 적용하여 계산한 세액의 2배 이하에 상당하는 벌금
재화 또는 용역을 공급하지 아니하거나 공급받지 아니하고 아래의 행위를 한 자(알선·중개자 포함) • 거짓세금계산서를 발급하거나 발급받은 행위 • 거짓계산서를 발급하거나 발급받은 행위 • 매출·매입처별세금계산서합계표를 거짓으로 기재하여 정부에 제출한 행위 • 매출·매입처별계산서합계표를 거짓으로 기재하여 정부에 제출한 행위	3년 이하의 징역 또는 그 세금계산서 및 계산서나 합계표에 기재된 매출·매입금액에 부가가치세의 세율을 적용하여 계산한 세액의 3배 이하에 상당하는 벌금

⑩ 사업자등록 명의 대여행위(조처법 §11)

구 분	처벌내용
• 명의를 빌린 사람 조세의 회피 또는 강제집행의 면탈을 목적으로 타인의 성명을 사용하여 사업자등록을 하거나 타인명의의 사업자등록을 이용하여 사업을 영위한 자	2년 이하의 징역 또는 2천만 원 이하의 벌금
• 명의를 빌려준 사람 조세의 회피 또는 강제집행의 면탈을 목적으로 자신의 성명을 사용하여 타인에게 사업자등록을 할 것을 허락하거나 자신 명의의 사업자등록을 타인이 이용하여 사업을 영위하도록 허락한 자	1년 이하의 징역 또는 1천만 원 이하의 벌금

⑪ 납세증명표지의 불법사용 등(조처법 §12)

구 분	처벌내용
주세법에 따른 납세증명표지를 재사용하거나 정부의 승인을 받지 아니하고 이를 타인에게 양도한 자	2년 이하의 징역 또는 2천만 원 이하의 벌금
위조하거나 변조한 납세증명표지를 소지, 사용하거나 타인에게 교부한 자	
인지세법에 따라 첨부한 종이문서용 전자수입인지를 재사용한 자	

⑫ 원천징수의무자의 의무 불이행(조처법 §13)

구 분	처벌내용
조세의 원천징수의무자가 정당한 사유 없이 그 세금을 징수하지 아니하였을 때	1천만 원 이하의 벌금
조세의 원천징수의무자가 정당한 사유 없이 징수한 세금을 납부하지 아니하였을 때	2년 이하의 징역 또는 2천만 원 이하의 벌금

⑬ 거짓으로 기재한 근로소득 원천징수영수증의 발급 등[80](조처법 §14)

구 분	처벌내용
타인이 근로장려금을 거짓으로 신청할 수 있도록 근로를 제공받지 아니하고 아래의 행위(중개·알선자 포함)를 한 자 • 근로소득 원천징수영수증을 거짓으로 기재하여 타인에게 발급한 행위 • 근로소득 지급명세서를 거짓으로 기재하여 세무서에 제출한 행위	2년 이하의 징역 또는 그 원천징수영수증 및 지급명세서에 기재된 총급여·총지급액의 20% 이하에 상당하는 벌금

>> **조세범칙조사심의위원회 구성**

조세범칙사건에 관한 아래의 사항을 심의하기 위하여 지방국세청에 조세범칙조사심의위원회를 둔다.(조절법 §5 ①)

---

80) 거짓으로 소득금액을 높인 후 금융기관에서 대출을 많이 받을 목적으로 행해지고 있다.

1. 조세범칙사건에 대한 조세범칙조사의 실시
2. 조세범칙처분의 결정
3. 조세범칙조사의 기간 연장 및 조사범위 확대
4. 양벌규정의 적용

조사범칙조사심의위원회는 지방청별로 위원장 1명을 포함한 20명 이내의 위원으로 구성한다.(조사사규 §72)

① 내부위원: 조세포탈조사 주관국장, 지방국세청 소속 조사과장 중 위원장이 지명하는 5명 이내의 사람(총 6명)

② 외부위원: 법률, 회계 또는 세무에 관한 학식과 경험이 풍부한 사람 중에서 위원장이 위촉하는 13명 이내의 사람

③ 외부위원 자격: ㉠ 국세에 관한 사무를 담당하는 4급 이상의 국가공무원 또는 고위공무원단에 속하는 일반직공무원으로서 3년 이상 근무한 사람 또는 국세에 관한 사무를 담당하는 5급 이상의 국가공무원으로서 5년 이상 근무한 사람 또는 국세에 관한 사무를 담당하는 7급 이상의 국가공무원으로 10년 이상 근무한 사람 ㉡ 판사·검사 또는 군법무관의 직에 5년 이상 재직한 사람 ㉢ 변호사·공인회계사·세무사 자격을 취득하고 5년 이상 관련 업무 경력을 가진 사람 ㉣ 공인된 대학에서 법률학·회계학·세무회계학과의 조교수 이상의 직에 2년 이상 재직 중인 사람

④ 임기: 위원의 임기는 2년(1회 연임 가능)

⑤ 해촉 사유: ㉠ 본인이 일신상의 사유로 위원의 위촉 해제를 요구한 때 ㉡ 금고 이상의 형을 선고받는 등의 사유로 직무수행에 지장이 있다고 인정되는 때 ㉢ 심의·의결에 관한 비밀을 누설한 때 ㉣「절차법 시행령」제5조에 따른 제척·회피 규정을 고의적으로 위반한 때 ㉤ 그 밖의 사유로 인하여 정상적으로 직무를 수행할 수 없다고 인정되는 때

⑥ 위원장은 이미 위촉되어 활동 중인 위촉위원이 해촉 사유에 해당하는지에 대하여 반기별로 사후관리하여야 한다.

▶▶ 조세범칙조사심의위원회 운영(조사사규 §73)

① 위원장은 「조세범처벌절차법」 제5조 제1항 각 호에서 규정하는 사항을 심의하기 위하여 매주 1회 또는 필요하다고 판단하는 경우에 범칙위원회의 회의를 소집하고, 그 의장이 된다.

② 범칙위원회 회의는 위원장과 위원장이 지정하는 5명의 위원(위촉위원 3명 이상)으로 구성하고, 그 구성원 3분의 2 이상의 출석으로 개의하며 출석위원 과반수의 찬성으로 의결한다.

③ 위원장은 「조세범처벌절차법 시행령」 제4조 제2항에 따라 직무를 대행할 내부위원을 미리 지명하여야 한다.

④ 위원장은 심의회부서·의결서, 심의결과 통보서 등의 작성, 회의소집, 처분심의 시 조세범칙처분 대상자가 제출한 의견서 검토 등 범칙위원회의 효율적 운영을 위하여 간사를 지정할 수 있다.

⑤ 위원장은 「조세범처벌절차법 시행령」 제4조 제5항에 따라 지정된 위원들에게 회의의 안건을 통보하는 경우에는 조세범칙행위 혐의자 등의 인적사항이 나타나지 않도록 익명으로 처리하여야 한다.

▶▶ 조세범칙조사심의위원회의 심의 사항

① 조세포탈사건(위원장과 위원 5명이 심의)
  ‣ 조세포탈 범칙조사의 선정에 관한 사항
  ‣ 조세포탈 범칙사건의 범칙처분 결정(통고처분, 고발, 무혐의)에 관한 사항
  ‣ 조세포탈 범칙사건의 기간 연장 및 조사범위 확대에 관한 사항
  ‣ 조세포탈 범칙사건 양벌규정에 관한 사항
② 조세포탈사건 외의 사건(위원장과 위원 3명이 심의)
  ‣ 조세포탈 외의 범칙조사 조사기간 연장 및 조사범위 확대에 관한 사항
  ‣ 조세포탈 외의 범칙사건의 양벌규정의 적용에 관한 사항
  ‣ 기타 조세포탈 외 범칙사건의 심의에 관한 사항
③ 조세포탈사건의 경우 납세자에게 조세범칙조사심의위원회에 회부사실 및 의견서

제출이 가능함을 통지하여야 하고, 조세포탈사건 중 조세포탈 범칙처분 결정을 위한 것일 경우에는 납세자가 참석할 수 있다.

❷ 일반조사에서 범칙조사로 전환

▶▶ 일반세무조사에서 조세범칙조사로의 전환

일반세무조사 과정에서 아래의 사유가 발견된 경우에는 조세범칙조사로 전환된다. (조사사규 §76 ②)

---

1. 장부·서류를 제출하지 않는 경우
   조세범칙혐의 물건을 발견하였으나, 납세자가 장부·서류 등의 임의 제시 요구에 동의하지 아니하는 경우

2. 이중장부를 작성한 경우
   사업장 등에 이중장부 등 범칙증빙 물건이 은닉된 혐의가 뚜렷하여 압수·수색 또는 일시보관이 필요한 경우

3. 장부·서류를 파기한 경우
   탈세사실을 은폐할 목적으로 장부·서류 등을 파기하여 증거를 인멸하거나 조사기피·방해 또는 거짓 진술을 함으로써 정상적인 조사가 불가능하다고 판단되는 경우

4. 거짓세금계산서를 수수한 경우
   거짓세금계산서 수수 등 「조세범처벌법」 제10조에 따른 세금계산서 발급의무 위반 등의 사실을 발견한 경우

5. 기타
   조세범칙사건에 해당하는 위반행위의 수법, 규모, 내용 등의 정황으로 보아 세법질서의 확립을 위하여 조세범으로 처벌할 필요가 있다고 판단되는 경우

▶▶ 조사 유형전환 통지

일반세무조사가 조세범칙조사로 전환된 경우에는 조사 범위 확대(유형전환) 통지에 의해 그 사실을 해당 납세자에게 통지한다.(조사사규 §81 ①)

❸ 조세범칙조사 대상의 선정

▶▶ 조세범칙조사대상자의 선정 기준

조세범칙행위 혐의자를 처벌하기 위하여 증거수집이 필요한 경우나 연간 조세포탈 혐의 금액 등이 일정 금액 이상인 경우에는 조세범칙조사대상자로 선정하여 조사하게 된다.(조절법 §7 ①)

① 연간 조세포탈 혐의금액 및 혐의비율 기준

연간 조세포탈 혐의금액 또는 연간 조세포탈 혐의비율이 아래 표의 구분에 따른 연간 조세포탈 혐의금액 또는 연간 조세포탈 혐의비율 이상인 경우(조절령 §6)

연간 신고수입금액	연간 조세포탈 혐의금액	연간 조세포탈 혐의비율
100억 원 이상	20억 원 이상	15% 이상
50억 원 이상 100억 원 미만	15억 원 이상	20% 이상
20억 원 이상 50억 원 미만	10억 원 이상	25% 이상
20억 원 미만	5억 원 이상	

* "조세포탈 혐의금액"이란 사기나 그 밖의 부정한 행위로써 조세를 포탈하거나 조세의 환급·공제를 받은 혐의가 있는 금액으로 한다.
* 조세포탈 혐의비율은 조세포탈 혐의금액을 신고수입금액으로 나눈 비율로 한다.
* "조세포탈"이란 사기나 그 밖의 부정한 행위로써 조세를 포탈하거나 조세의 환급·공제를 받는 것을 의미하며, 기업회계와 세법과의 차이로 인한 추징세액은 제외된다.

② 조세포탈 예상세액 기준

조세포탈 예상세액이 연간 5억 원 이상인 경우

* "조세포탈 예상세액"이란 조세포탈 혐의금액에 대하여 세법에 따라 산정한 포탈세액(가산세는 제외)으

로 한다.
* 범칙 처분 기준: 조세포탈 세액 및 포탈 비율(조처법 §3 ①)
  포탈세액 등이 3억 원 이상이고 그 포탈세액 등이 신고·납부하여야 할 세액의 30% 이상인 경우

③ 기타 기준

탈루세액의 규모, 수법 등을 감안하여 조세범칙조사가 필요한 경우

▶▶ 조세범칙조사의 제외

조세범칙조사대상자로 선정된 자에 대하여 조세범칙조사를 시작하기 전에 탈세정보 등의 내용이 거짓이거나 분석내용 등의 중요부분이 오류임을 발견한 때에는 심의위원회의 심의를 거쳐 조세범칙조사 실시 대상에서 제외하게 된다.(조사사규 §78)

조세범칙조사 방법

▶▶ 조세범칙조사의 시작

조사공무원이 조세범칙조사를 시작할 때에는 조세범칙행위 혐의자 또는 참고인에게 신분증, 조사원증, 세무공무원지명서를 제시하고 조세범칙조사를 시작한다는 사실을 알려주어야 한다.(조사사규 §81)

▶▶ 심문·압수·수색

조사공무원은 조세범칙조사를 하기 위하여 필요한 경우에는 조세범칙행위 혐의자 또는 참고인을 심문하거나 압수 또는 수색할 수 있으며, 장부·서류 등을 납세자의 동의를 받아 일시보관할 수 있다.(조사사규 §79 ①)

일시보관 절차는 일반조사의 절차를 준용하되, 압수·수색 영장을 발부받은 사유가 「국세기본법」 제81조의10에 따른 장부·서류 등의 일시보관 사유에 해당하여 압수·수색 영장에 기재된 물건 외의 장부·서류 등에 대해 일시보관을 실시하는 경우에는 지방국세청장의 승인을 받은 것으로 본다. 다만, 일시보관을 실시한 후에는 그 사실을

지방청장에게 보고하여야 한다.

▶▶ 압수·수색 영장의 신청

압수·수색을 할 때에는 압수·수색 영장이 있어야 한다. 압수·수색 영장은 조세범칙 혐의가 구체적이고 명백한 경우로서 범칙혐의의 상당한 이유가 있고 압수·수색에 의하지 아니하고는 조사 목적을 달성하기가 어렵다고 판단되는 때에 근무지 관할 검사에게 압수·수색 영장의 발부를 신청하여 법원으로부터 발부받아야 한다.(조사사규 §80 ①)

▶▶ 영장에 의하지 아니한 압수·수색

증거 인멸 우려 등 아래와 같은 일정한 사유가 있는 경우에는 영장 없이 압수 또는 수색을 하고 압수·수색한 때부터 48시간 이내에 영장을 청구할 수 있다.(조사사규 §80 ②)

1. 조세범칙행위가 진행 중인 경우
2. 장기 3년 이상의 형에 해당하는 조세범칙행위 혐의자가 도주하거나 증거를 인멸할 우려가 있어 압수·수색 영장을 발부받을 시간적 여유가 없는 경우
3. 장부·서류 또는 물건 등을 일시보관하고자 하였으나, 그 소유자·소지자 또는 보관자로부터 동의를 받지 못한 경우로서 증거인멸의 우려가 있는 때

▶▶ 사후 영장을 발부받지 못한 경우

조사공무원이 영장 없이 압수 또는 수색한 후 압수·수색 영장을 발부받지 못한 경우에는 즉시 압수한 물건을 압수당한 자에게 반환하여야 한다.(조사사규 §80 ④)

▶▶ 압수·수색의 참여인

압수 또는 수색을 할 때에는 아래의 어느 한 사람을 참여하게 하여야 한다.(조사사규 §82)

1. 조세범칙행위 혐의자
2. 조세범칙행위와 관련된 물건의 소유자 또는 소지자
3. 변호사, 세무사 또는 세무사법 제20조의2 제1항에 따라 등록한 공인회계사로서 조세범칙행위 혐의자의 대리인
4. 제1호 및 제2호에 해당하는 사람의 동거인, 사용인 또는 그 밖의 종업원으로서 사리를 분별할 수 있는 성년인 사람(제1호부터 제3호까지의 규정에 해당하는 사람이 참여할 수 없거나 참여를 거부하는 경우에만 해당한다)
5. 관할 시·군·구의 공무원 또는 경찰공무원(제1호부터 제4호까지의 규정에 해당하는 사람이 참여할 수 없거나 참여를 거부하는 경우에만 해당한다)

▶▶ 압수조서의 작성

조사공무원이 압수·수색을 완료한 때에는 압수·수색조서 및 압수 목록을 작성하여 참여인과 함께 서명·날인하여 보관하고, 소유자·소지자 또는 보관자에게도 교부하여야 한다.

만약 참여인 등이 서명·날인을 하지 아니하거나 할 수 없는 때에는 그 사유를 압수·수색조서의 하단 '경위'란에 기재하여야 한다.(조사사규 §83)

* "압수"란 법관이 발부한 영장에 따라 범칙증거물 등 물건의 점유를 취득하는 대물적 강제처분을 말한다.
* "수색"이란 법관이 발부한 영장에 따라 범칙행위의 증거 등을 찾기 위하여 사람의 신체, 물건, 주거, 장소 등에 대하여 행하는 강제처분을 말한다.

⑤ 조세범칙행위 혐의자 등에 대한 출국금지(정지) 요청

▶▶ 출국금지 요청

조세범칙행위 혐의자가 해외 도주의 우려가 있다고 인정되는 경우에는 그 조세범칙행위 혐의자와 중요한 참고인을 「출입국관리법」 제4조(출국의 금지) 및 같은 법 시행령 제2조의2(출국금지기간 연장절차)에 따라 출국금지를 요청할 수 있다.(조사사규 §86)

○ 출입국관리법 시행규칙 제6조의2 【출국금지 대상자】

① 법 제4조 제1항 제5호에서 "법무부령으로 정하는 사람"이란 다음 각 호의 어느 하나에 해당하는 사람을 말한다.

1. 「병역법」 제65조 제5항에 따라 보충역 편입처분이나 공익근무요원소집의 해제처분이 취소된 사람

2. 거짓이나 그 밖의 부정한 방법으로 병역면제·제2국민역·보충역의 처분을 받고 그 처분이 취소된 사람

3. 「병역법 시행령」 제128조 제4항에 따라 징병검사·입영 등의 연기처분이 취소된 사람

4. 종전 「병역법」(2004. 12. 31. 법률 제7272호로 개정되기 전의 것을 말한다) 제65조 제4항에 따라 병역면제 처분이 취소된 사람. 다만, 영주귀국의 신고를 한 사람은 제외한다.

5. 「병역법」 제76조 제1항 각 호 또는 제3항에 해당하는 병역의무불이행자

6. 「병역법」 제86조를 위반하여 병역의무 기피·감면 목적으로 도망가거나 행방을 감춘 사람

7. 2억 원 이상의 국세를 포탈한 혐의로 세무조사를 받고 있는 사람

8. 20억 원 이상의 허위세금계산서 또는 계산서를 발행한 혐의로 세무조사를 받고 있는 사람

9. 영 제98조에 따른 출입국항에서 타인명의의 여권 또는 위조·변조여권 등으로 출입국하려고 한 사람

10. 3천만 원 이상의 공금횡령(橫領) 또는 금품수수(收受) 등의 혐의로 감사원의 감사를 받고 있는 사람

11. 「전자장치 부착 등에 관한 법률」 제13조에 따라 위치추적 전자장치가 부착된 사람

12. 출국 시 공중보건에 현저한 위해를 끼칠 염려가 있다고 법무부장관이 인정하는 사람

13. 그 밖에 출국 시 국가안보 또는 외교관계를 현저하게 해칠 염려가 있다고 법무부장관이 인정하는 사람

▶▶ 출국금지 해제 요청

출국금지된 자의 출국금지 사유가 소멸된 경우에는 「출입국관리법」 제4조의3(출국금지의 해제)에 따라 지체 없이 출국금지의 해제를 요청하여야 한다.(조사사규 §86 ②)

6 조세범칙처분(통고처분, 고발)

▶▶ 조세범칙처분

조세범칙사건에 대한 처분의 종류는 아래와 같으며, 조사공무원은 조세범칙사건에 대하여 아래의 어느 하나에 해당하는 범칙처분을 하여야 한다.(조사사규 §91 ①)

1. 통고처분
2. 고발
3. 무혐의

▶▶ 조세범칙처분 결정을 위한 심의

지방국세청장 또는 세무서장은 조세범칙사건에 대하여 조세범칙처분을 하려는 경우 조세범칙심의위원회의 심의를 거쳐야 한다. 다만, 조세범칙혐의자가 도주하거나 증거를 인멸할 우려가 있는 경우에는 심의를 거치지 아니할 수 있다.(조절법 §14)

▶▶ 통고처분

① 통고처분 시기

조세범칙조사를 마친 날(위원회의 심의를 거친 조세범칙사건의 경우에는 심의위원회의 의결이 있은 날)부터 10일 이내에 통고처분을 하여야 한다.(조사사규 §93 ①)

② 통고처분 상대방

조세범칙행위자 및 법인에게 통고서를 작성하여 통고하여야 한다.(조사사규 §93 ②)

③ 송달

통고서의 송달은 교부송달 또는 우편송달에 의하고, 교부송달의 경우에는 수령증을 받아야 하며, 우편송달의 경우에는 등기우편 또는 배달증명에 의한다.(조사사규 §93 ③)

④ 통고처분 내용 및 금액

조사관서장은 조세범칙행위의 확증을 얻었을 때에는 그 이유를 구체적으로 밝히고 아래에 해당하는 금액이나 물품을 납부할 것을 통고한다.(조절법 §15 ①)

> 1. 벌금에 해당하는 금액(벌금상당액)
> 2. 몰수 또는 몰취에 해당하는 물품
> 3. 추징금에 해당하는 금액

⑤ 통고처분의 효과

통고처분을 받은 자가 통고대로 이행하였을 때에는 동일한 사건에 대하여 다시 조세범칙조사를 받거나 처벌받지 아니한다.(조절법 §15 ③)

⑥ 공소시효의 중단

통고처분이 있는 경우에는 공소시효의 진행이 중단된다.(조절법 §16)

▶▶ 고발

① 즉시고발

조사관서장은 아래의 어느 하나에 해당하는 경우에는 통고처분을 거치지 아니하고 그 대상자를 즉시 고발하여야 한다.(조절법 §17 ①)

> 1. 정상에 따라 징역형에 처할 것으로 판단되는 경우
> 2. 통고처분대로 이행할 자금이나 납부 능력이 없다고 인정되는 경우
> 3. 거소가 분명하지 아니하거나 서류의 수령을 거부하여 통고처분을 할 수 없는 경우
> 4. 도주하거나 증거를 인멸할 우려가 있는 경우

② 정상에 따라 징역형에 처할 것으로 판단되는 경우의 의미

「특정범죄 가중처벌 등에 관한 법률」 제8조(연간 포탈세액 등이 5억 원 이상인 자)

및 제8조의2(연간 공급가액 등이 30억 원 이상인 자)가 적용되는 범칙행위에 대해서는 즉시 고발하여야 한다. 또한, 범칙행위의 수법, 성격, 정황 등으로 보아 세법질서 확립이 필요하다고 판단되는 경우에도 통고처분 없이 고발할 수 있다.

③ 통고처분 미이행 시 고발

조사관서장은 통고처분을 받은 자가 통고서를 송달받은 날부터 15일 이내에 통고대로 이행하지 아니한 경우에는 고발하여야 한다. 다만, 15일이 지났더라도 고발되기 전에 통고대로 이행하였을 때에는 고발하지 아니한다.(조절법 §17 ②)

④ 고발 시 압수물건의 검사인계

조사관서장이 고발한 경우 압수물건이 있을 때에는 압수목록을 첨부하여 검사에게 인계하고 인수증을 받아야 한다.(조사사규 §95)

▶▶ 무혐의 통지 및 압수의 해제

조사관서장은 조세범칙조사를 하여 조세범칙행위의 확증을 갖지 못하였을 때에는 그 뜻을 조세범칙행위 혐의자에게 통지하고, 물건을 압수하였을 때에는 그 해제를 명하여야 한다.(조사사규 §96)

⑦ 압수물건 등의 관리 및 보관

▶▶ 압수물건 등의 관리

① 중요한 장부나 증빙물건

조세범칙조사에 관련이 있다고 인정되는 것 중 범칙혐의를 증명하는 중요한 장부, 증빙물건은 조사책임자가 직접 보관·관리하게 된다.(조사사규 §84 ②)

② 관련 없는 장부나 서류

압수 또는 일시보관한 장부, 그 밖의 증빙물건은 즉시 검토하여 조세범칙조사에 관련이 없고 계속 보관할 필요가 없다고 인정되는 경우에는 장부·서류 등 임시반환 확인서를 받고 반환하고, 필요한 때 제출받을 수 있도록 조치하여야 한다.(조사사규 §84 ①)

③ 임시반환 청구

압수·일시보관한 장부, 그 밖의 증빙물건에 대해 임시반환 청구가 있을 때에는 가능한 한 사본을 교부하게 되며, 불가피하게 원본을 반환하여야 한다면, 사본에 범칙혐의자 또는 원래 소지자로부터 "원본대조필"의 확인을 받아 그 사본을 보관하고 원본은 장부·서류 등 임시반환 확인서를 받고 임시 반환하여야 한다.(조사사규 §84 ③)

▶▶ 조세범칙사건 「증빙물건」의 보전과 관리

① 보전기간

조사관서장이 조세범칙처분을 완료한 경우에는 범칙사실에 관계되는 장부 그 밖의 증빙물건 및 추징세액에 관계되는 장부와 그 밖의 증빙물건 및 추징세액에 관련된 증빙서류(증빙물건)는 아래의 기간까지 보전·관리하여야 한다.

> 1. 통고처분의 이행을 완료한 때에는 추징세액에 대한 「국세기본법」상 불복청구기간이 경과하는 때. 다만, 쟁송이 제기된 경우에는 그 쟁송절차가 완료되는 때
> 2. 고발 처분한 경우의 증빙물건은 법원의 판결이 확정되는 때

다만, 증빙물건이 일시보관 중인 장부 또는 서류인 경우에는 납세자가 서명 또는 날인하여 원본과 다름없음을 확인한 사본을 보관하게 된다.(조사사규 §97 ①)

② 임시반환 청구

압수·일시보관한 장부, 그 밖의 증빙물건에 대해 임시반환 청구가 있을 때에는 가능한 한 사본을 교부하게 되며, 불가피하게 원본을 반환하여야 한다면, 사본에 범칙혐의자 또는 원래 소지자로부터 "원본대조필"의 확인을 받아 그 사본을 보관하고 원본은 장부·서류 등 임시반환 확인서를 받고 임시 반환하여야 한다.(조사사규 §84 ③)

제 **4** 편

계정과목별 세무조사

① 계정과목별 세무조사란?

▶▶ 결산서상의 계정과목을 바탕으로 하는 세무조사

세무조사는 기업에서 확정한 결산서를 토대로 하게 된다.

즉, 기업의 당기순이익이나 각 사업연도의 소득은 해당 기업이 정하고 있는 계정과목에 따라 분류되고 집계되어 각 계정과목마다 재무제표에 표시되어 있으므로, 세무조사 시 그 계정과목을 검토하여 적정 여부를 확인하게 된다.

▶▶ 계정과목별 세무조사 실시 방법

계정과목별 세무조사는 계정과목별로 ① 해당 금액에 대한 기간비교, ② 매출액에 대한 비율의 기간비교 등을 개략적으로 검토하게 되고, 거래에 대한 개별적이고 구체적인 검토는 ③ 증빙서류와 장부의 대사, ④ 실물의 실사 그리고 ⑤ 거래상대방에 대한 확인 등으로 그 거래 사실을 중점적으로 확인하게 된다.

또한, ⑥ 기업의 계정과목 처리의 원칙, 계정과목의 분류방법, 내부 견제조직 등의 일반적 사항을 명확하게 파악하는 동시에 ⑦ 경제시황 등 시장의 상황과 기간비교, ⑧ 동업종 기업 간 비교 그리고 ⑨ 비율분석 등 개략적인 관찰방법에 따라 검토하게 되고 개개의 거래에 대한 진실성, 계상금액의 적정 여부, 계상시점의 적정 여부 등을 확인한다.

※ 계정과목별 회계처리 방법에 대해서는 재무회계, 원가회계, 법인세법 등 세법에서 자세히 다루고 있으므로, 이 책에서는 세무조사 시 착안하는 사항에 대해 개략적으로 기술하고자 한다.

② 재무상태표 항목의 조사

2-1. 개요

▶▶ 재무상태표란?

재무상태표는 일정한 시점에 있어서 기업의 자산, 부채, 자본을 요약 표시하여 기업 재정의 상황을 명백히 하는 계산서류이다.

▶▶ 재무상태표 조사란?

따라서 세무조사상 재무상태표 항목의 조사는 해당 법인의 담세능력의 측정수단인 손익항목 조사의 보충적 조사로서, 손익항목의 조사와 병행하여 행하고 있다.

재무상태표 항목에 대한 일반적인 세무조사는 ① 기업이 소유하는 모든 자산이 적법하게 재무상태표에 계상되어 있는지, ② 재무상태표에 계상된 자산이 실제로 존재하고 있는지, ③ 재무상태표에 계상되어 있는 부채에는 가공부채가 포함되어 있는지, ④ 자산, 부채, 자본의 제계정이 그것과 관련을 가진 제 손익계정의 기록과 부합하는지, ⑤ 자본금 및 잉여금이 적절하게 분류·명시되어 있는지 여부를 조사하게 된다.

2-2. 재무상태표 계정과목별 조사 내용

▶▶ 현금 및 현금성 자산

① 기장의 진실 여부 조사

현금 및 현금성 자산의 조사는 현금 및 현금성 자산의 수입과 지출을 나타내는 증거자료를 바탕으로 현금출납장이 거래일자별, 입출금사유, 출납처, 매일의 잔액이 올바로 기장이 되어있는지 확인하여 그 진실 여부를 조사한다.

② 수입금액의 부정 여부 조사

현금매출이 매출액의 대부분을 점유하는 업종에 있어서는 수입금액을 제외하는 방법으로, 수입금액의 부정이 이루어질 경우 장부상 이의 기록을 하지 않으므로 흔적이 없어 이러한 부정의 발견은 사실상 어렵지만, 수입금액 제외로 인한 현금의 착복 또는 임직원 친인척 명의의 차명계좌 유무에 대해서도 증빙서류를 예의 검토한다.

③ 지급금액의 부정 여부 조사

가공지출 등의 방법으로 지급금액의 부정이 있는 경우 세금계산서나 그 밖의 영수증 등의 증빙서류 등에 부정을 한 흔적이 있을 것이고, 사사로운 소비나 다른 곳에 융통을 한 흔적이 있을 것이므로, 이러한 사항에 착안하여 조사를 진행한다.

④ 조사일 현재의 현금을 실사에 따라 확인하고 현금액과 현금출납장 잔액이 일치하고 있는지를 확인한 후, 이를 기준으로 역계산하여 기말 현재의 현금장부잔액과의 차액 유무를 확인한다.

⑤ 부외자산 유무를 확인하고 특히 주요거래은행 등의 입금액과 장부상의 입금액을 대조하여 수익과 자산계상누락이 동시에 이루어지지 않았는지를 확인한다.

⑥ 조사 결과

누락액에 대하여 익금에 가산하고 유출자에게 상여처분하거나 대표이사에게 상여로 처분한다.

⑦ 현금조사의 대응방안

1. 일반적으로 현금의 조사를 하는 경우는 드문 일이나 음식점, 오락실, 사우나, 유흥업소 등 현금 위주의 수입을 하는 업종에 대해서는 중점적으로 조사를 하게 된다.
2. 현금출납장을 지체 없이 기장하고 항상 현금 시재액과 장부를 맞추어 놓는다.
3. 수입한 현금은 즉시 예입하고, 현금 지급은 예금을 인출하여 지급하며, 수입한 현금으로 직접 지출하지 않도록 하여야 한다.

⑧ 조사 사례 및 대책

1. 현금잔액이 이상하게 많거나 적은 때에는 그 적정성에 대하여 조사하여 부당한 전표나 영수증을 발행하여 현금을 빼내는 사례가 있는지 조사한다.
2. 현금잔액이 많은 경우 그것을 예금으로 입금하면 될 것인데, 고액의 현금을 보관하고 있다는 것은 비자금이 필요하거나 이익을 축소하려는 것으로 의심한다.
3. 현금수지가 많은 업종임에도 현금잔액이 이상하게 적은 때에는 자금운영을 부외로 운영하고 있다고 의심한다.
4. 현금잔액이 (-)잔액으로 표시되는 경우 이상한 자금이 유입된 것과 같은 인상을 줌으로 법인자금이 부족하여 사장이 자금을 융자하였다면 그 자금을 차입금으로 처리하여 현금의 잔액이 (-)로 표시되는 일이 없도록 한다.

▶▶ 예금

① 임직원이나 친인척 명의의 차명예금

국세청에서는 금융정보분석원의 정보와 소득-지출분석시스템을 통해 특별한 소득이 없음에도 거액의 예금이 입출금된 경우 탈루소득의 경로로 차명계좌가 이용되었다고 보아, 그 예금주와 관련된 기업을 특정하여 세무조사를 실시하고 있다.

② 대표이사의 개인계좌

대표이사의 개인계좌에 장부에 기록하지 아니하는 내용의 거래대금을 받아 사용하다가 적발되어 세금을 추징당한 사례가 있다. 따라서 대표이사의 개인계좌나 차명계좌를 사용하는 일이 없도록 하여야 한다.

③ 예금잔액은 예금잔액증명서 등과 일치하는지 여부를 조사한다.

④ 대표자 개인예금잔액과의 대차관계를 검토한다.

▶▶ 매출채권

① 매출채권의 조사는 우선 그 매출채권이 언제 발생하였는지 매출수익의 계상시기와 대손충당금 설정의 문제 그리고 회수불능이라고 인정되는 때의 손금산입 여부를 조사하며, 매출채권 잔액의 적부를 매출액 및 외상매출금잔액확인서 등에 의하여 조사하여 가공매출이 있는지, 가공의 외상매출금을 계상한 것은 아닌지 여부를 조사한다.

② 법인의 외상매출금 산액은 동업종의 매출액 대비 그게 많나면, 상내방의 외상매입금 잔액과의 확인조사를 하여 부정한 회계처리가 있는지 조사를 하게 된다.

③ 외상매출금의 잔액이 (-)가 된다는 것은 이상하므로 그것이 발생할 때마다 그 원인을 조사하여 그 결과에 따라 조기에 수정하여야 한다.

④ 정상적인 상거래에 따라 발생된 채권인지를 매출계정과 대조하고, 특히 기일이 오래 경과된 것은 가공매출에 따른 가공 자산이 아닌지 거래상대방에 대하여 확인한다.

⑤ 대손충당금의 계산이 적법하게 행해지고 있는지를 확인한다.

⑥ 대표이사 등의 가지급금을 변칙적으로 숨기기 위해 매출채권으로 계상하였는지 여부를 확인한다.

⑦ 조사 결과: 회수하였음에도 매출채권으로 계상된 것은 가지급금 지급으로 보아 인정이자 계산하여 익금산입 상여처분하고, 가공매출에 대하여는 거래상대방에 통보하여 매입세액불공제 및 상여처분 등 처분 조치의뢰한다.

▶▶ 대여금

① 대여금에 대한 세무조사는 회계기록이 진실에 입각하여 사실관계를 적정하게 표시하고 있는지의 여부를 대여금증서 등에 따라 확인하고 특히 주주·임원·관계사 등에 대한 대여금은 제3자와의 대여금과 동일하게 이율을 적용하여 처리하고 있는지 여부와 허위의 거래가 있는지 여부를 아래의 사항에 입각하여 중점적으로 조사한다.

1. 그 대여금이 실행된 이유
2. 상대방이 그 대여금을 사용하려는 용도
3. 법인과 상대방과의 관계
4. 대여금 승인 절차의 적법성
5. 대여금의 담보, 반제기한, 이율, 보증인, 회수실적 등의 적정성
6. 대여금의 성격이 기부금, 접대비, 용도불명지출금인지 여부

② 대여금증서에 대해서는 그 서식, 인감, 일자, 금액, 보증인의 서명 등에 대해서 조사하며, 담보물건이 있는지 여부, 담보물건이 있는 경우 이의 처분에 관한 위임관계 서류 등에 대해서도 확인조사를 한다.

③ 특히 대여금액이 고액인 경우 반제능력의 여하에 관계없이 그 적정 여부를 조사하며, 대여 상대방과 금액에 오류가 없는지를 조사한다.

④ 또한 대표이사에게 무이자·무기한으로 대여를 하거나, 대여 당초부터 회수할 의사가 없이 대여를 한 경우, 리베이트성 지출을 대여금으로 처리한 경우에는 대여 자체가 부인되게 된다.

▶▶ 가지급금

① 가지급금 중 여비, 접대비 등의 가지급금 등 본래의 가지급금은 장기화 되지 않는 한 특별한 문제가 되지 않지만, 문제가 되는 것은 장기간 체류하는 가지급금이 문제가 된다.

② 가지급계정은 사장의 가공대여금, 용도 불명금, 임원상여금, 부정매입 등의 자금의 통과계정이 되므로 그 내용을 검토하여 명확하게 해 두어야 한다.

③ 가지급금은 세무조사 시 중점적으로 조사를 하는 계정이므로, 그 발생의 원인에 대하여 내용별로 분류·정리를 해 놓아야 한다.

④ 가공자산을 가지급금계정으로 처리한 것이 있는지를 지출증빙서, 상대방 등에 대하여 확인한다.

⑤ 가지급금계정에서 대체되어 기장되는 손금거래는 그 발생사실을 확인한다.

⑥ 조사 결과: 가공자산 취득 매입세액불공제, 거래처 통보, 인정이자에 대한 익금산입(상여)

▶▶ 미수금

미수금에 대한 조사는 그 금액이 고액인 경우 이사회의사록, 소송관계자료, 품의서, 계약서를 조사하여 미수금이 발생한 이유, 장기 미회수하고 있는 이유 등을 확인하여 문제점이 있는지 조사하게 된다.

▶▶ 선급금

① 선급금에 대한 조사는 선급금지출의 이유, 기간, 상대방과의 관계, 무이자 대여금의 변칙회계처리인지 여부, 접대비 등을 선급금으로 지출한 것은 아닌지 여부, 선급금이 장기화 하는 이유, 회수불능되었다면 그 이유에 대하여 조사하게 된다.
② 또한, 선급금 중 당초부터 회수할 의사가 없는 것, 기부금, 접대비 등과 임원상여금, 용도불명금, 부정매입 대금의 선급금 등이 포함되어 있는지 여부를 조사하게 된다.
③ 따라서 선급금의 지출목적을 명백히 밝히고, 선급금에 대응하는 매입발주물건을 명백히 밝히며, 매입물건의 납기, 납입가격, 납기예상시기 등을 평소 확인하여야 한다.

▶▶ 재고자산

① 재고자산에 대한 조사는 재고자산 취득가액의 정확성, 재고자산의 기록, 장부잔액과 실지재고자산과의 일치 여부, 재고자산평가 방법의 타당성, 재고자산 평가손의 타당성 여부를 중점적으로 조사하게 된다.
② 실지재고조사의 결과 이상하게 다액의 재고부족이 발생한 경우에는 그 원인을 면밀히 확인하여야 하며, 그 원인이 불명한 경우 세무상 그 재고부족이 부인되어 대표이사 상여로 처리되는 등 세무문제로 발생할 수 있으므로 주의하여야 한다.

③ 원재료·재공품에 대한 조사는 원가계산 및 기말평가를 위주로 하며 적정한 원가가 계상되고 타당한 평가와 적정한 대체가 이루어졌는지 여부를 조사하게 된다.

④ 원재료·재공품의 조사장소는 공사현장, 제조공장 등 현장에서 하는 경우가 많은데 이는 출납상황, 제조공정의 상황, 완성검사의 상황, 제품출납의 상황을 충분히 파악하고, 이에 대한 내용이 장부에 적정하게 계상되어 있는지를 확인하기 위함이다.

⑤ 신고된 평가방법에 따라 정당하게 평가하고 있는지를 검토한다.

⑥ 재고자산의 취득원가가 타당성 있게 결정되고 있는지, 즉 매입에 따른 운반비, 수수료 등이 취득원가에 가산되어 있는지를 검토한다.

⑦ 기말에 이미 출고되어 인도된 재고자산이 이익조작의 수단으로 재고자산에 포함되어 있는지, 아니면 이익축소의 수단으로 재고자산금액을 임의로 조작했는지 여부를 검토하고, 조사일 현재를 기준으로 역계산하거나 또는 공장·창고 등의 작업일지와 수불부를 대조 확인한다.

▶▶ 선급비용

세무조사에서 문제가 되는 선급비용은 1년 이내의 단기선급비용을 손금인 비용으로 처리하였을 때 문제가 될 수 있다. 따라서 결산시점에서 오류가 없이 자산계정으로 처리하였는지 여부를 체크하여야 한다.

▶▶ 비유동자산

① 비유동자산에 대한 조사는 비유동자산 가액의 적정 여부, 감가상각비, 재평가액, 처분손익의 적정 여부에 대하여 중점적으로 검토하고, 가동상황, 부외자산 유무를 검토하게 된다.

② 비유동자산이 취득가액은 인수운임, 운송보험료, 구입수수료, 관세, 설치비 기타 당해 용도에 사용하기 위하여 직접 소요된 비용을 포함하는 것이므로, 세무조사에 있어서는 이 취득가액의 과소 또는 과대계상의 유무를 확인 검토하게 된다.

③ 기중에 증감한 고정자산에 대하여 적법 취득 여부 및 임의 평가 증감이 있는지

확인한다.

④ 평가의 타당성을 관계장부와 증빙에 따라 검토한다.

⑤ 조사 결과: 임의 지출액 익금가산(상여), 임의 평가액 익금 또는 손금산입(유보)

▶▶ 투자자산

① 투자자산에 대한 조사는 당초 취득가액의 적정 여부를 증거자료에 따라 확인하고, 매년 변동내용, 즉 회수불능채권의 회수가능성 등을 확인하며, 기말잔액의 적정성 여부를 조사하게 된다.

② 이에 따라 각 종류별 '대장'을 비치하고, 증거자료를 보유하며, 현품과 장부를 대조 점검하여야 할 것이다.

▶▶ 유가증권

① 유가증권에 대한 조사는 재무상태표에 표시되어 있는 유가증권의 실재 여부, 유가증권의 범위 및 표시구분의 적부(매매목적, 만기보유, 기타 등), 재무상태표금액의 결정기준의 적부, 유가증권과 관련된 손익계산의 적부를 조사하게 된다.

② 특히 증자, 감자, 합병 등을 행한 때 그 가액의 적정 여부 등을 조사하게 된다.

③ 자기주식을 소유하고 있는 경우에는, 자기주식의 평가문제와 취득절차의 적법성에 대해 중점적으로 조사하게 된다.

④ 증권회사가 아닌 법인이 소유한 유가증권은 강제에 의하여 취득한 것인지, 아니면 매매를 목적으로 한 것인지 여부를 관계계정과 질문에 의해 확인하여 적법하게 평가되고 있는지를 조사한다.

⑤ 소유하고 있는 유가증권에 대한 배당금이자수익 등의 계상누락 여부를 해당 계정과 비교 확인한다.

⑥ 특히 소유하고 있는 유가증권에 대하여 무상주를 받았을 때 회계처리가 적법한지를 확인한다.

▶▶ 무형자산

① 무형자산에 대한 조사는 등기부, 등록증, 매매계약서, 세금계산서 등으로 소유사실을 확인하고, 취득가액의 정확성 및 기말평가액의 적정성과 감가상각액의 적정 여부를 조사하게 된다.

② 무형자산에 대한 세무조사에 대하여 '무형자산 대장'을 비치하여 종류별로 상세하게 기재할 필요가 있으며, 취득일, 평가액의 산정근거도 명확하게 해 놓는 것이 필요하다.

▶▶ 유동부채

① 부채의 세무조사에 있어 중점적으로 보는 것은 진실성이므로, 가공 또는 과대계상 여부를 확인 점검하게 된다.

② 외상매입금에 대하여는 가공이나 과대계상에 초점을 두어 기말잔액의 진실성, 매입세액공제의 타당성, 외상매입금 계상시점의 타당성, 외상매입금 계상액의 타당성을 조사하게 된다.

③ 지급어음에 대한 세무조사는 부외어음 유무, 지급어음에 대한 완전한 파악에 중점을 두게 된다.

④ 미지급금에 대해서는 장기미지급 원인을 파악하게 되며, 가공이나 과대계상 여부를 조사하게 된다.

⑤ 미지급비용에 대하여는 제계약서 등을 점검하여 채무의 여부에 대하여 확인하게 되고, 기간귀속성의 적정 여부를 확인하게 되며, 미지급비용의 내용에 대해 완전히 파악하여 문제가 없는지 조사하게 된다.

⑥ 차입금에 대하여는 자금 수요기가 아닌 때에 발생하는 차입금, 증자 전후 차입금에 대한 이유, 차입처와 자금원천 등에 대한 사실을 추적 확인하여 부외 자금 유입 여부를 확인하게 되며, 담보가 없는 차입금에 대해서는 그 차입금이 진실한 것인지 여부, 임직원차입금의 원천과 이자의 적정성 여부를 조사하게 된다.

⑦ 선수금에 대하여는 그 선수금이 진정한 선수금인지 아니면 가수금, 예수금, 차입금인지 여부를 조사하며, 매출은 아닌지 확인하게 된다.

⑧ 선수수익에 대해서는 그 발생, 회수, 잔액 등을 파악하여 기간손익을 적정하게 반영하고 있는지 조사하게 된다.

⑨ 예수금에 대해서는 정규의 예수금 이외의 예수금으로서, 그 성격이 애매한 경우 부외매출금의 변형이 아닌지 확인하게 된다.

⑩ 가수금에 대해서는 이 계정에 수익과 다양한 항목에 관한 가처리의 항목이 포함되는 일이 많으므로, 친족관계자와의 거래나 장기로 체류하고 있는 것에 대하여 명확하게 조사를 하게 된다.

▶▶ 가수금, 선수금

① 가수금계정에 비유동자산의 매매계약금, 중도금이 포함되어 있는지의 여부를 관계계정에 따라 확인하고 매출누락이 있는지 여부를 확인한다.

② 가수금이 장기간에 걸쳐 정산되지 아니한 것이 있을 때에는 입금경로와 매출누락의 위장처리가 아닌지를 확인한다.

③ 선수금계정은 거래의 성질로 상품을 인도할 수 있는 상태에 있는 것은 아닌지 관계계정과 질문에 의하여 확인하여 매출누락이 아닌지 확인한다.

④ 가수금에 대한 자금 출처를 확인하여 매출누락 여부를 확인 검토한다.

▶▶ 미지급 비용

① 특히 기말에 발생한 것은 이익조작에 따른 가공부채가 아닌지를 손금의 발생경위, 거래상대처에 대한 확인조사를 한다.

② 조사 결과: 매입세액불공제, 익금산입(유보)

▶▶ 차입금

① 차입금의 세무조사는 그 차입금이 어디에서, 무엇을 담보로 하여 얼마의 이율로 조달하였는지가 부자연스러우면 본격적인 세무조사의 동기가 되며, 가공부채 여부를 확인하기 위하여 차입 당시의 자금상태, 입금경로 등을 조사한다.

② 법인과의 관계, 별도예금인지 여부, 임원개인예금인지 여부를 조사하여 그 자금출처가 명확한지 조사하여 법인의 부외예금은 아닌지 확인한다.

③ 이자비용계정과 병행하여 이자율, 기간 등이 타당성 있게 기장되어 있는지를 확인한다.

④ 조사 결과: 익금산입(유보)

▶▶ 비유동부채

① 사채에 대해서는 사채발행차금 상각의 적정 여부, 사채발행비용, 사채이자 등의 적정 여부를 체크하게 된다.

② 관계회사 차입금, 주주·임원·종업원의 장기차입금에 대해서는 그 자금의 출처까지도 조사할 수 있음에 유의하여야 한다.

▶▶ 자본항목

① "자본금의 조사"란 주주에 대한 조사이며, 세대교체나 사업의 승계 시 문제가 없는지 확인하게 된다.

② 자본금에 대해서는 그 납입금액의 적정성 여부 및 자금출처를 확인하여 자본금이 적정하게 납입된 것인지, 아니면 가장납입된 것인지, 아니면 법인이 과거에 부외로 보유하고 있던 자금이 유입된 것은 아닌지 여부를 조사하게 된다.

③ 주주명부 및 주주의 변동 여부를 검토하게 되며, 증자·감자에 따라 친인척의 지분율이 변동하여 증여세 문제는 없는 것인지 점검하게 된다.

④ 증자대금의 납입에 있어서는 개개의 소득, 생활상황을 검토하여 납입능력 유무를 확인하게 된다. 그 자금원천이 불명하면 비자금이 있다고 의심을 받게 된다.

❸ 손익계산서 항목의 조사

3-1. 개요

▶▶ 손익계산서 항목의 조사란?

기업의 기간손익을 구성하는 수익과 비용에 관한 회계처리가 법인세법 내지 소득세법에서 징하고 있는 바에 따라 되어 있는지 어부와 모든 수익과 비용거래가 빠짐없이 기록되어 있는지 여부를 조사하는 것을 말한다.

3-2. 손익계산서 계정과목별 조사 내용

▶▶ 수익(매출 등)

① 부산물·작업폐물 등의 매출이 빠짐없이 기록되고 있는지 여부를 작업일지, 수율 등에 따라 확인한다.
② 미수수익은 적법하게 계상되어 있는지 여부를 선적서류, 상품수불부, 송장부본 등과 대조한다.
③ 매출에누리에는 접대비에 상당하는 거래가 포함된 것은 아닌지 검토한다.
④ 주주, 친인척 등 특수관계자와 거래한 내용에 대해 거래내용에 부당행위계산부인 규정이 적용될 여지는 없는지 확인한다.
⑤ 수익계상 누락을 확인하기 위해 운반비, 포장비 계정 등과 대조한다.
⑥ 장기할부매출의 경우에 법에서 정하고 있는 장기할부판매조건에 따라 적정하게 계상되어 있는지 여부를 할부매매계약서 등에 의하여 확인한다.
⑦ 위탁매출의 인식기준이 수탁자 판매일 기준으로 적정하게 계상되어 있는지 등을 위탁판매계약서, 지급수수료, 지급상태, 수탁자의 회계처리 등을 확인한다.
⑧ 고정자산 처분에 대하여 잔금기준으로 처리했는지 여부, 특수관계자와의 거래인 경우 저가 양도는 아닌지 여부 등을 당해 법인의 자금사정, 경영 사례 등에 의하여 파악한다.

⑨ 공사수입금에 대하여는 인식기준이 공사진행기준에 따른 것인지 여부, 작업진행률, 기성고 증명 등에 따라 수익의 가액이 적법하게 측정된 것인지 여부를 도급계약서, 견적서 등을 확인한다.

⑩ 수입이자 등의 경우 수익의 계상이 기간의 도래에 따라 처리되고 있는지, 수익계상이 누락된 것은 없는지, 부당행위계산에 해당되는 것은 아닌지 여부를 임대계약서, 대여금 약정서, 이율, 요율 등을 검토한다.

⑪ 당기에 계상할 매출을 선수매출 등으로 계상하거나 다음 기로 이연하여 계상한 것은 없는지 여부, 다음 기의 반품·에누리·할인 등을 당기에 앞당겨 계상하여 매출을 축소하였는지 여부, 매출을 누락시켜 임원, 간부직원 등이 그 대금을 착복하였는지 여부를 확인한다.

▶▶ 손비 항목 조사의 특징

① 손비 항목에 대한 세무조사는 아래의 사항에 입각하여 조사를 하는 특징이 있다.

---

1. 손비계상시점의 타당성   2. 손비계상액의 진실성
3. 손비 과목분류의 타당성   4. 손비 확정의 정당성
5. 이연비용의 적정성   6. 손금불산입 경비의 유부
7. 가공 또는 과대 계상액 여부

---

② 또한 손비 항목에 대한 조사의 우선순위나 개략적인 문제점은 아래와 같이 파악하게 된다.

---

1. 기간비교
   손익계산서 계정과목의 당기계상액을 전기 또는 전년 동기의 금액과 비교하여 증감내용과 이유 등을 분석한다.

2. 비율분석
   판매비율, 각종 경비율 경비구성비율, 매출원가율, 매출액 대비 손익계산서 계정과목별 비율을 검토하고 전년동기 대비 또는 동업종 평균대비 불합리하다고 인정되는 항목을 중점적으로 조사하게 된다(예 매출이익률, 경비율 등).

▶▶ 매출원가

① 이익을 은폐하기 위한 가공매입 여부를 확인하기 위하여 매입송장, 검사보고서, 매입장, 매출장, 상품수불부, 지급보고서, 거래처의 판매보고서 등을 종합적으로 조사한다.
② 매입에 관한 운임, 수수료 등의 매입부대비용이 매입원가에 산입되었는지 운반비 계정, 지급수수료 계정을 검토한다.
③ 고정적이고 대량 매입처에 대하여는 계약서 등을 확인하여 판매장려금이나 판매장려물품이 누락된 것은 없는지 검토한다.

▶▶ 인건비

① 출근부, 임명관계서류, 근로소득원천징수영수증 등을 조사하여 가공인물에 대한 급여는 없는지 확인한다.
② 임원에게 규정에 없는 과다보수나 상여금을 지급한 것은 없는지 확인한다. 즉, 임원의 직무내용, 법인의 수익, 법인의 사용인에 대한 급료의 지급상황, 정관의 규정 또는 주주, 사원총회의 결의에 의한 한도액 등에 비추어 당해 임원의 직무에 대한 대가로서 불합리하게 고액이라고 인정되는 경우에는 그 금액은 손금으로 산입되지 않게 된다.
③ 임원에게 지급한 퇴직금이 정관 등에 정한 범위를 초과하는지의 여부를 정관, 주주총회 의사록 등에 의하여 확인한다.
④ 임원보수의 특징

1. 임원보수: 정상적 지출분은 손금에 산입하지만, 특수관계 임원 등이 비정상적으로 유리한 보수를 받는 경우 그 지출분은 이익처분에 의한 상여로 보아 손금불산입된다.
2. 임원상여금: 지급규정에 의한 상여금은 손금산입되지만, 이익처분으로 인정되는 상여금은 손금불산입된다.
3. 임원퇴직금: 세법에서 정한 한도초과 지출액이나 이익처분으로 지출되는 것은 손금에 산입되지 않는다.

▶▶ 복리후생비

① 계정분석을 하여 여비교통비, 복리후생비와 접대비, 상여, 연수비, 회의비 등의 계정을 비교하며, 접대성 지출을 복리후생비로 처리한 것은 없는지 확인한다.
② 복리후생비 중 급여 성격의 것은 없는지 확인한다.
③ 고액의 식대, 유흥주점 사용액 등에 대해 관련 규정과 지출증빙을 확인하여 접대 목적인지, 업무무관 지출인지, 상여의 성격인지 여부를 확인한다.

▶▶ 여비교통비

① 여비교통비는 기업의 용무를 목적으로 출장한 때에 지출되는 것이므로 그 출장지, 출장용무, 출장기간 등의 사실관계를 규명하고, 허위출장은 아닌지 여비교통비 중에 접대비, 임원상여금이 포함된 것은 없는지 조사한다.
② 우선 사용인이 출장한 사실의 여부를 출근비, 여비계산서 등에 의하여 확인한다.
③ 임원 출장의 경우 관광출장인지, 임원여비 규정은 있는지 검토한다.
④ 사용처가 불분명한 여비나 접대비 등 용도불명의 지출금액이 포함되어 있는지 여부를 조사한다.

▶▶ 해외출장 여비교통비

① 해외출장 여비교통비가 법인의 업무와 관계가 있는지 여부를 여행 팸플릿, 이사회의사록 등을 확인하여 검토한다.
② 업무인지 관광인지 여부를 확인한다.
③ 출장의 목적·내용·일정·출장지 등을 조사한다.

▶▶ 접대비

① 고액의 접대비에 대하여 사업무관이나 개인적 목적으로 지출한 것은 아닌지 확인한다.
② 접대비 중 기부금, 임원상여금, 용도불명금이 포함되어 있는지 확인한다.

③ 복리후생비, 광고선전비, 기부금, 판매수수료, 판매장려금 등의 계정과목에 접대성 경비가 있다면 그 금액을 접대비로 보아 접대비한도초과액을 재계산한다.

▶▶ 감가상각비

감가상각의 계산방법, 내용연수는 적법하고 그 계산은 정확한지 여부를 감각상각 명세서에 의하여 조사한다.

▶▶ 광고선전비

① 광고선전의 효과가 불특정 다수인에게 미치는 것인지, 아니면 특정인에게만 미치는 것인지를 그 지출내용에 따라 판단하여 접대성 비용은 아닌지 확인한다.
② 가공지출은 없는지 증빙서류에 따라 확인한다.

▶▶ 차량유지비

① 업무전용자동차 보험에 가입하였는지 여부를 확인한다.
② 업무용승용차 운행기록부를 작성하였는지 여부를 확인한다.
③ 업무용승용차의 운행기록부와 주유기록 등을 대조하여 운행기록부가 적정하게 기록되었는지 여부를 확인한다.
④ 차량 중 상근하지 아니하는 대표이사의 가족들이 사용하는 차량은 없는지 확인한다.
⑤ 주말, 휴일, 명절 등에 사용한 운행기록이 업무용 사용거리로 기록된 것은 아닌지 확인한다.

▶▶ 대손금

대손의 확정기준이 적법한지 관련 서류에 의하여 확인한다.

▶▶ 통신비

① 대표자 등의 개인주택의 전화요금이 포함된 것은 아닌지 확인한다.
② 통신비 중 개발비 성질의 것은 없는지 확인한다.

▶▶ 운반비

① 운반비 중 매입상품에 대한 운반비는 없는지 확인한다.
② 운반물품명, 규격, 수량, 일자 및 운반상대방 등을 매출과 대사하여 가공운반비나 매출누락은 없는지 확인한다.

▶▶ 수선비

① 3백만 원 이상 수선비 중 자본적지출에 해당하는 것은 없는지 지출증빙 등을 확인한다.
② 주주 등 개인이 사용하는 고정자산의 수리비나 업무무관 경비는 없는지 확인한다.

▶▶ 이자비용

① 출처불명의 사채이자가 있는지 확인한다.
② 선급이자는 없는지 차입금계정과 대사하여 확인한다.
③ 기중에 증가한 고정자산에 대한 건설자금이자에 해당하는 것은 아닌지 확인한다.
④ 개인차입금에 대하여는 차입금의 입금경로, 차입처를 확인하여 적법한 차입금인지 여부를 확인한다.

▶▶ 기부금

① 법인이 일반기부금으로 지출한 것이 적법하게 처리되었는지 여부를 법규정과 지출증빙을 상호 확인한다.
② 기부금을 미지급금으로 계상한 것은 없는지 확인한다.

③ 기부금 중 사용수익기부자산이 없는지, 적법하게 상각한 것인지 확인한다.

④ 가공지출을 통한 이익조작 여부는 없는지 지출 증빙을 조사한다.

▶▶ 기타

아래와 같은 손금불산입 항목이 비용으로 처리된 것은 없는지 확인한다.

① 잉여금의 처분을 손비로 처리한 금액

② 건설이자의 배당금

③ 주식할인발행 차금

④ 법인세, 지방소득세, 부가가치세의 매입세액

⑤ 벌금, 과태료, 가산금 및 체납처분비

⑥ 법령에 따라 의무적으로 납부하는 것이 아닌 공과금

⑦ 법령에 따라 의무의 불이행 또는 금지, 제한 등의 위반에 대한 제재로서 부과되는 공과금

⑧ 자산의 평가차손

⑨ 과다경비

⑩ 업무와 관련없는 비용

⑪ 한도를 초과하는 감가상각비

⑫ 건설자금이자와 불분명이자

⑬ 한도를 초과하는 배당준비금

제 **5**편

세무조사 실무

❶ 세무조사 절차[81]

1-1. 세무조사는 이렇게 진행된다

▶▶ 세무조사 시작 전

① 조사개시 20일[82] 전까지 「세무조사 사전통지」를 국세청에서 보낸다. 다만, 사전에 통지하면 증거인멸 등으로 조사목적을 달성할 수 없다고 인정되는 경우에는 사전통지를 생략할 수 있다.(국기법 §81의7)
② 세무조사 시작 전에 「세무조사 오리엔테이션」을 실시한다.
③ 조사연기나 조사장소 변경, 세무조사 유예를 신청할 수 있다.
④ 일자리 창출 기업, 스타트업, 혁신중소기업은 세무조사를 유예 받을 수 있다.

▶▶ 세무조사의 시작과 진행

① 조사공무원의 신분을 확인한 후 납세자권리헌장에 대해 설명을 듣고 청렴서약서를 작성하게 된다.
② 세무대리인의 도움을 받을 수 있다.
③ 세무조사는 필요 최소한의 범위에서 실시한다.
④ 위법·부당한 세무조사 등으로 권리를 침해당한 경우 조사관서 납세자보호담당관에게 권리보호를 요청할 수 있다.
⑤ 영세자영업자 등이 조사팀의 적법절차 준수 여부 확인 등 도움이 필요한 경우 납세자보호담당관에게 세무조사 참관을 신청할 수 있다.
⑥ 과장 면담 제도와 납세자 소명서 제출을 통해 의문, 애로사항을 해소할 수 있다.

---

81) 국세청에서 제공하는 세무조사 가이드북 참조(2024년)
82) 「국세기본법」 제65조 제1항 제3호 단서(제66조 제6항과 제80조의2에서 준용하는 경우를 포함한다) 또는 「국세기본법」 제81조의15 제5항 제2호 단서에 따른 재조사 결정으로 재조사를 하는 경우에는 7일

▶▶ 세무조사의 종료

① 조사가 종료되면 20일 이내에 「세무조사 결과통지」를 발송하고 세무조사 결과에 대해 상세하게 설명 받는다
② 납부할 세금과 절차를 안내받는다.
③ 일시적 자금압박 등을 겪고 있다면 납부기한을 연장할 수 있다.

▶▶ 권리구제 및 평가

① 조사결과에 대하여 이의를 제기할 수 있다.
② 세무조사 실시간 체크리스트를 제출하여 조사공무원의 절차 준수여부 등을 평가하고 불만, 개선 의견을 제출 할 수 있다.
③ 세무조사 사후 체크리스트를 제출하여 세무조사의 투명성 및 조사공무원의 청렴성등을 평가하고 개선 의견을 제출할 수 있다.

[세무조사 진행과정별 확인할 사항]

● 세무조사 시작전

주요 진행절차	확인할 사항
세무조사 사전통지서 교부	통지서, 납세자권리헌장
세무조사 연기, 조사장소 변경신청	(연기사유) 천재지변, 재해, 질병, 장기 출장 등 (장소변경) 사업장 등에서 조사받기 어려운 경우
일자리 창출 중소기업 조사유예 신청	(대상) 중소기업(소비성 서비스업 제외) (주요요건) 상시근로자 수가 직전연도 대비 2%(최소 1명) 이상 증가
세무조사 오리엔테이션	(시기) 사전통지 받은 날부터 조사 개시일 중 납세자가 신청한 날 (내용) 조사대상 선정사유, 조사범위, 권리보호 제도, 준비사항 등

● 세무조사 시작 · 진행

주요 진행절차	확인할 사항
세무조사 시작	조사공무원 신분 확인(조사원증, 공무원증), 청렴서약서 작성, 세무대리인 위임장 제출 등
자료제출 · 해명요구	조사범위 외 요구 및 조사 금지(단, 범위확대 통지 시 가능), 조사 과장 면담, 소명서 제출 등을 통해 충분한 해명기회 부여
조사기간 연장 · 범위확대 · 중지	통지서(통지 없이 임의로 기간연장 · 범위확대 등 금지), 통지내용(기간연장 · 범위확대 · 조사중지 사유 확인)
장부 · 서류 등 일시보관	명백한 탈루혐의 자료 등 실시 사유, 납세자의 동의 필요, 납세자 요청 시 14일 이내에 반환, 조사범위 외 일시보관 금지
홈택스에서 조사진행 상황 조회	납세자 본인이 홈택스에 접속하여 조사 진행 상황(조사 통지, 착수, 기간연장, 범위확대, 중지, 결과통지 등)을 조회가능
납세자 권리보호	조사관서 납세자보호담당관에게 권리보호요청* 또는 세무조사 참관 신청** * 세무조사 선정이나 조사공무원의 행위가 위법 · 부당한 경우 ** 영세자영업자 등이 조사팀의 세무조사 절차 준수 여부 파악 등에 대한 도움이 필요한 경우
중간설명	조사 진행내용, 향후 조사방향, 과세쟁점에 대한 조사팀의 검토 결과 등

● 세무조사 종료

주요 진행절차	확인할 사항
세무조사 결과통지	－세무조사가 종결되면 세무조사 결과에 대해 상세하게 설명하고 종결한 날로부터 20일 이내에 「세무조사 결과 통지」를 서면으로 통지 －조사내용, 결정 · 경정할 과세표준과 세액 산출근거 및 사유 등(조사결과에 대해 수정신고 또는 과세전적부심사청구, 불복청구 가능)
납세자의 평가	「세무조사 사후 체크리스트」 작성 · 회신, 납세자보호담당관의 개선의견 청취(홈택스 · 손택스 또는 유선)

(참고) 세무조사 실시간 체크리스트

구분	조사절차 준수 여부 설문	답변		
		예	아니오	해당 없음
조사공무원이 세무조사를(착수·진행·종결)할 때 지켜야 할 사항에 대해 질문드리니 '예', '아니오'로 답변하여 주시고, 불만·개선의견을 기재하여 주시기 바랍니다. (해당사항이 없는 경우에는 '해당없음'으로 기재하여 주시기 바랍니다.)				
착수 단계	① (사전통지 대상) 세무조사 개시 20일 전까지 '세무조사 사전 통지'를 송달 받았습니까? (사전통지 생략) 세무조사를 시작할 때 '세무조사 개시 통지'를 교부받았습니까?			
	② 조사공무원이 조사원증과 신분증을 제시하였습니까?			
	③ 납세자권리헌장을 교부받고, 권리보호제도에 대한 설명을 들었습니까?			
	④ 조사공무원과 함께 청렴서약서를 작성하였습니까?			
	⑤ 조사공무원이 장부 등을 일시보관한 경우 귀하의 동의를 받았습니까?			
진행 단계	⑥ 조사공무원이 사전에 협의한 일정에 따라 귀하의 사업장 등을 방문하고 있습니까?			
	⑦ 조사공무원으로부터 공식적인 문서에 의해 자료제출을 요구받고 있습니까?			
	⑧ 조사공무원으로부터 요구받은 자료는 조사내용과 관련된 자료입니까?			
	⑨ 조사공무원으로부터 조사내용에 대해 해명할 기회를 제공받고 있습니까?			
	⑩ 조사공무원이 해명자료에 대한 검토내용을 설명하고 있습니까?			
종결 단계	⑪ 조사기간 연장, 범위확대 또는 조사중지를 한 경우 구체적인 사유가 기재된 통지서를 받았습니까?			
	⑫ 조사기간 연장, 범위확대 또는 조사중지를 신청하도록 요구받은 적은 없습니까?			
	⑬ 조사가 중지되었는데도 질문이나 자료제출 요구를 받은 적은 없습니까?			
	⑭ 조사대상 범위가 아닌 사항에 대해 신고·납부하도록 요구받은 적은 없습니까?			
	⑮ 일시보관된 장부·서류 등을 조사가 종료될 때까지 모두 반환받았습니까?			
불만 · 개선 의견				

※ 납세자보호담당관실로부터 표본 선정 안내를 받은 납세자만 작성·제출합니다.

(참고) 세무조사 사후 체크리스트

※ 세무조사 결과통지서 수령 후 10일 이내 제출

◇ 세무조사가 종결된 후에는 세무조사에 대한 만족도를 평가하고 있습니다. 아래의 설문 항목에 대하여 만족도를 점수로 기재하여 주시기 바랍니다.

전혀 그렇지 않다 1	대체로 그렇지 않다 2	약간 그렇지 않다 3	보통이다 4	약간 그렇다 5	대체로 그렇다 6	매우 그렇다 7

구분	번호	문항	점수
투명성	1-1	귀하는 세무조사 대상자로 선정된 사유에 대해 자세한 설명을 들었다.	(점)
	1-2	조사공무원은 세무조사 진행상황에 대해 자세히 안내하였다.	(점)
	1-3	'세무조사 결과통지서'에 의해 조사결과와 후속절차에 대해 자세한 설명을 들었다.	(점)
신뢰성	2-1	귀하는 세무조사 대상자로 선정된 사유에 대하여 충분히 이해하였다.	(점)
	2-2	조사공무원은 업무수행에 필요한 세법 또는 전문지식을 가지고 있었다.	(점)
	2-3	귀하는 세무조사 결과와 과세내용에 대해 충분히 이해하였다.	(점)
친절성	3-1	조사공무원은 강압적인 태도나 불필요한 언행 없이 친절하게 업무를 수행하였다.	(점)
	3-2	조사공무원은 귀하의 의견을 경청하고 입장을 이해하려고 노력하였다.	(점)
청렴성	4-1	세무조사와 관련하여 금품(현금, 상품권, 선물 등) 제공의 필요성을 느낀 적이 없다.	(점)
	4-2	세무조사와 관련하여 향응(접대, 골프, 여행 등) 제공의 필요성을 느낀 적이 없다.	(점)
	4-3	세무조사와 관련하여 사적인 편의(식사, 숙박, 교통편 등) 제공에 대한 부담을 느낀 적이 없다.	(점)
	4-4	세무조사와 관련하여 사적인 만남을 직·간접적으로 요구받은 적이 없다.	(점)

구분	번호	내용
개선 의견	5-1	세무조사 개선을 위해 가장 필요하다고 생각하는 사항 2개를 선택하여 주시기 바랍니다.
		① 세무조사 대상 선정의 형평성 부족 ② 조사기간·범위 및 조사 절차 미준수 ③ 조사공무원의 불친절 행위 등 ④ 조사공무원의 전문성 부족 ⑤ 해당 없음
		⑥ 기타 개선의견이 있으면 기재하여 주시기 바랍니다.
	5-2	조사공무원의 청렴도 향상을 위해 가장 필요하다고 생각하는 사항 2개를 선택하여 주시기 바랍니다.
		① 조사공무원의 청렴 실천 의지 ② 세무대리인 등의 청렴 실천 의지 ③ 부패방지를 위한 제도적 장치 및 감사시스템 ④ 국세청의 내부 조직 문화 개선 ⑤ 해당 없음
		⑥ 기타 개선의견이 있으면 기재하여 주시기 바랍니다.

※ 위 수동서식 이외에 납세자가 직접 홈택스나 손택스(모바일 홈택스)를 통해 세무조사 사후 모니터링에 편리하게 참여하여 평가할 수 있습니다.(홈택스·손택스 로그인 → 신청/제출 → 납세자 보호 민원 신청 → 조사모니터링 체크리스트)

1-2. 세무조사 시작 전

▶▶ 세무조사 사전통지

납세자의 권리보호와 세무조사에 대한 사전준비를 위해 세무조사 개시 일 전까지 「세무조사 사전통지」를 보낸다. 다만, 증거인멸의 우려가 있는 경우 등 일정한 경우에는 사전통지가 생략된다.

▶▶ 조사대상 선정 사유

조사대상으로 선정된 사유가 궁금하면 '조사사유'란을 참조하고, 더 자세한 내용이 알고 싶은 경우에는 「세무조사 사전통지」에 기재된 조사관서로 연락하거나, 세무조사 오리엔테이션을 신청하여 설명을 들을 수 있다.

▶▶ 조사대상 선정 방법

세무조사 대상자는 신고내용의 적정성을 검증하기 위하여 정기적으로 선정하거나, 신고내용에 탈루나 오류의 혐의가 있는 경우 비정기적으로 선정하게 된다.

▶▶ 세무조사 오리엔테이션

세무조사 사전통지를 받은 날부터 조사개시 전일까지 조사관서에 신청(구두, 전화, 팩스 등)하면 조사대상 선정 사유, 조사 진행 절차, 납세자의 권리, 사전에 준비하여야 할 사항 등에 대해 설명을 들을 수 있다.

▶▶ 조사연기, 조사장소 변경 신청

① 조사연기

예정된 시기에 조사를 받기 곤란한 경우 「세무조사 사전통지」에 기재된 조사개시 전까지 조사관서로 「세무조사연기신청서」를 제출하면 된다.

② 조사장소 변경 신청

세무조사는 납세자의 사업장에서 실시함이 원칙이지만 사업장에서 세무조사를 받지 못하는 부득이한 사유가 있는 경우에는, 조사개시 예정일 2일 전까지 「사업장 이외의 세무조사장소신청서」를 제출하면 조사관서 사무실, 그 밖의 조사에 적합한 장소에서 조사를 받을 수 있다.

▶▶ 세무조사 유예

일자리창출 중소기업은 세무조사 사전통지를 받은 후 세무조사 개시 3일 전까지 「세무조사유예신청서」를 제출하면 2년에서 3년간 세무조사 유예를 받을 수 있다.

단, 세무조사 유예기간 중이라도 가산세 부담 등의 사유로 먼저 조사받기를 원하는 경우 세무조사 유예 철회 신청서를 제출하면 즉시 조사가 개시된다.

유예사유	유예조건	유예기간	유예절차
일자리 창출 중소기업	직전연도 대비 상시근로자 수가 2%(최소 1명) 이상 증가했거나 증가시킬 계획이 있는 중소기업	조사착수 예정일로부터 2년 (지방소재 기업은 3년)	세무조사 개시 3일 전까지 조사관서에 신청
스타트업 기업	사업 개시 5년 이내의 「벤처기업법」상 벤처기업으로 지정된 중소기업	조사유예 시작일로부터 1년이 되는 날의 12월 31일 (지방소재 기업은 2년)	요건 충족 시 직권 또는 유예신청을 통해 조사 유예
혁신 중소기업	조사대상 과세기간 수입금액이 일정 금액(법인 1,000억 원, 개인 200억 원) 이하인 「중소기업기술혁신촉진법」에 따른 '기술혁신형 기업' 및 '경영혁신형 기업으로 지정된 중소기업'		

1-3. 세무조사의 시작과 진행

▶▶ 세무조사 첫날 해야 할 3가지

① 조사공무원의 신분 확인

조사공무원은 조사착수 시 조사원증과 공무원증을 제시하니, 반드시 신분을 확인해야 한다.

② 납세자권리헌장에 대한 설명 듣기

조사공무원은 조사 착수 시 납세자권리헌장 요지를 낭독하고 납세자의 권리를 상세히 설명한다.

③ 청렴서약서 서명

납세자와 세무대리인은 조사공무원에게 향응·식사·숙박 등을 제공해서는 안 된다. 조사공무원과 함께 청렴서약서를 작성한다.

▶▶ 세무조사의 진행

① 세무대리인의 조력

세무조사 진행과정에서 언제든지 세무대리인(세무사, 공인회계사, 변호사)으로 하여금 조사에 입회하게 하거나 관련 의견을 진술하도록 할 수 있다.(국기법 §81의5)

② 장부, 증명서류의 제출요구

조사공무원은 질문조사권에 의하여 장부, 증명서류의 제출을 요구할 수 있다.

③ 장부 등의 일시보관

조사공무원은 필요한 경우 납세자의 동의를 얻어 장부·서류 등을 세무관서에 일시보관할 수 있다.

④ 조사과장 면담제도

해명이 필요한 경우 조사공무원에게 충분히 해명하고, 필요한 경우 「조사과장 면담제도」를 통해 조사관리자와 직접 소통할 수 있다.

⑤ 거래사실 입증을 위한 증명서류 수취·보관

납세자는 사업과 관련된 모든 거래에 관한 증명서류를 작성 또는 수취하여 신고기한이 경과한 날부터 5년간 보관해야 한다.

▶▶ 조사범위의 확대

조사진행 도중 세금탈루혐의가 여러 과세기간에 걸쳐 있음이 확인되는 경우 등에는 조사범위가 확대될 수 있다.(국기법 §81의9)

▶▶ 세무조사 기간의 연장 및 중지

납세자의 조사기피, 금융거래 현지 확인 등으로 인해 세무조사 기간이 연장될 수 있다.(국기법 §81의8) 또한 납세자가 세무조사를 받기 어려운 상황에 처하는 등 세무조사를 정상적으로 진행하기 어려운 경우에는 세무조사가 일시 중지될 수도 있다.

▶▶ 납세자의 권리보호 요청제도

조사공무원의 위법한 행위로 납세자의 권리가 침해당한 경우에는 조사관서의 납세자보호담당관에게 권리보호를 요청할 수 있다.

1-4. 세무조사의 마무리

▶▶ 세무조사 결과에 대한 설명

세무조사 마지막 날에는 세무조사 결과와 관련하여 과세항목, 과세근거, 사후 회계처리방법 등을 알려주게 된다.

▶▶ 세무조사 결과 통지

세무조사가 종결되면 세목별 결정(경정)과세표준, 예상고지세액, 사후관리할 사항 등이 기재된 「세무조사 결과통지서」를 받게 된다.

▶▶ 과세전적부심사청구

세무조사 결과 통지를 받은 후 조사 결과에 이의가 있는 경우에는 30일 내에 과세전 적부심사청구를 할 수 있다. 만약, 조사 결과에 이의가 없는 경우에는 「조기결정신청서」를 작성하여 제출하면 가산세 부담을 줄일 수 있다.

▶▶ 납세고지서

세무조사 결과 통지일로부터 30일이 경과한 후 「납세고지서 겸 영수증서」를 받게 되며, 고지된 금액은 납부기한 내에 국고수납대리점인 은행(우체국) 또는 인터넷뱅킹 등을 통해서 납부하면 된다.

▶▶ 징수유예

일시적인 자금압박의 어려움을 겪고 있는 경우 고지된 국세의 납부기한의 3일 전까지 「징수유예신청서」를 작성하여 제출하면, 9개월 이내의 범위에서 세금납부기한을 연장할 수 있게 된다.

① 징수유예 사유

> 1. 재해 또는 도난으로 재산에 심한 손실을 입은 경우
> 2. 사업에 현저한 손실을 입은 경우
> 3. 사업이 중대한 위기에 처한 경우(자금경색, 노동쟁의 등)
> 4. 납세자 또는 그 동거가족의 질병이나 중상해로 장기치료가 필요한 경우

② 납세담보

납세담보 제공을 원칙적으로 하되 세액이 5천만 원(생산적 중소기업·5년 이상 장기 계속사업자·사회적기업·장애인표준사업장·일자리창출중소기업·재기 중소기업인· 상생결제 활용 우수기업은 1억 원, 모범납세자는 5억 원, 관세청장이 선정한 종합인증 우수기업(AEO)·20년 이상 장기계속사업자는 2억 원) 이하인 경우에는 납세담보 제공을 면제받을 수 있다.

- 생산적 중소기업: 수입금액이 100억 원 이하의 수출 또는 제조·광업·수산업을 주업으로 하는 법인 또는 개인사업자
- 장기계속사업자: 동일 사업자번호로 계속하여 사업을 영위하는 법인 또는 개인사업자
- 사회적기업:「사회적기업육성법」제2조 제1호에 따라 사회적기업으로 인증받은 내국인
- 장애인표준사업장:「장애인고용촉진 및 직업재활법」제2조 제8호에 따른 장애인표준사업장으로 인정받은 내국인
- 일자리창출중소기업: 납세유예신청일이 속하는 연도의 연평균 상시근로자수가 직전연도 대비 3%(최소 1명) 이상 증가한 중소기업
- 모범납세자: 국세청장·기획재정부장관 또는 국무총리 이상 표창 및 훈·포장수상자는 표창 일로부터 3년간, 지방국세청장 및 세무서장 표창수상자는 2년간 면제

③ 세금포인트를 납세담보로 제공

부여받은 세금포인트를 이용하여 납세담보 면제를 신청할 수 있으며, 적립된 포인트 당 10만 원에 상당하는 금액(연간 5억 원 한도)에 대하여 납세담보 제공을 면제받을 수 있다.

세금포인트는 법인세, 종합소득세, 양도소득세, 원천징수되는 근로소득, 퇴직소득, 사업소득, 기타소득세 자진신고 납부분에 대해 10만 원당 1점을 부여[83]한다(법인세 고지분에 대해서는 포인트가 부여되지 아니하며, 개인의 고지분에 대해서는 0.3점이 부여된다).

---

83) 부가가치세는 해당이 없다.

② 세무조사 셀프 체크 항목(법인세 편)

국세청에서는 주요 탈루 유형, 실수하기 쉬운 공제·감면 항목, 사전에 예고한 사후 검증 항목 등을 토대로 신고내역을 정밀 분석하여 사후검증을 실시하고 있으며, 사전 지원 내용을 신고에 반영하지 않은 경우 사후검증대상자로 선정하고, 사후검증 시 미소명하거나 소명 부족 시 조사대상자로 선정될 수 있다. 또한 세무조사를 할 때에도 아래의 혐의 내용들은 기본적으로 점검하고 있으니, 세무조사 셀프 체크 시 활용하기 바란다.

2-1. 신용카드 사적사용 혐의(중점조사 항목[84])

법인카드나 개인카드 사용금액 중 아래의 사업자로부터 물품을 구입하고 수취한 신용카드 매출전표는 국세청에서 DB로 구축[85]한 후 출력하여 세무조사 시 활용하고 있다.

▶▶ 신변잡화, 가정용품 구입

신용카드 사용금액 중 면세점, 주방용품, 화장품, 악기, 의류, 구두 등 신변잡화 사업자나 가전제품 등 가정용품 사업자로부터 수취한 신용카드 매출전표

▶▶ 업무무관 업소 이용

신용카드 사용금액 중 골프장, 유흥업소, 필라테스, 골프연습장, 안마, 피부미용실, 성형외과 등 업무무관 사업자로부터 수취하여 복리후생비 등으로 보기 어려운 신용카드 매출전표

---

84) 중점조사 항목은 국세청에서 적극적으로 살펴보는 항목을 말한다.
85) 신용카드수취전표에 기재된 사업자등록번호와 업종을 매칭하여 사적사용 혐의 여부를 검토한다.

▶▶ 개인적 치료

신용카드 사용금액 중 한의원, 병의원, 대학병원 등 사업자로부터 수취한 신용카드 매출전표

▶▶ 공휴일 사용

법인카드 사용금액 중 주말이나 연휴기간에 사용한 금액[86]

▶▶ 사전안내 사례

20××년 1~12월까지 귀 법인의 법인신용카드를 업무무관 또는 개인적으로 사용한 것으로 보이는 금액은 다음과 같다.
1. 신변잡화 및 가정용품 구입액: ○○○백만 원
2. 업무무관 업소 이용액: ○○○백만 원
3. 개인적 치료비용: ○○○백만 원
4. 공휴일 사용액: ○○○백만 원

▶▶ 세무조사 시 주요 검토 사례

기업의 임직원이 법인카드를 사적 또는 접대목적으로 사용하고 회의비, 복리후생비 등의 계정으로 변칙 분산처리한 사례 발생
1. 업무와 무관하게 개인적으로 사용하고 복리후생비 및 여비교통비 등 계정과목에 분산처리 하였는지 검토
2. 골프장, 유흥주점 등에서 사용하고 복리후생비, 체력단련비, 회의비 등 계정과목에 분산처리 했는지를 검토

---

86) 대표이사 개인 주소지 인근 음식점 사용액이나 휴양지에서의 사용액 등도 포함

2-2. 지출증명서류 등 미수취 혐의(중점조사 항목)

　정규증빙 없는 가공원가 계상 방지를 위하여 세무서에 신고한 재무제표 중 손익계산서와 원가명세서의 계정과목 중 세금계산서 등 정규증빙 수취대상 항목과 국세청에 신고한 정규증빙을 비교 분석한 후 지출증명서류를 미수취한 혐의금액을 파악하여 세무조사 시 활용하게 된다.

▶▶ 국세청에 신고한 정규증빙

　국세청에 신고한 정규증빙이란 법인이나 개인이 수취한 세금계산서, 계산서, 신용카드, 현금영수증 등 증명수취금액의 합계액을 말한다.

● 지출증명서류(법법 §116 ②)

> 1. 「여신전문금융업법」에 따른 신용카드 매출전표
> 2. 현금영수증
> 3. 「부가가치세법」 제32조에 따른 세금계산서
> 4. 「부가가치세법」 제121조 및 「소득세법」 제163조에 따른 계산서
> 5. 「여신전문금융업법」에 따른 직불카드
> 6. 외국에서 발행된 신용카드
> 7. 「조세특례제한법」 제126조의2 제1항 제4호에 따른 기명식선불카드, 직불전자지급수단, 기명식선불전자지급수단 또는 기명식전자화폐

▶▶ 정규증빙 수취 대상금액

　정규증빙 수취 대상금액은 손익계산서, 원가명세서 등의 수취대상 계정과목의 합계액을 말한다.

● 수취대상 계정과목 예시

당기매입원가, 임차료, 광고선전비, 차량유지비, 수주비, 지급수수료, 판매수수료, 소모품비, 통신비, 운반비, 보관료, 건물·시설관리비, 수선비, 수도광열비, 전기료, 인쇄비, 외주용역비, 기타판관비, 당기재료매입액, 외주비, 전력비, 가스·수도·유류비, 운임, 수선비, 소모품비, 임차료, 통신비, 차량유지비, 외주가공비, 특허권사용료, 포장비, 중장비유지비, 하자보수비, 지급수수료, 용역비, 인쇄비, 보관료 등[87]

▶▶ 사전안내 사례

20×× 사업연도 손익계산서와 원가명세서의 계정과목 중 세금계산서 등 정규증빙 수취대상 항목과 귀 법인이 제출한 정규증빙을 비교 분석한 결과 차이금액 및 증빙수취비율은 다음과 같다.
1. 수취대상금액: ○○○백만 원
2. 증빙수취금액: ○○○백만 원
3. 차이금액: ○○○백만 원
4. 증빙수취비율: ○○.○%

▶▶ 적격증빙 관리프로그램 모델

	적격증빙		
신고된 필요경비	수취현황	=	불성실
–	– –		증빙자료
• 손익계산서	• 세금계산서 등 수취자료		
• 원가명세서	• 신용카드, 현금영수증 수취		
• 재무상태표	• 원천제세 지급명세서 자료		

---

87) 세금과공과는 해당이 없어 보인다. 최근에는 신용카드 사용비율을 높이기 위해, 적격증빙 비율을 높이기 위해 각종 세금, 공과금 납부 시 카드를 이용하는 경우도 있다.

2-3. 상품권 개인적 사용 혐의(중점조사 항목)

신용카드로 구입한 상품권에 대하여 그 귀속을 확인하여 그 귀속자가 확인되지 아니하면 업무무관비용으로 처리하고, 그 귀속자가 확인되면 그 귀속자에게 소득세 등을 부과하게 된다.

▶▶ 사전안내 사례

> 20××년 1~12월까지 귀 법인이 신용카드로 결제한 상품권 구입액은 아래와 같다. 구매한 상품권의 사용 시 귀속자가 확인되지 않으면 업무무관비용으로 손금불산입(대표자 상여처분)하여야 하며, 귀속자가 확인되는 경우에는 귀속자에 따라 소득처분하여야 한다.
> 1. 상품권 구매금액: ○○○백만 원

▶▶ 세무조사 시 주요 검토 사례

> 법인카드로 구입한 상품권을 업무와 관련 없이 사용하거나, 실제는 접대비로 사용하고 계정은 복리후생비 등으로 계상하여 변칙처리한 사례 발생, 구입한 상품권을 법인의 업무와 관련된 것인지, 접대비로 사용되었는지 등에 대하여 확인
> 1. 귀속자 미확인: 업무무관비용으로 손금불산입 대표자 상여처분
> 2. 귀속자 확인
>   회사 임직원 → 손금인정, 임직원에 상여처분(소득세 과세)
>   거래처 → 접대비 시부인

▶▶ 보도 사례

> **'비자금 조성' 의혹 ○○은행, 국세청 세무조사 임박**
>
> ○○지방국세청, 상품권 구입비용 중 비용처리되지 않은 부분 집중 검토
> 박회장 등은 상품권을 활용해 비자금을 조성했다는 혐의를 받고 있다. 법인카드로 상품권을 대

량 구매한 뒤 다시 팔아서 현금화했다는 의혹이다. 지난 8일 ○○지방국세청 등에 따르면 경찰 조사에서 ○○은행이 일명 상품권 깡 수법으로 비자금을 조성한 사실이 확인될 경우 세법상 탈세 등의 혐의가 적용될 수 있는 만큼 세무조사에 들어가는 방안을 검토하고 있다.
(2017. 9. 15. 국세신문)

▶▶ 리베이트 관행은 인정되지 아니함

의약품 도매상이 의료인이나 의료기관 개설자 또는 약국 등의 개설자에게 의약품 판매촉진의 목적으로 지급한 리베이트는 약사법 등 관계 법령에서 이를 명시적으로 금지하고 있지 않더라도 건전한 사회질서를 위반하여 지출한 것으로서 구 「법인세법」 제19조 제2항에서 말하는 '일반 적으로 용인되는 통상적인 비용이나 수익과 직접 관련된 비용에 해당한다고 볼 수 없고, 따라서 이를 손금에 산입할 수 없다고 보아야 한다.(대법원 2015. 1. 15. 선고 2012두7608 판결 참조)

2-4. 특수관계자 대여금 관련 이자 등 누락 혐의

법인이 대표이사나 관계회사 등 특수관계자에게 금전 등을 대여하고 적정이자율보다 낮은 이자를 받는 경우 그 차액에 대하여 익금산입하여야 하며, 차입금이 있는 경우 대여금에 해당하는 이자를 손금불산입하여야 한다.

▶▶ 사전안내 사례

관계회사 등 특수관계자에게 금전 등을 대여하고 적정이율(원칙: 가중평균차입이자율, 예외: 당좌대출이자율)보다 낮은 이율의 이자(무상 포함)를 받는 경우 그 차액에 대해 익금산입하여야 하며, 이와 관련한 차입금이자(지급이자)를 손금불산입하여야 한다. 귀 법인이 20×× 사업연도 중 계상한 가지급금인정이자 및 지급이자 손금불산입 내역은 아래와 같으며, 가지급금은 합계표준대차대조표의 차변 총액으로 검토하여야 한다.
1. 특수관계자 대여금 총액 또는 기타 대여금 계상액: ○○○백만 원
2. 손익계산서 이자수익: ○○○백만 원

3. 주요계정명세서상 인정이자 계상액: ○○백만 원
4. 손익계산서 이자비용: ○○백만 원
5. 지급이자 손금불산입액: ○○○백만 원

▶▶ 세무조사 시 주요 검토 사례

1. 특수관계자에게 자금을 대여할 목적으로 채권을 지연회수하거나 대여금을 기타 대여금 등 타 계정으로 잘못 회계 처리하였는지 여부
2. 특수관계자 대여금에 대해 인정이자 익금산입 및 지급이자 손금불산입 등 세무조정 누락 여부
3. 특수관계자에 대한 미수채권 중 특수관계자 이외의 자보다 지연회수하였는지 여부 등 검토
4. 특수관계자에 대한 미수채권 등을 기타채권 등으로 계상한 방법으로 변칙회계 처리하였는지 등 검토

2-5. 주택, 비사업용 토지 양도소득에 대한 신고 누락 여부

법인이 주택 또는 비사업용 토지를 양도한 경우에는 양도소득의 20%, 10%(미등기인 경우 40%)의 세율을 적용하여 토지 등 양도소득에 대한 법인세로 하여 법인세액에 추가하여 납부하여야 한다. 국세청에서는 법인이 양도한 부동산의 내용을 파악하여 세무조사 시 활용하게 된다.

▶▶ 사전안내 사례

법인이 주택 또는 비사업용 토지를 양도하는 경우 각 사업연도 소득에 대한 법인세 이외에 토지 등 양도소득에 대한 법인세를 추가로 납부하여야 한다. 귀 법인이 20××. 1. 1. 이후 양도한 토지가 「법인세법」 제55조 제2항 제4호의 비사업용 토지에 해당하는지 여부를 면밀히 검토하여 "토지 등 양도소득에 대한 법인세" 신고가 누락되지 않도록 유의하시기 바란다.
1. 20××년도 중 부동산 양도 건수: ○○○건

254

2-6. 골프용품 · 화장품 등 수입상품 판매업체의 신고소득률이 저조한 경우

골프용품, 고급가구, 화장품 등 수입상품 판매업의 수입상품 통관액 대비 매출액이 저조하거나 동종업종의 다른 업체의 평균 신고소득률 대비 소득률이 저조한 경우에 수입금액과 각종 비용의 적정 계상 여부를 집중 검토하게 된다.

▶▶ 사전안내 사례

귀 법인의 20××년 수입상품 통관액 및 매출액 분석결과 수입상품 대비 매출액의 비율, 신고소득률이 동업종의 평균비율에 미달하는 법인으로 분석되었음을 알려드리니 금번 신고 시 수입금액과 각종 비용의 적정 계상 여부를 검토하시고, 특히 보세구역 내에서 선하증권 등을 양도한 경우 수입금액 적정 여부를 검토하여 성실하게 신고하시기 바란다.

▶▶ 세무조사 시 주요 검토 사례

수입품목별 수입통관금액, 기말 재고자산 등을 검토하여 매출액이 적정하게 반영되어 있는지 여부 등 검토

2-7. 법인전환 후 신고소득률이 감소한 경우

개인사업을 운영하다가 법인으로 전환한 후 특별한 이유 없이 개인사업 신고소득률(＝소득금액/수입금액)보다 일정수준 하락한 「성실신고확인제도」 회피 혐의 법인에 대해 세무조사 시 매출누락이나 가공 경비 계상 여부를 집중적으로 점검받게 된다.

▶▶ 사전안내 사례

법인전환 이후 특별한 사유 없이 신고소득률이 하락하는 경우 성실신고 여부 분석 시 불리한 평가를 받을 수 있으니 금번 신고 시 수입금액과 각종 비용의 적정 계상 여부를 검토하여 성실하게 신고하시기 바란다.

▶▶ 세무조사 시 주요 검토 사례

1. 개인에서 법인으로 전환한 사업자 중 종합소득세 신고 당시 소득률 대비 법인세 신고소득률이 감소한 경우 비용 등이 적정하게 계산되었는지 검토
2. 손익계산서 계정과목 중 과다하게 증가한 항목 등에 대하여 국세청에서 제공하는 「지출증빙수취명세서」를 활용하여 납세자 스스로 검증하도록 유도

2-8. 자료상 등 불성실사업자와 거래내역이 있는 경우

실제 물건의 거래 없이 거짓세금계산서를 수수하는 자료상이나 세금계산서 교부의무 위반 업체, 폐업된 업체 등 불성실 혐의가 있는 거래상대방과 거래한 경우 세무조사 대상자로 우선 선정될 수 있고, 세무조사 시 각종 지출 증명서류에 대해 면밀한 조사가 진행된다.

▶▶ 사전안내 사례

귀 법인의 20××년도 거래내역 중 세금계산서 교부위반, 폐업 등으로 불성실혐의가 있는 거래상대방으로부터 세금계산서를 수취한 금액이 아래와 같다. 거래 사실 여부를 정확히 검토하고 성실하게 신고하시기 바란다.
1. 세금계산서 수취금액: ○○○백만 원

▶▶ 세무조사 시 주요 검토 사례

◈ 세무조사·사후검증 시 추징된 잘못 신고한 유형을 시정하지 않고 계속 신고하는 사례 발생
◈ 자료상 등 불성실 사업자와의 가공거래 등이 있음에도 법인세 신고 시 반영하지 않은 사례 발생
  1. 세무조사 또는 신고 사후검증 시 잘못 신고로 시정된 유형에 대해 동일하게 잘못 신고하고 있지 않은지 검토
  2. 자료상, 세금계산서 발급위반자와의 거래가 있는 경우 손금불산입 등 법인세 신고내역 적정한지 여부 확인

2-9. 연구전담부서가 취소된 경우

연구전담부서가 취소된 경우에는 연구인력개발비 세액공제를 받을 수 없게 된다.

국세청에서는 한국산업기술진흥협회에 연구전담부서 취소 내용을 조회한 후 세무조사 등에 활용하고 있다.

▶▶ 사전안내 사례

연구전담부서가 취소된 경우 R&D 세액공제를 받을 수 없는 바, 한국산업기술진흥협회에서 조회한 귀 법인의 연구전담부서 취소내역은 다음과 같다.
1. 취소일: ××. ××. ××.
2. 취소사유: ○○○

제5편 세무조사 실무 257

▶▶ 세무조사 시 주요 검토 사례

1. 연구부서가 아닌 현업부서에 종사하는 임직원의 인건비 등 발생액에 대하여 연구인력개발비 세액공제를 부당하게 신청하고 있는 사례 발생
2. 연구전담부서·연구소가 취소되었음에도 관례적으로 연구인력개발비 세액공제 신청한 사례 발생
3. 인건비는 전담부서 연구요원 등의 급여로 명칭 여하에 불구하고 근로의 제공으로 지급되는 비용을 의미(비과세소득 포함)하므로 퇴직금 및 퇴직급여충당금전입액을 제외하였는지 검토
4. 타법인으로부터 납품의뢰받은 제품의 개발용역에 종사하는 자의 인건비는 세액공제 대상 비용에서 제외하였는지 검토
5. 연구소(전담부서) 소속으로 신고된 연구원 중 고액 연봉자(자문위원 등)가 실제로 연구개발 업무에 종사하였는지의 검토

2-10. 정부출연금 등을 받은 경우

정부출연금, 국고보조금 등으로 연구인력개발비를 지출하는 경우에는 연구인력개발비 세액공제를 적용받을 수 없다.

국세청에서는 국고보조금, 정부출연금 수령액을 파악하여 세무조사 등에 활용하고 있다.

▶▶ 사전안내 사례

정부출연금 등으로 지출한 연구개발비는 R&D 세액공제를 받을 수 없으며, 귀 법인이 20××년 지급받은 정부출연금 등 금액은 다음과 같다.
1. 20××년 국고보조금 수령액: ○○○백만 원
2. 20××년 정부출연금 수령액: ○○○백만 원

2-11. 고용이 감소된 경우 고용증대세액공제 검토

일반기업의 고용인원이 감소한 경우에는 고용증대세액공제를 받을 수 없고, 중소기업의 고용인원이 감소한 경우에는 감소인원 1인당 1천만 원의 세액공제가 축소된다. 또한 고용인원을 계산할 때 적용하는 상시근로자의 범위에 해당 기업의 최대주주 또는 최대출자자(개인사업자인 경우에는 대표자)와 그 배우자, 직계존비속, 친족관계자, 임원 및 단시간근로자 등은 제외된다.

세무조사 내 꼭 점검하는 사항이므로, 세무신고 시 적용 여부를 잘 검토해야 할 것이다.

▶▶ 사전안내 사례

일반기업은 고용이 감소된 경우 고용증대세액공제를 받을 수 없으며, 중소기업은 감소인원 1인당 1천만 원이 축소된다.

귀 법인이 제출한 원천징수이행상황신고서에 의하면 20×1년 1~11월에 비해 20×2년 1~11월의 고용인원이 증가되지 않은 것으로 분석된다.

또한, 고용증가인원 계산 시 상시근로자에서 최대주주와 그 배우자, 임원, 단시간근로자 등은 제외되므로 신고에 유의하시기 바란다.

▶▶ 고용증대세액공제란?

고용증대세액공제는 전년 대비 고용증가인원 1인당 연간 400만 원~1,200만 원의 소득세·법인세를 세액공제하는 제도로 대기업은 2년, 중소·중견기업은 3년간 고용을 유지해야 받을 수 있다. 유지해야 하는 기간 내 고용이 감소하면 공제 혜택도 박탈되며 공제받은 세액은 토해내야 한다.

▶▶ 세무조사 시 주요 검토 사례

◈ 해당 과세연도의 상시근로자 수가 직전 과세연도보다 감소하였음에도 고용증대세액·중소
  기업 고용증가 사회보험료 세액공제받는 사례 발생
  1. 고용감소법인의 고용증대세액 및 사회보험료 세액공제 신청 여부
  2. 종업원의 입·퇴사일을 확인하여 직전 과세연도 대비 상시근로자 감소 여부 검토
     - 상시근로자 수 = 해당 기간 매월 말 현재 상시근로자 수의 합 ÷ 해당 기간 개월 수

2-12. 고용이 감소된 경우 사회보험료 세액공제 검토

고용이 감소된 경우에는 중소기업에게 적용되는 고용증가인원에 대한 사회보험료
세액공제를 받을 수 없다.

사회보험료 세액공제 적용 시 검토가 필요하다.

▶▶ 사전안내 사례

중소기업이 고용이 감소한 경우에는 고용증가인원에 대한 사회보험료 세액공제를 받을 수 없다.
귀 법인이 제출한 원천징수이행상황신고서에 의하면 20×1년 1~11월에 비해 20×2년 1~11
월의 고용인원이 증가되지 않은 것으로 분석된다.
또한, 고용증가인원 계산 시 상시근로자에서 최대주주와 그 배우자, 임원, 단시간근로자 등은
제외되므로 신고에 유의하시기 바란다.

▶▶ 중소기업 고용증가인원에 대한 사회보험료 세액공제란?

중소기업이 해당 사업연도의 상시근로자 수가 직전 사업연도의 상시근로자 수보다
증가한 경우에는 상시근로자 고용증가인원에 대하여 사용자가 부담하는 사회보험료
상당액 100%(50%, 75%)를 해당 사업연도의 소득세 또는 법인세에서 공제한다.

▶▶ 근로자의 구분

기준	근로자 구분			
계약기간	정규직근로자 (기간의 정함이 없음)	비정규직근로자 (기간의 정함이 있음)		
근로시간	상시근로자 (월 120시간 이상)	시간제근로자 (월 60~120시간)	단시간근로자 (월 60시간 미만)	초단시간근로자 (1주일 평균 15시간 미만)
상시근로자 수 계산	1인을 1명으로 봄.	1인을 0.5명 또는 0.75명으로 봄.	상시근로자 수로 계산 안함.	

2-13. 해외에서 이자, 배당, 사용료 등을 지급받은 경우

해외에서 국외원천소득(이자, 배당, 사용료 등)을 받은 경우, 국세청에서 이를 파악하여 세무조사 시 활용하게 된다.

▶▶ 사전안내 사례

귀 법인이 20×1 사업연도 중에 해외에서 국외원천소득(이자, 배당, 사용료 등)에 해당하는 명목으로 수취한 금액은 다음과 같다. 금번 법인세 신고 시 국외원천소득이 누락되지 않도록 유의하시기 바란다.
1. 국외원천소득 수취금액: ○○○백만 원

2-14. 항공 · 신용카드 마일리지가 있는 경우

해외출장 및 신용카드 사용이 많은 기업이 해외에서 지출한 해외출장비, 신용카드로 적립된 항공 · 신용카드 마일리지에 대하여 개인적인 용도로 사용했는지 세무조사 시 점검하게 된다.[88]

---

88) 법인 경비로 처리한 개인 신용카드의 마일리지도 문제가 된다.

귀 법인이 지출한 해외 출장비, 신용카드 결제로 적립된 항공·신용카드 마일리지는 법인의 업무 목적으로 사용하여야 한다. 금번 법인세 신고 시 해당 마일리지 사용이 법인의 업무와 관련성 등이 있는지를 정확히 검토하고 성실하게 신고하시기 바란다.

2-15. 특허권 등을 취득한 경우

특허권 등을 취득하기 위하여 직접 지출된 금액은 당기 비용전액 처리되는 것이 아니라 무형자산으로 계상하였다가 감가상각하여야 하는 것이다. 특허권 등 취득 및 처분과 관련하여 국세청에서 관리하고 있으므로 주의가 필요하다.

▶▶ 사전안내 사례

귀 법인이 특허권 등을 취득하기 위해 직접 사용된 금액은 당기 손금대상이 아니라 무형자산으로 계상하고 감가상각하여야 하며, 특허권 등을 타인에게 대여하여 발생한 수수료(전용·통상실시권) 또는 처분금액은 반드시 익금에 포함하여야 하는 것으로, 면밀히 검토하여 성실하게 신고하여 주시기 바란다.

〈연도별 특허권 등 취득 현황〉
1. 20×1년: ○○건
2. 20×2년: ○○건
3. 20×3년: ○○건

2-16. 건설중인 자산이 있는 경우

사업용고정자산 등을 건설중인 경우, 건설중인 자산에 소요되는 차입금에 대한 이자는 건설 등이 준공된 날까지 이를 자본적지출로 하여 그 원본에 가산하도록 되어 있으므로 손금으로 계상할 수 없다.

▶▶ 사전안내 사례

귀 법인의 20×1년 합계표준대차대조표상 건설중인 유형자산가액 및 손익계산서상 이자비용은 아래와 같다. 사업용고정자산의 매입·제작·건설(건물, 구축물, 인테리어 등) 기간 중에 발생한 특정 차입금의 이자는 건설자금이자에 해당하여 손금불산입(유보)하여야 하므로, 법인세 신고 시 유의하여 주시기 바란다.

1. 20×1년 건설중인 자산: ○○○백만 원
2. 20×1년 이자비용: ○○○백만 원

▶▶ 건설자금에 충당한 차입금 이자의 손금불산입

사업용고정자산의 매입·제작 또는 건설에 소요되는 차입금에 대한 지급이자 또는 이와 유사한 성질의 지출금은 건설 등이 준공된 날까지 이를 자본적지출로 하여 그 원본에 가산하고 손금에 산입하지 아니한다.(법법 §28 및 법령 §52)

2-17. 대표이사·주주의 가족이 근무하는 경우(중점조사 항목)

대표이사 및 주주의 가족 등 특수관계자가 근무하는 경우 실제 근무하는지 여부 및 과다보수[89]가 지급된 것은 아닌지 여부 등을 세무조사 시 확인하게 된다.

▶▶ 사전안내 사례

귀 법인이 대표이사 및 주주의 가족에게 지급한 인건비는 다음과 같으며, 그 가족이 실제 근무한 경우에만 손금으로 인정되므로 법인세 신고 시 유의하여 주시기 바란다.

1. 20×1년: ○건, ○○○백만 원
2. 20×2년: ○건, ○○○백만 원
3. 20×3년: ○건, ○○○백만 원

---

89) 동일 직급, 업무 정도, 난이도 등을 비교하여 부당행위계산부인 규정을 적용하게 된다.

▶▶ 지배주주 등에게 지급한 과다보수의 손금불산입

법인이 지배주주 등(특수관계에 있는 자를 포함한다)인 임원 또는 사용인에게 정당한 사유 없이 동일 직위에 있는 지배주주 등 외의 임원 또는 사용인에게 지급하는 금액을 초과하여 보수를 지급한 경우 그 초과금액은 이를 손금에 산입하지 아니한다.(법령 §43 ③)

▶▶ 지배주주 등이란?

"지배주주 등"이란 법인의 발행주식총수 또는 출자총액의 100분의 1 이상의 주식 또는 출자지분을 소유한 주주 등으로서, 그와 특수관계에 있는 자와의 소유 주식 또는 출자지분의 합계가 해당 법인의 주주 등 중 가장 많은 경우의 해당 주주 등을 말한다.(법령 §43 ⑦)

2-18. 협동조합 등 조합법인에 해당하는 경우

조합법인 등은 결산재무제표상 당기순이익(법인세 공제 전)에 기부금과 접대비 세무조정 등을 한 후 계산한 금액에 9%(20억 원 내지 40억 원이 초과되는 경우 초과분의 12%)를 적용하여 과세하고, 당기순이익 과세를 포기하는 경우에는 그 이후의 사업연도에 대하여 당기순이익 과세를 하지 아니한다.(조특법 §72)

▶▶ 사전안내 사례

> 2015. 1. 1. 이후 사업연도부터 당기순이익 과세법인의 특례세율은 과세표준 20억 원 이하분 9%, 초과분 12%가 적용되고, 당기순이익이란 법인세 등 차감 전 순이익을 말하며, 당기순이익 과세를 포기한 때에는 그 이후 사업연도에 대해 당기순이익 과세가 적용되지 않으므로 법인세 신고 시 유의하여 주시기 바란다. 특히, 접대비 등에 대하여는 일반 영리법인과 동일하게 세무조정을 하였는지 검토하여 주시기 바란다.

▶▶ 조합법인 등이란?

1. 신용협동조합법에 따라 설립된 신용협동조합 및 새마을금고법에 따라 설립된 새마을금고
2. 농업협동조합법에 따라 설립된 조합 및 조합공동사업법인
3. 수산업협동조합법에 따라 설립된 조합(어촌계 포함)
4. 중소기업협동조합법에 따라 설립된 협동조합·사업협동조합 및 협동조합연합회
5. 산림조합법에 따라 설립된 산림조합(산림계 포함) 및 조합공동사업법인
6. 엽연초생산협동조합법에 따라 설립된 엽연초생산협동조합
7. 소비자생활협동조합법에 따라 설립된 소비자생활협동조합

2-19. 과다한 임원퇴직금이 지급된 경우(중점조사 항목)

보험업계에서 임원퇴직금을 이용한 절세방안을 내놓고 있지만, 국세청에서는 이를 절세가 아닌 탈세의 관점에서 바라보고 있으므로 실제 적용에 있어서 유의하여야 할 것이다.

▶▶ 사전안내 사례

귀 법인의 임원퇴직금 지급기준은 계속·반복적으로 적용하여야 하며, 정당한 사유 없이 개인별로 지급배율을 달리 정하거나 특정임원에게 지급배율을 차별적으로 높게 정하는 경우에는 부당행위계산부인 규정이 적용될 수 있으므로 법인세 신고 시 유의하여 주시기 바란다.

▶▶ 임원퇴직급여 규정 있더라도 과다한 임원퇴직금 손금 인정 안돼

대법원에서 임원퇴직금과 관련하여 유의하여야 할 판결(대법원 2016. 2. 18. 선고 2015두 501453 판결)을 내린 바 있다.

정관이나 정관에서 위임된 퇴직급여 지급규정이 있더라도 임원퇴직급여 규정이 근로 등의 대가로서 퇴직급여를 지급하려는 것이 아니라 퇴직급여의 형식을 빌려 특정

임원에게 법인의 자금을 분여하기 위한 일시적인 방편으로 마련되었다면, 이는 퇴직급여 지급규정에 해당되지 않는다는 것이다.

따라서 ① 임원퇴직급여 규정이 종전보다 퇴직급여를 급격하게 인상하여 지급하는 내용으로 제정 또는 개정되고, ② 제정 또는 개정에 영향을 미칠 수 있는 지위에 있거나 그와 밀접한 관계에 있는 사람이 퇴직임원으로 급격하게 인상된 퇴직급여를 지급받게 되며, ③ 그에 따라 지급되는 퇴직급여액이 퇴직임원의 근속기간이나 근무내용 또는 다른 비슷한 규모의 법인에서 지급되는 퇴직급여액 등에 비추어 도저히 재직기간 중의 근로나 공헌에 대한 대가라고 보기 어려운 과다한 금액이고, ④ 규정 자체나 법인의 재무상황 또는 사업전망 등에 비추어 그 이후에는 더 이상 그러한 퇴직급여가 지급될 수 없을 것으로 인정되는 등 특별한 사정이 있는 경우에는 퇴직급여 지급규정에 해당되지 않는다는 것이므로 유의하여야 할 것이다.

2-20. 합병법인인 경우

결손금이 있는 피합병법인의 이월결손금은 합병법인의 소득금액에서 공제받을 수 없으며, 피합병법인이 합병 전 보유하던 자산의 처분손실도 합병법인의 소득금액에서 공제받을 수 없다.

▶▶ 사전안내 사례

> 합병법인이 피합병법인으로부터 승계받은 사업과 기타의 사업을 구분경리함에 있어 합병 전 이월결손금은 합병 전 사업부문에서 발생한 소득에서만 공제하여야 한다.

▶▶ 피합병법인의 이월결손금 승계 제한

합병법인이 승계한 피합병법인의 결손금은 피합병법인으로부터 승계받은 사업에서

발생한 소득금액의 범위에서 합병법인의 각 사업연도의 과세표준을 계산할 때 공제한다.(법법 §45 ②)

▶▶ 승계자산 처분손실의 손금산입 제한

적격합병을 한 합병법인은 합병법인과 피합병법인이 합병 전 보유하던 자산의 처분손실(합병등기일 이후 5년 이내에 끝나는 사업연도에 발생한 것만 해당한다)을 각각 합병 전 해당 법인의 사업에서 발생한 소득금액의 범위에서 해당 사업연도의 소득금액을 계산할 때 손금에 산입한다.(법법 §45 ③)

2-21. 분할법인인 경우

적격분할 및 비적격분할의 특례요건 충족 여부에 따라 분할매수차손익 과세 여부, 분할법인 등의 이월결손금의 승계, 분할법인 등의 세무조정사항 승계, 분할양도차손익 과세 여부, 불공정분할에 따른 이익분여 과세 여부, 분할차익의 자본전입에 따른 의제배당 과세, 불공정분할에 따른 이익분여 과세, 분할에 따른 의제배당 과세 등 여러 가지 과세문제가 발생한다.

▶▶ 사전안내 사례

> 인적·물적분할 시 자산과 부채를 포괄적으로 승계하지 않은 경우 적격분할 요건 미충족한다.

▶▶ 적격분할 요건

> ① 사업계속법인 요건: 적격분할은 분할 등기일 현재 5년 이상 사업을 계속하던 내국법인이 분할하는 것이어야 한다.
> ② 독립된 사업의 분리 요건: 분리하여 가능한 독립된 사업부문을 분할하여야 한다.
> ③ 자산·부채의 포괄승계 요건: 분할하는 사업부문의 자산 및 부채가 원칙적·포괄적으로 승

계되어야 하며, 신설분할합병의 경우로서 소멸한 분할합병의 상대방법인의 자산 및 부채에 대하여도 동일하게 적용된다.

④ 주식 등을 포함하여 승계하는 경우: 분할하는 사업부문이 주식 등을 승계하는 경우에는 분할하는 사업부문의 자산·부채가 포괄적으로 승계된 것으로 보지 아니한다.

⑤ 단독출자 요건: 분할법인 또는 소멸한 분할합병의 상대방법인만의 출자에 의하여 분할하거나 분할합병하여야 한다. 즉, 분할법인 등의 주주가 분할신설법인의 지분 전부를 취득하여야 한다.

⑥ 분할신주 교부비율 및 배정 요건: 분할법인 또는 분할합병의 상대방법인의 주주가 분할신설법인 또는 분할합병의 상대방법인으로부터 받은 분할대가가 전액 주식(분할합병의 경우에는 80% 이상)이어야 하며, 그 주식은 분할 이전의 지분비율에 따라 분할법인 등의 기존 주주에게 배정되어야 한다.

⑦ 지배주주 등에 대한 분할신주배정 및 계속보유 요건: 분할법인 등의 주주에 분할합병으로 인하여 받은 주식을 배정할 때에는 지배주주 등에 분할신설법인 등의 주식 가액의 총합계액에 각 지배주주 등의 분할법인 등에 대한 지분비율에 해당하는 가액 이상의 주식을 각각 배정하여야 하며, 분할 특례를 적용받기 위해서는 지배주주 등이 분할 후 2년간 교부받은 분할신주의 1/2 이상을 계속 보유하여야 한다.

⑧ 사업의 계속성 요건: 분할신설법인 또는 분할합병의 상대방법인은 분할등기일이 속하는 사업연도의 종료일까지 분할법인 등으로부터 승계받은 사업을 계속하여야 한다.

2-22. 외국납부세액공제를 받은 경우

외국납부세액공제를 받는 경우 자주 발생하는 국외원천소득계산오류, 외국납부세액 한도액계산오류에 대하여 사전 점검이 필요하다.

▶▶ 사전안내 사례

외국납부세액공제 한도액 계산 시 국외원천소득은 직·간접비를 차감한 금액이다.
2015. 1. 1. 이후 사업연도부터 외국납부세액공제 적용 시 국가별 한도방식만 허용되며, 개정 전 발생한 한도초과액(이월공제액)은 국가별 외국납부세액 또는 국외원천소득에 따라 국가별로 안분한 후 국가별 한도 방식에 따라 공제한다.

▶▶ 외국납부세액공제 및 손금산입특례

법인의 각 사업연도의 과세표준에 국외원천소득이 포함되어 있는 경우 그 국외원천소득에 대하여 외국법인세액을 납부하였거나 납부할 것이 있는 경우에는 다음 계산식에 따른 금액(공제한도금액) 내에서 외국법인세액을 해당 사업연도의 산출세액에서 공제할 수 있다.(법법 §57 ①)

> 공제한도금액 = A x B / C
>
> A: 해당 사업연도의 산출세액
> B: 국외원천소득
> C: 해당 사업연도의 소득에 대한 과세표준

외국정부에 납부하였거나 납부할 외국법인세액이 해당 사업연도의 공제한도금액을 초과하는 경우, 그 초과하는 금액은 해당 사업연도의 다음 사업연도 개시일부터 10년 이내에 끝나는 각 사업연도로 이월하여 그 이월된 사업연도의 공제한도금액 내에서 공제받을 수 있다.(법법 §57 ②)

- 외국납부세액의 공제한도를 계산함에 있어서 국외사업장이 2 이상의 국가에 있는 경우에는 국가별로 구분하여 이를 계산한다.(법령 §94 ⑦)

2-23. 자산유동화전문회사 등이 지급배당 소득공제를 받으려는 경우

지급배당 소득공제 제도는 유동화전문회사 등에 대한 세제지원을 목적으로 마련된 제도로서, 이러한 회사가 배당가능이익의 90% 이상을 배당한 경우 그 금액을 각 사업연도의 소득금액에서 소득공제하여 사실상 법인세를 비과세 해주는 제도이다. 그러나 이러한 제도가 소수 개인투자자들의 조세회피수단으로 악용되지 않도록 개인유사회사나 지급받은 배당금이 비과세되는 경우에는 적용이 배제되도록 하고 있다.

1. 유동화전문회사가 사모방식으로 설립되고 개인 2인 이하가 발행주식총수의 95% 이상 소유 시 소득공제 배제
2. 유동화전문회사가 지급한 배당에 대해 소득세 또는 법인세가 비과세된 경우 소득공제 배제

▶▶ 대상법인

아래의 어느 하나에 해당하는 내국법인이 배당가능이익의 90% 이상을 배당한 경우, 그 금액은 해당 사업연도의 소득금액에서 공제한다.(법법 §51의2 ①)

1. 자산유동화에 관한 법률에 따른 유동화 전문회사
2. 자본시장과 금융투자업에 관한 법률에 따른 투자회사, 투자목적회사, 투자유한회사, 투자합자회사(같은 법 제9조 제19항 제1호의 경영참여형 사모집합투자기구는 제외한다) 및 투자유한책임회사
3. 기업구조조정투자회사법에 따른 기업구조조정투자회사
4. 부동산투자회사법에 따른 기업구조조정 부동산투자회사 및 위탁관리 부동산투자회사
5. 선박투자회사법에 따른 선박투자회사
6. 민간임대주택에 관한 특별법 또는 공동주택특별법에 따른 특수 목적 법인 등(임대사업SPC)
7. 문화산업진흥기본법에 따른 문화산업전문회사
8. 해외자원개발사업법에 따른 해외자원개발투자회사
9. 1.~8.까지와 유사한 투자회사로서 일정한 요건을 갖춘 법인(PFV)

▶▶ 적용 배제

1. 배당을 받은 주주 등에 대하여 법인세법 또는 조세특례제한법에 따라 그 배당에 대한 소득세 또는 법인세가 비과세되는 경우(다만, 배당을 받은 주주 등이 조세특례제한법 제100조의15 제1항의 동업기업과세특례를 적용받는 동업기업인 경우로서 그 동업자들에 대하여 같은 법 제100조의18 제1항에 따라 배분받은 배당에 대하여 같은 법 제100조의18 제1항

에 따라 배분받은 배당에 해당하는 소득에 대한 소득세 또는 법인세가 전부 과세되는 경우는 제외한다)
2. 배당을 지급하는 내국법인의 주주 등의 수 등을 고려하여 아래의 요건을 모두 갖춘 법인
   ① 사모방식으로 설립되었을 것
   ② 개인 2인 이하 또는 개인 1인 및 그 친족이 발행주식총수 또는 출자총액의 100분의 95 이상의 주식 등을 소유할 것(다만, 개인 등에게 배당 및 잔여재산의 분배에 관한 청구권이 없는 경우는 제외한다)

2-24. 비영리법인이 부동산을 양도한 경우

비영리 내국법인이 토지, 건물 등 부동산을 양도한 경우 그 부동산이 3년 이상 계속하여 고유목적사업에 사용하지 아니한 부동산인 경우에는 양도차익에 대하여 법인세 납세의무가 있다. 또한 일정 조건(주택, 비사업용 토지 등)에 해당하는 경우에는 토지 등 양도소득에 대한 법인세 과세특례 대상에 해당되어 추가납부의무가 있다.

▶▶ 사전안내 사례

비영리법인이 3년 이상 계속하여 고유목적사업에 직접 사용하지 아니한 자산의 양도차익에 대한 법인세 신고대상 여부를 검토하여야 한다.

▶▶ 비영리법인 부동산 처분에 대한 과세소득의 범위

고정자산의 처분으로 인하여 발생하는 소득은 비영리 내국법인의 각 사업연도의 소득으로 한다.(법법 §4 ③)

▶▶ 3년 이상 고유목적사업에 직접 사용한 경우 과세 제외

해당 고정자산의 처분일 현재 3년 이상 계속하여 법령 또는 정관에 규정된 고유목적

사업(법인세법 시행령 제2조 제1항에 따른 수익사업은 제외한다)에 직접 사용한 것은 과세에서 제외한다. 이 경우 해당 고정자산의 유지·관리 등을 위한 관람료·입장료 수입 등 부수수익이 있는 경우에도 이를 고유목적사업에 직접 사용한 고정자산으로 보아 과세 제외한다.

2-25. 법인이 특수관계자와 거래가 있는 경우

법인이 특수관계에 있는 자와의 거래가 있는 경우에는 시가를 기준으로 거래하여야 하며, 이를 어겼을 경우에는 부당행위계산의 부인대상에 해당하게 된다.

▶▶ 사전안내 사례

> 특수관계 있는 개인으로부터 유가증권을 저가 매입하는 경우 시가와 매입가액의 차액은 익금산입하여야 하며, 기타 자산의 고·저가 양수도와 자본거래 시 부당행위계산부인 해당 여부를 반드시 확인하여야 한다.
> 특히, 특수관계자 간 용역거래가 있는 경우 연도별 작업진행률을 검토하여 부당행위계산부인 대상에 해당하는지 여부를 검토하여야 한다.

▶▶ 부당행위계산의 부인

내국법인의 행위 또는 소득금액의 계산이 특수관계인과의 거래로 인하여 그 법인의 소득에 대한 조세의 부담을 부당하게 감소시킨 것으로 인정되는 경우에는, 그 법인의 행위 또는 소득금액의 계산에 관계없이 그 법인의 각 사업연도의 소득금액을 계산할 수 있다.(법법 §52)

▶▶ 부당행위계산부인액 익금산입

부당행위계산에 해당하는 경우에는 시가와의 차액 등을 익금에 산입하여 당해 법인의 각 사업연도의 소득금액을 계산한다.(법령 §89 ⑤)

2-26. 대손금을 손금으로 산입한 경우

대손금을 손금으로 산입한 경우 객관적인 자료에 의하여 그 채권이 회수불능임을 객관적인 증빙에 의하여 입증할 필요가 있으며, 그 입증책임은 납세자에게 있다.

따라서 사업의 폐지 여부, 무재산 등에 관한 사항은 채무자의 본적지, 최종 및 직전 주소지와 사업장 소재지의 부동산등기부등본 등 소유재산 보유 여부, 채무자가 보유하고 있는 동산에 관한 사항, 다른 장소에서 사업을 영위하고 있는지 여부, 채무자의 거래처, 거래은행 등에 대한 탐문 및 기타 채권회수를 위한 조치사항, 보증인이 있다면 보증인에 대한 회수노력 등을 기재한 조사보고서를 작성해 둘 필요가 있다.

▶▶ 사전안내 사례

> 소멸시효가 완성된 채권 등은 대손사유가 발생한 사업연도에 손금산입하여야 하며, 채무자의 파산 등으로 인한 회수불능채권은 결산에 반영하여야 손금처리가 가능하다.

▶▶ 대손금의 손금산입

내국법인이 보유하고 있는 채권 중 채무자의 파산 등의 사유로 회수할 수 없는 채권의 금액은 해당 사업연도의 소득금액을 계산할 때 손금에 산입한다.(법법 §19의2 ①)

2-27. 유가증권 평가손실이 있는 경우

결산일 현재 유가증권의 취득원가와 시가가 다른 경우 유가증권 평가와 관련하여 법인세법에서는 기업회계에서 인정하고 있는 시가법이나 지분법을 인정하지 않고, 특별한 경우를 제외하고는 원칙적으로 원가법을 적용한다.

따라서 기업회계상 시가법 또는 지분법에 따라 계상한 유가증권 평가손익은 모두 법인의 익금·손금에 산입하지 아니하게 되므로, 이에 따른 세무조정이 필요하다.

▶▶ 사전안내 사례

유가증권의 평가손실은 법인세법상 이를 인정하지 않아 손금불산입으로 세무조정 처리하여야 한다.

▶▶ 주식 등 채권의 평가방법

유가증권의 평가는 다음 각 호의 방법 중 법인이 납세지 관할 세무서장에게 신고한 방법에 의한다.(법령 §75 ①)

1. 개별법(채권의 경우에 한한다)
2. 총평균법
3. 이동평균법

2 - 28. 자기주식을 보유하고 있거나 처분한 경우(중점조사 항목)

상법의 개정에 따라 비상장법인도 자기주식을 취득할 수 있게 되었다. 그러나 자기주식 거래가 법인보유자금을 자기주식거래를 가장하여 대표이사가 가지급금을 상계하거나 인출하는 수단으로 악용하는 경우 이를 실질상 가지급금거래로 볼 수도 있다.(조심 2016서1700, 2016. 7. 7.) 따라서 법인을 대표이사와 그 특수관계자가 사실상 지배하고 있는 법인의 경우에는 주의가 필요하다.

▶▶ 사전안내 사례

상법을 위배하여 자기주식을 보유한 경우 업무무관 자산에 해당하는지를 검토하여 지급이자 손금불산입 여부를 판단하고 자기주식처분이익은 세무조정을 통해 익금산입(기타처분)하여야 한다.

▶▶ 조심 2016서1700, 2016. 7. 7.

청구법인이 특정주주(대표이사)만 선택하여 그 주식을 취득한 것이 되어 「상법」을 위배하였다고 볼 수 있는 점, 청구법인의 쟁점주식 취득은 대표이사가 상속에 대비하기 위하여 자기주식으로 취득하도록 한 것으로 보이는 점 등에 비추어 처분청이 쟁점주식 취득대금을 업무무관가지급금으로 보아 과세한 처분은 잘못이 없음.

▶▶ 서울고등법원 2017. 8. 30. 선고 2017누35631 판결(국승)

청구법인이 쟁점주식을 자기주식으로 취득하는 과정에서 개정된 「상법」에 따른 절차를 위배한 것으로 보이지 아니하나, 대표이사를 제외한 나머지 모든 주주는 주식양도를 청구하지 아니하여 결국 대표이사만 쟁점주식을 양도하게 되었고, 이는 실질적으로 청구법인이 특정주주만 선택하여 그 주식만 취득한 것이 되어 「상법」을 위배하였다고 볼 수 있는 점,
청구법인의 쟁점주식 취득은 고령의 대표이사가 상속에 대비하기 위하여 자기주식으로 취득하도록 한 것으로 보이는 점 등에 비추어 처분청이 쟁점주식 취득대금을 업무무관가지급금으로 보아 과세한 처분은 잘못이 없음.[90]

2-29. 전기오류수정손익이 있는 경우

법인세법에서는 익금과 손금의 귀속사업연도는 그 익금과 손금이 확정된 날이 속하는 사업연도로 한다고 하여 권리의무확정주의라는 개념을 채택하여, 기업회계의 실현주의 또는 발생주의와는 다른 면이 있다.

법인이 전기오류수정손익이 있는 경우에는 기업회계기준과 달리 원칙적으로 오류사업연도(귀속사업연도)의 법인세를 수정신고하거나 경정청구하여 해당 사업연도의 손금 또는 익금에 산입하도록 하고 있으므로, 당기손익(전기오류수정손익)으로 계상한 금액에 대해서는 이에 맞는 세무조정을 해야 한다.

---

90) 실질과세의 원칙과 부당행위계산부인 관점에서 판단한 것으로 보인다.

▶▶ 사전안내 사례

전기오류수정으로 인한 손익의 귀속시기는 권리의무가 확정된 사업연도(전기사업연도)이므로 이익잉여금처분계산서 또는 손익계산서에 전기오류수정손익을 계상하고 손익귀속시기에 따른 감가상각비 등 관련 세무조정을 하여야 한다.

▶▶ 전기오류수정손익 세무조정(법인 46012-663, 1998. 3. 17.)

법인이 기업회계기준에 의한 전기오류수정손익을 당해 사업연도의 익금 또는 손금으로 산입한 경우는 당해 사업연도의 소득금액 계산상 익금불산입 또는 손금불산입하여야 하고, 당초의 귀속사업연도에 따라 국세기본법 제45조의2 규정에 의해 경정 등의 청구를 관할 세무서장에게 할 수 있는 것이다.

2-30. 감자 등을 한 경우

주식의 소각·자본의 감소, 잉여금의 자본전입 등 자본거래를 함에 있어서 주주의 이익이 증가하는 경우에는 이를 의제배당으로 보아 주주 등에게 세금이 부과될 수 있다.

▶▶ 사전안내 사례

주식의 소각, 사원의 퇴사·탈퇴, 해산, 합병·분할 또는 잉여금의 자본전입 등으로 주주에게 귀속되는 이익은 배당금으로 의제하여 익금에 산입하고 소득처분하는 것으로, 특히 기업인수 등을 위한 주식취득 후 주식발행법인의 불균등 감자 시 의제배당 해당 여부를 검토하여야 한다.

▶▶ 주식의 소각·자본의 감소로 인한 의제배당

주식의 소각, 자본의 감소, 사원의 퇴사·탈퇴 또는 출자의 감소로 인하여 주주·사원 또는 출자자가 취득하는 금전과 그 밖의 재산가액의 합계액이 주주 등이 해당 주식 또는 출자지분을 취득하기 위하여 사용한 금액을 초과하는 금액은 법인으로부터 이익을 배당받았거나 잉여금을 분배받은 금액으로 본다.(법법 §16 ① 1)

▶▶ 잉여금의 자본전입으로 인한 의제배당

법인의 잉여금의 전부 또는 일부를 자본이나 출자에 전입함으로써 취득하는 주식 등의 가액은 배당금 또는 분배금으로 의제한다. 다만, 다음 각 목의 어느 하나에 해당하는 금액을 자본에 전입하는 경우는 제외한다.

　가. 상법 제459조 제1항에 따른 자본준비금으로서 일정한 것

　나. 자산재평가법에 따른 재평가적립금(같은 법 제13조 제1항 제1호에 따른 토지의
　　　재평가차액에 상당하는 금액은 제외한다)[법법 §16 ① (2)]

2-31. 이월결손금이 있는 경우

▶▶ 사전안내 사례

> 수정신고나 경정결정으로 이월결손금이 감액되는 경우, 차기 이후에는 감소된 이월결손금에서 공제하는 것이며, 기부금 한도초과 이월액을 손금산입한 경우 차기 이후에 이월결손금 감소액을 반드시 확인하고 또한 결손금 소급공제 및 기공제액, 결손보전액 등을 검토하여야 한다.

2-32. 노인전문병원을 운영하는 비영리법인

▶▶ 사전안내 사례

> 노인복지법 제31조에 따른 노인복지시설에서 제공하는 사회복지사업은 수익사업에 해당하지 않으나, 노인전문병원 운영업은 수익사업에 해당하므로 법인세 신고대상이다.

2-33. 수익사업을 영위하는 비영리법인

▶▶ 사전안내 사례

> 비영리법인으로서 세금계산서, 계산서, 신용카드 또는 현금영수증을 발행하거나 국고보조금 등을 수취한 경우에는 수익사업 해당 여부를 반드시 확인하여야 한다.

2-34. 연구 및 개발용역을 제공하는 비영리법인

▶▶ 사전안내 사례

> 사업서비스업 중 연구 및 개발업에서 발생하는 수입은 수익사업에 해당하지 않으나, 계약 등에 의하여 그 대가를 받고 연구 및 개발용역을 제공하는 경우에는 수익사업에 해당하므로 법인세 신고대상이다.

2-35. 의료법인이 계열사 임직원에게 의료비를 할인해 준 경우

▶▶ 사전안내 사례

> 귀 법인에서 특수관계가 있는 계열사에 소속된 임직원들에게 할인된 금액으로 의료용역을 제공한 경우 동 할인 상당액을 익금산입하여야 하며, 부당행위계산부인 대상에 해당하는지를 반드시 확인하여 법인세 신고 시 유의하시기 바란다.

2-36. 계열사 간 건설용역 등 용역거래를 한 경우

▶▶ 사전안내 사례

> 귀 법인과 특수관계가 있는 계열사 간 용역거래가 있는 경우 연도별 작업진행률(총공사예정원가, 발생원가 등)을 검토하여 수익의 귀속시기 적정 여부 및 부당행위계산부인 대상 해당 여부를 확인하여 법인세 신고 시 유의하시기 바란다.

2-37. 해외시장개척비나 해외기부금을 지출한 경우

▶▶ 사전안내 사례

> 귀 법인이 지출한 해외시장개척비 중 접대비 등 이와 유사한 비용은 접대비 한도액 계산 시 이를 포함하여 시부인 및 세무조정하여야 하는 것이며, 해외기부금은 비지정기부금으로써 손금불산입 대상이므로 이를 검토하여 법인세 신고 시 유의하시기 바란다.

2-38. 스크랩등 부산물이 발생하는 경우

▶▶ 사전안내 사례

> 귀 법인이 유상사급*을 조건으로 하여 외부업체로부터 수주를 받거나 외부업체에 발주를 하는 경우 제품을 제조·생산을 하는 과정에서 발생하는 스크랩등 부산물은 귀 법인의 원재료 소유 여부에 따라 수입금액으로 산입되어야 하는 것이므로, 반드시 검토하여 법인세 신고 시 유의하시기 바란다.

* 유상사급: 원청업체가 하청업체에 자재를 공급해주면서 그 대가를 받는 경우. 대가를 받지 않는 것은 무상사급이라고 함.

2-39. 고유목적사업준비금을 설정한 비영리법인인 경우

▶▶ 사전안내 사례

귀 법인이 설정한 고유목적사업준비금으로 수익용자산을 취득하는 경우에는 익금산입 세무조정을 하여야 하며, 비영업대금이익의 경우 준비금의 50%만 설정하여야 한다. 또한, 지출한 인건비에 대하여는 총 급여액 중 8천만 원을 초과하는 금액[91]은 고유목적사업 지출로 보지 않으므로 법인세 신고 시 유의하시기 바란다.

▶▶ 고유목적사업준비금이란?

비영리내국법인이 각 사업연도에 고유목적사업 또는 일반기부금에 지출하기 위하여 고유목적사업준비금을 손금으로 계상하는 경우에는 손금산입한도액 범위 안에서 당해 사업연도의 소득금액 계산 시 손금에 산입한다.(법법 §29 ①)

▶▶ 비영업대금의 이익이란?

금융업자가 아닌 거주자의 금전대여로 인한 이익을 말한다. 일반적으로 사채이자를 말한다.

▶▶ 8천만 원 초과 인건비에 대한 규제

고유목적사업준비금을 손금산입하는 비영리법인의 임원 및 종업원이 지급받는 총급여액이 8천만 원을 초과하는 경우, 그 초과하는 금액은 고유목적사업에 지출 또는 사용한 금액으로 보지 않는다.(상증령 §38 ②, 법령 §56 ⑪)

---

91) 다만, 인건비 지급기준을 주무관청에 승인을 받은 경우에는 그 금액을 인정받을 수 있다.

2-40. 지입료 수입만 있는 경우

▶▶ 사전안내 사례

> 지입료 수입을 주업종으로 하는 법인의 경우 중소기업에 해당하지 아니하므로 중소기업에 대한 특별세액감면, 결손금 소급공제, 접대비 인정한도 우대 등 중소기업 관련 공제·감면 등을 반드시 검토하여 반영하지 않도록 법인세 신고 시 유의하시기 바란다.

- 지입 계약: 운수회사가 화주에게 차량과 운전자를 제공하면, 그 대가로 매월 일정 대금을 지급받는 계약
- 지입차: 운수회사의 명의로 등록된 개인 소유의 차량

2-41. 자산평가증한 자산을 처분·상각한 경우

▶▶ 사전안내 사례

> 귀 법인이 20×1 사업연도에 세무조정 시 유보처분하여 증가한 것을 포함하여 20×1년도 말 기준 유보 기말잔액은 아래와 같다. 20×2년 기중 자산을 처분·상각한 경우 유보처분의 반대조정을 통하여 추인을 적정하게 하였는지 확인하여 신고 시 유의하시기 바란다.
> 1. 20×1 사업연도 기말 유보 잔액: ○○백만 원

2-42. 토지, 지장물, 영업권 등에 대한 보상을 받은 경우

▶▶ 사전안내 사례

> 귀 법인이 20×1 사업연도 동안 수령한 보상금(토지, 지장물, 영업권 등 관련)은 아래와 같다. 보상금의 경우 수령한 때에 법인의 수익으로 보아야 하는 것으로 법인세 신고 시 유의하시기 바란다.
> 1. 20×1 사업연도 보상금 수령액: ○건, ○○백만 원

2-43. 근저당권을 설정한 경우

▶▶ 사전안내 사례[92]

귀 법인이 채무자 및 제3자 등에게 설정한 근저당권은 아래와 같다. 근저당권 설정의 사유가 자금의 대여로 인한 것이라면 관련 이자수익을 누락하여 신고하지 않도록 법인세 신고 시 유의하시기 바란다.

1. 20×1 사업연도 말 기준: ○건, ○○백만 원

2-44. 소송 진행 중 소송비용을 지출한 경우

▶▶ 사전안내 사례

대표자, 주주 등의 개인적 사유로 업무와 관련 없이 소송을 위해 지출한 비용은 법인의 손금으로 볼 수 없는 것으로 귀속자별 소득처분이 필요한 사항이며, 사건이 종결(항소포기 및 3심 종결)된 사업연도에 손금이 가능한 소송비용에 대하여는 소송이 종결되기 전에 경비처리하지 않도록 하고, 종결된 소송이라도 소송내용에 따라 소송비용이 자산을 형성하는 성질의 것일 경우 취득원가에 산입할 수 있도록 법인세 신고 시 유의하시기 바란다.

2-45. 벤처기업 확인이 취소되거나 유효기간이 만료된 경우

▶▶ 사전안내 사례

벤처기업 확인이 취소되거나 유효기간이 만료된 법인은 창업벤처중소기업 세액감면을 받을 수 없으며, 기술보증기금 등에 조회한 결과 귀사에 대한 벤처기업 확인이 취소(유효기간 만료)된 내역은 다음과 같다.

---

92) 법인뿐 아니라 일반 개인에 대해서도 소명을 요구하고 있다.

1. 취소일(유효기간 만료일): ××. ××. ××.
2. 취소사유: ○○○

2-46. 세무조사를 받은 후 신고소득률이 하락한 경우

▶▶ 사전안내 사례

세무조사를 받은 이후 특별한 사유 없이 신고소득률이 하락하는 경우 성실신고 여부 분석 시 불리한 평가를 받을 수 있으니, 금번 신고 시 수입금액과 각종 비용의 적정 계상 여부를 검토하여 성실하게 신고하시기 바란다.

▶▶ 2020년 사례

세무조사 종결된 사업자로서 종결 이후 신고소득률 평균이 조사귀속연도보다 평균 50% 이상 하락한 경우

2-47. 국외 특수관계자에게 대부투자를 한 경우

▶▶ 사전안내 사례

귀 법인이 국외 특수관계자에게 대부투자 항목으로 20×1년 중 외환송금한 금액을 아래와 같이 안내하오니 정상 이자율에 따라 과세조정하여 법인세를 신고하시기 바란다.
1. 대부투자 금액: ○○○백만 원

2-48. 관계기업에 해당하는 경우

관계기업 제도 도입으로 중소기업의 범위가 조정되어 관계기업 간 출자비율에 따라 합산한 결과 중소기업 기준을 초과하는 사례가 다수 발생하였으므로 검토가 필요하다.

▶▶ 조세특례제한법 시행령 제2조【중소기업의 범위】

● 기재부 조세특례제도과-165, 2013. 2. 26.

관계기업으로 중소기업에서 제외되는 경우 중소기업 유예기간을 적용받을 수 없음.

● 서면 법규과-1133, 2013. 10. 18.

중소기업청 게시 관계기업은 직전연도를 기준으로 중소기업 제외 여부를 판단하나, 조특법은 당해 사업연도 종료일을 기준으로 판단함.

▶▶ 세무조사 시 주요 검토 사례

관계기업 간 출자비율에 따라 합산한 결과, 졸업기준을 초과하는 경우 유예기간 적용 없이 중소기업에서 제외되므로 중소기업 관련 조세특례 신고 시 유의하시기 바란다.

2-49. 임직원 관련 형사사건 확정판결문이나 징계가 있는 경우

임직원 관련 자금 횡령이나 유용 등의 형사사건 판결문이 있는 경우 형사사건 확정판결문에서 드러난 뇌물과 기업주 등의 횡령금 관련 법인세 및 대표이사 인정상여(근로소득) 신고 누락 혐의에 대해 소명을 요구하는 사례가 있다.

기업의 자체 감사 시 지적된 임직원의 징계사항 서류를 요구하여 세무상 문제점이 없는지 확인하는 사례가 있다.

❸ 세무조사 셀프 체크 항목(종합소득세 편)

국세청에서 종합소득세 신고 시 사전안내한 후 사후검증하는 항목들에 대한 예시이다.

사전안내에 따라 수정신고하지 않거나 신고에 반영하지 않으면 조사대상자로 선정될 수도 있다.

3-1. 세금계산서, 신용카드 등 적격증빙보다 더 많은 비용을 계상한 경우

▶▶ 사전안내 사례(국세청)

20×5년 귀속 종합소득세 복식부기신고자로서 신고내용의 매입금액과 적격증빙(세금계산서 등)의 차이금액이 **1억 원** 이상이다. 올해 신고 시 매입비용의 적격증빙 수취 여부를 확인하시기 바란다.
 * 간편장부신고자: 차이금액 5천만 원 이상

▶▶ 사전안내 사례(지방국세청)

20×5년 귀속 종합소득세 신고서를 보면, 신용카드 매출전표 등 법정 증빙서류를 갖추지 못한 금액이 **1천만 원** 이상인 것으로 나타난다. 이번에 신고하실 때에는 법정 증빙서류를 미리 챙겨 주시기 바란다.

▶▶ 사전안내 사례(지방국세청)

20×6년 **귀속 부가가치세 납부금액이 1천만 원 이상**(매출액 – 매입액이 1억 원 이상)으로서, 올해 장부에 의하여 소득금액 계산할 경우에 필요경비의 적격증빙 수취 및 사업 관련성 여부 등을 확인 후 신고하여 주시기 바란다.

3-2. 소득률이 동업종보다 저조한 경우

▶▶ 사전안내 사례(국세청)

> 20×5년 귀속 신고소득률이 평균소득률(업종별·지역별·외형별)과 대비하여 80% 미만이다 (간편장부 70% 미만).[93]
>
> * 2017. 3. 3. 현재 기준으로 산출한 소득률이며, 지역별은 특별시, 광역시·도별로 구분하였다.

▶▶ 사전안내 사례(지방국세청: 적격증빙 미수취비율 과다)

> 1. 20×5년 귀속 신고소득률이 분석 대상업종 사업자의 평균보다 낮고, 필요경비 중 적격증빙 미수취 비율이 높은 것으로 확인된다.
> 2. 20×6년 귀속 신고 시 사업과 관련 없는 경비를 필요경비로 계상하지 않도록 유의하여 주시기 바란다.
>   * 농어민 등으로부터 매입 시 계좌이체 및 거래내역을 확인할 수 있는 지출증빙을 보관하여야 필요경비로 인정

3-3. 직원신고를 하지 않았는데 복리후생비가 발생한 경우

▶▶ 사전안내 사례

> 20×5년 귀속 복식부기 신고내용의 손익계산서(원가계산서)상 급료와 임금·제수당 지급액이 없고 복리후생비가 5백만 원 이상이다.
> 올해 신고 시 복리후생비 계정이 종업원 등의 복리후생적 비용을 계상한 것인지 확인하시기 바란다.

---

93) 납세자를 대리하는 세무회계사무소 등에서 숙지하여 안내문이 나오기 전에 미리 안내해야 납세자가 불안해 하지 않게 된다.

3-4. 동종업종 대비 인건비 비율이 높은 학원 등

▶▶ 사전안내 사례

> 20×5년 귀속 신고 수입금액 대비 인건비 비율이 동종업종 평균보다 높게 분석된다. 판매관리
> 비(인건비 포함) 중 사업과 관련 없는 비용을 필요경비로 계상하지 않도록 유의하여 주시기 바
> 란다.
>   * 수입금액: 수강료+교재비+기타수입(매점, 임대, 자판기, 시험응시료 등)
>   ** 인건비: 근로소득+사업소득+기타소득금액 합계

3-5. 인건비 대비 복리후생비가 과다한 경우

▶▶ 사전안내 사례

> 20×5년 귀속 인건비 대비 복리후생비 비율이 동종업종 평균보다 높은 것으로 분석되오니,
> 사업과 관련 없는 경비 계상 여부 등을 확인 후 신고하여 주시기 바란다.
> * 복리후생비 제외 항목: 접대성 경비, 마트·편의점·교통비 등 개인적 사용 경비

▶▶ 세무조사 사례

> 직원 급여수준 대비 복리후생비가 과다하여 가공계상에 따른 소득금액 누락혐의가 있어 복리후
> 생비 계정에 집중 분석
> - 현장확인 결과 병원 자체적으로 구내식당 운영함을 확인
> - 업종 특성상 모든 직원은 구내식당을 사용할 수밖에 없는 환경으로 일반 음식점에서 허위로
>   소액 등 식대 영수증으로 발급받아 계상한 복리후생비 106백만 원에 대하여 필요경비 부인

3-6. 동종업종 대비 신용카드 매출비율이 과다한 경우(현금비율 과소)

▶▶ 사전안내 사례 #1

> 귀하의 20×5년 매출액 검토결과 신용카드·현금영수증 등 관련 매출비율이 동종업종 평균비율보다 높은 것으로 분석되오니, 소득세 신고 전 현금매출이 누락되지 않도록 확인 후 신고하여 주시기 바란다.
>
> * 현금매출 = 현금결제금액(현금영수증 미발행) + 계좌이체금액

▶▶ 사전안내 사례 #2

> 20×6년 귀속 부가가치세 신고서상 현금매출 신고비율이 분석대상 업종 평균보다 낮은 것으로 확인된다.
> 종합소득세 신고 시 수입금액이 적정한지 확인하여 주시기 바란다.
>
> * 현금매출: 현금영수증 발행분 제외한 현금매출로, 계좌이체 금액도 수입금액 신고 대상

3-7. 동종업종 대비 현금매출 비율이 과소하거나 원재료 비율이 높은 경우

▶▶ 사전안내 사례

> 20×6년 귀속 부가가치세 신고서상 현금매출 비율이 분석대상 업종 평균보다 낮거나 원재료 매입비율이 높은 것으로 분석되오니 신고 전 다시 한번 확인해 주시기 바란다.
>
> * 현금매출 비율: 매출액 대비 현금(현금영수증 제외)매출 비율
> ** 원재료 비율: 매출액 대비 재무제표상 원재료 금액 비율(프랜차이즈 업종: 본사로부터 수집한 원재료 금액, 기타업종: 손익계산서상 원재료 금액)

3-8. 현금매출 비율이 저조한 음식 · 숙박업자의 경우

▶▶ 사전안내 사례

20×5년 귀속 매출액에서 신용카드 · 현금영수증 매출이 차지하는 비율이 같은 업종의 평균보다 높은 것으로 나타난다. 현금영수증을 발행하지 않은 매출은 없는지 한 번 더 확인하여 주시기 바란다.

3-9. 환자 본인부담금보다 카드 등 매출이 더 많은 병 · 의원의 경우

▶▶ 사전안내 사례

20×6년 귀속 사업장 현황 신고서와 신용카드 · 현금영수증 발행내역을 비교해 보면, 환자 본인부담금(비보험 포함)이 신용카드 · 현금영수증 발행금액보다 적은 것으로 확인되니, 이번 신고하실 때 이 내용을 충분히 검토하여 주시기 바란다.[94]

3-10. 수입금액이 크게 증가한 경우

▶▶ 사전안내 사례 #1

20×6년 매출액이 20×5년에 비해 크게 늘어난 것으로 나타난다. 올해 장부에 의해 소득금액을 계산하여 종합소득세를 신고하는 경우, 사업과 관련이 없는 비용이 신고에 포함되지 않도록 유의하시기 바란다.

---

94) 비보험 매출 누락 여부를 확인하기 위한 것이다.

▶▶ 사전안내 사례 #2(면세사업자)

귀하의 20×6년 귀속 면세수입금액이 증가한 것으로 분석되오니 현금매출 누락 여부와 사업과 관련 없는 경비가 필요경비로 계상되지 않도록 유의하여 주시기 바란다.

3-11. 매출액 대비 판매관리비 비율이 높은 경우

▶▶ 사전안내 사례 #1

20×5년 귀속 종합소득세 신고서상 판매비와관리비 비율이 분석대상 업종 평균과 비교하여 높고 수입금액이 증가한 것으로 분석되오니, 사업 관련 필요경비 계상에 유의하여 주시기 바란다.

* 판매비와관리비 중 휴일 및 근무시간 외 사용분의 업무관련성 검토 필요

▶▶ 사전안내 사례 #2(부동산임대업)

귀하의 20×5년 귀속 종합소득세 신고내용을 분석한 바, 매출액 대비 판매관리비 비율이 동종업종 평균보다 높은 것으로 확인된다.

금년 신고 시에는 사업과 관련 없는 경비가 필요경비로 계상되지 않도록 유의하여 주시기 바란다.

* 부동산임대업은 통상 감가상각비·이자비용 외에는 인건비·복리후생비 등 판매관리비가 발생하지 않는 업종

3 - 12. 외환수취금액보다 영세율 신고매출이 더 적은 경우

▶▶ 사전안내 사례

20×6년 부가가치세 신고서상 영세율 매출금액과 외환수취금액 간의 차이가 1천만 원 이상으로 외환수취사유와 금액을 확인하시어 수입금액이 신고 누락되지 않도록 유의하여 주시기 바란다.
　* 영세율 매출금액 = 구매확인서·직수출 등 합계
　** 외환수취금액 = 국외에서 개인에게 송금한 금액 합계

3 - 13. 보험설계사 등 인적용역자의 판관비가 70% 이상인 경우

▶▶ 사전안내 사례

20×5년 귀속 신고 시 인적용역 매출액 대비 판관비가 70% 이상이었는 바, 사업과 관련없이 사적으로 사용한 신용카드비·차량유지비·학원비·기타 가사경비 등이 장부상 필요경비에 포함되었는지 유의하여 신고하시기 바란다.

3 - 14. 기말재고자산 비율이 업종 평균보다 낮은 경우

▶▶ 사전안내 사례 #1

20×5년 귀속 종합소득세 신고 재무제표상 기말재고액이 업종 평균 기말재고액보다 낮거나 현금매출 비율이 업종 평균 이하로 실제 재고 및 현금매출이 신고 누락되지 않도록 유의하여 주시기 바란다.
　* 기말재고: 연도 말 판매되지 않고 보관, 진열한 상품
　** 현금매출: 견본품, 시제품 등 포함 현금(현금영수증 제외) 판매분

▶▶ 사전안내 사례 #2(전기 기말재고와 당기 기초재고 차이)

20×4년 귀속 신고내용의 손익계산서 기말재고와 20×5년 귀속 신고내용의 기초재고와의 차이금액이 1천만 원 이상이다. 올해 신고 시 전년도 재고자산과 일치 여부를 확인하시기 바란다.

3-15. 차입금 대비 지급이자가 과다한 경우(이자율이 10% 이상인 경우)

▶▶ 사전안내 사례

20×5년 귀속 복식부기 신고내용의 20×4~20×5년 귀속 재무상태표 차입금의 합계는 1억원 미만이나 20×5년 귀속 손익계산서상 지급이자는 1천만 원 이상이다. 올해 신고 시 차입금에 대한 지급이자가 적정하게 계상되었는지 확인하시기 바란다.

3-16. 유형자산 감소액보다 감가상각비가 클 경우

▶▶ 사전안내 사례

20×5년 귀속 재무상태표를 보면, 유형고정자산 감소액보다 감가상각비가 큰 것으로 파악된다. 이번 신고하실 때 감가상각비 계산이 정확한지 검토하여 주시기 바란다.

3-17. 부동산매매업자가 부동산을 양도한 경우

▶▶ 사전안내 사례

부동산매매업자의 경우 부동산의 매매차익과 세액을 매매일이 속하는 달의 말일부터 2개월이
되는 날까지 예정신고하여야 하니, 예정신고 신고 여부를 확인하시기 바란다.
* 토지 등 매매차익 예정신고 무신고 시 무신고·신고납부불성실가산세가 적용된다.

3-18. 업무용 승용차를 사용하고 있는 경우(성실신고자, 복식부기의무자)

▶▶ 사전안내 사례

사업과 관련 없이 사적으로 사용한 승용자동차의 감가상각비, 임차료, 유류비, 수선비, 리스료,
차량유지비 등이 장부상 필요경비에 포함되었는지 유의하여 신고하시기 바란다.
 * 올해(2016년 귀속) 확정신고 시 업무용 승용차 관련비용 또는 처분손실을 필요경비에 산입한 성
   실신고확인대상자는 '업무용 승용차 관련비용 명세서'를 첨부하여 납세지 관할 세무서장에게 제
   출하여야 한다.
** 2017년 귀속부터는 모든 복식부기의무자로 대상자가 확대된다.

3-19. 보조금을 받은 병·의원 등

▶▶ 사전안내 사례

1. 20×6년에 무료 예방접종 보조금을 받은 것으로 확인되니, 이번에 신고하실 때 이 금액이
   빠지지 않도록 유의하시기 바란다.
2. 20×6년 바우처사업과 관련하여 보건복지부(사회보장정보원)로부터 국고보조금을 수취한
   것으로 파악되니 국고보조금과 수혜자 본인 부담금이 신고에 누락되지 않도록 유의하여 주
   시기 바란다.

▶▶ 바우처제도

"바우처제도"란 정부가 수요자에게 쿠폰을 지급하여 원하는 공급자를 선택하도록 하고, 공급자가 수요자로부터 받은 쿠폰을 제시하면 정부가 재정을 지원하는 방식을 말하는데, 이때 지급되는 쿠폰을 바우처라고 한다. 일종의 상품이나 서비스를 구매할 수 있는 증서와 같다. 노인, 장애인, 산모, 아동 등 사회서비스가 필요한 사람들에게 일종의 이용권을 발급하여 서비스를 받을 수 있도록 하는 사회서비스 바우처가 대표적이다.[네이버 지식백과 참조]

3-20. 의사 · 치과의사 · 한의사 세무조사 사례

▶▶ 의사 세무조사 사례

1. 현금으로 결제 시 10~20% 정도 할인하여 현금결제를 유도하고 현금매출의 일정비율만 신고하는 수법으로 수입금액 탈루
2. PC에 허위장부를 작성해 놓고 현금으로 결제한 수술차트는 별도로 보관하는 등의 수법으로 수입금액 탈루
3. 미용 목적의 비보험 진료분을 치료 목적의 보험진료로 위장하여 비보험 진료분과의 차액을 신고 누락
4. 실제는 미용 목적의 의료보건 용역을 제공하는 부가가치세 과세사업자이나 면세사업자로 위장하여 부가가치세 등 탈루
5. 신고된 사업용 계좌가 아닌 종사 직원이나 친인척 명의의 차명계좌를 통해 진료비를 입금받고 이를 수입금액 신고 누락
6. 수입금액 노출을 피하기 위하여 진료기록부와 처방전을 별도로 관리하는 수법으로 수입금액 탈루

▶▶ 치과의사 세무조사 사례

1. 임플란트 등 고액 치료비는 예약대장을 별도 비치관리하면서 현금 수입금액을 누락하는 수법으로 수입금액 탈루
2. 현금으로 결제 시 10~20% 정도 할인하여 현금결제를 유도하고 현금매출의 일정비율만 신고하는 수법으로 수입금액 탈루
3. PC에 허위장부를 작성해 놓고 현금으로 결제한 수술차트는 별도로 보관하는 등의 수법으로 수입금액 탈루
4. 신고된 사업용 계좌가 아닌 종사 직원이나 친인척 명의의 차명계좌를 통해 진료비를 입금 받고 이를 수입금액 신고 누락
5. 현금으로 지급하면 의료비 소득공제 등을 받지 못하는 불이익을 감안하여 10% 할인해 주겠다며 현금결제를 요구하고 수입금액 신고 누락
6. 현금으로 결제하면 신용카드로 결제할 때 금액의 10~15% 정도를 할인해 주고 서비스로 스케일링까지 해준다고 환자들을 현혹하여 신용카드 결제를 의도적으로 회피하는 수법으로 수입금액 탈루
7. 임플란트 재료를 환자가 특정업체에서 매입하도록 하여 사실상의 매입계산서를 누락하고 임플란트 시술비에 대해 수입금액 신고 누락

▶▶ 한의사 세무조사 사례

1. 수입금액 노출을 피하기 위하여 진료기록부와 처방전을 별도로 관리하는 수법으로 수입금액 탈루
2. 비보험인 보약조제 시 녹용 등 고가 한약재를 처방하고도 일반 한약재 처방으로 위장하여 수입금액 탈루
3. 현금으로 결제 시 10~20% 정도 할인하여 현금결제를 유도하고 현금매출의 일정비율만 신고하는 수법으로 수입금액 탈루
4. 신고된 사업용 계좌가 아닌 종사 직원이나 친인척 명의의 차명계좌를 통해 진료비를 입금 받고 이를 수입금액 신고 누락
5. 여드름·기미·튼살·홍조클리닉 등 피부미용 클리닉을 마련하여 한방침을 시술하고 5~10회 가량 패키지로 현금결제 시 할인해 주는 수법으로 현금결제를 유도하고 수입금액 탈루
6. 탕약치료와 보궁단치료를 하는 불임전문 한의원이 비보험인 고액의 탕약과 보궁단 매출을 하고 현금결제 방법으로 수입금액 신고 누락

3-21. 학원업 세무조사 사례

1. 수강료에 대한 신용카드나 현금영수증 처리를 기피하고 차명계좌 등으로 수강료를 입금받는 수법으로 수입금액 탈루
2. 기준수강료와 다르게 수강료 수취하면서도 기준수강료 수준으로 신고
3. 수강단가를 낮추어 신고하는 수법으로 수입금액 탈루
4. 정규과정 이외에도 추가과정을 개설하여 수강하도록 권유하고 추가과정에 대한 수입금액 탈루
5. 수입금액 노출을 우려하여 학원 측과 강사의 상호 합의하에 학원 수입금액과 강사료 지급액을 축소 신고하는 수법으로 수입금액 탈루
   - 유명강사의 수강료를 일정 비율로 배분하고 있으나 수입금액을 축소 신고하고, 강사료 원천징수 미이행
   - 온라인 시스템의 서버정보를 확보하여 수강생들의 수강내역, 개설강좌, 강사현황자료를 확인, 신고자료와 대사를 통해 신고 누락 ○○○백만 원, 강사료 원천징수 미이행 ○○○백만 원 적출
6. 수강료 이외에 특강료, 교재대, 원복 구입대금 및 방과 후 교육비 등을 현금으로 수령하고 수입금액 신고 누락
7. 특강반의 경우 인원이 상대적으로 소수이고 개별적 관리가 용이한 점을 이용, 학부모와 연락하여 차명계좌로 결제를 유도하고 수입금액 탈루
8. 유아영어학원에서 카드 결제 시 교육비 결제와 교재비 결제를 별개로 결제하도록 하는 수법으로 수입금액 탈루
9. 실제로 부가가치세 면세사업인 보습학원임에도 학원비 수령 시 10%의 부가가치세를 별도로 수령하고도 세금계산서 발행 없이 수입금액 신고 누락

3-22. 농·축·수산물 도소매업(중도매인) 세무조사 사례

1. 수입소고기의 원산지 등 이력추적을 회피하려는 식당·정육점 등과 외형노출을 기피하는 중·소규모 유통업체의 이해관계가 맞물려 무자료 거래 성행
2. 무자료로 판매한 금액은 대량 급식처, 대형 식당 등 계산서를 필요로 하는 업체에 실물거래 없이 계산서만 발행해 주는 등 유통과정 문란
3. 중도매인은 농·축·수산물공판장 또는 법정도매시장으로부터 경락받은 상품에 대하여 계산서를 수취하는데 반해, 매출의 상당부분은 계산서 수취를 기피하는 시장 상인이 차지하여 소외 "남아도는 자료"만큼 허위로 계산서 발행
4. 소득세법 시행령 규정에 따른 연도별 계산서 의무교부비율을 초과하는 경우 보고불성실가산세 규정이 적용되지 않으므로, 현재까지도 수입금액을 누락하거나 계산서 발행이 제대로 이루어지지 않고 있음.

▶▶ 중도매인에 대한 계산서 보고불성실가산세 적용특례

「농수산물 유통 및 가격안정에 관한 법률」 제2조 제9호에 따른 중도매인이 매출처별 계산서합계표를 신고한 금액이 총매출액에서 차지하는 비율(계산서 발급비율)이 아래의 비율 이상인 경우에는 간편장부대상사업자로 본다. 이 경우 중도매인의 2023. 12. 31. 이내에 종료하는 각 과세기간별 계산서 발급비율이 아래의 비율에 미달하는 경우에는 각 과세기간별로 총매출액에 아래의 비율을 적용하여 계산한 금액과 매출처별계산서합계표를 제출한 금액과의 차이에 대해서만 계산서를 발급하지 않는 공급가액으로 하여 계산서등 제출 불성실가산세를 부과한다.(소령 부칙 §19)

과세기간	서울특별시 소재 중앙도매시장의 중도매인	기타의 중도매인
2021. 1. 1.~2021. 12. 31.	90%	70%
2022. 1. 1.~2022. 12. 31.	95%	75%
2023. 1. 1.~2023. 12. 31.	95%	75%

3-23. 연예인 세무조사 사례

1. 수입금액 누락형태는 대부분 지급명세서를 발급받지 않거나 지급명세서상 금액을 협의하여 감액하는 방법으로 수입금액 탈루
2. 제작사로부터 고액의 출연료를 수취하고도 제작사가 지급명세서를 발급하지 않거나 폐업하는 수법으로 연예인의 수입금액 탈루
3. 행사주체가 비사업자인 일부 대학가의 행사공연 수입금액 탈루
4. 필요경비를 증빙에 의해 계상하지 않고 소득세액에 맞추어 소득금액을 사전에 확정하고 그에 맞추어 필요경비를 허위로 계상

3-24. 변리사 세무조사 사례

1. 외국기업의 특허권, 상표권 등 국내출원·등록에 대한 수수료를 수령하고 신고 누락
   - 세금계산서 발행대상이 아닌 영세율 매출분 신고 누락
   - 외화입금내역과 영세율 신고금액 대사를 통해 신고 누락액 ○○○백만 원 적출
2. 접대성 경비를 복리후생비로 계상
3. 교육비 등 가사 관련 비용을 필요경비로 계상
4. 가공경비를 필요경비로 계상
   - 실제 근무하지 않는 배우자 등에 대한 인건비 계상
   - 지출내역이 없는 사무용품비 등을 필요경비로 계상

3-25. 법무사 세무조사 사례

1. 일반인을 상대로 하는 소장·답변서·가압류 등의 등기 외 사건 수수료를 현금수취하고 ○○○백만 원 신고 누락
   - 지방법무사회에 제출한 사건부와 사업장에 비치된 사건처리카드 상호대사를 통해 신고 누락한 ○○○백만 원 적출

2. 등기이전·근저당설정 등의 기본수수료 외 수수하는 누진료 등 기타보수료를 신고 누락
3. 등기 대행 시 의뢰인으로부터 수령한 출장비·등본료 ○○백만 원과 의뢰인이 부담하는 인지세·등록세 ○○백만 원을 영수증 대사를 통해 적출

3 - 26. 건축사 세무조사 사례

1. 개인건축주와 수의계약을 통해 소규모 건물 설계용역을 제공하고 현금 수령한 ○○○백만 원에 대해 세금계산서 발행하지 않고 신고 누락
   - 친인척 등의 차명계좌 ○○개를 금융조사하여 신고 누락액 ○○○백만 원 적출
   - 시·군·구청으로부터 수집한 건축허가내역과 원시장부 대사를 통해 신고 누락한 ○○○백만 원 적출
   - 대금을 수령하지 못한 경우 세금계산서 미발행
   - 설계 계약금 수취분에 대한 수입금액 신고 누락
2. 실제 근무하지 않는 배우자 등에 대한 인건비 계상
3. 지출내역이 없는 사무용품비 등을 필요경비로 계상
4. 현장 경비를 외주용역비와 복리후생비로 이중계상
5. 교육비 등 가사 관련 비용을 필요경비로 계상

3 - 27. 피부과 세무조사 사례

1. 고액의 비보험 수입금액인 IPL·프락셀·모발이식·써마지 등의 시술비를 현금결제를 유도하여 신고 누락
   - 현금결제 시 일정액을 할인하여 현금결제 유도
2. 모발이식 환자들이 모발이식 이력을 숨기려는 점을 이용하여 현금결제한 ○○○백만 원 신고 누락
3. 의원 내에 피부관리실을 설치, 피부관리사를 통해 피부관리용역을 제공하고 이에 대한 부가가치세 ○○○백만 원 신고 누락

3-28. 성형외과 세무조사 사례

1. 고액 비보험 수입금액인 성형수술·보톡스 등 시술비를 현금결제를 유도하여 신고 누락[95]
   - 진료차트, 처방전, 향정신성의약품 취급대장, 접수대장을 상호 대사하여 신고 누락한 ○○○백만 원 적출
   - 금융기관 차입금 상환내역 분석과정에서 별도 관리계좌를 확인하여 신고 누락한 ○○○ 백만 원 적출
2. 입원환자 식대 및 매점 수입금액 신고 누락

3-29. 기타 업종별·유형별 주요 세무조사 사례

① 수입금액 누락을 위해 현금결제를 유도함으로써 비보험 진료수입이 현저하게 낮은 의료업자

   • 관련 업종: 종합병원, 성형외과, 피부과, 치과, 이비인후과, 신경정신과, 비뇨기과 등

② 거래처가 비사업자인 개인인 점을 이용하여 현금결제를 유도함으로써 수입금액 신고 누락 혐의가 있는 전문직 사업자

   • 관련 업종: 변호사, 변리사, 법무사, 공인회계사, 세무사, 감정평가사, 경영지도사, 건축사, 기술사, 약사 등

③ 허위·업무무관경비 계상 등으로 소득금액을 누락하는 고소득 인적용역자

   • 관련 업종: 배우, 탤런트, 모델, 가수, 작곡가, 성악가 및 직업운동가 등

④ 수입금액 분산을 위해 차명계좌 이용하거나 명의위장 혐의가 높은 유흥업소

   • 관련 업종: 룸살롱, 요정, 단란주점, 나이트클럽 등

---

95) 세파라치의 집중 타깃이 되었었다.

⑤ 현금매출누락으로 신용카드 등 매출 비율이 높은 숙박업자

- 관련 업종: 모텔, 펜션, 일반호텔 등

⑥ 담합에 의한 이중계약서 작성 등으로 수입금액 누락혐의가 있는 임대사업자 등

- 관련 업종: 주거용 임대업 및 비주거용 임대업, 부동산매매업

⑦ 고금리 대출로 폭리를 취하면서 수입금액을 누락하는 대부업자

- 관련 업종: 대금업, 전당포업, 기타 금융지원 서비스업
- 사례
  - ㉠ 전당포가 고가의 스마트 기기 등을 저당받은 후 이자수익을 신고하지 않을 뿐만 아니라 채무 미이행 시 판매한 중고폰 수입금액까지 신고 누락
  - ㉡ 부동산 및 자동차 대출을 통해 고액의 수입을 올렸음에도 형식적으로 소액만을 신고하는 수법으로 수입금액 탈루
  - ㉢ 실제는 다수의 전주(錢主)가 자금을 대여하고 있으나, 형식은 캐피털의 이름으로 대출하고 차명계좌로 이자를 수취하는 수법으로 수입금액 탈루
  - ㉣ 급전이 필요한 영세 개인을 대상으로 담보 부동산에 근저당을 설정하여 39~45% 고율의 이자를 받고 있음에도 사업자 미등록

⑧ 수입금액 누락을 위해 신용카드 등의 결제를 기피하는 고액 입시학원사업자 등

- 관련 업종: 입시학원, 보습학원, 예·체능 입시학원, 외국어학원 등

⑨ 무자료 거래 등을 통해 유통질서 문란을 야기하고 수입금액을 누락하는 농·축·수·임산물 도매업자

- 관련 업종: 농·축·수·임산물 도매업, 농·축·수·임산물 중개업 등

⑩ 수입금액 탈루를 위해 차명계좌를 이용하거나 가공·위장세금계산서를 수수하여 시장질서를 혼란시키고 과다한 이익을 취하는 도매업자

- 관련 업종: 음료·식료품 도매업, 가정용품 도매업 등

⑪ 실물공급과 다르게 세금계산서를 발행하여 거래질서를 혼란시키는 컴퓨터 프로그래밍 및 시스템 통합 관리업자

- 관련 업종: 컴퓨터시스템 통합 자문·구축 및 관리업, 시스템·응용소프트웨어 개발 및 공급업

⑫ 소비자에게 직접 공급하면서 세금계산서 등을 교부하지 않는 건설용역업자

- 관련 업종: 인테리어업자, 주택 등 설비전문업자, 주거용 건물 건설업자, 조경업자 등

⑬ 수입금액 누락을 위해 현금결제를 유도함으로써 시설규모에 비해 수입금액이 현저하게 낮은 호황사업자

- 관련 업종: 산후조리원, 골프연습장, 장례식장, 결혼예식장, 사우나 등

⑭ 시설규모는 작으나 호황사업자로 수입금액 누락 및 필요경비 허위계상 혐의가 높은 사업자

- 관련 업종: 스크린골프, 고급미용실, 체인화된 음식점, 동물병원 등

⑮ 기타 현금영수증 및 신용카드 발급 위반자 등 세법상 의무 불이행자 및 재산 증가와 지출대비 소득신고가 미흡한 사업자

⑯ 실제는 공동사업형식이나 단독사업자로 등록 후 평균 1~2년 주기로 개업과 폐업을 반복하여 사업자를 바꾸는 수법으로 수입금액 분산

④ 세무조사 셀프 체크 항목(부가가치세 편)

4-1. 정육식당·수산식당의 경우

▶▶ 사후검증 사례

> 음식용역을 제공하면서 음식점 내 식육점을 겸업하는 것으로 등록하여 신용카드 결제 시 음식용역 제공 대가의 상당부분을 식육점 매출로 변칙처리하는 방법으로 신고 누락하여 부가가치세 추징

▶▶ 분석 사례

⎯⎯

① 분석대상

같은 신용카드로 같은 시간대에 과·면세 동시 결제된 음식업자와 면세사업자(정육점, 수산시장)

* Van사의 신종 POS프로그램에 의해 1장의 신용카드 매출전표에 과·면세사업자의 매출이 동시 결제됨.

② 분석방법

두 사업자의 신용카드 매출전표 발행시간 비교 대사, 초단위 결제건 추출하여 위장 면세매출 추정

③ 분석결과

전국 약 ○○○개 식육점·수산시장 위장 면세매출 추정

과·면세 동시 결제 이루어진 사업자 중 과세매출 사업자에게 면세매출 합산 신고하도록 개별안내

⎯⎯

▶▶ 안내 사례

⎯⎯

음식점 사업장 안에 면세판매장을 설치하여 고기·횟감을 판매하고 음식점에서는 상차림비만 받더라도 손님이 식사를 마친 후 음식값과 고기·횟감 값을 동시에 결제한 것은 모두 부가가치세 과세되는 음식용역을 제공한 것이다.

⎯⎯

▶▶ 심판결정 사례(국심 2000전0509, 2000. 9. 2.)

⎯⎯

사업자등록은 따로 하고 동일건물에서 친인척 간 활어판매장 및 회센터를 연결사업으로 운영하면서 식당에서 일괄계산하여 각자의 수입금액이 명확히 구분되지 않는 경우 판매장 수입금액 전체를 식당 매출액에 포함시킨 처분은 정당함.

⎯⎯

심사 부가2009-0029, 2009. 6. 9., 법규과-2036, 2007. 4. 26.

> 면세사업자가 육류를 판매함에 있어 구내에 접객시설을 설치하고 음식 부재료 등을 별도로 판매하여 고객이 구입한 육류를 당해 접객시설에서 소비하도록 하는 경우 부가가치세법 제7조 제1항의 규정에 의한 용역의 공급에 해당되는 것이다.

4-2. 성형외과 분석자료

▶▶ 분석 사례

① 분석대상
성형외과 사업자
쌍꺼풀, 코 성형, 유방확대·축소, 지방흡입, 주름살제거, 안면윤곽, 치아성형, 악안면 교정술은 과세 대상

② 분석방법
신용카드 건별 매출액 분석
신용카드 건당 평균매출금액을 산정한 후 동종업종 평균 건당 매출액과 비교 대사
* 통상적인 성형수술 단가(만 원)
   쌍꺼풀, 지방흡입: 150~200
   코 성형: 400~500
   유방확대·축소: 600~800

③ 분석결과
전국 약 ○○○개 성형외과 사업자 수입금액 누락 추정
* 건당 매출액 최저 수술비용(150만 원) 미달 사업자 ○○○명
동종업종 평균 건당 매출보다 저조한 사업자에게 개별 성실신고 안내

4-3. 유흥주점을 임대하는 건물주

▶▶ 사후검증 사례

유흥주점을 임대하는 건물주가 유흥주점 때문에 재산세가 중과되었다는 이유로 임차인에게 중과분을 전가하고, 동 금액을 수입금액으로 신고하지 않아 부가가치세 추징

▶▶ 안내 사례

유흥주점으로 인해 부과된 재산세 중과세액을 유흥주점 임차인이 납부한 경우 중과세액은 임대인의 수입금액에 포함하여 신고하여야 한다.

4-4. 신용카드에 봉사료를 구분하여 발행하는 경우

▶▶ 사후검증 사례

접객원을 고용하지 않은 음식점과 고급 미용실 등 사업자가 봉사료는 부가가치세가 과세되지 않는다는 점을 악용하여 신용카드 매출전표 발행 시 봉사료 금액을 구분 발행하는 방법으로 과세표준 누락하여 부가가치세 추징

4-5. 금융리스자산을 중도반환하거나 이용자 변경하는 경우

▶▶ 사후검증 사례

금융리스자산의 중도반환 및 이용자 변경(승계)은 재화의 공급에 해당하여 세금계산서를 교부하고 부가가치세를 신고·납부해야 함에도 불구하고, 일부 리스이용자의 경우 이를 이행하지

않아 부가가치세 추징

4-6. 사무용 오피스텔을 주거용으로 변경하는 경우

▶▶ 사후검증 사례

오피스텔을 매입하여 임대사업을 한 사업자가 매입세액 환급 후 주거용으로 임대한 사실을 확인하여 환급세액 추징

4-7. 모텔·목욕탕의 경우

▶▶ 사후검증 사례

물 사용량 및 관리비(전기, 가스, 상하수도) 매입 분석, 매출 환산하여 현금수입을 누락한 무인모텔 및 목욕업소에 대해 부가가치세 추징

4-8. 부동산중개업의 경우

▶▶ 사전검토 사례

부동산거래관리시스템(RTMS)을 통한 검증

1. 공인중개사가 공인중개사업무 및 부동산거래 신고에 관한 법률 제27조에 의한 부동산 매매 시 제출한 부동산거래계약신고서를 기준으로 공인중개사업무 및 부동산거래 신고에 관한 법률 제33조, 제34조에서 규정한 중개수수료 요율표에 따라 업체별 수입금액 산정
2. 산정된 수입금액과 당초 신고내역을 대사하여 매출누락 혐의금액 산정

▶▶ 사후검증 사례

> 20×6년 1기 부동산 거래신고 분석결과 0건의 부동산 매매거래를 중개한 것으로 확인되어 각각 거래금액에 중개수수료율(0.3 ~ 0.9%)을 적용하여 현금매출누락 혐의금액 산출

▶▶ 세무조사 사례

> 1. 여러 명이 사업장 1곳에서 동업을 하면서 매출금액은 사업자등록을 한 1명분만 신고하여, 공동사업자의 수입금액 신고 누락
> 2. 부동산 중개 건수 및 수수료를 축소하여 신고 누락
> 3. 부동산 중개 수수료 이외에 컨설팅 수수료 명목 수취분 신고 누락
> 4. 자격증 소지자 명의 및 특수관계자 명의로 사업자 등록하여 사업자 본인의 소득금액 탈루

4 - 9. 재활용 폐자원 유통업체의 경우

▶▶ 사후검증 사례

> 직원·친지 등의 주민등록번호를 이용하거나 사업자로부터 구입분을 비사업자(개인)에게 구입한 것으로 신고, 법인세 신고서상 원재료 매입금액보다 부가가치세 신고서상 의제매입금액을 과다하게 신고하여 부당공제[96]

---

96) 판매자 인별(즉, 넝마 인별)로 전국 DB 구축하여 1인당 48백만 원이 넘는 경우 의제매입세액을 불공제하고 있다.

4-10. 신용카드 매출비율이 과다한 음식업·예식장의 경우

▶▶ 사후검증 사례

> 지역별 유명 호황업소 등 현장정보를 분석·활용하여 현금결제 할인·차명계좌 이용 등으로 탈루한 세액 추징, 신용카드 매출비율이 동일업종 평균비율보다 월등히 높고 의제매입비율은 증가하나 매출증가율은 거의 변동이 없는 업소에 대하여 현금매출누락 적출

4-11. 유흥업소의 경우

▶▶ 사후검증 사례

> 양주 매입 시 수취한 전자세금계산서의 양주 품목별 매입수량과 매출액 분석으로 매출누락 적출, 주대를 봉사료로 변칙처리·과다계상분 적출

▶▶ 세무조사 사례

> 1. 현금매출분을 친인척 명의의 별도 계좌에 입금하여 관리하면서 수입금액 신고 누락
> 2. 재산이 없는 종업원 명의로 사업자등록을 하고 1~2년 단위로 명의를 바꾸어 고의적으로 세금 탈루
> 3. 신용카드 위장가맹점을 통한 수입금액 신고 누락
> 4. 인근에 유사상호로 특별소비세가 과세되지 않는 주점으로 사업자등록을 한 후 신용카드 위장발행
> 5. 신용카드 매출액을 접대부, 웨이터 등의 봉사료로 기재하여 수입금액 신고 누락
> 6. 외상매출금액을 장부상 계상하지 않고 수입금액 신고 누락
> 7. 외국인 주류대 외화환전 수입금액 신고 누락
> 8. 실제 구입하지도 않은 가공의 주료, 식자재 매입세금계산서 등을 수취하여 매입세액 부당공제

4-12. 스크린골프장의 경우

▶▶ 분석 사례

⃞1 분석대상

게임 프로그램 공급자(골프존)에 유료게임 수수료를 지급하고 세금계산서 대신 현금영수증을 발급받는 스크린골프장 사업자

⃞2 분석방법

골프존 본사 현금영수증 발행내역 조회하여 사업자등록번호 및 사업자주민등록번호로 발행된 금액에 의해 수입금액 환산

① 골프존 현금영수증 발행내역[97] 금액을 건수로 환산함.

② 유료게임 지급수수료: 1게임당 약 2천 원

③ 유료게임당 매출액: 1게임당 약 2만 원

④ 유료게임 신고대상금액 = (② ÷ ①) × ③

⃞3 분석결과

스크린골프장 매출액 전국 약 ○,○○○억 원 예상

골프존 가맹점 현금영수증 수취내역 조회하여 유료게임 지급수수료에 의한 유료게임 최소 매출금액 산정하여 일반사업자(약 ○,○○○명)에게 개별안내

▶▶ 안내 사례

골프존 본사로부터 수취한 현금영수증 자료를 집계하여 안내하오니 유료게임 매출을 과소하게 신고하지 않도록 면밀히 검토하여 성실하게 신고하여 주시기 바란다.

통상 유료게임 1게임당 수수료 2천 원을 지급하는 것으로 파악된다.

---

97) 골프존에서는 게임사용료에 대하여 모두 현금영수증을 발행하고 있다. 따라서 게임사용료를 바탕으로 게임 횟수로 환산할 수 있는 것이고 매출 규모를 추정할 수 있는 것이다.

4-13. 펜션사업자의 경우

▶▶ 분석 사례

---

① 분석대상

　인터넷 홈페이지를 통해 실시간 예약받는 펜션사업자

② 분석방법

　인터넷 홈페이지상 객실 수, 이용요금, 예약현황에 의해 최소 추정수입금액 산정하여 신고
　누락금액 산정

　① 인터넷 홈페이지: 객실 수 × 이용요금평균 × 52일[98]

　　　＊ 52일 = 상반기 26주 × 주말 포함 최소 2일 예약 완료

　② 펜션사업자 부가세 신고서: 신용카드·현금영수증 매출 + 기타 매출

　③ 신고 누락 금액 = ① － ②

③ 분석결과

　연간 약 ○○○억 원 신고 누락 추정

　　＊ 1개 업체 평균 추징세액 ○백만 원 × 전국 ○,○○○개 펜션 × 2회 신고
　　＊＊ 간이과세자까지 범위 확대 시 신고 누락세액 대폭 증가

　홈페이지, 객실 수, 평균요금에 의한 최소 추정수입금액 산정하여 일반사업자(○,○○○명)
　에게 개별안내

4-14. 유흥주점, 안마시술소, 골프장, 백화점에서 카드를 사용한 경우

▶▶ 사후검증 사례

부가가치세 매입세액으로 공제되지 않는 유흥주점, 안마시술소, 골프장, 백화점 매입 등 접대성
경비를 신용카드로 결제하고 부가가치세 신고 시 기타공제 매입세액으로 부당하게 공제

---

98) 국세청에서는 최소한 일주일 중 토요일에는 만실인 것으로 가정하여 계산한 것이다.

>> 추징 사례

건설업자 B법인은 백화점에서 고가의 물건을 구입하여 거래처에 선물하고, 신용카드로 결제한 금액을 부가가치세 신고 시 매입세액으로 부당하게 공제함.
부당하게 공제한 매입세액에 대하여 가산세와 함께 부가가치세 추징

4 - 15. 자동차검사 대행업체

>> 사전검증 사례

자동차 정비업자들이 교통안전공단을 대행하여 자동차 정기(종합)검사를 실시하고 소비자들로 부터 받은 수수료에 대해
 - 교통안전공단으로부터 검사 및 수수료 실적을 수집하고, 과거 신고내용을 추가 분석

4 - 16. 음식업의 경우

>> 세무조사 사례

1. 주류, 음료수를 세금계산서 등 자료 없이 구입하여 판매하면서 이에 대한 수입금액 신고 누락
2. 가공의 원·부재료(장류, 조미료 등) 매입세금계산서 등을 수취하여 매입세액 부당공제
3. 가공의 매입계산서(육류, 생선, 채소류 등)를 수취하여 의제매입세액 부당공제
4. 정육점(면세사업자)을 같이 운영하면서 음식업소 매출분을 정육점 매출액으로 분산하여 신고
5. 간이과세자 중 일반과세자 유형전환 회피를 위해 위장폐업하고 다른 사람 명의로 사업자등록하는 명의위장 행위

음식점 등이 의제매입 공제비율이 과도하게 높은 경우에는 가공 매입 또는 매출누락 여부 정밀 검토

4 – 17. 숙박업의 경우

▶▶ 세무조사 사례

1. 상대적으로 이용료가 저렴한 대실료에 대한 현금수입분 신고 누락
2. 건물주가 임대료를 받고 있으나, 직접 운영하는 것으로 위장하여 임대수입금액 신고 누락
3. 부대시설인 연회장, 노래방, 단란주점, 주차장 등을 임대하면서 수입금액 신고 누락
4. 주류판매 면허없이 투숙객에게 주류를 판매하면서 주류 매출액 및 음료수 매출액에 대한 수입금액 신고 누락
5. 실물거래 없이 위장·가공세금계산서를 수취하여 매입세액 부당공제(유류대 등)

4 – 18. 미용업의 경우

▶▶ 세무조사 사례

1. 자격증 소지자 명의 및 특수관계자 명의로 사업자 등록하여 사업자 본인의 소득금액을 탈루
2. 규모 있는 미용실의 경우 신용카드 결제계좌에 대한 통장과 현금 수입액 입금통장을 별도 관리하여 수입금액 누락
3. 실지 매입은 세금계산서 없이 소규모 화장품 도·소매업체에서 구입하면서, 세금계산서는 실물거래 없는 가공매입세금계산서를 수취함으로써 부당 매입세액 공제

4 - 19. 피부관리업

▶▶ 세무조사 사례

1. 정기회원권 신용카드 매출금액만 신고하고, 현금결제가 이루어지는 1회성 피부관리 수입금액 신고 누락
2. 매출금액 노출에 따라 실물거래 없이 위장·가공세금계산서를 수취하여 매입세액 부당공제
3. 고가의 기능성 화장품, 네일케어 제품 등을 판매 후, 현금할부하거나 화장품 도매상 명의로 신용카드 결제

4 - 20. 변호사업

▶▶ 세무조사 사례

1. 성공보수를 현금으로 수령하고 수입금액 신고 누락
2. 사건 수임 계약 후 합의 등으로 법원 미접수 해약분 수임에 대한 수입금액 신고 누락
3. 의뢰인에게 반환될 보석보증금의 상당수가 성공보수금 성격으로 변호사에게 귀속된 후 자료 노출이 되지 않아 수입금액 신고 누락
4. 소송대금을 현금수취기준으로 신고하거나 미수취분에 대하여 신고 누락
5. 경력이 적은 변호사를 실제 고용하여 월급을 지급하면서 공동사업자로 등록하여 소득을 분산
6. 구속적부심 심사 단계에서 집행유예 선고, 형 감량 결정 시 별도로 사례비를 책정하는 경우가 많으나, 이에 대한 수입금액 신고 누락

4 - 21. 법무사업

▶▶ 세무조사 사례

1. 검인비, 전입세대 조사비, 소액수수료 등 신고 누락
2. 기타 등기부등본·토지대장 발급수수료, 검인계약서 작성료, 납부 대행료, 교통비 등 실비수

령액 신고 누락

3. 은행 등과의 계약에 의해 주택담보대출 알선 및 근저당설정 업무를 일괄적으로 하면서 수수료 신고 누락

4. 공동주택 분양 시 분양자의 집단 소유권 이전을 대행하면서 정상요율 이하로 수주하고 신고 누락

5. 법원 공탁사건의 신청서류 작성료, 소장·고소장 작성료 신고 누락

6. 건당 수수료를 축소하여 신고

4-22. 프랜차이즈 가맹점

▶▶ 사후검증 사례

가맹점 본사로부터 POS 매출자료를 수집하여 과소신고 여부 분석[99]

4-23. 건설업

▶▶ 사후검증 사례

1. 완성도지급기준·중간지급기준 조건부 건설공사 용역을 제공하는 경우에는 공급시기는 각 대가를 받기로 한 때이나, 납부세액을 줄이기 위해서 공급시기를 임의로 조정

2. 하도급업자로부터 실제보다 높은 공급가액의 세금계산서를 수취하여 매입세액을 부당하게 공제받는 사례

---

99) 가맹점 본사에서는 품목별 매출액 관리, 잘 팔리는 상품 관리, 신제품 메뉴 개발 등을 위해 POS 매출자료를 수집하게 된다.

4 – 24. 주유소

▶▶ 사후검증 사례

1. 실제 유류를 구입하지 않았음에도 거짓세금계산서를 수취하여 매입세액을 부당하게 공제
2. 일반 소비자(개인)에게 판매한 유류를 운수업·건설업 등에 판매한 것으로 위장하여 거짓세금계산서를 교부하는 사례
3. 자동세차기를 설치하여 고객으로부터 세차비를 받았음에도 매출신고 누락

4 – 25. 부동산임대

▶▶ 사후검증 사례

1. 세부담을 줄이기 위해서 월세를 과소하게 신고
2. 임차인에게 전가한 재산세 등을 부가가치세 과세표준에서 누락
3. 임대차 계약이 갱신되어 월세가 높아졌음에도 종전대로 신고

4 – 26. PC(게임)방

▶▶ 사후검증 사례

1. PC(게임)방 매출은 시간당 이용요금과 음료수 등 판매금액으로 구성
   (게임사용시간×이용요금/시간당 = 매출과표)
2. 주요 국내 게임사(NCSOFT, 넥슨 등)에서 수집[100]한 게임 이용시간을 수집하여 분석한바 상당한 수입금액을 신고 누락

---

100) PC방과 주요 게임사 간 제휴를 바탕으로 PC방은 주요 게임사의 게임에 대한 시간당 이용료 약 200원 정도를 게임사에게 지불하게 되는 구조이므로, 게임사 지불 내용을 게임시간으로 환산할 수 있으며, 이를

4 - 27. 커피전문점

▶▶ 사후검증 사례

1. 커피전문점의 경우 일반 소비자에게 커피 및 빵 등 판매금액으로 구성되며, 판매금액의 일부를 수수료로 지급
2. 본사가 커피브랜드별로 매출액의 일정비율을 로열티로 지급받은 자료를 수집하여 분석한바 상당한 수입금액을 신고 누락

4 - 28. 약국

▶▶ 사후검증 사례

1. 처방전이 없는 일반약품의 판매가 많은 것으로 탐문 되는데도 불구하고 신고내용 분석결과 부가가치세가 과세되는 일반약품 판매는 소액이며, 대부분 조제분 매출(면세)로 신고하는 것으로 나타남.
2. 조제분 약가와 의약품 매입액을 검토한 결과 일반약품 판매분을 상당액 조제분 약가로 신고한 사실이 확인되어 부가가치세 추징

바탕으로 매출액을 추정할 수 있게 되는 것이다.

⑤ 세무조사 사례

5-1. 공정과 준법의 가치를 훼손하는 역외탈세자 52명 세무조사
- 수출입거래 조작, 부당 역외금융거래, 사업구조 위장(2023. 5. 31.) -

1. 세무조사 배경

□ 세계경기 불황, 불안정한 국제정세로 인한 복합 경제위기를 극복하기 위해 모든 경제 주체가 노력하고 있습니다. 특히 기업은 안으로 내수경제에 활력을 불어넣고 밖으로 글로벌 기업과 경쟁하고 있습니다.

□ 국세청은 기업 납세자의 권리 보호와 애로 타개를 위해 힘쓰고 있는데, 일부 기업은 오로지 권익과 혜택만 누린 채 헌법상 납세의무를 무시하고 반사회적 역외탈세를 저지르면서 공정과 준법의 가치를 훼손하였습니다.

  ○ 이 역외탈세혐의자는 거래·사업·실체 구조의 외관을 정상처럼 꾸미고 수출입 가격의 인위적 변경, 사주 일가의 수출물량 가로채기, 국내 원천소득의 국외 이전 등 정당한 세금 부담 없이 국부를 유출하였습니다.

  ○ 이런 역외탈세는 경제적 자원을 부당하게 유출하면서 자유롭고 공정한 시장경쟁을 방해하고 국제수지 균형에 부정적 영향을 끼쳤습니다.

□ 이에 국세청은 헌법가치인 조세법률주의와 조세평등주의를 염두에 두고 역외탈세혐의자 52명에 대해 적법·공정 과세원칙에 따라 강도 높은 세무조사를 착수하였습니다.

2. 세무조사 유형별 탈세혐의

□ 세무조사 유형은 ① 현지법인을 이용하여 수출거래를 조작한 수출업체, ② 투자수익을 부당 반출한 사모펀드 및 역외 편법 증여한 자산가, ③ 사업구조를 위장하여 국내소득을 유출한 다국적기업 등 3가지입니다.

수출거래 조작	부당 역외금융거래	사업구조 위장
19명	12명	21명

탈세 유형 1 현지법인을 이용하여 수출거래를 조작한 수출업체 : 19명

□ 첫 번째 유형은 사주 일가가 지배하는 페이퍼 컴퍼니를 통해 수출물량을 가로채거나 사주가 지배하는 현지법인과 무역거래하면서 시장가격보다 저가로 수출하여 현지법인에 소득을 이전하는 경우입니다.

○ 사주 자녀가 소유하는 페이퍼 컴퍼니를 수출거래에 끼워넣어 이익을 분여하거나 수출대금을 사주가 빼돌려서 유용하였습니다.

   – 이 중 일부 사주는 탈세한 자금으로 외국에 27채의 주택을 매입하고 취득사실을 국내에 미신고하였으며 임대소득까지 탈루하였습니다.

○ 독립법인으로서 경제적으로 합리적인 의사결정이 아니라 사주의 사적 이익을 위해 국외 특수관계자에게 상품, 제조기술, 지식재산권 등을 시가보다 저가로 수출하며 부당하게 외국에 이익을 유보하였습니다.

[사주 자녀의 페이퍼 컴퍼니 설립 후 현지 거래처로의 수출물량 변화(사례 1)]

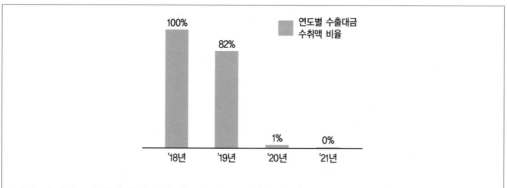

현지 거래처로부터 수취한 수출대금이 사주 자녀의 페이퍼 컴퍼니 설립('19. 11월) 후에 급감

탈세 유형 2 투자수익 부당반출한 사모펀드 및 역외 편법증여한 자산가 : 12명

□ 두 번째 유형은 자본이동이 자유로운 우리나라 개방경제를 이용하여 투자수익을 해외로 빼돌리거나 역외투자로 세 부담 없이 증여한 경우입니다.

○ 역외사모펀드의 국내 운용사는 해당 펀드가 국내 기업을 사고팔아 큰 수익을 올리는데 기여하였으나, 운용사 대표가 관련 성공보수를 본인이 지배하는 해외 페이퍼 컴퍼니 명의 계좌로 부당하게 챙겼습니다.

○ 자녀 명의 역외보험상품의 보험료 약 20억 원을 대납하거나, 부동산 개발사업 성공을 앞둔 현지법인 주식을 자녀에게 넘겨주며 7백억 원대의 이익을 편법 증여한 자산가도 조사대상에 포함되었습니다.

[**투자수익 대비 국내 운용사 수입 과소** (사례 3)]

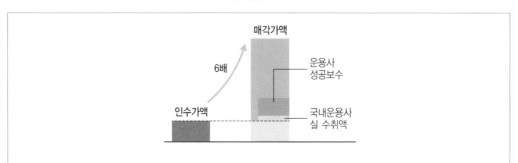

국내 기업 인수 후 6배로 매각하여 수천억 원의 수익을 올렸으나 국내 운용사는 통상 펀드 운용사가 받는 성공보수의 3% 정도만 수령

탈세 유형 3 사업구조를 위장하여 국내소득을 국외 유출한 다국적기업 : 21명

□ 세 번째 유형은 다국적기업이 국내사업장을 숨기거나 거래실질을 위장하여 국내 과세를 피해 소득을 국외로 유출하는 경우입니다.

○ 글로벌 디지털기업이 우리 통신망을 이용하여 국내 소비자로부터 수익을 창출 했지만 사업장을 숨기고 소득을 국외 이전한 혐의가 적발되었습니다.

○ 거래·실체·사업 구조를 인위적으로 설계하여 사용료 및 배당소득에 대한 원천징수를 누락한 외국계 기업도 확인되었습니다.

[국내시장 철수 前 고의적 적자 발생(사례 6)]

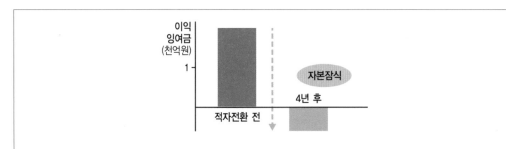

이익잉여금을 모회사에 배당하지 않고 모회사로부터 제품을 고가 매입하거나, 모회사에 허위대금을 지급하며 세 부담 없이 유출(적자전환 후 자본잠식)

3. 추진성과

□ 국세청은 국제 무역·금융·자본 거래를 상시 모니터링하고 과세당국 간 국제공조 네트워크를 활용하여 역외탈세정보를 수집하고 있습니다.

  ○ 역외탈세 혐의정보를 융합분석한 후에 파급력 있는 탈세유형에 대해 전국 동시 세무조사를 실시하면서 보도자료를 배포하여 잠재적 역외탈세자에게 경각심을 심어주고 국민의 알 권리를 보장하였습니다.

□ 이러한 노력의 결과, 최근 3년간 총 4조 149억 원의 세금을 추징하였고 연 평균 추징세액은 1조 3천억 원을 초과하였습니다.

  ○ 역외탈세 세무조사 건당 부과세액은 지속 증가하여 '21년 기준 68.1억 원을 기록하였습니다. 일반 법인 세무조사의 건당 부과세액 9.8억 원보다 약 7배 정도 더 높은 성과입니다.

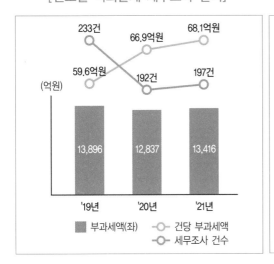

[연도별 역외탈세 세무조사 실적]

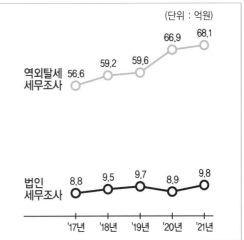

[세무조사 건당 부과세액 비교]

□ 사회 투명성 제고, 과세 인프라 확충, 역외탈세 기획조사(최근 10년간 12.3조 원 추징) 등으로 전통적 유형의 탈세는 줄었지만 『법적 형식은 정상처럼 보이나 경제적 실질은 탈세』인 양상으로 그 수법이 진화되었습니다.

　　○ 이에 국세청은 올해부터 역외탈세 세무조사 부과세액을 「대표 성과지표」로 선정하면서 역외탈세 대응에 한층 더 역량을 집중할 예정입니다.

4. 향후 조사방향

□ 역외탈세는 세금부담 없이 국부가 유출되는 반(反)사회적 위법행위로 국세청의 역외탈세 대응에 대한 국민의 관심과 요구 수준이 높습니다.

　　○ 이런 맥락에서, 이번 전국 동시 역외탈세조사에서는 세법과 조세조약에 따라 일시보관·디지털 포렌식·금융추적조사·과세당국 간 정보교환 등 가용한 집행수단을 총동원하여 끝까지 추적·과세하겠습니다.

　　○ 조세를 포탈하거나 세법질서를 위반한 사실이 확인되는 경우, 국민의 기대에 부응하여 무관용 원칙에 따라 엄정 대응하겠습니다.

□ 앞으로도 국세청은 어려운 경제여건을 감안하여 세무조사 감축기조를 유지하면서 헌법상 절차적 정의인 적법절차, 조세법률주의 및 조세공평주의를 세무조사의

원칙으로 세워나가겠습니다.

○ 아울러 역외탈세에 대해서는 공정·적법 과세로 실체적 정의를 실현하면서 우리나라의 과세주권을 지키는데 최선의 노력을 다하겠습니다.

붙임 세무조사 주요 추징 사례

사례 1 (수출 가로채기) 수출물량을 사주 자녀의 해외 페이퍼 컴퍼니에 부당 이전하고 축적된 탈세자금을 사주일가의 해외부동산 취득에 사용

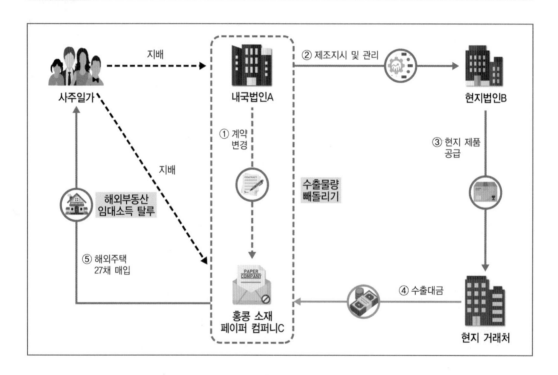

□ 주요 탈루혐의

○ (수출물량 빼돌리기) 내국법인 A는 해외현지법인 B에서 제품을 위탁 제조하여 현지 거래처에 공급하는 외국인도수출* 방식으로 거래

  * 대금은 국내로 들어오지만 물품을 국내 통관 없이 외국에서 인도하는 수출방식

  – 사주 자녀의 페이퍼 컴퍼니 C 설립 후, A가 계속 사업을 수행함에도 형식상

C가 사업을 수행하는 구조로 변경하면서 A의 수출물량 급감

○ (해외부동산 임대소득 탈루) 사주 일가는 수출물량을 빼돌리며 축적한 C의 자금을 유출하여 총 27채의 해외주택을 매입
  - 국내 외환, 과세당국에 주택 취득사실을 미신고하며 임대소득 탈루

□ 조사방향

○ 실질적으로 C의 소득은 A의 소득에 해당하므로 A에게 과세하고, 사주 일가가 해외부동산으로 벌어들인 임대소득을 추징

| 사례 2
(관계사간
저가수출) | 국외 관계사에 소프트웨어 해외배급권을 편법으로 저가 제공하고 국외 관계사가 부담해야 할 비용을 대신 부담 |

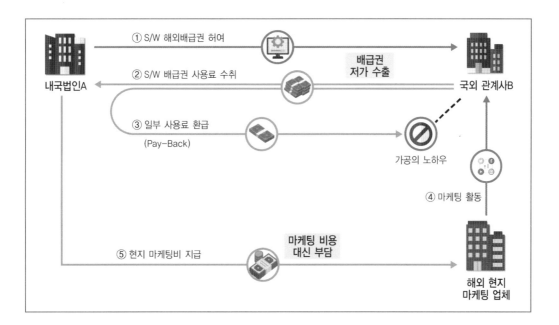

□ 주요 탈루혐의

○ (배급권 저가 수출) 소프트웨어 개발사인 내국법인 A는 국외 관계사 B를 해외배급사로 선정하고 소프트웨어에 대한 배급 권한을 부여

- B가 소프트웨어 개발 관련 인력이나 노하우를 갖고 있지 않았지만, A는 자신이 소프트웨어 개발 시 B의 노하우를 사용했다는 명목으로 B로부터 받은 사용료 일부를 환급(Pay-Back)하며 B를 부당 지원

○ (마케팅 비용 부담) 현지 마케팅 비용은 배급 이익을 얻는 배급사 B가 지불해야 함에도 A가 마케팅 비용을 대신 부담

□ 조사방향

○ A가 B에게 부당 지급한 사용료와 B를 대신하여 부담한 현지 마케팅 비용에 대해 부인

| 사례 3
(검은머리
외국인) | 역외사모펀드의 국내투자 수익 중 일부를 펀드운용사가 성공보수로 받으면서 사주 소유 페이퍼 컴퍼니로 유출 |

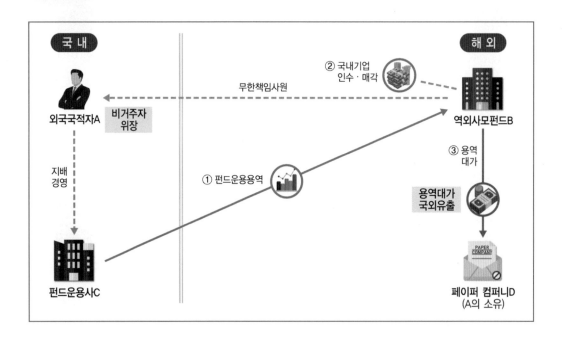

□ 주요 탈루혐의

  ○ (용역대가 국외유출) 외국 국적의 A는 외국계은행 국내 지점 펀드매니저 출신으로서 외국자본의 투자를 받아 역외사모펀드 B 설립

    – A가 지배·경영하는 펀드운용사 C는 B의 국내기업 인수·매각 관련 용역을 B에 제공하였고 단기간에 투자금의 500%가 넘는 매각차익 발생

    – B는 해당 용역대가(성공보수)를 C가 아닌 A가 소유한 페이퍼 컴퍼니 D에 부당하게 지급하였고, C는 성공보수의 3% 정도만 대가로 수취

  ○ (비거주자 위장) A는 소득세법상 거주자임에도 외국 국적을 이용하여 비거주자로 위장하고 펀드나 운용사로부터 받아왔던 급여를 탈루

    – 국내에 주거지를 두고 경제활동을 수행하므로 국내 거주자에 해당

□ 조사방향

  ○ D가 수취한 용역대가는 C의 소득으로 과세하고, A의 거주자성을 입증하여 소득세 과세

회사 지분 매각자금을 편법 증여하기 위해 자녀 명의의 역외보험료를 대납하고 배당금을 국내 미신고

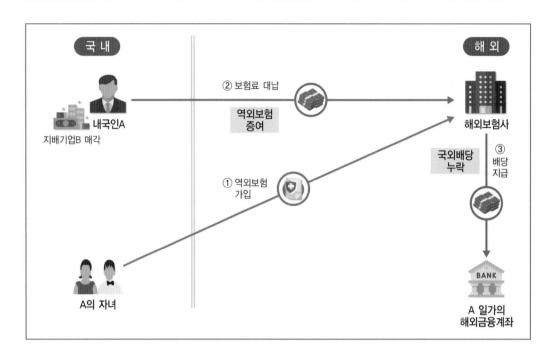

□ 주요 탈루혐의

  ○ (역외보험 증여) A는 내국법인 B의 前사주로서 투자회사에 지분을 매각하면서 얻은 자금을 자녀에게 편법 증여하기 위해

    – 일명 "강남부자보험"으로 알려진 유배당 역외보험상품*을 자녀 명의로 가입한 후 보험료 20여억 원을 대납

      * 국내에서 보험업 허가를 받지 않은 외국보험회사와 체결하는 보험

  ○ (국외배당 누락) 해당 역외보험은 연 6~7%의 배당수익이 발생하고 있으나 A 일가는 배당수익을 국외에 은닉하고 국내 소득 무신고

□ 조사방향

  ○ A가 대납한 보험료에 대해 증여세로 과세하고 해당 보험에서 발생한 배당수익에 대해서도 소득세 과세

다국적기업이 국내 고객에게 막대한 수익을 거두고도 주요 사업기능을 다수의 국내 자회사에 분산하여 과세 회피

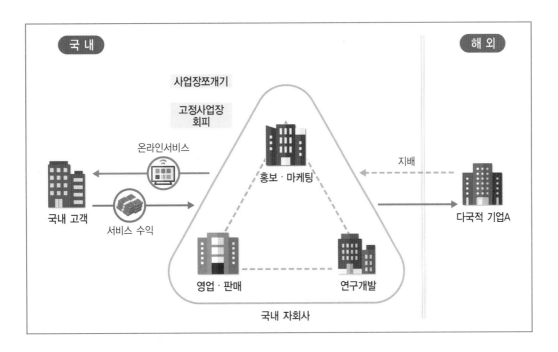

□ 주요 탈루혐의

 ○ (사업장쪼개기) 다국적기업 A는 국내 고객에게 온라인서비스 제공 시 필수적인 영업·판매, 홍보·마케팅, 연구개발 기능을 국내 자회사들에 분산

  - 자회사 기능 전체로 보면 A의 본질적이고 중요한 사업활동을 수행*하므로 A는 국내 사업장을 등록하고 수익에 대해 신고하여야 하나 자회사를 쪼개 각각 단순 서비스제공자로 위장하면서 세금 무신고

   * 국내 자회사가 모회사의 본질적이고 중요한 사업활동을 수행하는 경우 자회사를 모회사의 국내사업장으로 보고 국내사업 수익 전체에 대해 신고하여야 함.

  - 그 결과, A는 막대한 수익을 거두고도 세금납부 없이 소득을 국외로 가져가고, 국내 자회사는 비용보전 수준의 이익만 국내에 신고·납부

□ 조사방향

 ○ A가 국내에서 거둔 수익 중 국내 사업장 귀속분에 대해 과세

국내시장 철수 전에 제품 고가 수입 및 허위의 클레임 대가 지급으로 국내 유보된 이익을 국외로 이전

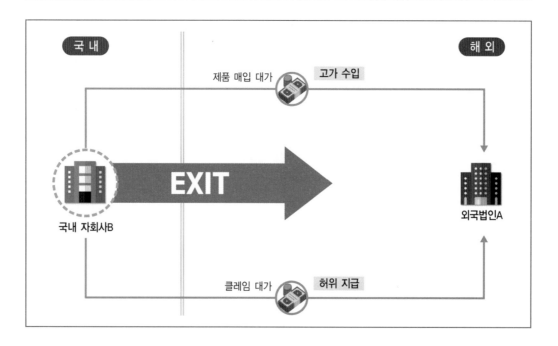

□ 주요 탈루혐의

○ (청산 전 고가수입) 외국법인 A의 국내 자회사인 B는 시장변화에 따른 국내 철수를 앞두고 A로부터 제품을 고가 매입하여 손실 발생

- 설립 이후 흑자를 이어오던 B는 고가 매입의 결과로 −10%가 넘는 영업손실을 기록했고, 국내에서 약 15년간 쌓은 수천억 원의 이익잉여금을 단 3년 만에 A에게 이전한 후 자본잠식 상태로 전환

○ (허위 거래) B가 A로부터 제품을 매입하여 국내 시장에 판매하는 구조인데도, B는 클레임 대가 명목*으로 A에게 송금

* 클레임 대가는 제조 공정상 하자가 발생한 경우에 제조자가 판매자에게 소비자 보상 비용을 보전해 주는 것으로서, 통상 판매자가 제조자에 지급하는 경우는 없음.

□ 조사방향

○ B의 국내시장 철수 전에 고가 매입 및 클레임 대가에 대해 과세

5-2. 서민의 위기를 기회 삼는 민생침해 탈세 엄단

  - 현 정부 출범 후 학원, 대부업 등 246명 세무조사로 2,200여억 원 추징
  '영끌 투자붐'을 악용한 주식, 코인 리딩방 운영업자 등 105명 신규
  조사착수(2023. 10. 30.) -

1. 민생침해 탈세자 세무조사 성과

☐ 국세청(청장 김창기)은 현 정부 출범 이후, 어려운 경제여건을 틈타『공정과 상식』을 깨트리며 서민에게 피해를 입히는 민생침해 탈세자에 대해 꾸준히 세무조사를 실시하는 등 엄정히 대응해 왔습니다.

  ○ '22년 5월, 가격담합, 과도한 가격인상 등 시장질서 교란행위로 폭리를 취하는 프랜차이즈업체, 건설자재 담합업체, 도박업자 등을 시작으로

   - 민생침해 탈세자에 대해 연중 상시적으로 세무조사에 착수하였으며, 주요 탈루사례 등을 보도자료로 발표하였습니다.

☐ 현 정부의 민생침해 탈세에 대한 집중적인 세무조사 실시로 9월까지 246명에 대해 이들이 탈루한 세금 총 2,200여억 원을 추징하였습니다.

  ○ 특히, 조세포탈·질서위반 행위가 확인된 10명에 대해서는 조세범칙조사를 실시하여 고발 또는 통고처분 하였습니다.

☐ 이들 246명의 민생침해 탈세자 조사에서 드러난 주요 탈루유형은 다음과 같습니다.

[주요 업종별 탈루유형]

학원업	• (학원) 학원비 현금·차명수취 신고누락, 직원 소득을 사주가 페이백 수취, 가족 소유 특수관계법인을 무상지원하여 이익분여 • (강사) 강의료·인세 등 소득 분산, 개인 사치품 구입비 등 사업경비 처리
대부업	• 전국적 피라미드 조직을 통해 최고 연 9,000% 이자 차명수취 및 전액 신고누락
장례업	• 장지 분양대금을 차명수취하여 신고누락하고, 법인자금을 개인 채무변제에 사용
프랜차이즈	• 가맹비·교육비는 신고누락하고, 가족 가맹점으로부터 로열티 미수취
도박업	• 불법 도박사이트 운영하며 차명으로 수취한 도박자금 신고누락

1 사교육비 부담을 가중시키며 고수익을 누리는 학원·강사

□ 첫 번째로, 학생과 학부모의 불안심리를 파고들어 사교육을 유도하면서 고수익을 누리고 호화 생활한 학원·강사 등의 탈세를 확인하였습니다.

□ (학원사업자) 일부 학원사업자는 엄청난 수익을 누리면서도 학원 자금을 마치 개인의 지갑처럼 유용하고, 가족의 부를 늘리는데 이용하였습니다.

  ○ 학원비를 현금·차명 수취하여 수입금액 신고누락 하였으며, 학원 내 소규모 과외를 운영하면서 과외비는 자녀계좌로 수취하여 우회 증여하였습니다.

  ○ 직원에게 소득을 과다지급하거나 직원 가족에게 가공지급 후, 인건비 경비처리하고 지급금액 중 일부를 현금 출금하게 하여 학원 사주가 페이백으로 수취하였습니다.

  ○ 아파트 임차료 등 사주 개인비용을 법인경비 처리하고, 법인 신용카드를 파인다이닝, 특급호텔 등 개인 호화생활을 영위하는데 사용하였습니다.

  ○ 전국적으로 학원을 운영하면서 지역에 소재하는 학원 지점으로부터 수취한 브랜드 사용료를 사주 개인명의 계좌로 입금받아 신고누락하였고,

    – 가족이 소유하고, 학원 관련업을 영위하는 특수관계법인에 용역대가를 과다지급하거나 자금을 무상지원하는 등의 방법으로 이익을 분여하였습니다.

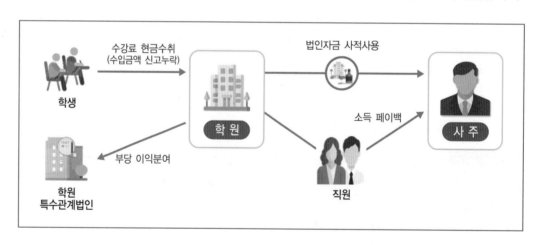

□ (스타강사) 일부 스타강사들은 수험생들의 기대와 신뢰를 바탕으로 유명세와 고수익을 누리면서도 법인에 소득을 분산하는 방법 등으로 탈루하였습니다.

  ○ 강의·교재 매출이 증가하자 특수관계법인을 설립한 후 강사가 수취하여야 할 강의료·인세를 법인에 귀속시켜 소득을 분산하고 개인소득세를 축소하였으며,

330

○ 고가 미술품, 명품 의류 등 개인 사치품 구입비를 사업경비 처리하고, 호화 슈퍼카를 업무용승용차로 둔갑시켜 관련 비용을 경비처리하였습니다.

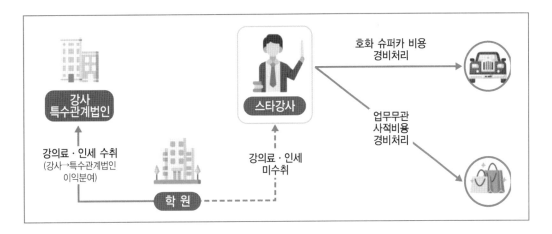

□ (현직교사) 학원업 세무조사 과정에서는 일부 현직교사가 학원 등으로부터 대가를 수취하면서 탈세한 사실도 확인되었습니다.

○ 이들은 학원에 문제를 판매하고, 그 대가를 수취하면서 가족계좌 등으로 차명·우회 수취하여 개인소득세 누진과세를 회피하였는데,

 – 이 과정에서 학원은 현직교사의 탈루행위에 일조하여 이들의 가족에게 소득을 지급한 것처럼 국세청에 '허위 지급명세서'를 제출하였습니다.

○ 또한, 이들 중 일부는 학원에 여러차례 계속 반복하여 문제를 판매하고 받은 대가를 '사업소득'으로 신고하여야 하는데, 일시적인 '기타소득'으로 신고하여 소득세를 축소하였습니다.

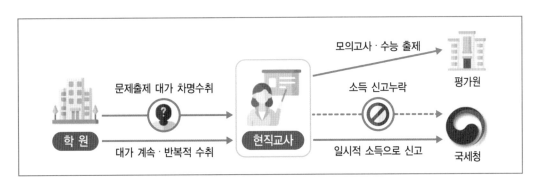

② 피라미드 조직으로 반사회적 불법 행위 일삼는 악덕 대부업자

☐ 두 번째로, 자금난에 허덕이는 신용 취약계층에게 법정이자율을 넘는 고리로 자금을 빌려주고, 수취한 이자소득은 대부업 미등록하여 신고누락하는 악덕 대부업자들의 반사회적 탈루행위가 확인되었습니다.

○ 전국적인 피라미드 조직을 결성하여 신용 취약계층을 상대로 연 9,000%가 넘는 초고율로 자금을 빌려주면서 조직원이 수금한 이자수입은 신고누락하고, 호화 요트 등을 차명으로 구입하여 재산을 은닉하였습니다.

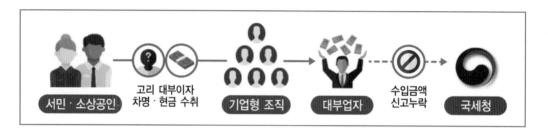

③ 유가족을 상대로 폭리를 취하며 탈루하는 장례업자

☐ 세 번째로, 유가족의 슬픔을 돈벌이에 악용하여 고가의 장례대금을 현금으로 수취하면서 신고누락한 장례업자의 탈루행위도 적발되었습니다.

○ 지인 등 차명계좌로 장지 분양대금을 수취하고, 가짜계약서를 비치하여 적극적으로 수입 신고누락 하였으며, 법인자금을 개인 채무변제 등에 사적으로 사용하고, 근무하지 않는 친・인척에게 가공인건비를 지급하였습니다.

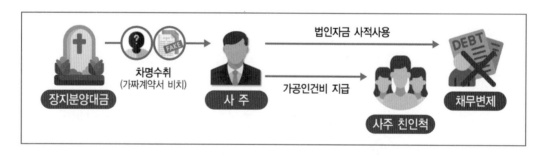

④ 생계형 가맹점으로부터 가맹비를 착취하며 신고누락하는 프랜차이즈 본부

☐ 네 번째로, 생계형 가맹점으로부터 가맹비, 교육비 등 여러 명목으로 대금을 착취하면서 사주일가의 이익은 챙긴 프랜차이즈 본부의 탈루행위를 확인하였습니다.

○ 외식 프랜차이즈를 운영하면서 생계형 가맹점으로부터 가맹비, 교육비 등 여러 명목으로 수취한 대금은 매출 신고누락하고, 가족이 운영하는 가맹점에서는 받아야 할 로열티 대가를 미수취하여 부당지원하였습니다.

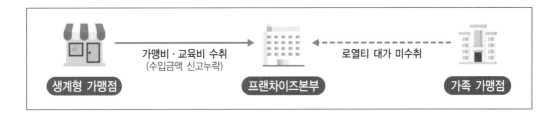

5 취약계층의 사행심을 부추기며 탈루하는 도박업자 등

□ 그 외에도 불법 온라인 도박 등 기타 서민생활 밀접 분야 세무조사를 통해 서민에게 고통을 주는 탈세자들을 적발하였습니다.

○ 도박업자는 국외에서 불법 온라인 스포츠 도박사이트를 개설하여 운영하면서 취약계층의 사행심을 부추기고, 대포통장 등으로 차명 수취한 고액의 도박자금 수입을 신고누락하였습니다.

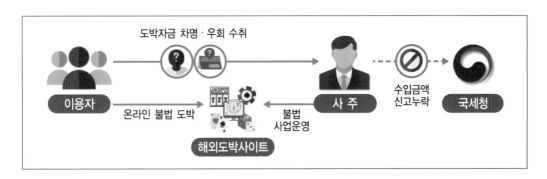

2. 민생침해 탈세자 추가 조사 착수

□ 지속적인 민생침해 탈세 대응에도 불구하고, 일부 사업자의 경우 여전히 서민의 피해는 아랑곳하지 않고, 자기 배 불리기에만 치중하고 있습니다.

○ 이에 따라 사회・경제 동향에 대한 면밀한 모니터링과 현장정보 분석 등을 통해 민생침해 탈세 혐의자들을 추가로 포착하여 세무조사에 착수하였습니다.

□ 이번 조사대상자는 ① 주식·코인 리딩방 운영업자(41명), ② 코로나 호황 병·
의원 및 가담 업체(12명), ③ 불법 대부업자(19명), ④ 생활밀접 분야 폭리 탈세
자(33명) 등 총 105명입니다.

1 '영끌 투자붐'을 악용하여 개미투자자를 울리는 주식·코인 리딩방 운영업자

□ 첫 번째 유형은 자산 투자시장의 포모증후군*을 악용하여 노년층·사회초년생
등 취약계층의 소중한 종잣돈·노후자금에 피해를 준 주식·코인 리딩방 운영업
자입니다.

* Fear Of Missing Out Syndrome : 최근 수년간 자산가격 폭등으로 '벼락거지', '영끌' 등 신조어가
생겨나는 상황에서 개인의 열등감·조급함을 유발하여 자산 투자에 무리하게 진입(패닉바잉)하
는 현상

○ (주식 리딩방 운영업자) '수익률 300% 보장', '미공개 폭등 작전주 정보' 등 허
위광고로 개미투자자들이 'VIP 멤버십'에 가입하도록 유도하면서 억대에 이르
는 고액 회원비는 미등록 PG사로 수취하여 매출 신고를 누락하였습니다.

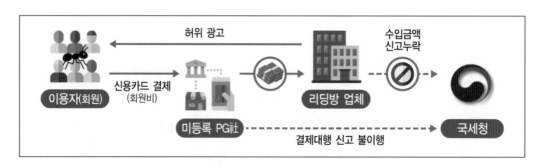

○ (코인 사업자) 극도로 가격 변동성이 높은 코인 시장 상황을 악용하여 '코인

급등 장면' 등 자극적인 개인방송으로 '해외 코인 선물' 투자를 유도하고, 이를 통해 취득한 '리퍼럴*' 소득 등은 신고누락하거나,

* 투자자가 거래소 가입 시 거래소는 추천인에게 일종의 알선 수수료로 리퍼럴 소득을 지급

- 가격이 높은 상장 초기에 매각하고 얻은 엄청난 발행·판매 수입은 신고누락하고, 코인 공급 관련 매입세액은 부당 공제받았습니다.
- 또한, 법인의 채굴장 운영으로 획득한 대금을 사주 개인계좌로 송금하여 수입신고는 누락하고 법인자금을 유출하였습니다.

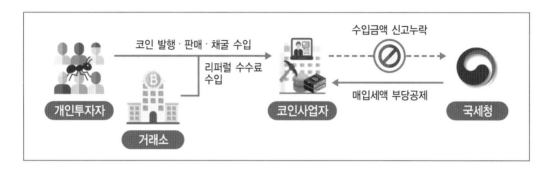

② 미술품 렌탈 페이백 등 탈세 일삼은 코로나 호황 병·의원 및 가담 업체

□ 두 번째 유형은 코로나19로 국가 전체가 어려움을 겪는 시기에 비대면 진료 등으로 호황을 누리고서 갖가지 지능적 방법을 활용하여 페이백 탈세를 일삼은 코로나 호황 병·의원 및 탈세를 부추긴 가담 업체입니다.

○ 불법 PG사 및 미술품 대여업체의 탈세 컨설팅 영업에 적극 동조하여 높은 결제대행수수료, 고가 미술품 렌탈비는 경비로 처리하고, 이 중 일부는 원장 가족이 현금으로 페이백 수취하였습니다.

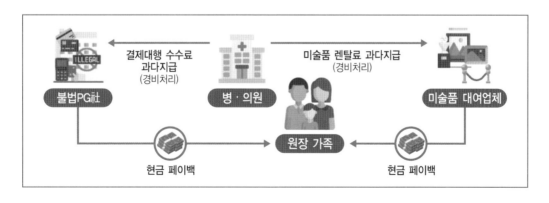

③ 자금줄이 막힌 서민에게 고리 이자를 뜯어간 불법 대부업자

□ 세 번째 유형은 금리가 고공행진하고, 대출 벽이 높아지는 신용경색 상황에서 자금줄이 막힌 서민과 영세사업자의 절박함을 악용하여 탈세하는 불법 대부업자입니다.

   ○ 겉으로는 명망있는 지역유지로 활동하면서 고리 사채업으로 얻은 이자수입은 신고누락하거나, 자금난을 겪는 기업을 상대로 법정이자율을 훨씬 초과하는 고금리로 단기대여 후 담보로 잡은 기업체 주식으로 연체이자를 추심하여 경영권을 빼앗았습니다.

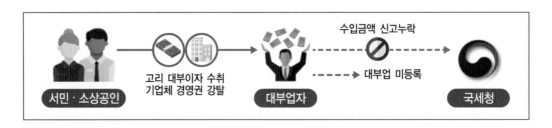

④ 식료품 제조업체 등 고물가에 편승한 폭리 탈세자

□ **네 번째 유형**은 연이은 생활물가 상승으로 팍팍해진 살림살이에 힘겨워하는 서민들의 고통은 무시한 채 **생활밀접 분야**에서 고수익을 누리면서 **탈루**하는 **식료품 제조유통업체, 건강기능식품업자, 인테리어업자**입니다.

   ○ 식료품 제조유통업체는 과세신고 대상인 포장식품을 면세로 둔갑시켜 부가가치세를 탈루하고, SNS 광고로 인기를 얻자 소비자에게 개별택배 판매하는 방법으로 수입금액을 신고누락하였으며, 가맹점으로부터 수취한 가맹비 등을 신고누락하였습니다.

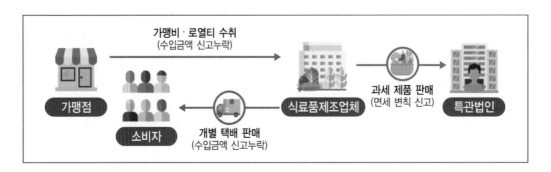

3. 향후 추진방향

☐ 국세청은 지속되는 불안한 경제여건 속 많은 기업의 어려움을 감안하여 중소납세자 조사 사전통지 기간 확대, 혁신 중소기업 정기조사 유예 등 기업들이 본연의 경영활동에 전념할 수 있도록 노력하고 있습니다.

    ○ 이와 같이 정상적인 경제활동을 영위하는 납세자에 대해서는 세무조사의 부담이 줄어들도록 앞으로도 더욱 적극적으로 지원하겠습니다.

☐ 그러나, 고수익을 취하면서도 서민생활에 부담을 주며 세금을 탈루하는 민생침해 탈세자에 대해서는 더욱 엄정하게 세무조사를 실시하겠습니다.

    ○ 특히, 악의적이고 지능적인 탈루행위에 대해서는 금융거래 현장확인, 포렌식 등 모든 세무조사 수단을 활용하여 탈루 세금을 추징하고, 조세포탈 또는 세법질서 위반 행위가 확인되는 경우 조세범처벌법에 따라 고발하는 등 강력히 대응하겠습니다.

☐ 민생침해 탈세자에 대한 적극적인 대응은 성실히 납세하신 국민들이 느끼는 상실감을 극복하고 『공정과 상식』이 바로 서는 납세문화가 자리 잡는 길입니다.

민생밀접 분야 주요 조사사례

사례 1 (학원)	직원소득을 페이백 받고, 법인자금을 사적 사용하였으며, 특수관계법인을 부당지원하고, 현직교사 등의 탈세를 방조한 유명학원

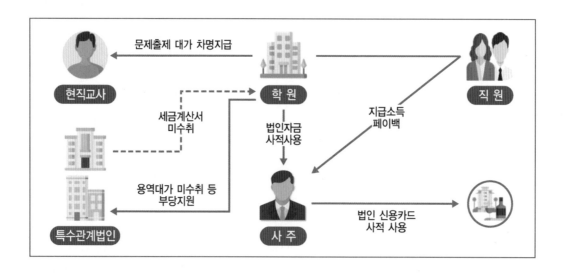

□ 주요 조사내용

○ □□□는 유명 입시학원으로서 직원에게 소득을 과다지급한 후 지급한 소득은 학원 경비처리하고, 일부는 사주가 페이백으로 수취

- 업무와 무관한 사주 개인 주거비용 등을 법인경비로 처리하였으며, 법인 신용카드를 파인다이닝, 특급호텔 등에 사적으로 사용

○ 특수관계법인에 금전을 무상 제공하고 미회수하거나, 용역대가를 미수취하는 방법으로 특수관계법인을 부당지원하였으며,

○ 특수관계법인에게 용역을 공급받고 세금계산서를 미수취하여 특수관계법인의 수입금액 신고누락을 방조하고,

- 현직교사에게 지급할 문제출제 대가를 가족계좌 등으로 차명 지급하여 문제출제자의 개인소득세 탈루에도 일조

□ 주요 조사결과

  ○ 과다계상한 인건비 ○○억원 적출 및 사적사용 비용 ○억원 부인 등

□ 조사 방향

  ○ 매출 분산·누락 및 법인자산 사적 사용 혐의 엄정 조사

사례 2 (강사)	본인이 수취해야 할 인세 등을 가족이 주주인 특수관계법인에 귀속시켜 가족에게 우회 증여한 스타강사

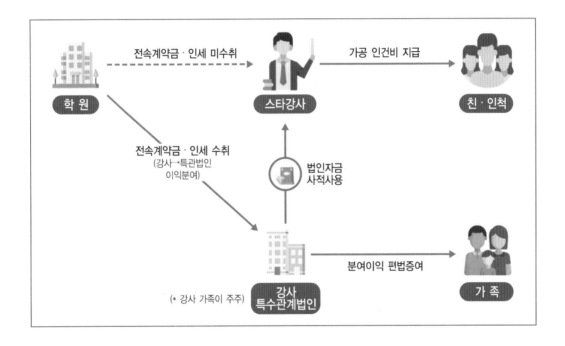

□ 주요 조사내용

  ○ 스타강사 □□□는 가족이 주주인 특수관계법인을 설립하고 자신이 받아야 할 교재 저작권 관련 수익을 특수관계법인에 귀속시킴으로써 지분가치 상승을 통해 주주인 가족에게 우회, 편법 증여

    - 또한, 개인이 수취하여야 할 전속계약금도 특수관계법인에 지급하도록 하여 개인의 수입금액 신고누락

○ 실제 근무하지 않은 배우자 및 친·인척에게 급여를 지급하고 인건비로 계상하여 소득세를 탈루하였으며,

○ 특수관계법인이 고급 아파트를 임차하도록 하여 임차료는 법인비용으로 부당 계상하고, 스타강사 개인이 무상으로 사적 사용

- 업무와 무관한 고가 명품 등 사치품 구입비를 법인비용으로 부당하게 손금 처리하여 법인세 탈루

□ 주요 조사결과

○ 가족이 우회적으로 받은 증여이익 ○억원 과세, 허위 인건비 부인 등

사례 3 (대부업)	기업형 미등록 대부업 조직을 운영하며 서민을 상대로 연 9,000%가 넘는 이자를 수취한 불법 대부업자

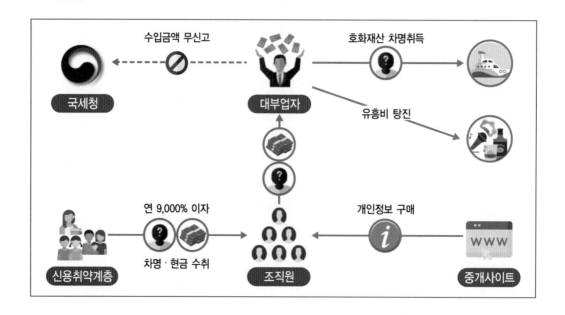

□ 주요 조사내용

○ □□□는 미등록 대부업 조직 △△△를 결성하여 기업형으로 운영하면서, 신용 취약계층을 상대로 최고 연 9,000%가 넘는 초고율의 이자를 수취

－ 대출 중개 웹사이트에서 제도권 금융기관으로부터 대출 거절된 신용 취약계층 정보를 구매하여 영업에 이용하였으며,

－ 전국적인 피라미드 구조의 조직을 통해 조직원이 수금한 이자를 다수의 차명계좌와 현금으로 우회 수취하여 수입금액을 전액 신고누락

○ 차명으로 고급 아파트와 호화 요트를 구매하는 등 적극적으로 재산을 은닉하고 유흥비로 하루에 수천만원을 쓰는 등 사치 생활을 영위

☐ 주요 조사결과

○ 신고누락한 대부이자 수입금액 ○○억원 적출하고, 조세포탈 행위에 대해 검찰 고발

붙임 2 이번 민생밀접 분야 세무조사 주요 착수사례

사례 1 (주식리딩) 미등록 PG사를 이용하여 고액의 유료 회원비를 신고누락하고, 명품 구입비, 해외 호텔비를 법인비용 계상한 주식 리딩방 운영업자

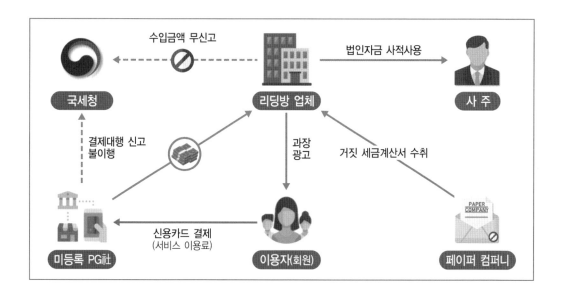

□ 주요 탈루혐의

　○ □□□는 "미공개정보주 제공", "○○○% 수익 미달성 시 환불 보장", "기관 출신
　　애널리스트", "수익 계좌 증명" 등 허위 광고를 통해 "유료 VIP 멤버십" 가입을
　　유도하고, 추후에는 터무니없는 핑계를 대며 환불을 회피하는 주식 리딩방 운영업
　　자로,
　　－ 결제대행 자료를 국세청에 제출하지 않는 미등록 PG社를 통해 고액의 유료 회
　　　원비를 결제하도록 하여 회원비 수입 ○○억원을 신고누락

　○ 직원 명의의 페이퍼컴퍼니를 설립하여 용역을 제공받은 것처럼 거짓세금계산서
　　를 수취하고, 근무하지 않은 친척에게 급여(○억원)를 지급
　○ 또한, 결손이 발생한 사주 소유 특수관계법인의 전자기기 등 고정자산을 □□□
　　법인 명의로 가공 계상하고 감가상각비를 부당 손금처리하였으며,
　　－ 사주가 거주하는 아파트 임차료와 관리비를 법인이 대신 납부하고, 명품 구입,
　　　국내·외 고급호텔 숙박비 등 업무와 관련없는 비용을 손금처리

□ 조사방향

　○ 수입금액 누락 및 거짓세금계산서 수취 혐의 등 엄정 조사

사례 2 (코인 사업자)	개인방송을 통해 고위험 코인 선물 투자를 유도하고, 해외거래소에서 수취한 리퍼럴 소득을 신고누락한 코인 사업자

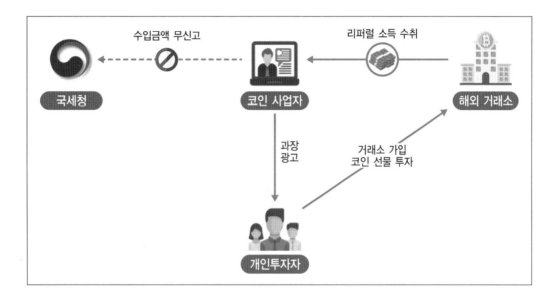

□ 주요 탈루혐의

ㅇ □□□는 인터넷 방송을 통해 국내거래소에서 지원하지 않는 고위험의 '코인 선물' 투자를 부추기며, 해외거래소 가입을 홍보하는 코인 사업자로,

 – 본인의 추천인 코드를 통해 해외거래소에 가입하면 수수료 할인 혜택을 받을 수 있다며 개인투자자의 가입을 유도하고

 – 해외거래소로부터 가입알선 명목으로 개인투자자의 거래 수수료 일부를 수취(리퍼럴 소득)하였으나 이를 수입 신고누락

ㅇ 탈루한 소득을 은닉하기 위해 재산(부동산 등)을 취득하지 않고 고액의 월세, 여러 대의 고급 외제차를 리스하며 호화·사치 생활 영위

□ 조사방향

ㅇ 추천인 수수료(리퍼럴 소득) 신고누락 혐의 등 엄정 조사

코로나 기간 호황을 누렸으면서 불법 PG업체, 미술품 대여업체, 온라인 교육기관 등을 통해 페이백 받아 탈루한 병·의원

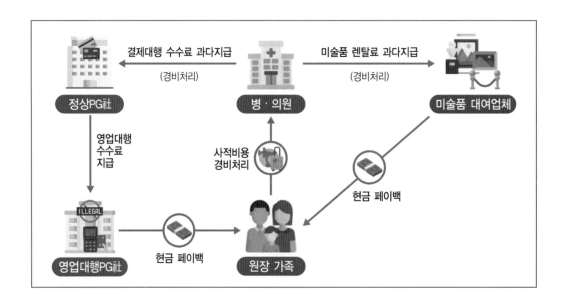

□ 주요 탈루혐의

○ □□□는 코로나19 기간에 호황을 누린 병·의원으로,

– 매출이 급증하자 불법 영업대행 PG업체 △△△의 탈세영업에 가담하여 통상보다 높은 결제대행수수료를 과다 지급하고, 수수료는 병·의원 경비처리하면서 지급 수수료 중 일부는 원장 가족이 현금 페이백으로 받았으며

– 미술품 대여업체 ○○○의 탈세영업에 가담하여 미술품을 대여하면서 렌탈료는 병·의원 경비처리하고, 대여기간 종료 후 미술품을 ○○○에 재판매하는 것으로 위장하여 원장 가족이 현금 페이백으로 수취

– 또한, 온라인 교육기관 ☆☆☆의 탈세영업에 가담하여 직원 직무교육을 계약한 뒤 교육비 전체를 병·의원 경비처리한 후, 정부로부터 받은 직무교육 지원금 중 일부는 ☆☆☆로부터 원장의 배우자 명의로 현금 페이백 수취

○ 병·의원의 사업용 신용카드를 백화점, 자녀 교육비, 여행비 등에 사적으로 사용하고, 친·인척 사업장의 인테리어 경비를 병·의원 경비로 계상

□ 조사방향

　○ 현금 페이백 통해 탈루한 병·의원과 탈루 가담한 불법 PG업체, 미술품 대여업체 등 엄정 조사

| 사례 4 (불법대부) | 지역 유지·재력가의 미등록 대부를 통한 이자수입 신고누락과 자녀에 대한 부의 편법적 세습 |

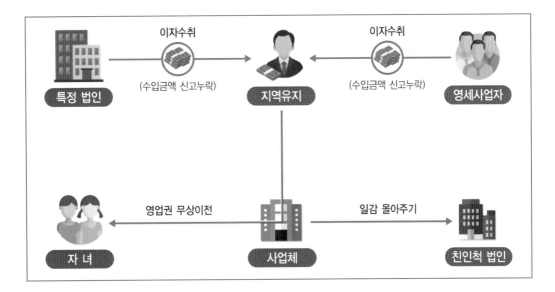

□ 주요 탈루혐의

　○ □□□은 유명한 지역유지로서 지역특색 사업을 영위하여 재산을 축적한 재력가로,
　　－ 대부업을 등록하지 않고, 지역 내 영세사업자나 주민들을 상대로 금전을 대여해 주거나,
　　－ 특수관계법인 및 타지역 소재 법인에 수백억원에 상당하는 거액의 사업자금을 대여하고 관련 이자소득 ○○억원을 전액 신고누락

　○ 특히, 안정적으로 정착된 사업을 자녀에게 대물림하기 위해 사업체를 임의 폐업 후 자녀 명의로 같은 사업체를 설립하는 방법으로 영업권, 사업장 임대료, 재고자산을 무상으로 편법 지원하고 증여세 신고누락

○ 또한, 친인척이 운영하는 법인 ◇◇◇에 일감을 몰아주었으며, 수혜 법인 ◇◇◇
은 주식을 소각하여 대주주인 가족에게 편법 배당

□ 조사방향

○ 미등록 이자수입 신고누락, 편법·우회 증여 혐의 등 엄정 조사

사례 5 (식료품)	과세 매출을 면세 매출로 변칙 신고하고, 가맹점으로부터 수취한 가맹비·로열티 대가 등을 신고누락한 식료품 제조업체

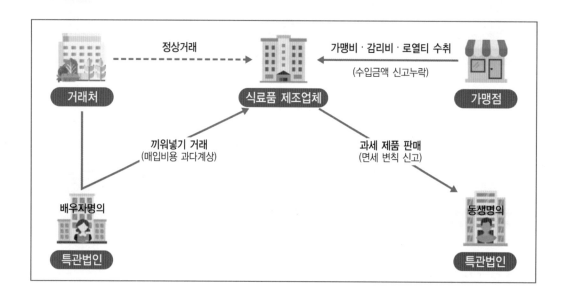

□ 주요 탈루혐의

○ □□□는 대형 식품 유통업체와 다수의 가맹점을 보유하고, 해외 현지법인을 설립
해 사업을 확장하고 있는 식료품 제조업체로,

- 특수관계자와 매출거래 시 부가가치세 과세대상 식품을 변칙적으로 면세대상
식품으로 신고하여 부가가치세 탈루

○ 식품 원료 매입 거래 단계에서 특수관계법인을 끼워넣어 실제 거래금액보다 세금
계산서를 과다 수취하는 방법으로 비용 과다계상

○ 또한, 가맹점으로부터 수취한 가맹비, 감리비, 로열티 비용을 수입금액 신고누락

□ 조사방향

○ 부가가치세 누락 및 세금계산서 과다수취 혐의 등 엄정 조사

5-3. 민생을 위협하는 불법사금융 세무조사 착수

- 살인적 고금리, 협박·폭력 동원한 불법추심 등 불법사금융을 척결하기 위한 범정부 노력에 국세청 역량 총동원, 총 163명 전국 동시 조사 실시 (202. 11. 30.) -

1. 추진 배경

□ 최근 불법사금융*으로 인한 사회적 폐해가 심각한 수준에 이르렀습니다.

* '22년 하반기 대부업 실태조사 결과, 전체 대출규모 변화는 크지 않은 상황에서 대부이용자 수 감소, 1인당 대출액 증가, 연체율 상승 추세로 불법사금융 규모 확대 우려(금감원 보도자료)

○ 취약계층의 절박한 상황을 악용하여 수 천%에 달하는 살인적 고금리 이자를 뜯어가거나, 협박·폭력 등 반사회적으로 채권 추심하는 사례도 빈번하며, 심지어 불법사금융으로 인해 극단적 선택에 이르는 피해사례도 발생하였습니다.

- 이자 4,000%, 연체하면 합성 나체사진 협박…10대까지 노려 ('23. 9. 12. 언론보도) -

• 인터넷 비대면으로 10만~50만 원 소액 대출해준 뒤, 연체 시 얼굴 사진과 타인의 나체사진을 합성한 전단지를 제작해 지인에게 유포하겠다고 협박… 피해자들 대부분은 경제적 어려움을 겪는 20~30대 사회초년생이고, 10대도 포함되어 있는 것으로 파악

- 20만 원 빌렸는데 6억 9천만 원 갚아라…신생아 사진까지 보내 협박 ('23. 6. 13. 언론보도) -

• 생활비로 쓰기 위해 다음주까지 35만 원을 갚는 조건으로 20만 원을 빌렸으나, 연체되자 돌려막기 상환을 시켰고, 1년 뒤 갚아야할 돈은 무려 6억 9천만 원으로…
• 5,000% 이자에 살해 위협까지…돈 갚으라는 협박전화는 밤낮을 가리지 않고 걸려와

□ 지난 11월 9일에는 대통령 주재로 「불법사금융 민생현장 간담회」가 개최되었고, 국세청과 여러 정부부처·기관이 모여 불법사금융 피해자의 실제 사례를 청취하며 불법사금융 문제의 중대함과 심각성에 크게 공감하였습니다.

  ○ 곧 이은 「범정부 불법사금융 척결 TF*」회의(11.14. 국무조정실)에서는 내년 상반기까지 "불법사금융 특별근절기간"을 선포하고 관계부처·기관이 상호 협력하여 불법사금융 대응방안을 속도감있게 추진하기로 하였습니다.

    * 11.14. 범정부 TF 회의에서 참여기관을 국세청·대검찰청까지 확대하기로 합의

□ 이에, 국세청은 불법사금융 척결을 위한 범정부적 노력에 적극 앞장서면서, 국세청의 모든 역량을 집중하기로 하였습니다.

2. 불법사금융 척결을 위한 국세청의 신속한 대응

1 「국세청 불법사금융 척결 TF」 설치

□ 국세청은 「불법사금융 민생현장 간담회」(11.9.) 직후 국세청 차장을 단장으로 하는 「국세청 불법사금융 척결 TF」를 신속히 설치(11.13.)하였습니다.

□ TF 산하에 3개 분과를 설치하여 TF를 중심으로 세무조사부터 재산추적 및 체납징수까지 전략적이고 유기적인 대응체계를 구축하였습니다.

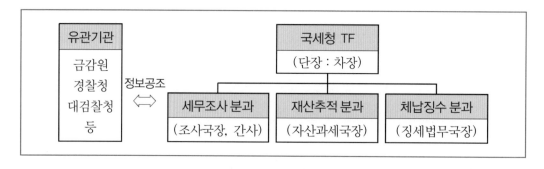

  ○ 세무조사 분과에서는 불법사채업자 뿐만 아니라 중개업자, 추심업자까지 불법사금융 全 분야의 탈세혐의자에 대한 전국 동시 세무조사를 추진하고,

  ○ 재산추적 분과에서는 불법사채업자와 관련인에 대한 자산변동·소비내역을 모니터링하여 재산은닉 혐의 포착시 자금출처조사를 실시하는 한편,

  ○ 체납징수 분과에서는 기존 세무조사에서 세금을 추징받았으나 이를 고의적으

로 체납한 불법사채업자에 대한 추적조사를 전면 실시하기로 하였습니다.

○ 특히, 관련기관과도 긴밀하게 협력하면서 해당기관이 보유한 수사·조사·단속정보 등을 상호 공유하기로 하는 등 신속한 정보공조도 추진하였습니다.

□ 이처럼 국세청은 불법사금융을 뿌리뽑고자 하는 정부기조에 발 맞추어 「국세청 불법사금융 척결」을 중심으로 "불법사금융 특별근절기간" 동안 국세청의 가용한 모든 수단을 동원하여 강력히 대응해 나갈 것입니다.

2 불법사금융업자 108명 전국 동시 세무조사 착수

□ 먼저, 국세청은 11.30. 불법사금융업자 총 108명에 대한 전국 동시 세무조사에 착수하였습니다.

○ 조사대상자로 불법사금융업자를 특정하기 위해 금감원 피해접수사례, 경찰 수사자료 등 유관기관 자료와 탈세제보, 자체수집 현장정보 등 다양한 정보자료를 연계·분석하였으며,

○ 유형별로는 ① 사채업자 89명, ② 중개업자 11명, ③ 추심업자 8명을 대상으로 하고 있습니다.

－ 특히, 이번 세무조사 대상자에는 대부업법을 위반하여 관할 지자체에 등록하지 않고, 계속·반복적으로 서민으로부터 고금리 이자를 수취하며 탈세한 지역토착 사금융업자도 포함되었습니다.

○ 이번 세무조사는 범정부 TF 참여기관의 협조를 통해 신속히 추진할 수 있었고, 특히 조사요원의 신변 안전 우려가 있는 조직적 불법사채업자와 관련해서는 경찰관 동행 등 경찰청의 적극적인 지원을 받아 조사에 착수하였습니다.

[불법사금융업자 세무조사 대상자 탈루유형]

사채업자 (89명)	• 전국적 사채조직을 운영하면서 취준생, 주부 등을 상대로 연 수 천% 고금리로 단기·소액 대출해주고, 신상공개·가족살해 협박 등 악질적 불법추심한 **사채업자** • 노숙자 명의로 위장업체를 만들고 서민·소상공인에게 카드깡 대출해준 뒤, 카드매출채권 담보로 금융기관과 신탁 체결하여 대부수입 자금세탁·회수하는 **사채업자** • 폰지사기꾼에게 폰지사기 운영자금을 여러 차례 대여해주고 고율의 이자수입을

	챙기면서, 비상장주식을 거래하는 것으로 위장하여 세금을 축소한 **사채업자**
중개업자 (11명)	• 저신용층 가입자의 개인정보를 불법대부업체에 판매하고 얻은 수입을 신고누락하고, 대부업체 배너광고 대가로 얻은 수입도 신고누락한 **대출중개 플랫폼 운영업자** • 저축은행을 사칭하여 중개가 필요없는 '햇살론'을 중개하여 얻은 불법수수료 수입과 개인정보를 중국 보이스피싱 조직에 판매하고 얻은 수입을 신고누락한 불법 **중개업자**
추심업자 (8명)	• 신변위협 등 불법추심으로 부과받은 과태료를 부당 손금산입하고, 법으로 금지된 부실채권 매입을 차명으로 운용하며 관련 수익 신고누락한 **채권추심 대행업체** • 불법추심 논란을 회피하기 위해 위장거래처를 끼워넣고 거짓세금계산서를 수취하였으며, 국내에서 벌어들인 대부수입을 국외로 이전한 **대부·추심업자**

□ 이번 불법사금융업자 전국 동시 세무조사에서는 대부업자들의 불법행위로 인한 세금 탈루혐의에 대해 강력히 조사하는 것 외에도

   ○ 필요시 검찰과 협업을 통해 적극적으로 압수수색 영장을 발부받아 증거자료를 전부 확보할 수 있도록 하고, 추징세액 일실 방지를 위해 확정전보전압류를 적극 활용하겠습니다.

   ○ 또한, 조사대상 관련인을 폭넓게 선정하고, 조사대상 과세기간을 최대한 확대(최대 10년)하여 그동안의 탈루 세금을 철저히 추징하겠습니다.

   ○ 특히, 차명계좌·거짓장부 등 고의적인 조세포탈 행위는 놓치지 않고 적발하여 조세범처벌법에 따라 검찰에 고발하고 형사처벌 받을 수 있도록 하는 등 엄정히 조치하겠습니다.

③ 불법사채소득으로 재산취득·사치생활한 31명 자금출처조사 착수

□ 그리고, 법정이자율을 초과하는 이자를 수취하거나 대부업을 미등록하고 운영하는 등 불법으로 얻은 이익으로 고가의 재산을 취득하고, 호화·사치생활을 누리면서도 정당한 세금을 내지 않은 총 31명에 대한 자금출처조사도 신속히 착수하였습니다.

   ○ 사금융업자들은 불법으로 벌어들인 소득을 대부분 신고누락하여 직원이나 친·인척 등 타인 명의로 분산·관리하다가 일정 기간이 경과한 후, 이를 현금화하거나 자녀 등에게 편법 증여하는 패턴을 보이고 있습니다.

○ 이에, 사금융업자 및 자녀 등 일가족의 재산변동 내역과 신고소득·지출내역 등을 종합 분석한 결과, 과도한 재산취득 및 호화사치 생활에 비해 자금원천이 부족한 혐의자 31명을 포착하였습니다.

□ 이번 조사대상자 대부분은 신고소득이 미미함에도 고가의 부동산이나 고급자동차 등을 취득하거나 명품쇼핑, 해외여행 등의 사치성 소비생활을 영위하는 등 불법수익을 향유하고 있는 것으로 분석되었습니다.

○ 특히, 이들 중 일부는 금전 대부 시점부터 자녀명의 계좌를 이용하고 이후 이자와 원금을 모두 자녀가 수취하거나,

○ 채무불이행 시, 채무자의 담보물건을 경매 개시하여 자녀명의로 낙찰 받는 등 단순한 증여행위를 넘어, 불법적인 편취행위에 일가족이 직접 개입한 것으로 파악되었습니다.

□ 이러한 사례를 철저히 검증하기 위해 일가족에 대한 자금출처조사 착수와 동시에 금융추적조사를 병행할 예정이며,

○ 금융추적 과정에서 불법수익이 제3자와 연관되었음이 확인되는 경우 조사범위를 확대하고, 아울러 차명계좌에 대해서는 조사 이후에도 사후관리를 통해 실명전환 여부를 끝까지 점검하겠습니다.

4 불법대부업 체납자 24명 은닉재산 추적조사 진행 중

□ 마지막으로, 세금을 체납 중인 불법대부업자 총 24명에 대하여 재산추적조사를 즉각적으로 착수하였습니다.

○ 이들은 최근 5년간 세무조사에서 미등록 대부업을 영위하는 등 불법사금융 행위를 하며 탈루한 사실이 드러나 고액을 추징받았으나 재산을 은닉해가며 납부하지 않는 체납자입니다.

□ 이들에 대해서는 세무조사 관련 자료 검토, 재산·소득 변동상황 분석, 소비지출 내역 분석, 체납자·친인척 명의 계좌에 대한 금융조회 및 금융거래정보 활용 등 재산은닉 혐의에 대해 정밀한 검증을 실시하고,

○ 체납자 생활실태 확인, 주변인·이해관계자 탐문, 실거주지 수색 등 강도 높은 현장 징수활동을 실시할 예정입니다.

○ 또한, 부당한 재산·소득의 이전·은닉행위에 대해서는 사해행위 취소소송 제기, 체납처분 면탈범 고발 등을 실시하여 불법대부업자가 체납한 세금을 철저히 징수하겠습니다.

3. 향후 추진성과

□ 국세청은 이번 특별근절기간 동안 불법사금융업자의 탈루소득을 단돈 1원까지도 끝까지 추적하여 세금으로 추징하겠습니다.

□ 또한, 불법사금융 꼭대기에서 불법이익을 향유하는 전주(錢主)를 밝혀 정당한 세금을 부과하는데 조사역량을 집중하겠습니다.
  ○ 이를 위해서는 국민 여러분들의 탈세제보가 큰 도움이 됩니다.
  ○ 무능력자를 바지사장으로 내세워 명의를 위장하거나, 다수의 대포통장으로 이자를 수취하는 숨어있는 전주(錢主)를 적극 제보해 주시기 바랍니다.

- **(탈세제보 방법)** 국세청 홈택스, 전화 126, 세무서 우편접수 또는 FAX
- **(탈세제보 포상금)** 탈세제보를 직접근거로 추징한 탈루세액에 일정 지급률(5~20%)을 적용하여 제보자에게 제보 건당 최대 40억 원 포상금 지급(5천만 원 이상 추징 시)
- **(포상금 지급사례)** 사업이 어려운 기업에 자금을 대여하여 약 32억 원의 이자를 수취하고도 신고누락한 대부업자에게 약 13억 원이 추징되었으며, 제보자*에게 약 2.2억 원의 포상금 지급
  * 대부계약서, 약정서, 합의서 등 구체적이고 명확한 증빙 첨부

불법사금융업자 세무조사 착수사례

사례 1
(사채업자)
불법사채조직 운영하며, 저신용층에게 단기·소액대출 후 수만%의 초고금리 이자를 수취하고, 나체추심 등으로 불법추심한 사채업자

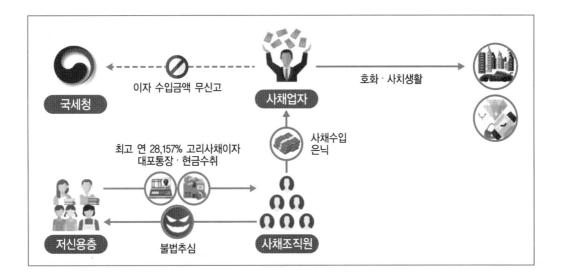

주요 불법사금융 행위(혐의)

• □□□는 20~30대의 지역 선·후배를 모아 조직을 만든 뒤, 조직원 간 가명, 대포폰으로 연락하고, 대포차량을 사용하며, 3개월 단위로 사무실을 수시로 옮기는 등 수사기관의 적발을 피해 철저하게 비대면·점조직 형태로 불법사채조직을 운영

• 이들은 인터넷 대부중개 플랫폼에 여러 개의 허위업체명을 등록하여 합법업체인 것처럼 불법광고하면서 채무자를 모집하고, 제도권 대출이 어려운 취준생, 주부 등을 대상으로 비교적 추심이 쉬운 소액·단기 대출을 해주며 2,000~28,157%의 초고금리 이자를 수취
  * (예시) 20만 원 빌려주고 7일 후 128만 원 상환, 약15만 원 빌려주고 12일 후 61만 원 상환

• 변제기일이 지나면 욕설과 협박으로 상환을 독촉하고, 특히 채무자 얼굴과 타인의 나체를 합성한 전단지를 가족, 지인에게 전송하겠다고 협박·유포하는 '나체추심' 등의 방법으로 불법추심

□ 주요 탈루혐의

 ○ □□□는 불법사채 이자를 대포통장 등 차명계좌를 통해 수취하고, 현금박스 던지기 수법*으로 수입을 은닉하며 이자수입을 전액 신고누락

　　* 특정 장소에 현금박스를 놓아두고, 중간책이 수거해가는 비대면 방식

 ○ 불법 대부수입을 현금으로 관리하며 고급아파트 거주, 명품 시계 구입 등 호화·사치 생활

□ 조사방향

 ○ 불법사채 이자수익 무신고 엄정 조사

| 사례 2 (사채업자) | 전국적 사채조직을 운영하며, 악랄하게 불법추심하고, 초고금리로 얻은 불법사채수익은 명의위장업체 등을 통해 은닉한 사채업자 |

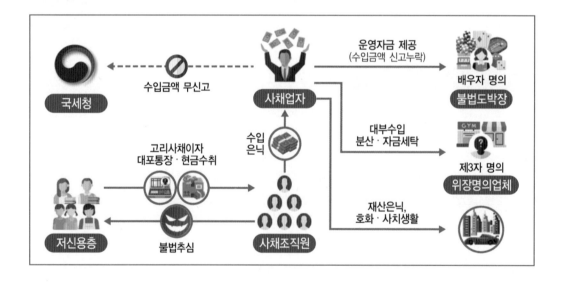

354

- □□□는 과거에도 불법대부업 전과가 있는 자로 주변 선·후배 등 지인 ○○○명을 모아 조직을 만든 후, 조직원 간 비대면·가명사용을 행동강령으로 하였으며, 수시로 지역을 바꿔가며 사무실을 옮기는 등 수사기관의 추적을 피해 전국을 무대로 불법사채조직 운영
- 인터넷 대부중개 플랫폼에서 합법업체로 가장하여 "연체자, 누구나 대출가능" 등 불법광고로 채무자를 모집하고, 급전이 필요한 취준생, 주부 등에게 단기·소액 대출해주며, 5,000% 이상의 고금리 이자를 수취하였으며, 시간당 연체료를 붙여 순식간에 빚이 불어나게 만듦*

  * (예시) 최초 15만 원 대출해주고 7일 만기·28만 원 상환으로 계약했으나, 시간당 연체료 부과 및 동일업체에서 재대출 돌려막기 강요하는 방법 등으로 한 달 만에 약 5천만 원의 채무로 불어남

- 변제기일이 지나면 악랄한 방법으로 불법추심*

  * (예시) 채무자 사진으로 수배 전단지 합성하여 지인 배포·협박, 부모인 채무자에게 신생아 사진으로 살해 위협, 여성 채무자에게 유흥업소 인신매매로 협박, 자해 강요, 조직원 수십 명이 폭력·협박하여 채무자는 극단적 선택 시도

□ 주요 탈루혐의

○ □□□는 대포통장과 현금던지기 수법을 이용해 ○○억원의 불법사채 이자소득과 추심한 자동차의 중고판매 수입을 전액 신고누락하였으며, 일가족·지인 등 위장명의로 운동센터·음식점을 운영하면서 대부수입을 분산·자금세탁

○ 조직 자금관리책인 △△△(□□□의 배우자)는 일반음식점으로 위장한 불법도박장을 설치하고, 대부수입을 바탕으로 도박장을 운영하면서 이용객의 도박자금을 게임칩으로 교환해주며 얻은 환전수수료 수입을 신고누락

○ □□□의 일가족은 불법대부 수익으로 고급오피스텔, 임야 등을 취득하며 재산을 은닉하였으며, 월세가 수천만원인 고급아파트에 거주하고, 고가수입차·명품 등을 구입하면서 호화·사치 생활 영위

□ 조사방향

○ 사채이자 수입금액 누락 및 명의위장 수입금액 분산 혐의 등 엄정 조사

유흥업 종사자 등에게 대출 후 고금리를 수취하고, 폭력·협박으로 불법
추심하며, 위장법인을 설립하여 대부수익 자금세탁한 사채업자

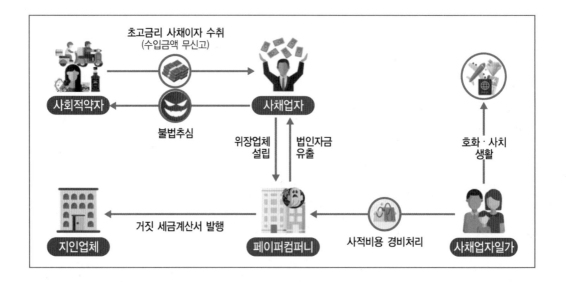

> ### 주요 불법사금융 행위(혐의)
>
> • □□□는 ◇◇지역 일대에서 막대한 영향력을 행사하는 '지역연합회' 前회장을 지내는 등
> 지역유지로 활동하는 자로
> • 대부업 미등록하였으며, 주로 유흥업소 종사자, 퀵배달 기사, 영세 소상공인 등 사회적 약자
> 를 대상으로 소액·단기대출 해주고, 52~1,300% 등 초고금리 불법이자를 수취
> * (예시) 400만 원 빌려주고 12일 후 580만 원 상환, 500만 원 빌려주고 103일 뒤 739만 원 상환
>
> • 변제기일이 지나면 폭력과 협박을 동원하여 불법추심

□ 주요 탈루혐의

　○ □□□는 불법사채업을 영위하며, 관련 이자수입을 전액 신고누락

　○ 사업실체가 없는 운수업 법인 ㈜△△△을 설립한 후, 지인이 운영하는 사업체에
　　거짓 세금계산서를 발행하여 매출을 계상하고, 거짓 비용을 계상하는 방식으로 불
　　법사채업으로 벌어들인 소득을 자금세탁하여 은폐

　　－ □□□과 배우자는 ㈜△△△의 법인 신용카드를 병원, 미용실, 마트 등에 사적

으로 사용하고, 개인계좌에 법인자금을 이체하는 등 법인자금 유출

○ □□□의 가족 2명은 특별한 소득이 없음에도 최근 5년간 신용카드 사용액이 ○○억원에 달하며, 수시로 해외출국하는 등 호화·사치생활을 영위

□ 조사방향

○ 불법사채 이자수익 무신고, 법인자금 유출 엄정 조사

사례 4 (중개업자)	불법으로 '햇살론' 대출상품 중개한 후 고액의 중개수수료 편취하고, 저신용자의 개인정보를 중국 보이스피싱 조직에 판매한 중개업자

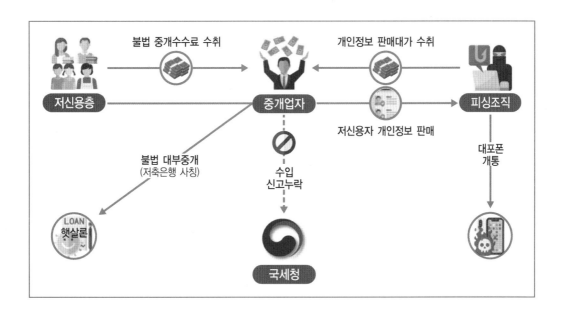

주요 불법사금융 행위(혐의)

- □□□는 저축은행 등을 사칭하여 불법적으로 '햇살론' 대출상품을 중개하고 대부금액의 10 ~ 50%를 불법 중개수수료로 편취하였으며, 차명계좌 및 대포폰 이용하여 수익 은닉
- 중개과정에서 입수한 저신용자 명단 및 개인정보를 광고성 스팸 문자 발송에 사용될 대포폰 개통에 활용하도록 중국 보이스피싱 조직에 판매

□ 주요 탈루혐의

  ○ □□□는 누구나 신청 가능하여 따로 대출중개가 필요없는 '햇살론*' 대출 상품을
    저축은행이라고 사칭하여 불법 대부중개하고 ○○억원의 불법 대부중개수수료를
    수취한 후 수입금액 신고누락

    * 저신용자들이 제도권에 안착할 수 있도록 서민금융진흥원에서 지원하는 정책서민금융상품

  ○ 불법 대부중개 과정에서 파악한 저신용자들의 개인정보를 중국 보이스피싱 조직
    에 판매하여 받은 대가 ○억원도 신고누락

□ 조사방향

  ○ 대부중개 수수료 및 개인정보 판매 수입금액 누락 혐의 등 엄정 조사

사례 5 (중개업자)	수십만명 회원의 개인정보를 불법사금융업자에게 판매하고 수입금액은 신고누락한 온라인 대부중개 플랫폼 운영업자

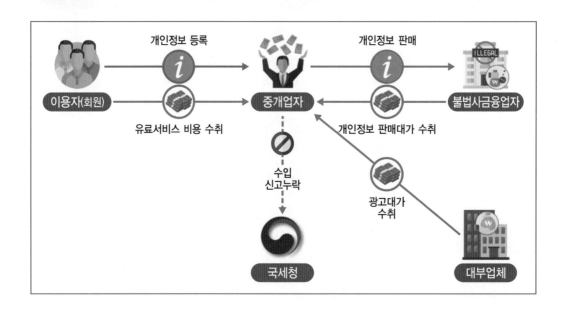

- □□□는 온라인 대부중개 플랫폼 운영업자로, 회원이 올린 문의 글을 보고 대부업체가 연락을 취하는 일명 '역경매' 방식으로 플랫폼을 운영하면서 수 십만 명의 개인정보를 수집하였고, 이를 불법사금융업자 등에게 판매
- □□□이 판매한 개인정보에는 주소, 연락처, 직장, 가족관계 등 개인식별정보와 대출이력, 연체이력, 신용등급 등 민감한 신용정보도 포함

□ 주요 탈루혐의

○ □□□는 온라인 대부중개 플랫폼을 운영하며 수집한 수 십만 명의 회원 개인정보를 불법사금융업자에게 판매하고, 판매수입은 전액 신고누락

○ 플랫폼 내 줄배너 및 이미지배너 광고란을 운영하며 대부업체로부터 상당한 광고수익을 창출하고 있으나 광고수입 ○○억원 과소신고

○ 또한, 게시글을 끌어올리거나 대출업체의 연락정보를 열람하기 위한 '☆☆코인'(플랫폼 내 결제수단) 충전을 유도하고, 코인충전 시 대표 개인계좌로 입금을 종용하며 수입 신고누락

□ 조사방향

○ 수입금액 신고 누락 등 엄정 조사

국내 서민으로부터 거둬들인 대부수입을 해외 특수관계인에게 소득이전하고, 위장업체 끼워넣어 불법추심 숨긴 대부·추심업체

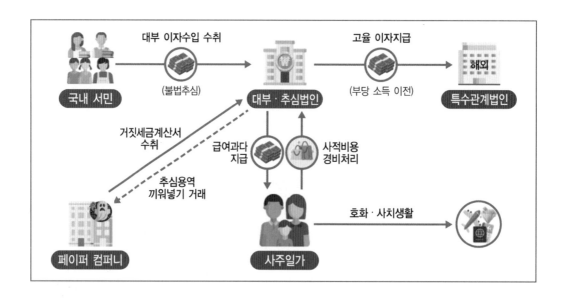

주요 불법사금융 행위(혐의)

- ㈜□□□는 대외적으로는 브랜드 평판이 상위에 속하는 대부·추심법인으로서 불법추심 논란을 회피하기 위해 위장업체 만들고, 끼워넣기 거래하여 추심 용역 시행
- 용역 도급받은 추심업체는 자녀 질병 등 개인정보를 불법수집하여 불안감을 조성하고, 지속적인 추심전화로 일상생활 불능을 야기하며, 협박 문자 송부하는 등 불법추심 자행

□ 주요 탈루혐의

  ○ ㈜□□□는 불법추심 논란을 회피하기 위해 추심업체에 직접 용역 받지 않고 위장법인을 끼워넣기하여 간접거래로 위장하면서 거짓세금계산서를 수취

  ○ ㈜□□□는 국내에서 저율로 자금조달 가능함에도, 사주일가가 소유한 해외 특수관계법인으로부터 고율로 자금조달하여 국내 서민으로부터 거둬들인 ○○억원의 대부수입 소득을 부당하게 국외 이전

    − ㈜□□□의 사주 △△△는 국내에서 대부분의 경제활동을 하는 등 국내 거주자로서 국내·외 소득을 신고해야 함에도 해외 현지 특수관계법인으로부터 수취

한 국외 근로소득을 신고누락하였으며,

○ ㈜□□□의 사주일가는 급여를 과다지급 받고, 법인차량을 사적으로 사용하였으며, 법인카드를 항공, 해외 고급호텔, 해외 고급음식점, 골프 등에 사적사용하며 호화·사치 생활 영위

□ 조사방향

○ 거짓세금계산서 수취 및 국외차입금 이자 과다지급 혐의 등 엄정 조사

불법사금융업자 등 자금출처조사 착수 사례

사례 (자금출처)	친인척 명의 차명계좌로 이자수익을 은닉하거나, 채무불이행 시 담보물건을 자녀명의로 낙찰받는 방법을 통해 자녀에게 편법증여

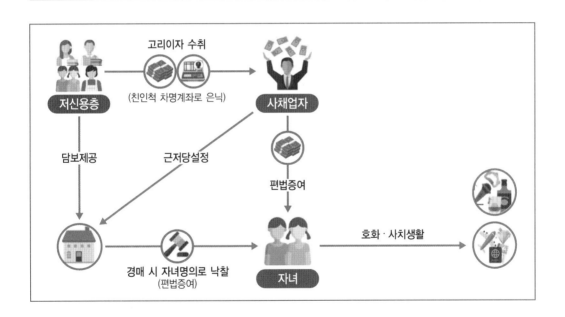

□ 주요 탈루혐의

○ □□□은 ○○지역에서 △△전당포를 운영하면서 건설 일용근로자 등 상대적으로 신용도가 낮은 취약계층을 대상으로 자금을 빌려주고,

- 법정 최고이자율(연 20%)을 초과하는 고액의 이자를 현금으로 수취하면서 친인척 명의 차명계좌를 통해 이자수익을 은닉함.

○ 은닉한 자금은 특별한 소득이 없는 자녀 ◇◇◇의 해외여행비용(총 33회) 및 신용카드 대금(유흥비) 등으로 유용한 것으로 추정되며,
- 특히, 채무자가 원금상환을 못하는 경우 담보 물건을 경매처분하면서, 이를 자녀 명의로 낙찰 받는 방법으로 부동산취득자금을 편법증여한 혐의

□ 조사방향
○ 금융추적을 통한 편법·우회 증여 혐의 등 엄정 조사

붙임 3 **불법사금융업 체납자 재산추적조사 착수사례**

사례 (체납추적)	신용불량자 등 취약계층을 대상으로 수 천% 고금리 이자를 수취하고 수입은 차명으로 관리하며 고액 법률비용 지급한 재산은닉 체납자

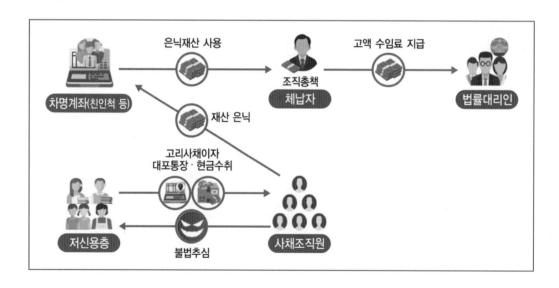

□ 체납 및 재산은닉 현황
○ 미등록 대부업자 □□□는 '19.12월부터 '21.5월까지 전국에 8개 팀, 46명의 조직원

을 동원하여 신용불량자 등 취약계층을 대상으로 최고 연 9천%의 고금리 이자를 수취하는 등 불법사채업을 영위

　－ 세무조사로 무신고 이자소득에 대한 종합소득세 등 ○○억원 부과 후 전액 무납부 체납

○ 체납자가 수익금 ○○억원을 친인척·지인 명의 차명계좌로 수취·관리한 이력과 현재 본인 재산이 차량 1대가 전부인 점, 본인 재판에 다수의 법률대리인을 선임한 점 등 재산을 은닉하여 사용 중인 정황을 확인

☐ 재산추적조사 방향

○ 계좌명의를 대여한 친인척, 지인에 대해 재산변동 현황을 분석하고, 법률대리인에게 지급한 고액의 수임료에 대해 자금출처를 확인, 실거주지 탐문 및 수색 등 은닉재산 추적조사 실시

5-4. 국민 안전을 위협하는 탈세의 원천, 해상면세유 불법유통 세무조사

－ 고유황 해상면세유 고질적 불법유통 차단 및 먹튀주유소 근절 추진 (2024. 2. 26.) －

1. 추진 배경

☐ 국세청은 지난 해 단기간 영업으로 부당이득을 챙긴 뒤 무단 폐업하여 유통질서를 어지럽히는 '먹튀주유소'에 대해 전국 동시 조사를 실시하였습니다.

○ 35개 유류업체를 조사하여 일부 업체의 실행위자를 고발하고 현장에서 유류를 처음 압류하여 조세채권을 확보하는 등의 성과를 거양하였으며,

○ 조사 결과 불법 유통되는 유류의 원천이 외항선박에 공급되는 해상면세유로 확인되어 이번 조사를 기획하게 되었습니다.

2. 해상면세유 불법유통 적극 차단

① 해상면세유의 거래 흐름

☐ 정유사가 외항선박의 급유 요청에 따라 급유대행업체에게 해상면세유를 반출하면서 급유를 지시하고, 급유대행업체는 반입한 해상면세유를 외항선박에 급유하는 것이 정상적인 해상면세유의 거래 절차입니다.

[해상면세유 정상거래 흐름]

○ 반면, 급유대행업체가 외항선박과 공모하여 정유사로부터 지시받은 해상면세유를 전량 급유하지 않고 일부를 빼돌려 브로커를 통해 해상유판매대리점에게 값싸게 판매하는 등 해상면세유를 불법 유통하고 있습니다.

[해상면세유 불법유통 거래 흐름]

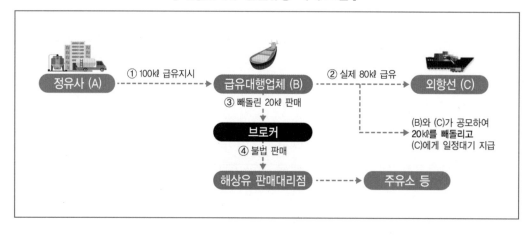

○ 황 함유량이 높은 해상면세유가 불법유통 됨에 따라, 교통세와 부가가치세 등 세금이 탈루될 뿐만 아니라 가짜석유 제조에 이용되어 국민안전을 위협하고 환경오염을 유발하게 됩니다.

② 해상면세유 불법유통 관련 20개 업체 전국 동시 세무조사 착수

□ 국세청은 '24.2.20. 고유황 해상유 등을 불법 유통하여 부가가치세와 교통세 등 세금을 탈루하고, 국민 안전을 위협하는 총 20개 업체에 대해 전국 동시 조사를 착수하였습니다.

  ○ 조사대상자를 특정하기 위해 해수부, 관세청, 석유관리원 등 유관기관 협조와 탈세제보, 자체수집정보 등 다양한 자료를 연계·분석하였으며,

  ○ 유형별로는 ① 급유대행업체 6개, ② 해상유판매대리점 3개, ③ 먹튀주유소 11개를 대상으로 하고 있습니다.

[해상면세유 등 세무조사 대상자 탈루 유형]

급유대행 업체 (6개)	• 정유사로부터 급유 지시 받은 해상면세유를 외항선박에 부족 급유하고 잔유를 빼돌려 불법 매출한 혐의가 있는 업체 • 급유대행 용역수수료 외 유류 매입·매출이 빈번히 발생한 업체
해상유 판매대리점 (3개)	• 브로커를 통해 해상면세유를 무자료로 매입하여 먹튀주유소 등에 불법으로 유통시킨 혐의가 있는 업체 • 매출은 있으나 매입이 없어 세금계산서 매출이 허위인 혐의가 있는 업체
먹튀주유소 (11개)	• 명의위장 및 무자료 해상면세유 매입 혐의가 높은 업체 • 기존 먹튀주유소 장소에서 반복적으로 개·폐업을 일삼는 업체

  ○ 이번 세무조사는 해상면세유 운반선의 저장 탱크 등을 확인하였고 석유관리원이 성분분석을 실시하였으며, 경찰관이 동행하는 등 타기관과의 유기적인 협조로 진행하였습니다.

□ 이번 해상면세유 부정유통 차단을 위한 조사는 관련 세금 징수뿐만 아니라,

  ○ 추징세액 일실 방지를 위해 사전에 관련 자산, 채권 등을 확인하고 확정전보전압류를 적극 활용하여 현장유류, 임차보증금, 부동산 및 신용카드 매출채권 압류 등 조세채권을 조기에 확보하였습니다.

  ○ 특히, 차명계좌·명의위장, 무자료 매입 등 고의적인 조세포탈 행위가 확인되면 조세범처벌법에 따라 고발하는 등 엄정히 처리하겠습니다.

3. 향후 추진사항

□ 국세청은 민생을 위협하는 해상면세유 불법 유통의 실행위자를 끝까지 추적하여 관련 세금을 추징하고 범칙행위 적발시 조세범처벌법에 따라 검찰에 고발할 예정입니다.

○ 정유사 → 급유대행업체 → 브로커 → 해상유판매대리점 → 수요자로 이어지는 해상면세유의 불법유통 흐름과 명의위장이 많은 먹튀주유소 등의 실행위자를 밝히는 데 조사 역량을 집중할 예정입니다.

□ 또한, 올해 3월부터 13개 기관*에 산재된 면세유 관련 자료를 전산 수집·통합 분석할 수 있는「면세유 통합관리시스템」을 개통하여, 면세유 유통을 상시 모니터링하고 불법유통 혐의자를 조기에 적발하는 등 면세유 불법유통 근절을 적극 추진하겠습니다.

* 〈4대 조합〉 농·수협, 산림·해운조합, 〈9개 정부기관〉 해수부, 농식품부, 관세청 등

5-5. 알박기·무허가건물 투기하고 세금도 탈루, 부동산 탈세 세무조사 착수

  - 서민생활 피해 입히는 기획부동산, 재개발 지역 내 알박기·무허가건물 투기로 서민 주거 안정 저해하는 탈세혐의자 등 96명 세무조사 실시 (2024. 3. 13.) -

1. 세무조사 배경

□ 지난 2년간 주택 거래량이 감소하고 가격이 하락하는 등 부동산 경기는 하강하고 있음에도 시장 상황을 틈타 양도소득세 등을 탈루하는 지능적·악의적 탈세 사례가 누적되고 있습니다.

[연도별 주택 거래량 및 가격지수]

연도	2020년	2021년	2022년	2023년
주택 거래량(호수)	2,021,865	1,620,781	933,347	928,795
주택 가격지수	95.2	104.6	98.2	96.2

* 출처 : 한국부동산원

○ 특히 기획부동산 사기 등으로 서민 경제에 중대한 피해를 입히거나, 재개발 사업 진행을 지연시키고 분양가 상승을 야기하는 알박기 행위를 통해 폭리를 취하면서 세금을 탈루하는 사례가 계속해서 발생하고 있습니다.

- 기획부동산에 속아 일용 근로로 어렵게 모은 돈 사라져(기획부동산 분석 사례) -

'22. 12월 고령의 여성 일용근로자 A는 기획부동산 영업사원 B의 말만 믿고 △△도 □□시 소재 토지를 ○천만 원에 지분 매입(6명 공동소유)하였으나, 다수가 지분으로 토지 소유 시 재산권 행사가 어려울 뿐 아니라 해당 토지는 하천부지로 개발가능성이 없어 ○천만 원을 잃게 되었음.

- 알박기로 150배 차익 거둬(알박기 분석 사례) -

A는 '22. 11월 □□시 소재 토지를 ○천만 원에 취득한 후 소유권을 시행사에 이전하지 않고 시간을 지연시킴에 따라 '23. 4월 토지 양도금액 ○억 원에 더하여 용역비 명목으로 ○○억 원을 추가 수령하였음에도 해당 금액에 대한 양도소득세를 신고하지 않음.

○ 또한, 재개발 지역 내 무허가 건물 거래 시 등기가 되지 않는 점을 악용하거나 거래 과정에 부실법인 · 무자력자 등을 끼워 넣어 양도소득세를 탈루하는 행태도 꾸준히 확인되고 있습니다.

[무허가 건물 거래 현황 (국세청 분석)]   (건)

2019년	2020년	2021년	2022년	2023년(10월)
1,218	1,339	1,037	848	572

□ 이에 국세청은 기획부동산으로 인한 서민 피해를 막고, 서민 주거 안정을 해치는 악의적 탈세에 경종을 울리기 위해 세무조사를 실시하게 되었습니다.

2. 조사대상

□ 국세청은 부동산 거래 신고 자료, 등기 자료, 지자체 보유 자료 및 기타 과세자료 등 연계분석을 통해 탈루혐의자 96명을 선정하고 세무조사에 착수하였으며 구체적인 유형별 혐의 내용은 다음과 같습니다.

● 유형 1. 서민생활 피해를 입히고 탈세하는 기획부동산 23명

□ 개발 가능성이 없는 땅을 지분으로 쪼개 팔면서 텔레마케터 등을 통해 투자를 유도하여 서민생활, 노후자금에 큰 피해를 입히는 기획부동산 혐의자 23명이 확인되었습니다.

  ○ 이들은 가공경비를 계상하거나 폐업하는 등의 수법으로 관련 세금을 탈루하고 있는 것으로 나타났습니다.

□ 이중에는 법인이 취득할 수 없는 농지를 개인 명의로 취득하고 기획부동산 법인이 컨설팅비 등 수수료 명목으로 이익을 흡수하는 형태의 신종 기획부동산도 포함되어 있습니다.

◇ **기획부동산 탈루 선정 사례**

기획부동산 법인 A는 임원 B의 이름으로 법인이 취득할 수 없는 농지를 평당 ○백만 원에 취득한 이후 1달 이내 6명에게 투자를 유도하여 공유지분으로 평당 ○백만 원(3배)에 판매하고 B로부터 양도차익의 84%를 컨설팅비 명목으로 지급받고 세금을 탈루

● 유형 2. 개발 지역 알박기로 폭리를 취한 후 양도소득 무신고 혐의자 23명

□ 재개발 예정 지역에서 주택·토지 등을 취득한 후 알박기를 통해 시행사로부터 "명도비", "컨설팅비" 등의 명목으로 대가를 지급 받았음에도 양도소득을 신고하지 않는 유형의 탈루 혐의자가 23명 확인되었습니다.

  ○ 특히, 이들은 시행사가 개발 사업이 확정되기 전까지 높은 이자율의 브릿지론*

(Bridge-loan)을 활용할 수밖에 없어 이자 부담이 기하급수적으로 늘어나는 점을 악용하여 시간을 지연시키고 폭리를 취하는 행태를 보이고 있습니다.

* 시행사 등이 제2금융권을 통해 단기(6~12개월)에 높은 이자로 빌리는 자금

◇ **알박기 투기 관련 양도소득세 탈루 선정 사례**

A는 '21. 4월 □□시 소재 **주택가 이면도로**를 ○억 원에 취득한 후 소유권을 시행사에 이전하지 않고 **시간을 지연**시켜, '21. 11월 "사업포기 약정금액" 명목으로 ○○억 원을 수령하였음에도 해당 금액에 대한 **양도소득세 무신고**

● 유형 3. 양도차익 무신고·취득자금출처 불분명한 무허가건물 투기 혐의자 32명

□ 재개발 지역 내 무허가 건물을 투기하면서 등기가 이루어지지 않는 점을 악용하여 양도차익을 신고하지 않거나 그 취득 자금이 불분명한 혐의자가 32명 확인*되었습니다.

* 양도소득세 무신고 12명, 취득자금출처 불분명 20명

○ 그간 무허가 건물은 등기가 되지 않아 거래 현황 파악에 어려움이 있었으나 국세청 자체 보유 자료와 국토부·지자체·법원 등 관계기관 제공 자료 간 연계 분석을 통해 무허가 주택 거래 현황과 신고 행태를 파악하였습니다.

◇ **무허가 건물 투기 관련 양도소득세 탈루 선정 사례**

△△ 주택재개발 사업지역 원주민이 아닌 B는 '20. 1월 무허가 건물 2채를 해당 지역 원주민으로부터 각 ○억 원에 **취득**한 후 이 중 1채를 '20. 5월에 ○억 원(6배)에 **양도**하면서 **양도소득세를 무신고**

● 유형 4. 부실법인·무자력자 끼워넣기를 통한 악의적 탈루 혐의자 18명

□ 부동산 거래 과정에 소득이 없는 결손법인 등 부실법인이나 무자력자를 끼워 넣어 저가에 양도한 후 단기간에 실제 양수자에게 고가에 재양도하는 방식으로 거래를 위장하여 양도소득세를 악의적으로 회피한 혐의자 18명이 확인되었습니다.

◇ 부실법인·무자력자 끼워넣기 선정 사례

A는 '04. 4월 △△억 원에 경매로 취득한 토지를 '22. 7월 결손법인 B에게 ○○억 원에 직거래로 양도하였고, B는 양도 당일 다른 법인 C에게 ○○억 원(5배)에 재양도하여 A에게 귀속될 양도차익을 결손법인인 B에게 귀속시키는 방식으로 탈루

3. 향후 계획

□ 국세청은 부동산 거래 과정에서 특이 동향을 지속적으로 관찰하여 탈루 사실이 확인될 경우 세무조사를 실시하는 등 엄정하게 대응할 예정입니다.

  ○ 특히, 기획부동산의 경우 확정 전 보전 압류 및 현금징수를 통해 조세채권을 조기에 확보하고 조세포탈 혐의가 확인되는 경우 검찰에 고발하는 등 강력하게 조치하겠습니다.

    – 또한 '바지사장'을 내세워 영업하고 있는 기획부동산은 금융 조사를 통해 실소유주를 끝까지 추적하여 추징하겠습니다.

  ○ 앞으로도 서민 생활에 피해를 입히고 주거 안정을 저해하는 부동산 탈세에 대해서는 국토부·지자체 등 유관기관과 신속히 관련 자료를 공유하고 협업하여 검증을 강화해 나가겠습니다.

사례 1 (기획 부동산)	기획부동산이 주로 생계비·노후자금을 노리고 허위·과장 광고를 통해 임야를 지분으로 쪼개어 고가 양도 후 세금탈루

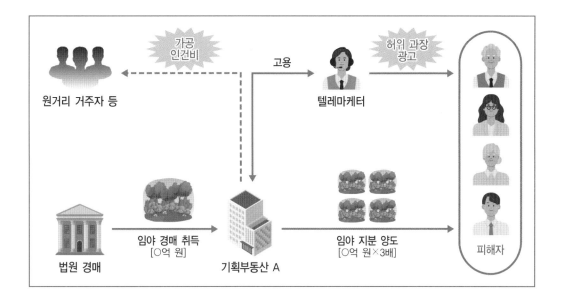

피해 사례

- 기획부동산 법인 A는 개발가능성이 없는 임야를 경매 등을 통해 저가로 취득한 후 텔레마케터를 통해 개발 호재가 있고 소액 투자로 큰돈을 벌 수 있다고 피해자를 현혹하여 해당 임야를 고가에 지분 양도
- 해당 임야는 개발가능성이 없고, 지분으로 소유함에 따라 재산권 행사가 어려워 투자자는 투자한 돈을 사실상 전부 잃게 되는 결과로 이어지며 이들의 총 피해규모는 ○○○억원에 달할 것으로 추산됨
- 특히, 피해자 중 연소득이 최저생계비에도 못 미치는 사람이 수백명, 70세 이상의 고령자도 수십명에 이르는 등 이들 대부분이 생계비 또는 노후자금을 활용해 토지를 취득한 것으로 그 피해가 더 클 것으로 예상

□ 주요 혐의내용

  ○ 기획부동산 법인 A는 개발가능성이 없는 개발지역 인근 임야를 저가에 취득한 후
    지분으로 쪼개어 고가 양도

  ○ 양도차익을 줄이기 위해 타 지역 거주자나 타 근무처 상시근로자에게 사업소득을
    지급한 것처럼 위장하여 관련 세금 탈루

□ 향후 계획

  ○ 가공인건비 등 관련 세금 탈루에 대해 조사

사례 2 (기획 부동산)	기획부동산이 임원을 통하여 농지를 취득하고 지분으로 쪼개어 고가 양도 후 세금 탈루

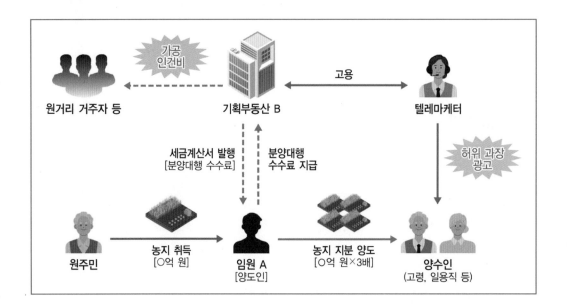

□ 주요 혐의내용

  ○ 기획부동산 법인 B는 법인 명의로 취득할 수 없는 농지를 임원 A의 명의로 취득
    한 후 텔레마케터를 동원하여 취득가격의 3배에 달하는 가격으로 ○○○명*에게

지분으로 쪼개어 양도

* 양수인 대부분이 연소득이 최저생계비에 못 미치는 저소득층이거나 60세 이상 고령자

○ 임원 A는 양도차익의 대부분(84%)을 분양대행수수료 명목으로 기획부동산 법인 B에게 지급하고 기획부동산 법인 B는 허위 인건비 등 계상하여 관련 세금 탈루

□ 향후 계획

○ 관련 세금 탈루 및 명의신탁 혐의에 대해 조사

사례 3 (알박기) 　알박기 수법으로 받은 고액 양도대금을 특수관계법인을 통해 우회 수령하는 방법으로 양도소득세 탈루

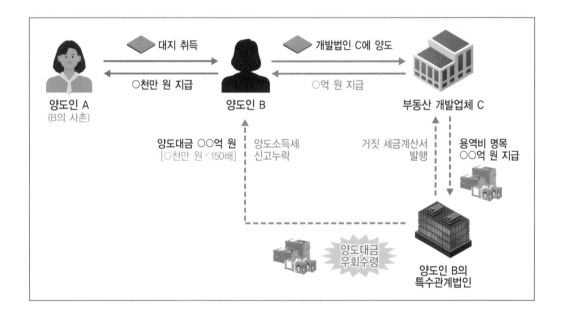

□ 주요 혐의내용

○ 부동산 개발업체 C가 △△일대 개발을 위해 토지매입 작업을 진행하자 양도인 B는 특수관계인인 사촌동생 A가 보유한 대지를 ○천만 원을 주고 저가에 취득

○ 저가 취득 후 양도인 B는 알박기 수법으로 개발사업을 지연시켜 ○○억 원(취득

가액×150배)의 양도대금을 "용역비" 명목으로 추가 지급받기로 약정하고

– 양도소득세를 줄이기 위해 특수관계법인*을 통해 고액 양도대금을 우회 수령
  하는 방법으로 양도소득세 탈루

  * 양도인 B의 형제자매가 대주주로 있는 법인

□ 향후 계획

　○ 양도소득세 탈루 혐의 및 세금계산서 관련 조사

사례 4 (알박기)	알박기 수법으로 가치가 없는 주택가 이면도로를 고액에 양도하고 대금을 편법 수령하는 방법으로 양도소득세 탈루

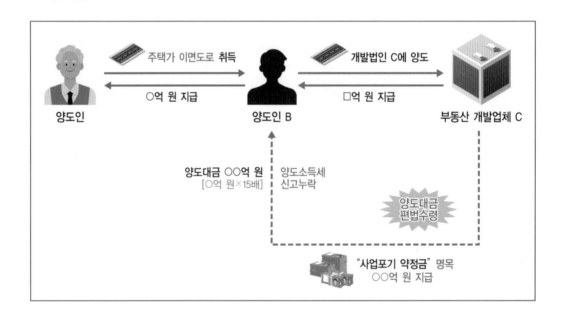

□ 주요 혐의내용

　○ 양도인 B는 □□일대가 개발이 예정되어 있다는 소식을 접하고 부동산 개발업체
　　C가 사업부지를 매입하기 직전 가치가 없는 주택가 이면도로 취득

　○ 양도인 B는 취득한 주택가 이면도로를 팔지 않고 버티는 알박기 수법으로 부동산
　　개발업체 C의 개발사업을 지연시켜 C로부터 ○○억 원(취득가액×15배)을 지급받

374

기로 약정하고

- 양도소득세를 줄이기 위해 고액 양도대금을 '사업포기 약정금' 명목으로 편법 수령하여 양도소득세 탈루

□ 향후 계획

○ 양도소득세 등 탈루 혐의에 대해 조사

사례 5 (무허가건물)	등기가 되지 않는 무허가주택 2채를 취득한 후 단기에 고가 재양도하면서 발생한 양도차익을 무신고한 혐의

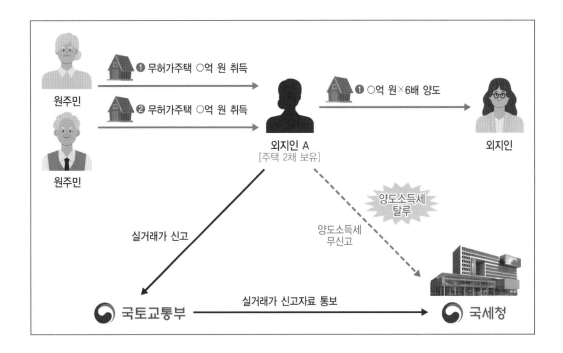

□ 주요 혐의내용

○ 2주택 보유자인 외지인 A는 ◇◇ 재개발지역 원주민으로부터 등기가 되지 않는 무허가 주택 2채를 각각 ○억 원에 취득한 다음 그 중 1채를 4개월 후 6배의 양도차익을 남기고 단기 재양도

○ 외지인 A는 고액의 단기 양도차익이 발생하였음에도 무허가 주택은 등기가 되지 않는 점을 악용하여 국토교통부에 실거래가 신고만 하고 양도소득세는 무신고하는 방법으로 세금 탈루

□ 향후 계획

　　○ 양도소득세 등 탈루 혐의에 대해 조사

| 사례 6 (끼워넣기) | 개발지역 임야를 보유한 개인이 부실법인을 중간에 끼워넣어 실제 거래를 위장하는 방법으로 양도소득세를 탈루한 혐의 |

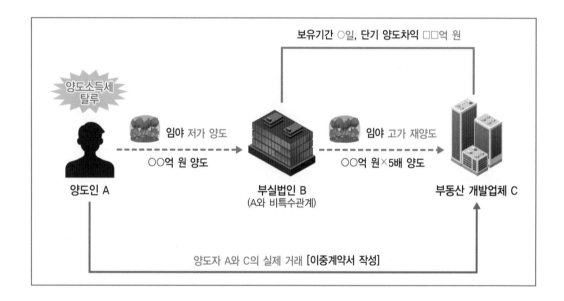

□ 주요 혐의내용

○ 양도인 A는 경매로 취득해 18년간 보유하던 개발지역 임야를 부실법인 B에게 취득가액과 유사한 ○○억 원에 양도하고

　- 부실법인 B는 양도인 A로부터 임야를 취득한 날과 동일한 날에 부동산 개발업체 C에게 5배의 양도차익을 남기고 재양도하였으나, 부실법인 B는 수년 간 결손이 ○억 원 발생한 법인으로 법인세 ○억 원 체납 중

○ 양도인 A는 부동산 개발업체 C에게 직접 양도하였음에도 거래 중간에 부실법인을 끼워 넣어 실거래를 위장하는 방법으로 양도소득세를 탈루

□ 향후 계획
  ○ 양도소득세 등 탈루 혐의에 대해 조사

5-6. 시청자 속여 돈 번 '벗방' 기획사, 국세청이 찾아냈다
- 벗방기획사 · BJ, 온라인 중고마켓 명품 판매업자, 청년창업세액 부당감면 유튜버 등 온라인 기반 신종 탈세 혐의자 21건 조사 착수(2024. 4. 23.) -

1. 추진 배경

□ 국세청(청장 김창기)은 이용자 실명 확인 및 소득 추적이 어려운 온라인 환경의 특성을 악용한 신종 탈세에 엄정 대응하고 있습니다.
  ○ 이번에는 벗방* 방송사 · 기획사와 BJ(12건), 온라인 중고마켓의 명품 등 판매업자(5건), 부당 세액 감면을 받은 유튜버 등(4건)을 조사합니다.
  * '벗는 방송'의 줄임말로, BJ가 옷을 벗고 신체 노출을 하며 진행하는 온라인 성인 방송

● BJ 위해 빚내서 후원했는데…알고 보니 가짜 시청자가 바람잡이
□ 최근 성행하는 벗방은, 기획사가 BJ들을 모집 및 관리하며 벗방 방송사의 웹사이트 또는 모바일 앱에서 실시간으로 방송하는 구조입니다.
  ○ 시청자들은 BJ와 채팅으로 소통하며 유료 결제 아이템을 후원하고, BJ는 시청자들의 아이템 후원 금액에 따라 신체 노출, 성행위 묘사 등의 음란행위를 차등적으로 보여줍니다.

□ 일부 기획사는 방송 중 시청자의 실명이 노출되지 않는다는 점을 악용하여, 시청자인 척 위장하고 소속 BJ에게 수억 원에 달하는 금액을 후원하여 다른 일반 시청자가 경쟁심에 더 큰 금액을 후원하도록 부추겼고,
  ○ 속사정을 알 리 없는 일반 시청자들은 BJ의 관심을 받기 위해 대출까지 받아가며 BJ를 후원했고 이 때문에 생활고에 시달리기도 하였습니다.

☐ 벗방 방송사·기획사의 사주와 BJ는 이처럼 시청자를 속이며 벌어들인 수입으로 명품·외제차·고급 아파트 등 호화 생활을 누리면서도,

　○ 거짓 세금계산서를 수취하거나 친인척에게 인건비를 지급한 것처럼 꾸며 허위 경비를 계상하고, 과세사업자임에도 면세사업자로 위장하여 부가가치세를 전액 탈루한 혐의가 있습니다.

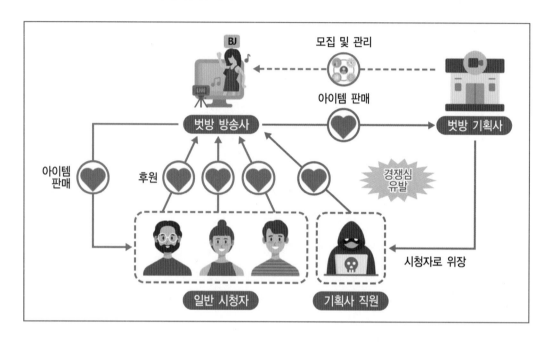

● 중고 명품 시계 1억 원에 싸게 팝니다...판매자의 정체는?

☐ 오프라인 사업장과는 달리 당근마켓·중고나라·번개장터 등의 온라인 중고마켓에서는 판매자의 실명 및 거래액을 확인하기 어렵습니다.

　○ 이를 악용한 일부 판매자는 버젓이 '오프라인 매장을 운영'하고 있는 명백한 사업자임에도 불구하고, 온라인 중고마켓에서 비사업자로 위장하고 고가의 물품을 다수 판매하였습니다.

☐ 이들은 최고 39억 원 총 1,800건 이상의 귀금속·가방·시계·오토바이를 판매하고 대금을 현금으로 수취하여 소득을 은닉한 혐의가 있어,

　○ 어려운 경제 상황 속에서도 세금을 성실하게 신고·납부하는 대다수의 정상 사업자를 기만하고 공정한 시장 질서를 어지럽혔습니다.

● 무늬만 청년 창업? 수십억 원 벌고 세금은 한 푼도 안 내

□ 최근 오프라인 사업장이 필요 없는 유튜버, 광고 대행 등 온라인 사업자가 수도권 밖의 공유오피스에 사업자등록만 해두는 사례가 늘었습니다.

○ 수도권과밀억제권역 외의 지역에서 창업하면 세금을 최고 100% 감면해주는 청년창업중소기업세액감면*을 악용하기 위해서입니다.

* 청년이 수도권과밀억제권역 밖 중소기업 창업 시 5년간 법인세 및 소득세 100%, 그 외 50% 감면(조세특례제한법 §6)

□ 이에 국세청은 실제로는 다른 곳에서 사업을 하면서 감면율 100% 지역에 사업자 등록만 해놓거나, 배우자 명의 사업자로 계속 방송을 해오고도 본인 명의로 새로 창업한 것처럼 꾸민 혐의가 있는 유튜버 등을 조사하여,

○ 청년의 창업을 지원하고 수도권 외의 지역에서의 고용을 창출하고자 한 청년 창업중소기업세액감면 제도가 올바르게 운영되게 하겠습니다.

유형 1 (벗방)	BJ 가족 등에게 허위 인건비를 지급하고, 명품 구입·고급 외제차 비용 등 업무무관 사적 경비를 부당 계상한 벗방 기획사

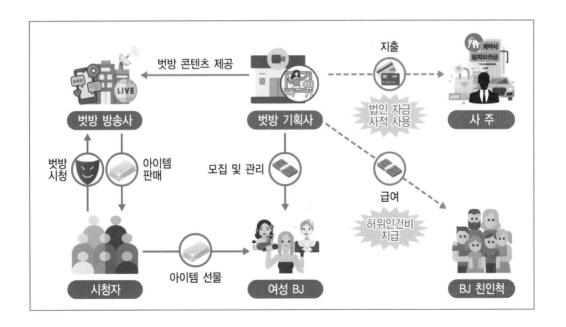

□ 주요 탈루혐의

   ○ BJ를 모집 및 관리하며 벗방 방송사를 통해 벗방 콘텐츠를 실시간으로 방송 후, 벗방 방송사로부터 시청자들의 유료 후원 아이템의 환전액을 수취하는 벗방 기획사 □□□은,

      – 방송 활동 이력이 전혀 없는 BJ의 가족 등에게 사업 소득을 지급한 것처럼 꾸며 가공 경비를 계상함

   ○ 또한 사주는 수십억 원의 고급 아파트 임차 보증금 및 인테리어 비용을 법인 자금으로 지급하고,

      – 고급 호텔, 백화점 명품관, 성형외과, 고급 외제차 비용 등 사적 지출을 법인 경비로 계상한 혐의가 있음

□ 조사방향

   ○ 가공 경비 및 사적 경비 혐의에 대해 엄정 조사

유형 2 (중고거래)	오프라인 매장이 있는 명백한 사업자임에도, 온라인 중고마켓을 통해 고가 명품을 판매하고 매출을 신고 누락한 판매자

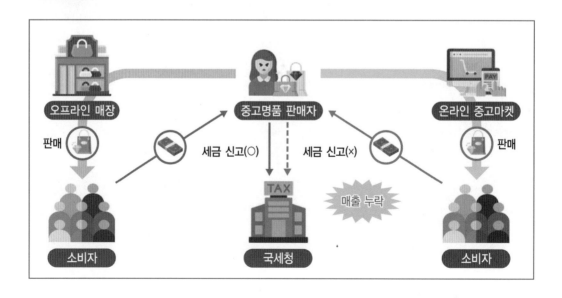

□ 주요 탈루혐의

  ○ 오프라인에서 명품 매장 및 전당포업을 겸영하는 □□□은 현금으로 무자료 매입
  하거나 담보물로 확보한 고가의 귀금속·시계·명품 가방을 오프라인 매장 및 온
  라인 중고마켓을 통해 판매하면서,
    – 오프라인 매장에서 신용카드로 결제한 매출은 정상신고하였으나 온라인 중고
      마켓을 통해 판매한 대금은 현금으로 수취하여 ○○억 원의 매출을 전액 누락
      한 혐의가 있음.

  ○ 탈루한 소득으로 고급 외제차량 및 주식 등을 취득하고, 해외여행 등 호화 사치
  생활을 누림

□ 조사방향
  ○ 현금매출 누락 혐의에 대해 엄정 조사

유형 3 (창업중소 기업)	공유오피스를 이용한 주소 세탁, 창업을 위장한 사업자등록으로 부당하 게 창업중소기업세액감면을 받은 사업자

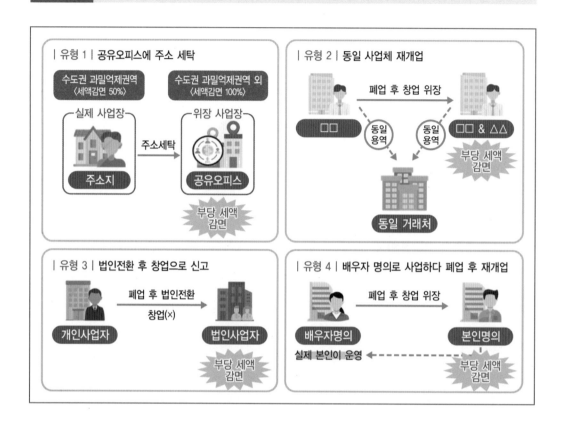

□ 주요 탈루혐의

　○ 감면율 50%인 지역에서 실제 사업을 영위함에도 감면율 100% 지역의 공유오피스에 허위로 사업자등록하고 부당 감면받거나(유형 1),

　　－ 동일 사업체임에도 불구하고 기존 사업자 폐업 후에 재개업(유형 2), 개인사업자 법인전환(유형 3), 배우자 명의로 사업을 하다가 폐업 후 본인 명의로 재개업(유형 4) 등 창업이 아님에도 창업으로 위장하여 부당 감면

　○ 이들은 연간 수억 원의 세금을 부당 감면 받아, 리조트 회원권과 고가 외제차를 취득하고 고급 아파트에 거주하는 등 호화 생활

□ 조사방향

○ 부당세액감면, 수입금액 신고 누락 등 탈루 혐의에 대해 엄정 조사

5-7. 사기성 주식정보로 여유자금은 털어가고, 사주일가 배 불리느라 서민 생계는 팍팍해지고(2024. 6. 6.)

1. 추진 배경

□ 국세청은 현 정부 출범 이후 전 세계적인 고물가·고금리 장기화 상황에서 서민들의 경제적 어려움을 가중하는 민생침해 탈세에 강력히 대응해 왔습니다.

○ 영세 가맹점에 갑질하는 프랜차이즈 본부, 사행심리를 조장하는 온라인 도박업자, 현금결제 강요한 인테리어업자 등을 지속적으로 세무조사 하였으며,

– 특히, 불법사채업자에 대해서는 적극행정의 일환으로 검찰·경찰·금감원과 긴밀한 협업을 통해 2차례에 걸쳐 대규모(344명) 조사에 착수하였습니다.

□ 최근 세대를 불문하고 금융자산 투자 열기가 뜨거운 가운데, 이를 악용하여 사기성 정보로 개미투자자의 자금을 갈취하거나, 고물가 상황을 기회 삼아 사익을 취하는 업체들로 인해 수많은 서민이 피해를 겪는 등 민생이 위협받고 있습니다.

○ 이에 따라 이번에는 ① 사기성 정보로 서민의 여유자금을 털어간 한탕탈세자 25명과 ② 엔데믹 호황, 고물가 시류에 편승한 생활밀착형 폭리탈세자 30명 등 서민의 생계 기반을 바닥내는 민생침해 탈세 혐의자 55명에 대해 전국 동시 세무조사에 착수하였습니다.

이번 세무조사 대상자 유형

① 사기성 정보로 서민 여유자금 털어간 한탕탈세자
  ① 고수익을 미끼로 유인하고, 모자바꾸기 하며 환불 회피한 **불법리딩방** [16명]
  ② 신사업 진출, 유망 코인 등 허위정보로 투자금 편취한 **주가조작·스캠코인** 업체 [9명]

② 엔데믹 호황, 고물가 시류에 편승한 생활밀착형 폭리탈세자
  ① 엔데믹 호황을 누리면서 막대한 현금수입은 신고누락한 **웨딩업체 등** [5명]
  ② **경쟁제한 시장상황 악용**하여 호황 누리며, 회삿돈을 카지노에 쓴 **음료 제조업체 등** [7명]

③ **가맹점**을 상대로 **갑질**하며, 사주가 초고액 급여 받아가는 **유명 외식업체 등** [18명]

유형 1 사기성 정보로 서민·취약계층 탈탈 털어간 한탕탈세자

① 고수익을 미끼로 유인하고, 모자바꾸기 하며 환불 회피한 불법리딩방 [16명]

☐ 최근 소위 '리딩방'을 운영하며 고수익 보장 등을 미끼로 다수의 유료회원을 모집
한 후, 피해자의 환불 요구에는 사업체 폐업으로 나 몰라라 회피(모자바꾸기)하
는 유사투자자문업체의 불법적 행태가 도를 넘고 있습니다.

○ 이들은 연예인 등 유명인을 앞세워 광고하거나, 유명 언론사와 이름이 유사한
업체를 세워 교묘하게 소비자의 신뢰를 쌓고, 정부 CI를 무단 사용하는 등의
방법으로 피해자를 유인하였으며,

○ 카드깡 업체, 위장 결제대행업체(PG)를 이용해 고액의 회원가입비를 은닉하
거나, 특수관계법인에 용역수취 없이 용역비를 지급하고, 사주로부터 상표권
을 위장 매입하는 방법으로 법인자금을 유출하여 탈루하면서

○ 법인자금으로 고급 아파트, 고가 미술품 및 고가 수입차를 구입하여 사적으로
유용하고 법인 신용카드로 유흥·퇴폐업소를 이용하는 등 호화·사치 생활을
영위하였습니다.

② 신사업 진출, 유망 코인 등 허위정보로 투자금 편취한 주가조작·스캠코인* 업체
[9명]

* 사기를 목적으로 만들어진 경제적 가치가 없는 가상자산

☐ 이들은 사기성 정보로 투자자를 유인하여 시세를 조작하고 선의의 다수 개미투자
자들에게 막대한 피해를 입히고 있습니다.

☐ 일부 기업 대표는 유망 기업 인수를 통해 조만간 신규 사업에 진출할 것처럼 허위
공시하며 인위적으로 주가를 단기간에 급등시켜놓고,

○ 인수대상 기업의 관련인 등과 결탁하여 미리 투자조합 명의로 보유한 주식을
매매거래정지 직전에 매도하며 엄청난 시세차익을 얻고도 양도세 등 관련 세
금을 탈루한 것으로 확인되었습니다.

□ 또한, 일부 기업은 사업 전망을 허위 포장한 뒤 자사의 신종코인을 구매하면 고배당 할 것처럼 속여 사회초년생, 은퇴자 등 서민과 취약계층으로부터 수천억원대의 판매 이익을 얻었음에도 관련 수익에 대한 세금을 탈루하고,

   ○ 피해자에게는 수익금 지급을 중단하였으면서, 자신들의 친인척에게는 허위 사업소득을 계속 지급하거나, 유령법인에 사업대행비를 지급하는 방법으로 법인 자금을 유출한 혐의도 포착되었습니다.

유형 2 이때다 싶어 폭리를 취하고도 사주일가 배만 불린 탈세자

□ 전 세계적으로 고물가, 고금리, 저성장 상황이 수년간 계속되어 경제 여건이 어려운 가운데, 최근에는 먹거리, 생필품 등 국민생활과 밀접한 분야에서 고물가 현상이 지속되고 있어 서민과 취약계층의 삶은 날로 팍팍해지고 있습니다.

   ○ 그러나 일부 사업자들은 대다수 서민의 어려움은 무시한 채 엔데믹 호황, 경쟁제한 시장환경 등을 이용하여 폭리를 취하고 지능적 방법으로 이익을 빼돌려 호화생활을 누리고도 정당한 세금을 탈루하고 있습니다.

① 엔데믹 호황을 누리면서 막대한 현금수입은 신고누락한 웨딩업체 등 [5명]

□ 일부 업체는 코로나 시기에 많은 경쟁업체가 폐업하여 시장이 과점화된 후, 엔데믹으로 급증한 수요와 높아진 시장지배력을 바탕으로 호황을 누리면서,

   ○ 현금결제를 유도하여 수입을 신고누락하고, 사주일가 소유 거래처에 용역비를 과다지급하거나 허위의 일용노무비를 계상하여 소득을 축소했으며, 사주일가에게 가공인건비도 지급하였습니다.

② 경쟁제한 시장상황 악용하여 이익 얻으면서, 회삿돈을 카지노에 쓴 음료 제조업체 등 [7명]

□ 또한, 일부 업체는 업종 특성에 따른 경쟁제한 시장구조를 악용하여 가격담합 등을 통해 높은 시장가격을 형성하며 막대한 이윤을 얻었습니다.

   ○ 이렇게 축적한 이익을 국세청에 미등록한 법인계좌로 이체하는 방식으로 유출하여 사주의 카지노 도박자금으로 사용하였고, 법인이 사주자녀 소유 부동산을 고가매입하여 가족에게 이익을 분여하기도 하였습니다.

③ 가맹점을 상대로 갑질하며, 사주가 초고액 급여 받아가는 유명 외식업체 등 [18명]

　□ 최근 일부 식료품 제조·유통업체, 외식 프랜차이즈 등은 원재료 가격이 안정적
　　이거나 하락하는데도 제품가격을 크게 올려 폭리를 취하면서,

　　○ 사주에게 터무니없이 높은 급여를 지급하여 법인자금을 유출하였고, 가족법인
　　　으로부터 비품을 고가 매입하여 이익을 분여하였으며, 가맹점에 재판매하여
　　　그 부담을 전가하였습니다.

유형 1 (불법리딩)	유명인 광고와 고수익을 미끼로 회원가입 유도한 후, 모자바꾸기하며 가 입비를 편취하고 수입신고 누락한 불법리딩방

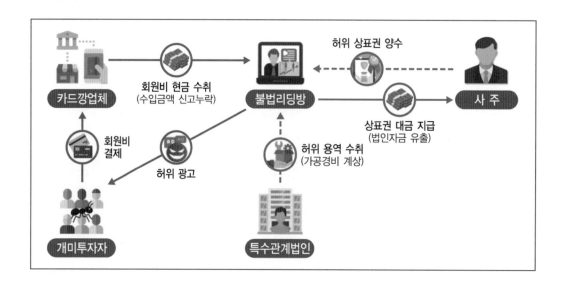

　□ 주요 탈루혐의

　　○ A법인은 주식정보를 제공하는 리딩방 업체로 유명 연예인을 앞세워 홍보하면서
　　　"무조건 300%", "환불 보장" 등 허위·과대 광고하여 유료회원을 모집

　　　- 회원가입을 문의하면 고액회원비를 할인해 준다고 하며, 수십여 개의 카드깡
　　　　위장업체를 통해 결제(허위계약서도 작성)하거나, 현금 결제하도록 유도하고,
　　　　이렇게 수취한 수입은 은닉(신고누락)

○ 또한, 당초부터 법인이 보유한 상표권을 사주 개인명의로 출원·등록한 후 법인에게 약 10억 원에 양도하는 것처럼 가장하여 법인자금을 부당 유출하고,

    – 특수관계법인으로부터 용역을 제공받은 것처럼 광고비·영업수수료 등 거짓세금계산서를 수취하여 가공경비를 계상하고 법인세를 탈루

○ 투자 피해가 드러나기 시작하면 폐업 후 사업체를 변경하는 "모자바꾸기" 방식으로 환불·책임 회피하여 수많은 개미투자자에게 피해를 발생시켰으면서,

    – 사주일가는 고가 수입차 여러 대를 법인차량 등록 후 사적으로 사용하거나, 법인카드로 명품 구입, 골프장·특급호텔 이용하며 호화생활 영위

□ 조사방향

○ 수입금액 누락 및 거짓세금계산서 수취 혐의 등 엄정 조사

유형 2 (주가조작)   신사업 진출 공시로 주가 띄운 후 거래정지 직전 투자조합 명의로 보유한 주식을 매도하며 양도소득을 탈루한 업체

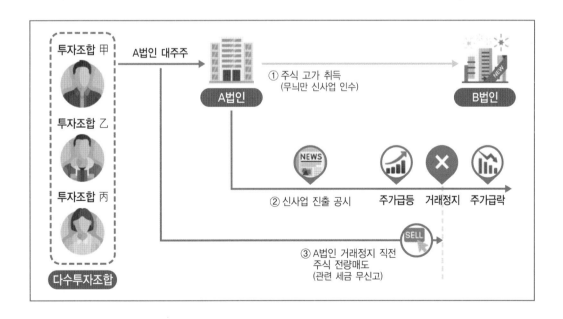

□ 주요 탈루혐의

  ○ A법인은 B법인 인수(지분 매수)를 통해 유망 신사업에 진출할 것처럼 공시하며 투자자를 유인하고 주가를 인위적으로 단기간에 상승시켰으나 매매거래정지로 인해 주가가 폭락

  ○ A법인의 대주주인 다수 투자조합(甲, 乙, 丙)은 매매거래정지 전날 보유 주식을 전량 매도하여 막대한 시세차익을 누리고도 조합원은 양도소득세 등 관련 세금을 미신고

    − 투자조합 甲, 乙, 丙의 주요 조합원들은 인수대상법인 B와 인수법인 A의 관련 인들로 모두 시세차익을 노린 주가조작 세력으로 파악

□ 조사방향

  ○ 투자조합의 실투자자를 면밀히 확인하여 투자 소득의 실질 귀속에 맞게 소득세 등 관련 세금을 엄정하게 추징

유형 3 (스캠코인)	고수익 보장을 미끼로 다수 서민·취약계층에 사기성 코인을 판매하고, 법인자금을 사적으로 유용한 업체

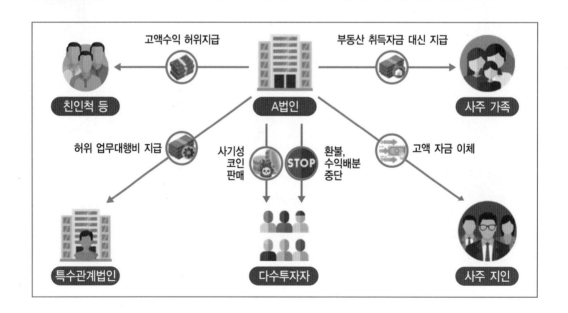

□ 주요 탈루혐의

○ A법인은 자사의 신종코인 구매자에게 환불을 보장하거나 신규사업에서 발생하는
수익을 장기간 배분할 것처럼 과장 광고

- 추가 구매자를 모집하면 별도로 수익금을 지급하는 영업방식으로 다수 사회초
년생, 은퇴자 등에게 코인을 판매하고 허위로 세금 신고

○ A법인 사주는 코인 구매자에게 환불 및 수익 배분을 중단해놓고, 뒤로는 사주 친
인척 및 직원 명의로 수익금을 허위로 지급하거나 특수관계법인에 업무 내행비
명목으로 법인자금을 유출

○ 또한 사주 가족이 취득한 고가의 부동산 매매 대금을 법인이 지급하고, 사주 지인
명의 계좌로 거액을 이체하는 등 법인자금을 사익 편취

□ 조사방향

○ 법인의 가상자산 판매 대금의 사용처를 정밀하게 밝혀 이익 귀속자에게 소득세
등 관련 세금 철저히 부과

유형 4 (엔데믹 호황)	엔데믹 호황을 누리면서 예식장 운영 수입금액 신고누락하고, 자녀 기업 에 일감 몰아주며 이익 분여한 웨딩업체

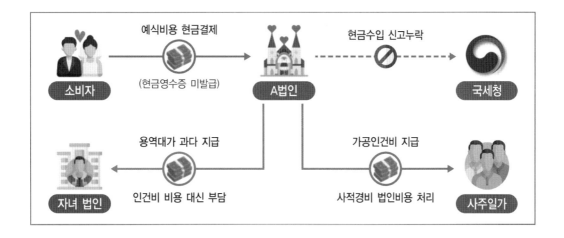

□ 주요 탈루혐의

  ○ A법인은 대규모 화려한 웨딩홀을 운영하는 업체로서 코로나19 기간동안 많은 경쟁업체가 폐업하고 엔데믹으로 예식 수요가 폭증하자, 대관료 등 비용을 인상하여 코로나19 이전보다 매출이 2배 이상 증가하는 등 크게 호황

  ○ A법인은 할인을 미끼로 결혼식 당일 지불하는 예식비용 잔금(약 90%)을 현금결제하도록 유도하여 수십억 원의 수입금액을 신고누락
    − 웨딩업 특성상 일용근로 고용이 많은 점을 악용하여 일용인건비 중 일부를 허위로 계상하여 법인소득을 축소

  ○ 엔데믹 호황을 누리자 사주 자녀가 소유하는 웨딩앨범 제작 등 관련 사업 특수관계법인을 설립하여 일감을 몰아주고 용역비를 과다하게 지급하였으며, 특수관계법인의 일부 인건비를 대신 부담하는 방식으로 이익을 분여하고,
    − 평일 근무시간에 백화점 명품 쇼핑 내역이 주로 확인되는 등 실제 근로하지 않는 사주 배우자 등에게 고액의 가공인건비를 지급
    − 사주일가가 사적으로 사용하는 고급 외제차 여러 대를 업무용 승용차로 등록하여 관련 비용을 법인이 부담

□ 조사방향

  ○ 신고누락한 현금수입을 정밀하게 밝히고 축소한 소득을 확인하여 정당 세액을 철저히 추징

유형 5 (시장환경 악용)	등록하지 않은 사업용계좌 이용하여 법인자금을 유출한 후 사주 도박자금으로 유용한 음료 제조업체

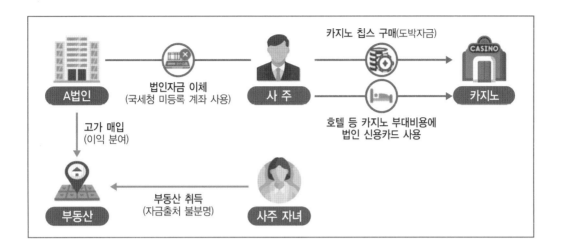

□ 주요 탈루혐의

  ○ A법인은 음료 제조업체로 높은 인지도를 기반으로 고정 수요층이 탄탄한 음료를 다양하게 취급하여 안정적 매출을 기록

  ○ A법인 사주는 국내 카지노 VIP회원으로서, 국세청에 등록된 법인계좌에서 미등록계좌로 이체하는 방식으로 고액의 법인자금을 유출한 후 단기간 내 수차례 카지노 칩스*를 구매하고, 변칙 회계처리

    * 칩스(Chips) : 카지노에서 사용되는 현금 대용 화폐로 언제든지 현금 환전 가능

    - 또한, 국내 카지노 주변 호텔, 음식점 등에서 법인 신용카드를 사용하여 카지노 방문 부대비용도 법인자금으로 지출

  ○ 실제 근로하지 않은 사주 자녀에게 가공급여를 지급하고,

    - 자금원천이 불분명한 사주 자녀가 취득한 부동산을 다시 A법인이 고가로 매입하는 등 법인자금을 유출하여 자녀에게 편법 증여

□ 조사방향

  ○ 법인의 비사업용계좌로 인출된 금액의 출처를 정밀하게 밝혀 이익 귀속자에게 소득세 등 관련 세금 철저히 부과하고, 자금출처를 정밀하게 조사

유형 6 (과다인상)	사주에게 이익처분 성격의 초고액 급여를 지급하고, 특수관계법인의 비용을 대신 부담하는 등 이익 분여한 외식업체

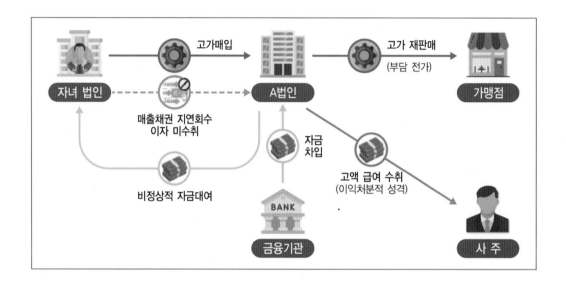

□ 주요 탈루혐의

○ A법인은 전국 가맹점을 보유하는 외식 프랜차이즈 업체로서 주요 원재료 가격 하락에도 여러 번 대폭 가격 인상하였으며, 막대한 영업이익을 달성

○ A법인은 사주 자녀가 소유한 특수관계법인에 이익 분여하기 위해 다양한 방법으로 편법 지원

   - 자녀 법인이 판매하는 비품을 시가보다 고가에 매입하였고,(비품은 가맹점에 고가로 재판매하여 부담을 가맹점에 전가)

   - 자녀 법인과 공동부담해야 할 용역비를 A법인이 대부분 부담하였으며,

   - 상대적으로 자금 조달이 어려운 자녀 법인을 대신하여 금융기관 차입 후 자녀 법인에 비정상적으로 대여하고, 자녀 법인에 대한 고액의 매출채권을 장기간 회수 지연하면서 이자는 미수취

○ 또한, 사주는 동종업과 비교하여 현저히 높은 금액(매년 수십억 원)을 보수로 수취하여 법인소득을 축소하고, 사적비용을 부당 법인비용 계상

□ 조사방향

○ 특수관계법인 간의 부당한 내부거래 등 엄정 조사

5-8. 국적세탁, 가상자산 은닉, 해외 원정진료 소득 탈루 국세청 추적 피하려는 역외탈세 백태

- 지능적인 수법으로 국부를 유출한 역외탈세 혐의자(2024. 7. 2.) -

● 세무조사 추진 배경

□ 국세청은 매년 역외탈세 혐의자를 대상으로 전국 동시조사를 실시*하는 등 역외 거래를 이용하여 국부를 유출한 탈세자에 대해 적극 대응하여 왔습니다.

  * 최근 2년간 역외탈세 세무조사 관련 보도(참고)자료 3회 발표('22.11월, '23.5월·12월)

  ○ 이러한 노력에도 불구하고, 세법 전문가의 조력 및 가상자산 등 첨단기술의 등장으로 역외탈세 수법이 갈수록 지능화·고도화되고 있습니다.

□ 최근 중동정세 불안, 주요국의 고금리 기조 등으로 대외 경제여건이 어려운 상황에서, 외국인으로 둔갑하여 국외 재산을 숨기거나 가상자산을 이용해 해외 용역 대가 등을 빼돌린 역외탈세 혐의자가 적발되었습니다.

  ○ 이들은 사회적 책임과 납세의무는 외면한 채 경제위기 극복에 사용되어야 할 재원을 반사회적 역외탈세를 통해 국외로 유출하였으며, 성실납세로 국가 경제와 재정을 지탱해 온 영세납세자·소상공인에게 박탈감을 주고 있습니다.

□ 이에 따라, 국적세탁·가상자산 등 신종 탈세수법을 통해 해외수익을 은닉한 업체를 비롯하여 해외 원정진료 소득 탈루, 국내 핵심자산 무상 이전 등 역외탈세 혐의자 총 41명에 대해 세무조사를 착수하였습니다.

유형 1 국적을 바꾸거나 법인 명의를 위장한 신분세탁 탈세자 (11명)

□ 미신고 해외 수익에 대한 국세청의 추적을 피하기 위해 이름·주민등록 등 흔적을 지우고 외국인으로 국적을 세탁한 탈세자입니다.

  ○ 이들은 국적 변경으로 해외 자산 및 계좌의 소유주가 외국인 명의로 바뀌는

경우 국세청이 국가 간 정보교환 등을 통해 해외 자산 및 수익 현황을 파악하기 어려운 점을 교묘히 악용하였습니다.

- 이 중 일부 혐의자는 황금비자*를 이용해 조세회피처의 국적을 취득한 후, 국내 재입국하였고 숨겨둔 재산으로 호화생활을 영위하였습니다.

  * 일부 국가에서 일정 금액 이상을 현지에 투자하는 조건으로 시민권을 주는 제도 운영

□ 또한, 국내 법인이 직접 해외 고객과 거래하는 등 사업활동의 중요한 부분을 관리함에도 외관상 특수관계자 및 외국 법인 명의로 계약하면서 국내로 귀속될 소득을 해외에 은닉한 혐의가 확인되었습니다.

○ 이들은 사주 자녀 소유의 현지법인이나 전직 임원 명의의 위장계열사 등을 내세우거나 거래 중간에 끼워 넣는 방식으로 이익을 분여하였으며,

- 일부 업체는 페이퍼컴퍼니 명의로 중계무역을 하면서 비용만 신고하고 자기 매출은 모두 숨겨 국내에 세금을 한 푼도 내지 않았습니다.

유형 2 용역대가로 가상자산을 받으며 수익을 은닉한 코인개발업체 (9명)

□ 거래관계를 추적하기 어려운 해외 가상자산의 특성을 이용하여 용역대가 등을 가상자산으로 받고 수익을 은닉한 코인개발업체가 다수 확인되었습니다.

○ 이번 조사에는 해외 페이퍼컴퍼니를 통해 가상자산을 발행(ICO*)하고 수익을 은닉한 업체와 해외에 기술용역을 제공하고 그 대가를 가상자산으로 받으면서 매출을 누락한 업체 등이 포함되었습니다.

  * ICO(InitialCoinOffering) : 블록체인 기반 코인을 발행하고 투자자에게 판매하는 자금조달 방식

○ 이들은 매출을 누락한 것에 그치지 않고 추후 해당 가상자산을 판매하여 얻은 차익까지 이중으로 은닉하였으며,

- 일부 업체의 사주는 가상자산, 역외펀드로만 재산을 축적하고 부동산 등 국내 자산은 매입하지 않으면서 과세당국의 눈을 피해 왔습니다.

유형 3 해외 원정진료 · 현지법인을 이용한 엔데믹 호황이익 탈세 (13명)

□ 코로나19 종식 이후, 성형외과 · 피부과 등 국내 병 · 의원을 찾는 외국인이 다시 증가하는 가운데, 일부 의사들이 동남아시아 등 현지에서 원정진료 수익을 은닉

한 혐의가 확인되었습니다.

○ 이들은 해외 원정진료를 현지병원 세미나 등으로 가장하여 관련 매출의 일부 또는 전체를 누락하였고

– 일부 혐의자는 해외 원정진료 대가를 법정통화 대신 추적이 어려운 가상자산으로 수취한 후 차명계좌를 통해 국내 반입하였습니다.

○ 이외에도, 해외 현지 브로커에게 환자 유치 수수료를 허위·과다 지급하고 차액을 개인 계좌를 통해 돌려받은 혐의가 적발되었습니다.

□ 또한, 자동차 등 코로나 시기를 거치면서 시장 수요가 확대된 산업에서 글로벌 경쟁이 격화되는 가운데, 소재·부품 업체 일부가 사주 일가 이익 분여 등의 목적으로 해외현지법인에 법인자금을 유출하였습니다.

○ 이들은 자본 잠식된 현지법인에 투자 명목으로 거액을 대여한 후 출자 전환으로 채권을 포기하거나 허위 수수료를 지급하는 등 과세당국의 현지확인이 어려운 점을 이용하여 법인자금을 유출해 왔습니다.

– 일부 업체는 해외거래처로부터 받은 수출대금 전체를 사주가 해외에서 가로채 자녀 해외체류비 등 사적인 목적으로 유용하였습니다.

유형 4 국내에서 키운 알짜자산을 국외로 무상 이전한 다국적기업 (8명)

□ 일부 다국적기업이 국내 인적 자원과 인프라, 시장 수요 등을 바탕으로 성장한 국내 자회사의 핵심자산 등을 국외특수관계자 등에게 매각·이전시키면서 정당한 대가를 지급하지 않았습니다.

○ 이렇게 무상 또는 저가로 이전된 핵심자산은 기술, 특허에 그치지 않고 콘텐츠 배포권, 영업권 등의 권리부터 고객 정보, 노하우까지 포함되었고 심지어 국내 사업부 전체를 국외로 옮기기도 하였습니다.

○ 이러한 국내 자회사 중 일부는 국내 제조·판매 기능을 국외관계사에게 대가 없이 이전하였고, 그 과정에서 부수적으로 발생한 해고비용 등을 모회사로부터 제대로 보전받지 못했습니다.

사례 1	수백억 원의 해외 수익을 국외 은닉하고 국세청의 추적을 피하기 위해 국적도 이름도 바꾸며 신분을 세탁

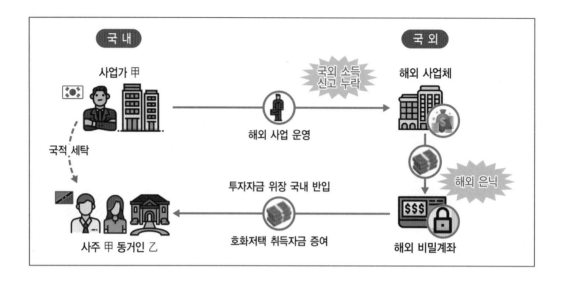

□ 주요 탈루혐의

  ○ (외화소득 해외은닉) 국내 거주자 甲은 해외에서 미신고 사업으로 얻은 소득을 신고 누락한 후 해당 자금을 해외 비밀계좌에 은닉

    – 甲은 해외 이주 의사 없이 국내에 계속 거주하며 사업활동을 영위할 예정임에도, 황금비자로 외국 국적을 사실상 매입하며 국적을 변경

    – 잠시 외국에 머무른 후, 검은 머리 외국인으로 입국*하면서 은닉자금 일부를 투자 명목으로 국내 반입

      * 주민등록번호, 한국 여권을 버리고 이름을 바꾼 외국 여권으로 입국하며 추적 회피

  ○ (은닉자금 증여) 甲은 해외 은닉자금을 국내·외 외국인끼리의 이전거래인양 동거인 乙(외국인)의 국내 계좌에 송금하고 호화 저택 구입

□ 향후 조사방향

  ○ 신고 누락한 甲의 해외 탈루소득 ○○○억 원에 대해 소득세를 과세하고 자금 일부를 받은 동거인 乙에게는 증여세를 부과하며

    – 해외 은닉 자금을 추적하여 해외금융계좌 신고의무 미이행 과태료 부과

| 사례 2 | 해외 유령회사 명의로 중계무역을 운영하며 국내엔 1달러 한장 반입하지 않았는데, 현지 관리인이 해당 자금을 횡령 |

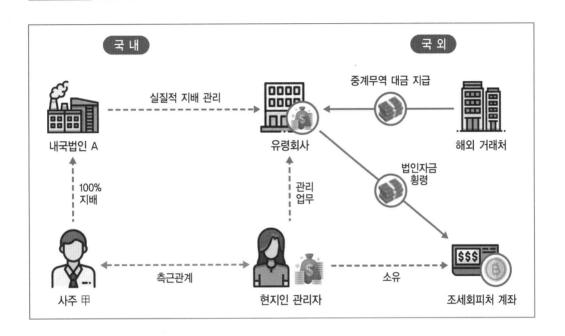

□ 주요 탈루혐의

  ○ (중계무역 소득 해외은닉) 도매업을 영위하는 내국법인 A의 사주 甲은 중계무역 대금을 자신이 실질 지배하는 해외 유령회사 명의로 수령하는 방식으로 법인자금을 해외 은닉하고 사적 유용

    − 그 결과, 소득 없이 인건비 등 비용만 들었던 내국법인 A는 결손으로 국내에 세금을 전혀 내지 않으며 영업

  ○ (은닉자금 유출) 해외 유령회사의 현지인 관리자는 사주와 측근관계로 알려졌으나, 은닉자금을 사주 몰래 유출하여 조세회피처 계좌로 횡령

□ 향후 조사방향

  ○ 신고 누락한 ○○○억 원의 중계무역 소득에 대해 법인세 과세 및 해외금융계좌 미신고 과태료 부과하고, 유출된 은닉자금 중 사주 甲에게 회수된 부분이 있는지 추적하여 소득세 과세

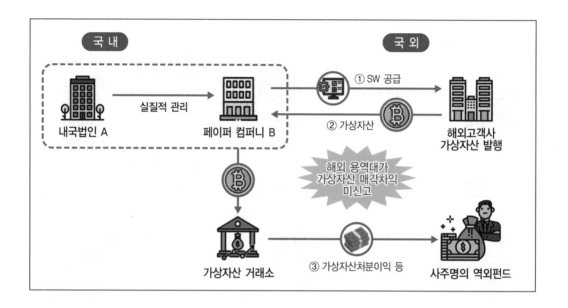

□ 주요 탈루혐의

　○ (해외 용역대가 미신고) 소프트웨어 개발업을 영위하는 내국법인 A는 해외 고객사(가상자산 발행사 등)에게 소프트웨어를 제공하고,

　　- 관련 대금을 법정통화가 아닌 비트코인 등 가상자산으로 받으면서 자신이 아닌 해외 페이퍼컴퍼니 B 명의로 수취하여 소득 미신고

　○ (가상자산 매각차익 미신고) A는 B를 통해 해당 가상자산을 매각하여 거액의 매각차익이 발생하였음에도 관련 수익을 미신고

　　- 또한, 가상자산 매각차익 중 일부는 가공비용 계상 등의 방법으로 사주 명의로 개설된 조세회피처 펀드 계좌에 유출

□ 향후 조사방향

　○ 해외용역 대가 및 가상자산 매각차익 미신고액 ○○○억 원에 대하여 법인세 과세하고, 역외펀드 유출 자금에 대해서도 사주에게 소득세 부과

사례 4	가상자산으로 수취한 해외 원정진료 대가를 국내 거래소에서 매각한 후 차명계좌를 통해 수백번 쪼개어 현금 인출

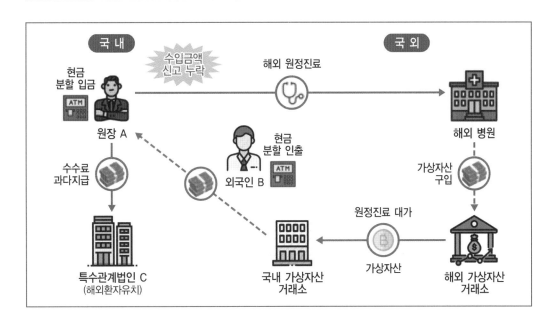

□ 주요 탈루혐의

  ○ (원정진료대가 누락) 국내에서 성형외과를 영위하는 A는 동남아 소재 현지 병원에서 원정진료하며 받은 대가를 가상자산으로 수취

    – A는 과세당국의 추적을 피하기 위해 원정진료 대가로 받은 가상자산을 국내 거래소에서 매각하고, 외국인 B의 차명계좌를 이용하여 ATM을 통해 수백 회 현금 인출 후 다른 ATM을 통해 본인 명의 계좌로 다시 수백 회에 걸쳐 현금 입금하는 방식으로 자금세탁

  ○ (유치수수료 과다 지급) 원장 A는 본인이 지배하는 특수관계법인 C로부터 외국인 환자 유치용역을 제공 받고, 적정 수수료를 초과하여 과다 지급하는 방식으로 소득세 탈루

□ 향후 조사방향

  ○ 가상자산으로 수취한 원정진료 대가 ○○억 원과 수수료 과다지급분 ○○억 원에 대해 소득세 과세

사례 5	수출대금을 미신고 현지법인 계좌로 빼돌리는 등 법인자금을 유출하여 사주의 도박자금 및 자녀의 해외체류비에 유용

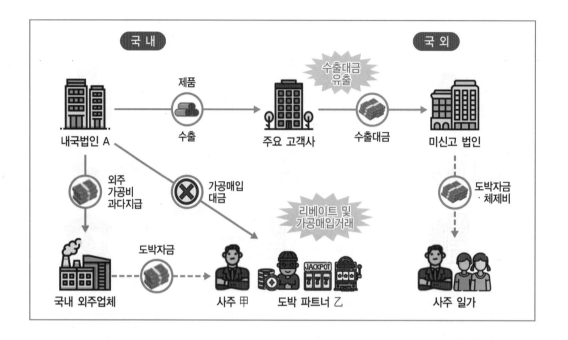

□ 주요 탈루혐의

○ (수출대금 유출) 제조업을 영위하는 내국법인 A는 해외 거래처로부터 받을 수출 대금을 사주 개인의 미신고 현지법인에 빼돌리는 방식으로 법인자금을 유출하고 사주의 원정도박 자금, 자녀의 해외체류비로 유용

○ (리베이트 거래) A는 거래상 우월적 지위를 이용하여 외주업체로부터 매입가액 이 부풀려진 세금계산서를 수취하고, 실제 금액과의 차액을 돌려받아 사주 甲의 도박자금으로 유출

○ (가공매입 거래) A는 사주 甲과 같이 카지노에 출입하는 외국인 도박파트너 乙의 유령 사업체에 가공으로 매입 거래를 하며 자금 유출

□ 향후 조사방향

○ 신고 누락한 해외 매출대금 등 ○○○억 원에 대하여 매출누락으로 과세하고, 사 주 甲의 도박자금 등으로 쓰인 ○○○억 원에 대하여 소득세 과세

사례 6	안정적 수익이 창출되는 견실한 국내 사업부를 임직원 집단해고 등을 거쳐 국외특수관계사로 무상 이전

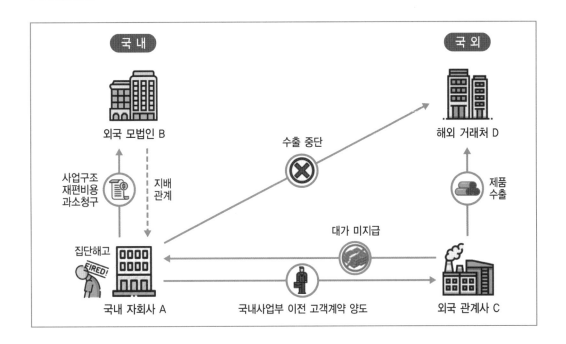

□ 주요 탈루혐의

○ (알짜사업부 무상 이전) 다국적기업의 국내 제조법인인 A는 해외 거래처 D 등에 제품을 수출하고 있었으나, 그룹 사업구조 재편으로 A법인이 보유하던 판매 기능을 국외관계사 C에 무상 이전

  - 판매기능과 함께 고객 계약이 모두 이전된 결과, A는 매출이 65% 이상 급감한 대신, C는 매출이 급등하는 등 대가 없이 높은 이익 향유

○ (집단해고 비용 과소 수취) 사업기능 이전 과정에서 국내 임직원들이 집단 해고됨에 따라 명예퇴직금 등 고액의 비용이 발생하였으나, 일부 금액만 해외 모법인 B로부터 보전받아 국내 법인세 과소신고

□ 향후 조사방향

○ 국내 자회사 A가 무상 이전한 고객 계약 등의 양도대가와 집단해고 비용 등에 대한 과소 청구분 ○,○○○억 원에 대해 법인세 과세

5-9. 세금걱정 없다는 미등록PG '절세단말기' … 알고보니 '탈세단말기'

(2024. 7. 21.)

[미등록 결제대행업체 불법 광고 사례]

> ① '절세단말기·분리매출·카드매출 현금화' 등 문구를 사용하여 광고
> ② 여신전문금융업법에 따른 합법적 절세수단으로 광고하면서 고율의 수수료 요구
> ③ 세금·건강보험·국민연금 등이 부과되지 않는 비사업자·비과세 단말기로 광고

□ 국세청은 고물가·고금리 상황에서 경제적 어려움을 겪는 자영업자를 지원하고 과세인프라를 기반으로 성숙한 세정환경 조성을 위해 노력하고 있습니다.

○ 납세자의 자금 유동성 지원을 위해 부가가치세 환급금 조기지급, 납부기한 연장을 적극 실시하고 있으며, 전자(세금)계산서, 현금영수증 및 결제대행자료 등 과세인프라를 활용하여 성실신고를 뒷받침하고 있습니다.

○ 부가가치세 과세표준 양성화를 위해 금융위원회에 등록[1]한 전자지급결제대행(PG)업체[2](이하 결제대행업체)로부터 분기별로 수집한 가맹점 결제대행자료를 활용하여 홈택스에서 신고 도움자료[3], 미리채움 서비스 등을 제공하고 있습니다.

1) 국세청 누리집 및 금융소비자 포털 파인(fine.fss.or.kr) 통해 '전자금융업등록현황' 확인 가능
2) 등록 결제대행업체와 미등록 결제대행업체의 거래흐름 비교
3) (경로)홈택스 → 세금신고 → 부가가치세신고 → 신고도움서비스

□ 최근 금융위원회에 등록하지 않은 결제대행업체는 '절세단말기' 등 허위 광고로 자영업자로부터 과도한 수수료(약 7~8%)를 편취하면서 세금과 4대 보험료 탈루를 조장하는 등 성실한 납세자에게 상대적 박탈감을 느끼게 하고 있습니다.

○ 미등록 결제대행업체는 실제로 전자지급결제대행업을 영위하면서 금융위원회에 등록하지 않고, 결제대행 시 국세청에 결제대행자료를 제출하여야 함에도 불구하고 제출하지 않는 방법으로 가맹점의 매출 은닉을 부추기고 있습니다.

○ 일부 자영업자는 '절세단말기' 사용이 불법임을 알고도 미등록 결제대행업체의 영업행태를 악용하여 세금 등을 탈루한 경우도 있습니다.

□ 국세청은 공정세정과 건전한 시장질서를 확립하기 위해 미등록 결제대행업체 모니터링 및 적발, 가맹점 대상으로 미등록PG 단말기 사용주의 안내 등 전방위적으로 미등록 결제대행업체의 불법행위에 엄정 대응하고 있습니다.

ㅇ 특히 이번 부가가치세 성실신고를 지원하고 적극행정을 구현하기 위해 홈택스 「신고도움서비스*」를 통해 결제대행업체를 이용한 사업자에게 매출액을 면밀히 검토하여 신고할 것을 안내하였습니다.

    * (경로)홈택스 → 세금신고 → 부가가치세신고 → 신고도움서비스

ㅇ 또한, 미등록 결제대행업체를 이용한 혐의가 있는 가맹점에 대해서는 부가가치세 신고내용 확인을 정기적으로 실시하고 있습니다.

    – 빅데이터 분석을 이용해서 적발한 미등록 결제대행업체로부터 확보한 실가맹점 매출자료를 통해 성실신고 여부를 면밀히 검증하여,

    – 부가가치세 매출누락 사실이 확인되면 무·과소신고 금액에 대해 부가가치세 수정신고를 안내하고 있습니다.

[미등록 결제대행업체를 이용한 불성실 신고 주요 사례]

1️⃣ 미등록 결제대행단말기를 이용하여 결제대행 매출을 누락한 사례
2️⃣ 직원 명의 미등록 결제대행 단말기를 이용하여 매출을 분산한 사례
3️⃣ 미등록사업자가 비사업자 결제대행 단말기를 이용하여 매출을 무신고한 사례

□ 아울러, 국세청은 금융감독원과 미등록 혐의 결제대행업체 정보 공유, 실무협의 등 긴밀한 공조체제를 유지하면서 불법행위에 공동 대처하고 있습니다.

ㅇ 결제대행업체를 이용하는 가맹점 사업자는 성실납세가 최선의 절세임을 명심하시어 절세단말기에 현혹되지 않도록 주의하시기 바라며,

ㅇ 신고오류로 인한 가산세* 부담 등 불이익을 받지 않도록 신고 전에 신고 도움 자료를 확인하고, 미등록 결제대행업체를 통한 매출액을 반드시 포함하여 성실하게 신고하여 주실 것을 당부드립니다.

    * 무신고·과소신고가산세(최대 40%), 납부지연가산세(미납일수 당 0.022%, 연 8.03%) 등

참고 등록 결제대행업체와 미등록 결제대행업체의 거래흐름 비교

☐ 등록 결제대행업체를 이용한 거래흐름

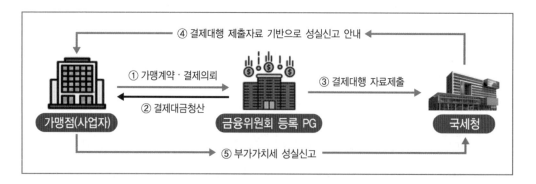

○ 금융위원회에 등록[1])한 결제대행업체는 ① 가맹점과 계약을 체결하고 매출결제를 대행, ② 카드사 등에 대금을 청구·수령하여 가맹점에 대금 지급, ③ 가맹점의 매출자료인 '결제대행자료'를 국세청에 분기별로 제출[2])하고 있음.

> 1) 「전자금융거래법」 제28조(전자금융업의 허가와 등록), 전자금융업 등록 후 영업
> 2) 결제 대행 시 관련 명세를 매 분기 말일의 다음 달 15일까지 제출(부가가치세법 제75조)

○ 국세청은 ④ 결제대행자료를 홈택스에서 신고 도움자료, 미리채움 서비스로 납세자에게 제공하며, 가맹점은 이를 바탕으로 ⑤ 부가가치세 등 신고

☐ 미등록 결제대행업체를 이용한 거래흐름

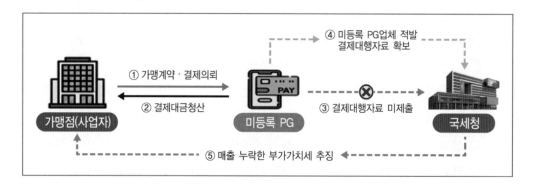

○ 미등록 결제대행업체*는 ① 가맹점과 계약을 체결하고 매출결제를 대행, ② 카드사 등에 대금을 청구·수령하여 가맹점에 대금 지급, ③ 가맹점의 매출자료인 '결제대행자료'는 국세청에 제출하지 않음.

○ 국세청은 ④ 미등록 결제대행업체를 적발하여 확보한 가맹점 매출자료와 신고 내역 등을 비교하여 ⑤ 매출 누락이 확인되는 경우 부가가치세 수정신고 안내 또는 이에 응하지 않는 경우 추징

사례 1   미등록 결제대행단말기를 이용하여 매출을 누락한 사례

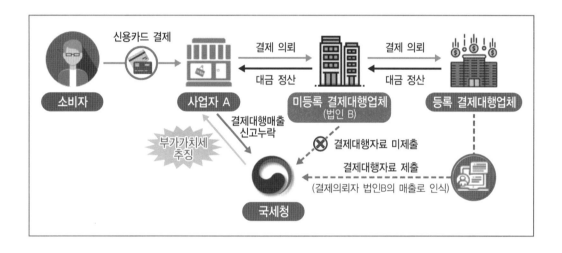

□ 사실관계 및 확인결과

○ 음식업 영위 사업자 A는 '절세 단말기', '카드매출대금 익일정산' 등 광고를 접하고 세금과 4대 보험 등을 줄이기 위해 미등록 결제대행업체(법인B)와 계약을 체결한 후 미등록 결제대행 단말기를 이용하여 신용카드 결제를 받음.

  – 부가가치세 신고 시 홈택스에서 조회되는 결제대행 매출자료 금액만을 과세표준으로 신고함.

    * 미등록 결제대행업체(법인B)는 부가가치세, 법인세를 신고하지 않음.

○ 국세청은 미등록 결제대행업체를 적발하여 확보한 가맹점 매출자료 분석 결과, 사업자 A가 미등록 결제대행 단말기를 이용한 매출액을 신고하지 않은 것이 확인되

어 신고내용 확인대상으로 선정하고 부가가치세 ○○백만 원 추징

□ 올바른 신고방법

　○ 부가가치세 과세표준은 해당 과세기간에 공급한 재화 또는 용역의 공급가액을 합
　　한 금액으로 함(부가가치세법 제29조).

　○ 홈택스에서 조회되는 결제대행 매출자료는 납세자에게 도움을 주기 위해 결제대
　　행업체가 제출한 자료를 제공한 것으로

　　－ 이 경우 국세청에 제출되지 않은 미등록 결제대행업체를 통한 매출액을 포함하
　　　여 부가가치세를 신고하여야 함.

사례 2	직원명의 미등록 결제대행단말기를 이용하여 매출을 분산한 사례

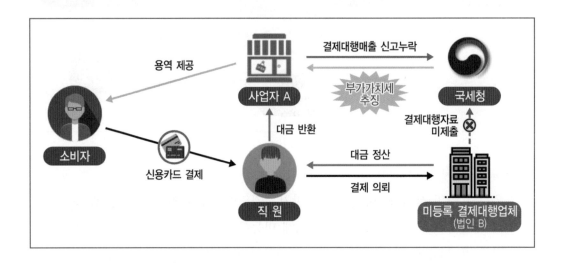

□ 사실관계 및 확인결과

　○ 헬스장 운영 사업자 A는 사업자등록을 하지 않아도 결제대행단말기 개통이 가능
　　하다는 점을 이용하여 미등록 결제대행업체와 공모하여 직원 명의로 결제대행 서
　　비스계약을 체결하고,

　　－ 헬스장 이용대가를 직원 명의 단말기를 이용하여 결제한 후 직원으로부터 해당

금액을 반환받음.

- 부가가치세 신고 시 홈택스에서 조회되는 결제대행 매출자료 금액만을 과세표
  준으로 신고함.

  * 미등록 결제대행업체(법인B)는 부가가치세, 법인세를 신고하지 않음.

○ 국세청은 미등록 결제대행업체를 적발하여 확보한 가맹점 매출자료 분석 결과 사
  업자 A가 타인 명의 결제대행 단말기를 이용한 매출액을 신고하지 않은 것이 확
  인되어 신고내용 확인대상으로 선정하고 부가가치세 ○○백만 원 추징

□ 올바른 신고방법

○ 과세의 대상이 되는 소득, 행위 또는 거래의 귀속 등이 명의일 뿐이고 사실상 귀속
  되는 자가 따로 있을 때에는 사실상 귀속되는 자를 납세의무자로 하여 세법을 적
  용함(국세기본법 제14조).

○ 이 경우 매출 분산 목적으로 직원 명의를 이용하여 용역 제공 대가를 지급받는
  경우 해당 대가는 사업자A의 매출액에 포함하여 신고해야 함.

사례 3   미등록 사업자가 비사업자 결제대행 단말기를 이용하여 매출을 무신고한 사례

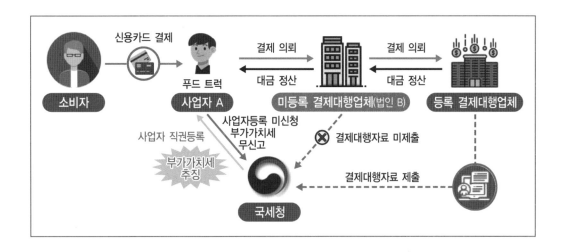

□ 사실관계 및 확인결과

○ 푸드트럭을 운영하는 미등록 사업자A는 소비자에게 신용카드 결제를 거부하고 현금결제 만을 요구하여 지속적 마찰 발생

　– '사업자 등록이 없어도 신용카드가맹이 가능한 비사업자 단말기' 광고를 접하고 미등록 결제대행업체와 계약을 체결 후 미등록 결제대행 단말기를 이용하여 음식대금을 신용카드 결제 함.

○ 국세청은 미등록 결제대행업체를 적발하여 확보한 가맹점 매출자료 분석 결과 사업자A가 사업자 등록 없이 푸드트럭을 운영한 것이 확인되어 신고내용 확인대상으로 선정하고 사업자 직권등록 및 부가가치세 ○○백만 원 추징

　* 미등록 결제대행업체(법인B)는 부가가치세, 법인세를 신고하지 않음.

□ 올바른 신고방법

○ 사업자는 사업을 하기 위해 거래의 전부·일부를 하는 고정된 장소마다 사업 개시일부터 20일 이내에 사업장 관할 세무서장에게 사업자등록을 신청하여야 함(부가가치세법 제6조, 제8조).

○ 이 경우 사업자A는 사업을 위한 고정된 장소*에 사업개시일로부터 20일 이내 사업자등록을 하여야 하며, 부가가치세 등 관련 제세 신고·납부 의무를 이행하여야 함.

　* 사업장을 설치하지 아니하고 사업자등록도 하지 않은 경우 과세표준 및 세액을 결정·경정 당시 사업자 주소 또는 거소를 사업장으로 함(부가가치세법시행령 제8조).

5-9. 부당이익을 누려온 리베이트 탈세자, 끝까지 추적하여 불공정의 고리를 끊겠습니다!

　– 리베이트 제공한 건설사, 의약품업체, 보험중개업체 등 47개 업체 세무조사 실시(2024. 9. 25.) –

1. 세무조사 추진배경

□ 국세청은 강민수 국세청장 취임 이후 "공정과 상식"에 부합하지 않는 우리 사회의 불합리한 관행에 주목하고, 이를 근절하기 위한 국세청의 역할을 다하기 위해 노력해 왔습니다.

□ 오랫동안 유지되어 온 산업계의 리베이트 수수 행태는 공정 경쟁을 훼손하고, 대다수 국민이 누려야 할 혜택을 소수 기득권층의 이익으로만 집중시키는 심각한 사회문제입니다.

> 리베이트(rebate) : 판매한 상품·용역의 대가 일부를 다시 구매자에게 되돌려주는 행위를 가리키며, 흔히 일종의 뇌물적 성격을 띤 부당고객유인 거래를 말함.

　○ 품질 향상 및 원가 절감 등을 통해 최종 소비자에게 돌아가야 할 혜택이 리베이트 비용으로 소진되어 경제·사회 전반의 부실을 초래하고 있으며,

　○ 이제는 불공정과 부당이익 편취의 문제를 넘어 아파트 부실시공, 의약품 오남용 등 국민 생명을 위협하는 치명적인 부작용을 낳고 있습니다.

　○ 최근에는 건설, 제약 등 고질적 분야뿐만 아니라 보험 등 다른 분야로 확산되고 있으며, 수법도 진화하고 있어 더욱 강력한 대처가 필요한 시점입니다.

2. 세부 추진내용

□ 이에 국세청은 리베이트로 인한 사회적 부작용과 탈세 행위가 심각한 건설·의약품·보험중개 등 3개 주요 분야를 대상으로 세무조사를 추진하고 있습니다.

　○ 이번 세무조사 대상은 모두 관련 법률*에서 리베이트 수수 행위를 명확히 금지하고 있는 분야로서 ① 건설 업체 17개, ② 의약품 업체 16개, ③ 보험중개 업체 14개, 총 47개 업체입니다.

　　* 건설산업기본법 제38조의2, 의료법 제23조의5, 약사법 제47조, 보험업법 제98조 등

[리베이트 탈세 세무조사 대상]

건설 업체	의약품 업체	보험중개 업체
17개	16개	14개

유형 1 발주처에 리베이트를 지급하는 건설 업체 : 17개

□ 첫 번째 대상은 재건축조합, 시행사 등에 리베이트를 제공한 건설 업체입니다.

○ 건설 리베이트는 자금 마련 과정에서 허위 세금계산서를 발행하는 등 건전한 거래질서를 훼손하며, 이는 비리와 부패로 이어질 가능성이 높습니다.

리베이트 약정은 허위의 세금계산서 발행이라는 **법규 위반 행위를 수단**으로 하는 것으로, 사회질서에 반할 뿐만 아니라 건전한 거래질서를 어지럽히고, **비자금으로 조성되고 집행되는 위법으로까지 이어져**, 내용에 있어서도 **반사회적이므로 무효** (* 서울고법 2011나37270 판결문 中)

○ 또한, 건설 업체의 불필요한 지출을 유발하여 아파트, 주택 등의 품질 하락을 초래하고, 국민 주거 안정을 저해하는 반사회적 행위입니다.
　　– 실제로 건설 분야의 접대비 지출은 공사수입 금액에 비해 더 큰 폭으로 증가하고 있어 R&D, 고객서비스 등에 지출할 여력을 잠식하고 있으며,
　　– 국내건설수주가 감소되는 상황 하에서 불법 리베이트 제공을 통한 불건전한 경쟁이 더욱 심화될 우려가 있습니다.

| 종합건설업체 공사수입 및 접대비 통계 |
(단위: 조 원, 억 원)
228.3　263.7　　66.6% 증가
15.5% 증가　　　　4,132
2,480
2018 2022　　2018 2022
공사수입　　접대비
* 출처: 통계청, 대한건설협회

| 국내건설수주 규모 및 전망 |
(단위: 조 원)
229.7
189.8
170.2
2022　　2023　　2024(전망)
* 출처: 통계청, 대한건설협회, 한국건설산업연구원

☐ 건설 분야에서는 우월적 지위에 있는 시행사, 재건축조합 등 발주처의 특수관계자에게 가공급여를 지급하거나, 발주처의 비용을 대신 부담하는 등 다양한 방식의 리베이트 지급 혐의가 확인되고 있습니다.
○ 또한, 도급계약이 연쇄적으로 체결되는 특징으로 인해 단계마다 갑－을 관계가 바뀌어 대형 건설사는 발주처에는 리베이트를 제공하면서 하도급 업체로부터 리베이트도 제공받는 이중적인 모습도 보여주고 있습니다.

☐ 이번 조사에서는 조합장, 시행사 등 리베이트를 수취한 상대방도 끝까지 추적하

여 소득세를 과세하고, 허위용역 세금계산서 수수 등 세법질서 위반 행위에 대해서는 조세범 처벌법에 따라 고발하는 등 엄정히 조치하겠습니다.

[건설 리베이트 주요 사례]

① [가공급여 지급] 발주처의 특수관계인에게 가공급여 형식으로 리베이트 지급
- 재건축사업 시공사 선정 대가로 **조합장 자녀**에게 수억 원의 **가공급여** 지급
- 정비사업 유치를 위해 **재건축·재개발조합 관계자**에게 수억 원의 **가공급여** 지급

② [비용 대신부담] 발주처의 비용을 대신 부담하는 방식으로 리베이트 지급
- 재개발 시행사가 부담해야 할 **조합원 이사비 지원금** 수십억 원을 **대신 지급**
- 대출보증 수수료 등 시행사가 부담해야 할 **금융비용** 수십억 원을 **대신 지급**

③ [허위용역비 지급] 허위용역비를 지급하여 직접 혹은 우회적으로 리베이트를 제공
- 발주처 직원의 가족 명의 업체에 수억 원의 **가공용역비** 지급하는 방식으로 **리베이트 제공**
- 직원 명의 업체에 허위용역비 수십억 원을 **지급**하여 **자금조성** 후, 발주처 등에 **리베이트 제공**

④ [페이백 수취] 하도급 업체에 과다한 도급액 지급 후 페이백 받는 방식으로 리베이트 수취
- 철거 업체에 용역비를 수십억 원 **부풀려 지급**한 후, 일부를 리베이트 명목으로 **회수**
- 택지조성 업체에 용역비를 수십억 원 **과다지급** 후, 일부를 리베이트 명목으로 **회수**

유형 2 의료인에게 리베이트를 지급한 의약품 업체 : 16개

□ 두 번째 대상은 의약품 처방 권한을 독점하고 있는 의료인에게 다양한 수단을 동원하여 리베이트를 제공한 의약품 업체입니다.

대법원(2012두7608)은 의약품 리베이트에 대해 "① **의약품 오남용**, ② **국민 건강에 악영향**, ③ 의약품 유통체계·판매질서 저해, ④ 의약품 가격 상승, ⑤ **건강보험 재정 악화 및 국민에 부담 전가**" 등을 초래하는 **사회질서에 反하는 행위로 판단**

○ 건강보험 재정 적자가 우려되는 상황에서, 의약품 남용과 가격 상승을 유발하는 의약품 리베이트는 시급히 해결해야 할 문제입니다.

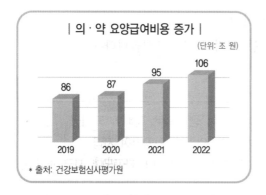

| 의·약 요양급여비용 증가 |

(단위: 조 원)

86 2019
87 2020
95 2021
106 2022

* 출처: 건강보험심사평가원

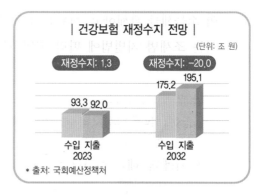

| 건강보험 재정수지 전망 |

(단위: 조 원)

재정수지: 1.3   재정수지: −20.0

93.3 92.0
수입 지출
2023

175.2 195.1
수입 지출
2032

* 출처: 국회예산정책처

□ 이번 조사대상 업체들은 의사 부부의 결혼 관련 비용 일체와 같은 의료인의 사적인 비용을 대납하고, 병·의원과 의료인에게 물품 및 현금을 지급하거나, 영업대행사*(CSO)를 통해 우회적으로 리베이트를 제공했습니다.

* 영업대행사(CSO, Contract Sales Organization) : 의약품 업체와 계약을 맺고 제품 판매, 영업 인력 관리 등 마케팅 활동을 전문으로 대행하는 업체

[의약품 리베이트 주요 사례]

1 [비용 대납] 의료인의 결혼식, 신혼여행, 호텔 비용 등을 대납
• 의원 원장 부부의 예식비, 신혼여행비, 예물비 등 결혼비용 수천만 원을 대납
• 병원 소속 의사의 서울 최고급 호텔 숙박 비용 수백만 원을 대납

2 [물품 제공] 의료인 및 병·의원에 가전제품, 가구 등을 제공
• 의사의 자택으로 명품소파 등 수천만 원 상당의 고급가구·대형가전을 배송
• 의원 소재지로 약 1천만 원 상당의 냉장고, PC 등 고급가전을 배송

3 [현금 지급] 의료인에게 상품권·카드깡 등으로 현금성 금원 제공
• 병원장에게 약 1천만 원 상당의 상품권 제공
• 병원장의 배우자, 자녀 등을 의약품 업체의 주주로 등재한 후, 수십억 원의 배당금 지급
• 마트 등에서 카드깡으로 현금을 마련한 후, 의료인에게 리베이트로 제공

4 [CSO 활용] CSO에 고액수수료 지급하여 자금조성 후 리베이트 변칙 지급
• 직원 가족 명의 위장 CSO에 허위용역비 지급하여 자금조성 후, 의료인에 리베이트 제공
• CSO 대표가 고액급여 수취 후 현금 인출하여 의료인 유흥주점 접대 등에 사용
• 前 직원 명의 CSO에 병원 소속 의사들을 주주로 등재한 후, 배당금 지급

○ 과거 세무조사에서는 의·약 시장의 구조적 제약*, 리베이트 건별 추적 시 소요되는 인력·시간 등의 한계로 인해 의약품 업체의 리베이트 비용**을 부인하고, 제공 업체에 법인세를 부과하는 데 그쳤으나,

   * 절대 甲(의료인)과 乙(의약품 업체) 간 행해지는 의약품 리베이트에서, 절대 乙인 의약품 업체는 향후 거래 중단 등을 우려하여 리베이트 자금의 최종귀속자를 밝히지 않음.
   ** 의약품 리베이트 등은 사회질서에 反하는 비용으로서 세법상 비용으로 인정되지 않음.

   – 이번 조사 진행 과정에서는 리베이트로 최종이익을 누리는 자를 파악하고자 끈질기게 노력하고 있으며, 그 결과 의약품 리베이트를 실제 제공받은 일부 의료인들을 특정하여 소득세를 과세할 수 있었습니다.
   – 이 과정에서 조사대상 의약품 업체 영업담당자들은 리베이트를 수수한 의료인을 밝히느니 그들의 세금까지 본인들이 부담하겠다며 하소연하는 모습을 보여주어 의료계의 카르텔이 얼마나 강고한지 알 수 있었습니다.

유형 3 CEO보험 가입한 사주일가에게 리베이트 제공한 보험중개 업체 : 14개

□ 세 번째 대상은 신종 유형으로서 CEO보험(경영인정기보험)*에 가입한 법인의 사주일가 등에게 리베이트를 지급한 혐의가 있는 보험중개 업체**입니다.

   * CEO보험 : 법인비용으로 가입하는 일종의 보장성보험으로 CEO 또는 경영진의 사망이나 심각한 사고 발생 시에도 사업의 연속성을 보장할 수 있도록 보험금을 법인에 지급
   ** 보험중개 업체(GA, General Agency) : 특정 보험사에 소속되지 않고, 보험대리 위임계약을 통해 다수 보험사의 상품을 비교·분석하여 고객에게 판매하는 비전속 법인보험대리점

> 보험업법은 보험계약자에게 금품 등 **특별이익을 제공하는 것을 금지**하고 있는데, 이는 특정인에게 특별이익이 제공되면 선의의 다른 구성원에게 부담 전가 및 차별 대우가 발생하여 탈퇴를 유발하고, 궁극적으로 **보험료 부담 및 보험금 지급의 균형이 무너져 보험시장의 유지가 불가능**해지기 때문(* 정채웅 前 보험개발원장 著「보험업법 해설」참조)

○ 최근 초고가의 중개수수료를 수취하려는 보험중개 업체와 법인세, 증여세를 회피하려는 중소법인 사주들의 이해관계가 결합하여 CEO보험 시장이 급격히 성장하고 있습니다.
○ 이 과정에서 가입법인 사주가 리베이트만 획득하고 보험을 중도해지하여 보험산업의 건전한 거래질서가 훼손될 수 있다는 지적도 최근 있었습니다.

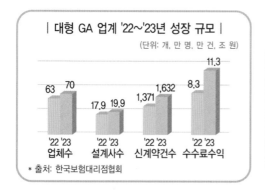

| 대형 GA 업계 '22~'23년 성장 규모 |

(단위: 개, 만 명, 만 건, 조 원)

* 출처: 한국보험대리점협회

| 금감원 CEO보험 소비자 경보 발령 |

□ CEO보험 리베이트 조사대상들은 고액의 법인보험을 판매하면서, 가입법인의 특수관계자(대표자와 그 배우자, 자녀 등)를 보험설계사로 허위 등록하고, 아무런 역할도 하지 않은 자에게 많게는 수억 원의 리베이트를 지급하였습니다.

○ 이들은 영업 과정에서, "법인의 비용으로 고액 보험료를 납입하므로 법인세가 절감될 뿐만 아니라, 자녀 등이 고액의 설계사 수당을 지급받으므로 사실상 법인자금으로 증여세 부담 없이 증여할 수 있다"고 유인하였습니다.

□ 이번 조사에서는 리베이트 비용을 부인하여 보험중개 업체에 법인세를 과세하는 데 그치지 않고, 리베이트 이익의 최종귀속자인 보험가입법인 사주일가 등에도 정당한 몫의 소득세를 과세하는 등 조세정의 실현을 위해 최선을 다하겠습니다.

[CEO보험 리베이트 주요 사례]

① [본인 및 배우자] 가입법인 사주 본인·배우자를 설계사로 허위등록하여 모집수당 지급
• 가입법인 사주 **본인**을 설계사로 등록하여 **수억 원의 모집수당** 지급
• 가입법인 사주의 **배우자**를 설계사로 등록하여 **수억 원의 모집수당** 지급
• 가입법인 사주의 **사실혼 관계자**를 설계사로 등록하여 **약 1억 원의 모집수당** 지급

② [자녀] 가입법인 사주의 자녀를 설계사로 허위등록하여 모집수당 지급
• 가입법인 사주의 **자녀 4명**을 설계사로 등록하여 **각 수억 원의 모집수당** 지급
• 가입법인 사주의 **10대, 20대 자녀**를 설계사로 등록하여 **각 1억 원이 넘는 모집수당** 지급

③ [기타] 가입법인 사주의 형제자매 등을 설계사로 허위등록하여 모집수당 지급
• 가입법인 사주의 **부친**을 설계사로 등록하여 **수억 원의 모집수당** 지급
• 가입법인 사주의 **형제나 처제**를 설계사로 등록하여 **각 1억 원 상당의 모집수당** 지급

3. 향후 추진방향

☐ 국세청은 이번 세무조사를 통해 공정 경쟁의 가치를 훼손하며 사회 전반의 부실을 초래하고, 국민 생명까지 위협하는 리베이트 탈세자에 대해 철저히 검증하겠습니다.

  ○ 특히, 금융추적 등 활용 가능한 모든 수단을 동원하여 부당한 경제적 이익을 제공받으면서도 납세의무를 회피한 최종귀속자를 찾아 소득세 등 정당한 세금을 과세하는 데 역량을 집중하겠습니다.

  ○ 또한, 조세포탈, 허위 세금계산서 발급 등 조세범칙 행위 적발 시 조세범 처벌법에 따라 검찰에 고발하여 형사처벌 받을 수 있도록 엄정히 조치하겠습니다.

☐ 국세청은 앞으로도 "공정과 상식"에 부합하지 않는 우리 사회의 불합리한 리베이트 수수 관행에 강력히 대처하겠습니다.

  ○ 다른 분야의 리베이트 수수 행태도 지속적으로 파악하고, 사회적 부작용이 심각한 사안은 빠짐없이 조사하여 반사회적 리베이트 탈세 근절을 위해 노력하겠습니다.

사례 1 (건설)	용역 업체, 서류상 회사를 이용해 마련한 자금으로 리베이트를 제공하고, 하청업체에 용역 대금을 과다 지급하여 리베이트를 되받은 건설 업체

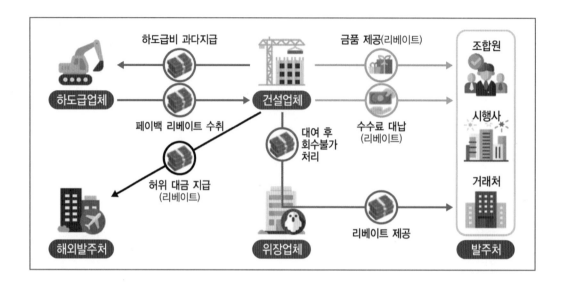

□ 주요 탈루혐의

○ ㈜AAA는 토목, 주택 공사 등을 주업으로 영위하는 건설업체로

- 각종 하청업체에 용역 대금을 부풀려 지급하고 그에 상당하는 금액을 되돌려 받는 방식으로 리베이트를 수취

○ 또한, 재건축 수주 대행업체에 부풀려진 용역대가를 지급한 뒤 그 자금으로 재건축 조합원에게 금품을 제공하거나, 시행사가 부담해야 할 분양대행 수수료를 대납하는 방법으로 시행사에게 리베이트를 제공하고,

- 서류상 회사에 ○○○억 원을 대여한 뒤 '회수불가'로 회계 처리하여 조성한 비자금으로 국내 발주처에 리베이트를 제공하였으며,

- 해외 시공시설 하자보수 등 허위 명목을 만들어 현지 거래처에 외화를 송금하는 방식으로 해외 발주처에도 리베이트를 제공

□ 조사방향

    ○ 불법 리베이트 수수 및 법인자금 부당유출 혐의에 대해 정밀 검증

사례 2 (건설)	위장업체를 통해 리베이트 자금을 조성하여 제공하면서, 하도급사를 통해 페이백 받는 방식으로 리베이트도 수취한 건설 업체

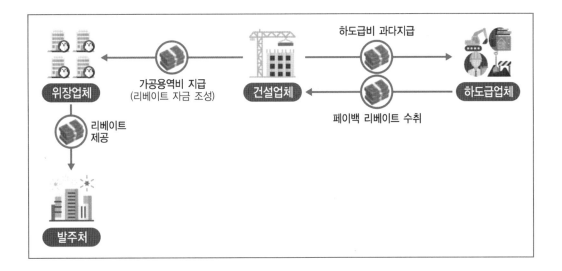

□ 주요 탈루혐의

    ○ ㈜BBB는 주택, 건축, 토목 등 다양한 건설사업을 영위하는 업체로서 여러 위장업체에 허위용역비 지급하여 마련한 자금으로 발주처 등에 리베이트를 제공하고 해당 허위용역 비용은 회사경비로 처리

        - 직원 명의의 위장업체와 허위의 경영컨설팅 계약을 체결하고 수십억 원의 가공용역비를 지급하거나,

        - 직원의 老母 명의로 위장 컨설팅업체를 설립하여 허위 자문료 수억 원을 지급하는 형식으로 자금을 조성하여, 이를 발주처에 리베이트로 제공

    ○ 또한, 여러 하도급 업체와 실제 수행 용역에 비해 과도한 금액으로 다수의 하도급 세약을 체결한 후 일부 대금을 회수하는 방식으로 수십억 원의 리베이트도 수취

□ 조사방향

  ○ 변칙적 리베이트 수수 및 법인자금 부당 유출 관련 혐의에 중점을 두어 엄정 조사

사례 3 (의약품)	의료인의 호화 결혼 비용을 대납하고, 고급가구·대형가전을 배송하는 등의 방식으로 리베이트 제공한 의약품 업체

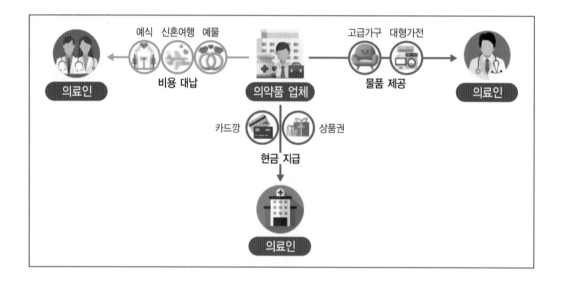

□ 주요 탈루혐의

  ○ 의약품 업체 ㈜CCC는 자사의 의약품을 처방해주는 대가로 의료인 등에게 불법 리베이트 수백억 원을 제공

    – 병·의원 원장 부부의 고급웨딩홀 예식비, 호화 신혼여행비, 명품 예물비 수천 만 원을 대신 지급하는 등 의료인의 사적비용을 대납하고,

    – 의사의 자택으로 수천만 원 상당의 명품소파 등 고급가구, 대형가전을 배송하 는 등 의료인 및 병·의원에 고가의 물품을 제공하였으며,

    – ㈜CCC의 법인카드로 상품권을 구입하여 병원장, 개업의 등에게 전달하고, 마 트에서 카드깡하는 방식으로 현금을 마련하여 의료인에게 지급

  ○ ㈜CCC는 불법 리베이트에 지출한 비용 수백억 원을 회사경비로 변칙적으로 회계

처리하여 법인세를 탈루

□ 조사방향

  ○ 리베이트 비용을 회사경비로 변칙 계상한 행위를 확인하여 ㈜CCC에 대해 법인세를 과세하고, 리베이트를 제공받은 의료인에게는 소득세를 과세

| 사례 4
(의약품) | 직접적으로 리베이트를 제공하거나, 영업대행사(CSO)를 악용하는 우회적 방식으로, 의료인에게 다양하게 리베이트 제공한 의약품 업체 |

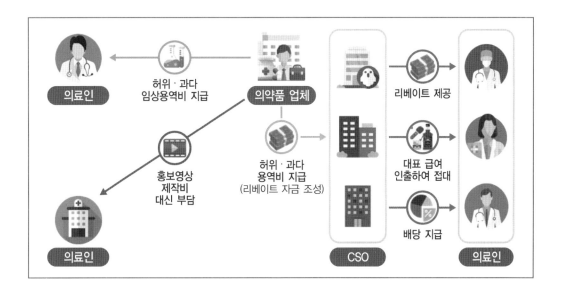

□ 주요 탈루혐의

  ○ 의약품 업체 ㈜DDD는 의료인 및 그 가족에게 직접적으로 리베이트를 제공

    – 임상 수행능력 미달인 의료인의 가족업체에 임상용역비를 과다지급하고, 해당 의료인은 가족업체 자금을 유출하여 사적사용 하거나,

    – 병원 홍보영상 제작비 수억 원 등 병·의원의 비용을 대신 부담

  ○ ㈜DDD는 CSO를 활용한 우회적인 방법으로도 의료인에게 리베이트 제공

    – 前·現직원 가족 등의 명의로 다수의 위장 CSO를 설립하고, 수십억 원의 허위

용역계약을 체결하여 자금을 조성한 후 의료인에게 리베이트 제공

- CSO 대표에게 과다한 급여를 지급한 후, 현금으로 인출하여 의료인의 유흥업소 접대 등에 사용하거나, 의료인을 CSO의 주주로 등재하여 배당을 지급하는 지능적 방법으로도 리베이트 제공

○ ㈜DDD는 리베이트 제공에 지출한 비용을 모두 회사경비로 처리하여 법인세를 탈루

□ 조사방향

○ 리베이트 비용을 회사경비로 변칙 처리한 행위를 확인하여 ㈜DDD에 대해 법인세를 과세하고, 리베이트를 제공받은 의료인에게는 소득세를 과세

사례 5 (보험중개) CEO보험 가입법인의 CEO 가족에게 리베이트를 제공한 보험중개 업체

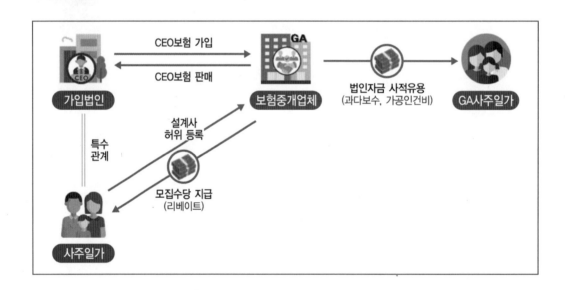

□ 주요 탈루혐의

○ ㈜EEE는 중소법인에게 경영인정기보험(일명 CEO보험)을 중개 판매하는 업체로,
- 해당 보험에 가입하면 고액의 보험료를 법인비용으로 처리하여 법인세 부담도

줄고, 일부는 모집수당으로 돌려받아 자녀에게 합법적으로 증여할 수 있다고 홍보하면서 탈세를 조장

○ 실제로, 보험에 가입한 중소법인의 특수관계자(사주 본인, 배우자, 자녀 등)를 ㈜ EEE의 보험설계사인 것처럼 거짓 등록한 후 모집수당을 지급하는 방식으로 리베이트 제공

- 가입법인 사주의 10대 및 20대 자녀를 보험설계사로 등록하여 각각 약 1억 원의 모집수당을 리베이트로 지급하거나,

- 가입법인 사주의 2~30대 자녀 4명을 모두 보험설계사로 등록하여 각각 수억 원의 모집수당을 리베이트로 지급하고,

- ㈜EEE는 해당 모집수당으로 지급한 비용 수십억 원을 정상적인 인건비인 것처럼 처리하여 법인세 탈루

○ 이 외에도, ㈜EEE는 사주일가에게 업계 평균의 3~4배에 달하는 과다보수를 지급하거나, 가공인건비를 지급하는 방식으로 법인자금을 유출

□ 조사방향

○ 불법 리베이트 지출액을 확인하여 ㈜EEE에 대해 법인세를 과세하고, 리베이트를 수취한 중소법인 사주일가에게 정당한 몫의 소득세를 부과

5-10. 서민은 외면, 자기 배만 불리는 오너일가 세무조사(2024. 11. 27.)

1. 세무조사 추진배경

□ 국세청(청장 강민수)은 공정경쟁 및 사회질서 훼손 행위를 통해 국가 경제에 악영향을 미치는 고의적 탈세자에 대해 일관되게 엄정 대응하고 있습니다.

○ 이러한 기조 아래, 이번 세무조사는 '투자〉성장〉정당한 이익배분'이라는 선순환 구조에 역행하는 일부 기업과 그 사주일가의 일탈 행위에 초점을 맞추어 추진하고자 합니다.

□ 기업 보유자산과 미공개 기업정보를 이용하여 사주일가만의 이익을 추구하는 불

공정 행태는 소비자, 소상공인, 소액주주 등 서민과 상생하는 건강한 자본주의 체제를 왜곡하는 요인으로 작용합니다.

○ 특히, 금번 조사에서는 각종 플랫폼, 프랜차이즈 등 서민들과 밀접하게 연관된 분야에서 사업을 영위하면서,

　－ 건전한 경제 질서를 저해하며 세금을 회피하는 기업과 그 사주일가의 불공정 사익추구 행위에 중점을 두었습니다.

2. 세부 추진내용

□ 국세청은 사익추구 경영과 도덕적 해이로 기업이익을 독식하면서 정당한 세금을 회피한 탈세혐의자 37명에 대해 세무조사를 착수합니다.

○ 이번 조사대상 유형은 ① 회사 돈을 '내 돈'처럼 사용 ② 알짜 일감 몰아주기 등 ③ 미공개 기업정보로 부당이득, 총 3가지입니다.

[세무조사 대상]

합계	❶ 회사 돈을 '내 돈' 처럼 사용 (고가 부동산 · 미술품 등)	❷ 알짜 일감 몰아주기 등 (자녀법인 지원 · 부당 내부거래)	❸ 미공개 기업정보로 부당이득 (IPO, 신규 사업진출 등)
37개	14개	16개	7개

유형 1 회사 자산을 '내 것'처럼 쓰면서 호화생활 : 14개

□ 첫 번째 조사 대상은 회사 자산을 사적으로 유용하며 호화생활을 누리면서도, 이를 정당한 비용으로 위장하여 세금을 회피한 기업 및 그 사주일가입니다.

○ 이번 조사 대상자에는 「일반소비자」인 서민을 상대로 얻은 기업 이익으로,

　－ 해외 호화주택 · 스포츠카 등 고가의 법인 자산을 취득하여 사적으로 유용하거나, 사주 자녀의 해외 체류비 · 사치비용을 법인이 부담하는 '도덕적 해이' 사례가 다수 포함되었으며,

○ 이들이 사적으로 이용한 혐의가 있는 재산 규모는 고급 주택 · 고가 사치품 등 총 1,384억 원입니다.

[사치성 재산 및 사적비용 부담 내역(유형1 : 14개)]

고급주택·별장 등	슈퍼카·요트·미술품 등	사적비용 부담 등
559억 원 (최고가 고급빌라 190억 원 등)	322억 원 (최고가 영국産 대형 세단 9억 원 등)	503억 원 (손자 해외 유학비 12억 원 등)

[회사 돈을 '내 돈'처럼 사용 주요 탈세 사례]

1 [법인 자산 사익 편취] 법인 자금으로 자산을 취득 후 사주일가 사적 이용
- 해외 유명 휴양지에 법인 명의로 호화 주택 취득 후 사주일가 사용
- 법인 명의로 고가 미술품을 다수 취득 후 사주가 임차한 개인 수장고에 보관하며 사적 사용
- 법인 명의 고가 스포츠카, 고급 콘도, 골프 회원권 및 상품권 등을 사적 사용

2 [사적 비용 법인 부담] 사주 일가의 호화생활 비용을 법인 자금으로 부담
- 사주가 보유한 슈퍼카 수십 대의 튜닝 등 유지·관리 비용 수십억 원을 법인이 부담
- 사주 손자녀의 해외 사립학교 교육비 및 체류비 수억 원을 법인이 부담
- 플랫폼 노동자 정산금을 빼돌려 회사 돈으로 개인 별장 짓고 연수원 용도로 위장

유형 2 돈 되는 알짜 일감 '아들·딸 회사'에 몰아주기 등 : 16개

□ 두 번째 조사 대상은 사주 지분이 많은 계열사나 사주 자녀가 운영하는 법인을 부당 지원하여 거래 이익을 독식하고 공정한 시장 경쟁을 저해하는 기업 및 사주 일가입니다.

  ○ 이들은 「중소기업·소상공인」이 경쟁을 통해 얻을 사업기회를 빼앗아,

    – 사주 자녀에게 알짜 사업을 떼어주거나 고수익이 보장된 일감을 밀어주는 방식으로, 사주 자녀에게 '재산 증식 기회'를 몰아주며 편법으로 부를 대물림하였습니다.

□ 이번 조사대상 자녀들은 증여 받은 종자돈 평균 66억 원을 시작으로, 부당 지원 등을 통해 5년 만에 재산이 평균 1,036억 원(최대 6,020억 원)으로 증가하였음에도 세법에서 정하는 증여세*를 제대로 신고하지 않았습니다.

* 부모소유 기업이 자녀회사에 일감을 몰아주거나 거래처를 떼어주어 이익이 발생하는 경우 자녀

에게 증여세 과세(상속세 및 증여세법 제45조의3, 4)

[자녀세대 재산증가 현황(유형2 : 16개)]

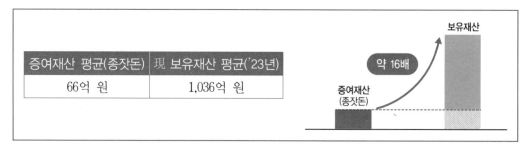

증여재산 평균(종잣돈)	現 보유재산 평균('23년)
66억 원	1,036억 원

[알짜 일감 몰아주기 등 주요 탈세 사례]

① [자녀법인 부당지원] 알짜 사업기회나 고수익 일감 밀어주기 등으로 부당지원
   • **자녀법인**이 수십억 원에 인수한 기업을 사주 법인이 **내부거래로 키워주고** 수백억 원에 **재인수**
   • **자녀법인**에 **알짜 거래처를 떼어주어** 매출이 1년 만에 수십 배 급증
   • **자녀법인**에 **원재료를 저가 공급**하여 영업이익률이 3년 만에 15배 상승

② [기타 부당 내부거래 등] 경제적 합리성 없는 부당 내부거래로 기업이익 유출
   • 선입금한 배달대행료를 라이더에게는 미정산하면서 사업체 인수 명목으로 법인 **자금 유출**
   • 가맹점 인테리어 공사 독점권을 특정 업체에 제공하고 그 대가로 받은 **수수료는 신고 누락**
   • 대형 플랫폼 기업이 기업 이익을 조작하여 **모법인에 이익 분여**

유형 3 회장님은 '투자의 신', 알고 보니 정보 독점 : 7개

□ 세 번째 대상은 기업공개(IPO), 신규 사업 진출 등 기업의 미공개 정보*를 이용하여 부당하게 시세차익을 얻은 기업 및 사주일가입니다.

   * 미공개 중요 정보:투자유치 · 제3자배정 유상증자, 무상증자, 자기주식 취득, M&A 성사, 대규모 수출계약 체결, 우회상장 정보 등(대법원 2007도9769 판결 등)

   ○ 이들은 일반 「소액투자자」 등 서민과 함께 향유해야 할 주식 가치 상승의 과실을 독점하면서도 관련 증여세*를 신고하지 않았습니다.

      * 최대주주인 부모로부터 증여받은 주식 등이 5년 내 상장하여 주가 상승 이익을 얻은 경우 자녀에게 증여세 과세(상속세 및 증여세법 제41조의3)

□ 이번 조사대상 기업의 사주일가는 상장, 인수·합병 등이 예정된 비상장 주식을

취득하여 취득가액 대비 평균 20배의 주가 상승 이익을 얻었습니다.

[기업 내부정보를 이용하여 사전에 주식을 취득한 후 주가 상승이익 독식(유형3 : 7개)]

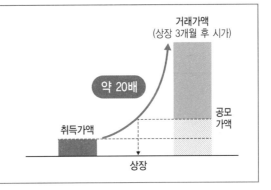

사주 자녀가 기업공개(IPO) 전 부모 등으로
부터 주식을 취득한 후 수십 배의 이익을 얻
고 증여세 등 관련 세금 누락

[미공개 정보로 부당이득 주요 탈세 사례]

① [미공개 상장 정보 이용] 사주 자녀가 미공개 상장 정보로 부당이득
- 사주 자녀가 부모로부터 자금을 **증여받아 상장예정 주식**을 **취득**하고, 상장 후 주가 약 70배 상승
- 사주 자녀가 사주로부터 **상장예정 주식**을 **증여**받아 상장 후 주가 약 20배 상승

② [호재성 기업 정보 이용] 미공개 경영 정보를 이용하여 관련 이익 독식
- 사주가 **해외 수주 공시 전 차명**으로 **주식**을 **취득**하고 **공시 후 양도**하여 수십억 원 시세차익
- 사주가 **비공개 매각 협상 중인 주식** 일부를 **미성년 자녀**에게 **증여**하여 시세 차익 분여

3. 향후 추진방향

□ 국세청은 이번 조사를 통해 민생 경제 안정을 저해하고, '공정의 가치'를 훼손한
사주일가의 사익추구 행위에 대해 철저히 검증할 계획입니다.

○ 그 간 수집된 대내외 정보자료, 금융추적·디지털 포렌식 등 가용한 수단을
적극 활용하여,

– 사기나 부정한 방법으로 세금을 포탈한 혐의가 확인되는 경우 예외 없이
조세범처벌법에 따라 범칙조사로 전환하고 검찰에 고발 조치하겠습니다.

○ 아울러, 이번 조사 이후에도 소비자, 소상공인·중소기업, 소액투자자 등 서민

들에게 직간접적인 피해를 끼치는 사주일가의 불공정 행태에 대해서는 상시 예의주시하고 철저히 대응해 나가겠습니다.

☐ 국세청은 앞으로도 공정 경쟁 및 사회질서를 훼손하는 행위를 지속적으로 발굴하고 엄정하게 조사하여 민생경제 안정을 뒷받침하겠습니다.

사례 1 (회사돈을 내 돈처럼 사용)	사주 개인 명의 요트의 유지비를 법인 자금으로 부담하고 자녀 명의 페이퍼컴퍼니에 통행세 이익을 제공

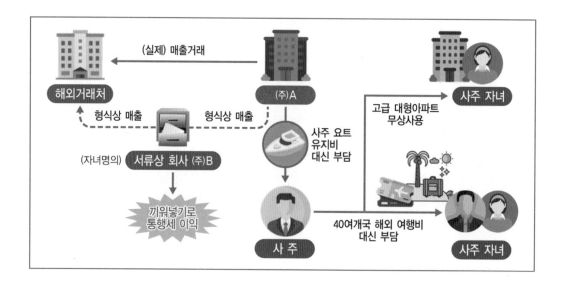

☐ 주요 혐의 내용

○ ㈜A는 제조 및 수출업을 영위하는 내국 법인으로,

 - 사주는 해외 휴양지에 있는 개인 소유 요트 유지비 수억 원을 법인이 대신 부담하게 하고, 해외 고급 호텔·레스토랑을 사적으로 이용하면서 비용을 법인카드로 결제

○ 또한, ㈜A 사업장과 같은 주소에 자녀 명의로 서류상 회사 ㈜B를 설립한 뒤

 - 실제로는 ㈜A가 직접 수출거래를 하면서, 외관상으로는 ㈜B를 통해 수출하는

것처럼 위장하여 ㈜B에게 수십억 원의 부당 이익 제공

○ 이외에도, 자녀에게 시가 40억 원 상당의 대형 아파트를 무상으로 임대하고,
  – 40여개국에 이르는 자녀의 해외 여행 시, 수십억 원에 달하는 여행 경비를 부모 명의 카드로 결제하고도 증여세는 미신고

□ 조사 방향
  ○ 사주의 호화생활 사적 경비 대신 부담, 사주 자녀에게 통행세 이익제공 등에 대하여 엄정하게 조사

사례 2 (회사돈을 내 돈처럼 사용)	플랫폼 노동자에게 지급할 정산대금을 빼돌려, 기업 명의로 슈퍼카·개인 별장 등 구입하며 호화 생활

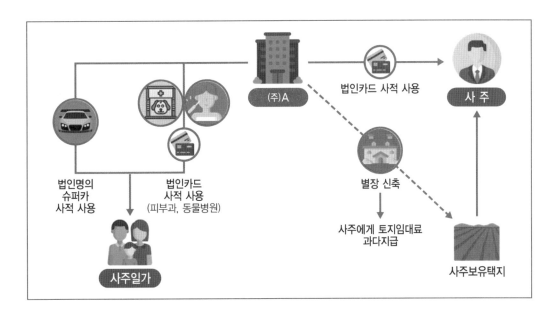

□ 주요 혐의 내용
  ○ 플랫폼 운영업체 ㈜A는 플랫폼 노동자들에게 대금 정산은 수시로 지연하면서도,
  – 그 사주일가는 법인 명의로 슈퍼카 여러 대를 구입하여 몰고 다니며, 수억 원

대 피부 관리비·반려동물 비용 등을 법인카드로 결제

○ 또한, 사주는 본인 명의 토지에 회사 연수원을 짓는 것으로 위장하여 회사 돈으로 개인 별장을 지어 놓고도,
  – 토지 사용료 명목으로 법인으로부터 수억 원을 수령하며 호화 생활

□ 조사 방향

○ 호화 생활 유지비용 등 유출된 기업 자금 사용처 및 실질 귀속자를 밝혀 법인세·소득세 등 관련 세금 추징

사례 3 (알짜 일감 몰아주기)	적자 상태인 자녀 소유 법인에 주요 거래처를 공짜로 떼어주어 이익을 몰아주고, 관련 증여세는 무신고

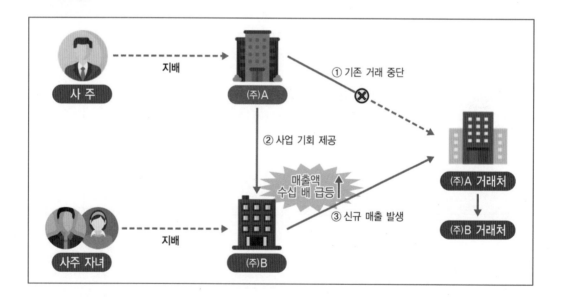

□ 주요 혐의내용

○ 서비스업을 영위하는 ㈜A는 사주 자녀가 대주주인 누적 적자 상태의 법인 ㈜B에 주요 거래처(사업기회) 여러 개를 떼어주어, ㈜B사는 단 1년만에 매출액이 수십

배 급증

- 이로 인해, 사주의 자녀들은 ㈜B사의 주주로서 수십억 원의 이익을 누리고도 세법에서 정한 증여세는 무신고

○ 이 외에도, 자녀 법인 ㈜B가 부담해야 할 비용을 ㈜A가 대신 부담하거나 사업장을 저가로 임대하는 방법으로 부당 지원

□ 조사 방향

○ 사주 자녀 법인에 일감 떼어주기를 통한 우회 증여 및 자녀 법인 편법 지원에 대해 엄정하게 조사

사례 4 (알짜 일감 몰아주기)	사주 자녀에게 자회사 경영권 양도 후, 자녀 회사에 제품을 저가 공급하여 영업이익 수십 배 증가

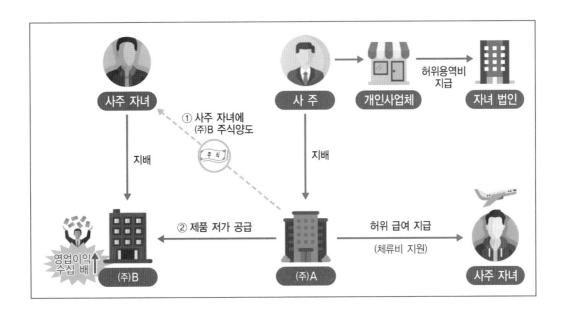

□ 주요 혐의내용

○ 제조업을 영위하는 ㈜A는 설립한 지 1년도 안 되는 자회사 ㈜B의 지분 전부를

사주 자녀에게 양도한 후,

- ㈜B에 제품을 저가로 공급하여 ㈜B의 영업이익을 3년 만에 수십 배 증가시키며 사주 자녀에게 이익을 분여

○ 또한, 사주는 자녀 명의의 페이퍼컴퍼니로부터 건물관리 용역을 제공받은 것처럼 가장하며 용역비를 허위 지급하고,

- 해외 거주하며 실제 근무하지 않은 자녀에게 급여를 지급하는 것으로 위장하여 편법적으로 체류비 지원

□ 조사 방향

○ 부당 내부거래를 통한 자녀회사 지원, 허위 비용을 계상하며 법인 자금 유출 등 엄정 조사

| 사례 5 (미공개 정보로 부당이득) | 사주 자녀는 미공개 상장 정보로 상장 차익을 누리고, 사주는 대형 수주 정보로 주가 상승 이익 독식 |

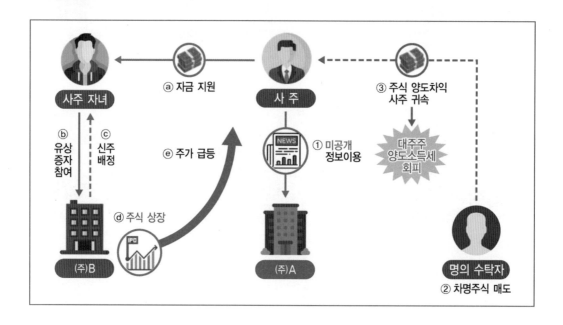

□ 주요 협의내용

  ○ 제조업체 ㈜A의 사주는 자녀에게 자금을 지원하여 상장 추진 중인 계열사 ㈜B의
    주식을 취득하게 한 뒤,

    – 해당 계열사를 상장시켜 자녀에게 막대한 주가 상승 이익(취득가액 대비 수십
      배)을 얻게 하였고,

  ○ 또한, 사주 본인은 대규모 수주 계약 체결이라는 ㈜A사의 호재성 정보를 이용하
    여 제3자 명의를 빌려 주식을 취득한 뒤, 양도 후 시세차익을 되돌려 받는 방법으
    로 대주주가 부담해야 하는 양도소득세(최대 30%) 등을 회피

  ○ 이 외에도 사주가 사적으로 사용한 법인카드 비용 및 실제 근무하지 않은 친척에
    게 지급한 급여를 회사 비용으로 계상

□ 조사 방향

  ○ 미공개 정보를 이용한 주식 상장 이익 등 사주일가의 불공정 자산 증식 혐의에
    대해 엄정하게 조사

5-11. 공제·감면제도 악용한 조세회피행위에 엄정대응
– 주소세탁, 불법 R&D브로커, 허위 근로계약서(2024. 11. 7.) –

1. 주소세탁을 부당 창업중소기업 세액감면

□ 일부 유튜버·통신판매업자 등은 높은 창업중소기업 세액 감면율을 적용받기 위
  해 실제는 서울에서 사업을 하면서 용인·송도 등 수도권과밀억제권역 외 지역
  공유오피스에 허위 사업자등록을 하는 이른바 주소세탁 사례가 있었습니다.

  ○ 일례로 경기도 용인시에 소재한 400평대 공유오피스에는 약 1,400여 개의 사업
    자가 입주(한 명당 0.3평)하고 있었으며, 송도에 소재한 400평대 공유오피스에
    도 약 1,300여개의 사업자가 입주(한 명당 0.3평)하여 국내판 조세회피처로 악
    용한 경우도 확인하였습니다.

  ○ 이에, 국세청은 「공유오피스 세원관리 T/F」를 구성하여 해당 지역 공유오피스

에 입주한 무늬만 지방사업자의 실사업 여부를 정밀 검증 중이며, 허위 사업장은 직권폐업 조치하고 부당감면 사업자는 감면세액을 전액 추징하고 있습니다.

○ 앞으로도, 현장정보 및 국세청이 보유하고 있는 신고서·사업자등록 정보 등 각종 자료를 통합하고 사업자의 거래 내역을 추적하는 등 빅데이터 분석을 통해 주소세탁으로 부당하게 감면받은 사업자를 발본색원하겠습니다.

2. 불법 R&D 브로커를 통한 연구·인력개발비 부당 세액공제

□ 병·의원, 학원, 호프집, 택시업체 등이 연구소 인정기관으로부터 연구소를 인정받아 실제로 연구개발 활동은 하지 않으면서 R&D 세액공제 혜택을 받으려고 하는 경우가 있었습니다.

○ 또한, 불법 R&D 브로커에게 연구소 설립·인정, 연구노트 작성 등을 의뢰하여 연구개발을 한 것처럼 꾸민 후 부당하게 R&D 세액공제를 받으려는 기업이 다수 확인되고 있습니다.

○ 국세청은 허위 연구소 설립으로 문제 제기되는 등 실제 연구개발 여부가 의심되는 업종에 대해 「R&D 세액공제 전담팀」을 활용하여 집중적으로 사후관리하고 있습니다.

○ 아울러, 불법 브로커로 의심되는 기업에 대한 정보 수집을 강화하고 정밀 분석하여 그 거래처 중 R&D 세액공제를 받은 기업을 대상으로 실제 연구개발 여부를 검증하고 있습니다.

3. 가짜 근로계약서를 제출하여 부당 고용증대 세액공제 신청

□ 최근 수수료만 챙기는 데 급급한 세무대리업체에 의한 기획성 경정청구가 급증하고 허위로 작성된 근로계약서가 제출되고 있어 부당한 환급을 막기 위한 국세청 직원들의 업무 부담이 가중되고 있습니다.

○ 폐업 등으로 상시근로자 수가 감소하였거나 배제 업종(호텔업·여관업 등)을 영위하면서 공제를 신청한 기업 등에 대한 검증을 강화하는 한편,

○ 세무플랫폼 사업자에게는 요건에 맞는 정확한 자료를 제출하고 납세자에게 고

용유지 의무(2년)를 안내하도록 요청하여 잘못된 신청에 따른 일선 직원의 불필요한 업무부담을 감소시켜 나가겠습니다.

○ 아울러, 세무대리인이 허위 근로계약서를 제출하여 부당하게 환급 신청하는 경우 세무사법 위반으로 징계위원회에 상정하여 징계요청 할 예정입니다.

□ 부당 공제・감면 신청은 국가 재정의 건전성을 저해하며 조세정의와 공정과세의 실현을 방해하는 행위입니다.

○ 국세청은 인력 여건상 어려움이 많지만 앞으로도 업무역량을 집중하여 엄정한 공제・감면 사후관리를 통해 과세 사각지대를 축소하고 탈세 꼼수를 근절해 나가겠습니다.

사례 1   유튜버가 공유오피스에 주소세탁하여 부당하게 청년창업감면

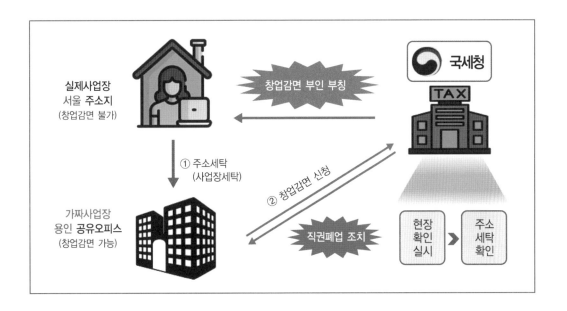

□ 부당감면 혐의

○ 청년 유튜버 A는 수도권과밀억제권역 외 지역에 창업을 하면 5년간 소득세 100%를 감면받을 수 있다는 사실을 알고 실제 사업장은 서울이지만 가짜 사업장인 용인 소재 공유오피스에 사업자등록

○ 3년간 수십억 원의 수입을 얻으면서도 청년창업감면을 적용받아 세금 한 푼 내지 않는 것 같아 이를 수상하게 여긴 주변인의 제보에 의해 관할 세무서는 현장확인 실시

○ 공유오피스는 약 천여개의 사업자가 등록되어 있으며, 현장확인 결과 별도로 분리된 사무공간 없이 호수만 구분되어 있고 주소세탁을 위해 우편물 수령만 가능한 장소임이 확인됨(사업자는 월 2만 원의 월세만 납부)

□ 조치사항

○ 세무서는 해당 사무실을 사용하지 않았다는 사실을 확인하고 사업자등록을 직권 폐업 조치하였으며, 감면받은 소득세 및 가산세 ○○억 원 추징 예정

사례 2   불법 R&D 브로커를 통한 연구·인력개발비 부당 세액공제

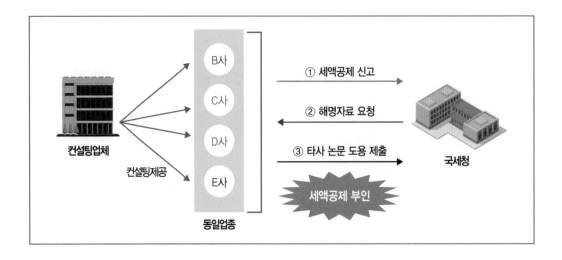

□ 부당공제 혐의

　○ 치과기공업을 영위하는 B·C·D·E기업은 신고 시 자체 연구개발 활동에 지출한 인건비 ○억 원에 대해 연구·인력개발비 세액공제 ○천만 원 신청

　○ 4개 업체 모두 연구개발 활동 여부가 불분명하고 동일한 컨설팅 업체와 거래한 것이 확인되는 등 불법 R&D 브로커를 통해 실질적인 연구개발 활동 없이 부당 세액공제 신청한 것으로 의심되었음

　○ 담당 국세조사관은 연구개발 활동 증빙자료로 제출한 연구보고서 등을 추가로 분석하였고, 검토 결과 4개 기업 모두 타사의 논문, 특허 등을 단순 인용·복제한 것으로 확인

□ 조치사항

　○ 자체 연구개발비로 세액공제 신청한 인건비 ○억 원 비용 전액 부인하고 ○천만 원 공제세액 추징

| 사례 3 | 고용증대 세액공제 경정청구 시 가짜 근로계약서 제출 |

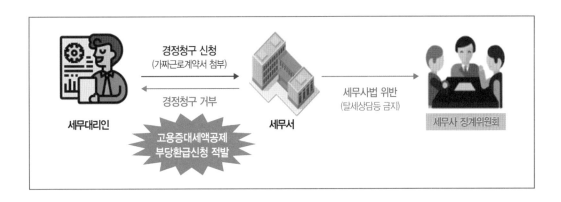

□ 부당 경정청구

　○ 서울시 서초구에 소재한 FF세무법인은 경영컨설팅 명목으로 ㈜BB산업에 접근하여 고용증대세액공제를 받게 해줄테니 환급세액의 30%를 수수료로 지급해 줄 것

을 제안

○ 경정청구를 수임한 FF세무법인은 '21년 상시근로자 수가 증가한 것처럼 보이기 위해 '20년에 근로기간을 1년 이상으로 계약한 근로계약서 ○장을 근로기간 1년 미만으로 위조하여 '20년 상시근로자 수를 감소시키는 등 가짜 근로계약서를 제출 하여 '21년 고용증대세액공제 ○○백만 원 경정청구

□ 조치사항

○ 경정청구 거부처분 후 가짜 근로계약서를 제출한 세무법인을 세무사법(탈세상담 등의 금지) 위반으로 세무사징계위원회에 회부할 예정

■ 황 성 훈

- 국립세무대학 졸업
- 세무법인 한맥 총괄 대표세무사
- 구리지역세무사회 회장(현)
- 세무대학 세무사회 회장(전)
- 남양주 YWCA 감사
- 세무사
- 삼일아카데미 강사(전)
- 서울시 공익감사요원(전)
- 세무사고시회 회원지원센터장(전)
- 서울시 마을세무사(전)
- 중부지방세무사회 감리위원장(전)
- 경복대학 세무회계정보과 겸임교수(전)
- 국세청 세무조사관(17년 근무)(전)
- 남양주세무서 공정과세협의회 위원(전)
- 남양주세무서 과세전적부심사 심의위원(전)
- 남양주세무서 이의신청 심의위원(전)
- 경기도 공동주택가격협의회 위원(전)
- 국세청 조사요원(전)
- 국세청 국제조세전문요원(전)
- 중부지방세무사회 조세제도 연구위원장(전)
- 한국세무사고시회 사업부회장(전)
- 삼일인포마인 칼럼위원(전)

■ 송 영 관

- 국립세무대학 졸업
- 세무법인 올림 부대표세무사(현)
- 국선심판청구대리인(현)
- 서울시 지방세 심의위원(전)
- 서울지방세무사회 연구이사(전)
- 서울청 조사1국('07. 1월)
- 국세청 법규과('13. 1월)
- 동수원세무서 납보관('14. 1월)
- 조세심판원('16. 1월)
- 서울청 조사3국('19. 8월)
- 국세청 조사요원
- 경희대 법무대학원(조세법학 석사)
- 국세청 서기관 명예퇴직('19. 8월)

■ 김 하 나

- 아주대학교 수학과 졸업
- 윤솔세무법인 광명지점 대표(현)
- 한국세무사회 기업진단위원(현)
- 해커스금융 온라인 전임교수(현)
- 삼일피더블유씨아카데미 실무강사(현)
- 강남구청 기금운용심의위원(현)
- 연성대학교 세무회계학과 겸임교수(전)
- 태원세무법인 부천, 일산, 파주 지정잠(전)
- 세무법인 창신센텀(전)
- 납세자보호위원 / 국세심사위원(전)
- 인천지방세무사회 연수위원(전)